la naissance du neurone

DU MÊME AUTEUR

Le paradigme neuronal, Paris, Hermann, 2010.

L'essor des neurosciences, France 1945-1975, avec la collaboration de Cl. Debru et C. Cherici, Paris, Hermann, 2008.

MATHESIS

Directeurs : Michel BLAY — Hourya SINACEUR

Jean-Gaël BARBARA

la naissance du neurone

la constitution d'un objet scientifique au XXe siècle

Ouvrage publié avec le concours du Centre national du livre

PARIS

LIBRAIRIE PHILOSOPHIQUE J. VRIN

6 place de la Sorbonne, V^{e}

2010

Sauf mention contraire, les illustrations sont de l'auteur.

Pour le détail des illustations, se reporter à la table des illustrations en fin de volume.

Imprimé en France

ISSN 1765-8055

ISBN 978-2-7116-2261-0

www.vrin.fr

INTRODUCTION

> L'histoire d'un concept n'est pas, en tout et pour tout, celle de son affinement progressif, de sa rationalité continûment croissante, de son gradient d'abstraction, mais celle de ses divers champs de constitution et de validité, celle de ses règles successives d'usage, des milieux théoriques multiples où s'est poursuivie et achevée son élaboration.
>
> M. Foucault, *L'archéologie du savoir*, p. 11

Définir ce qu'est la science en général ne peut être réalisé dans un esprit philosophique qu'en tenant compte des avancées récentes des sciences, aussi bien que de leurs cheminements historiques multiples. L'approche définie par l'épistémologie historique revendique la complexité du problème, car il ne peut en réalité manquer de se heurter à la diversité des activités scientifiques et techniques, aussi bien qu'à la multiplicité de leurs productions. Que sont les théories, les modèles et les objets scientifiques ? Si l'histoire des sciences contemporaine démontre la pluralité des significations de ces concepts dans des ensembles de milieux de création scientifique variés, l'épistémologie doit pouvoir recentrer certains débats comme celui sur la nature et la construction des objets scientifiques.

Les débats philosophiques anciens concernés ont demandé si les objets de la science sont avant tout des idées, des entités matérielles ou encore des systèmes de relations établies entre leurs propriétés physiques qui permettent de penser et manipuler la matérialité des objets, tout en restant dans le domaine des idées, des images et des représentations mentales. Ce sont ces diverses options qui ont été prises en compte ici, par l'analyse épistémologique de l'ontologie d'un objet scientifique particulier.

La constitution du neurone au XXe siècle est l'aventure qui a été choisie. Quel autre objet plus complexe aurait-on pu choisir, impliquant davantage de communautés scientifiques, dont les approches vont de la biophysique, de la biochimie jusqu'aux approches psychologiques ? De ce point de vue, le neurone offre peut-être le meilleur exemple de la construction d'un objet unique, « un » dans la diversité scientifique, demeurant infailliblement lui-même, à l'intérieur de champs de constitution aussi nombreux que diversifiés, impliquant dans le monde plusieurs dizaines de milliers de chercheurs.

La constitution des objets au XXe siècle se caractérise en effet par la multiplication des voies de recherche, la spécialisation des disciplines et des remaniements disciplinaires, non seulement divergents, mais aussi convergents par le jeu de l'interdisciplinarité. Le neurone constitue un exemple pour évaluer les modes d'interaction entre disciplines dans la genèse d'un objet scientifique.

Considérer le neurone, non plus comme l'objet d'une science, mais comme un objet scientifique en cours de constitution par des modes d'objectivation[1] multiples, relève de cette séparation fondamentale, définie par Georges Canguilhem, entre les objets réels et les objets scientifiques, simples artefacts à leur origine, mais pouvant accéder à un autre statut, une sorte de *réalisme* qui est le sujet même de cette enquête.

Les conclusions semblent aboutir à l'image nouvelle d'un objet scientifique, de sa nature, de sa constitution et de sa perte de prééminence possible dans les champs scientifiques mêmes où il a été élaboré. Cette dynamique des objets scientifiques paraît être une manière adéquate de décrire l'évolution des sciences d'aujourd'hui.

La constitution du neurone ne peut être comprise en dehors d'une longue histoire, dont il convient de repérer certaines périodes. L'origine du concept, en tant qu'élément du système nerveux, réside dans des partitions particulières, propres à certains laboratoires, dans les mesures et les concepts. Les anciennes distinctions entre la matière grise et la matière blanche[2], ou entre nerfs gris et blancs, s'étendent progressivement à la

1. *Cf.* glossaire.

2. Par exemple au XVIIIe siècle avec les travaux de F. Fontana : B. Disertori, M. Piazza, « Felice Fontana, precursor of neurosciences », *Ann. Osp. Maria Vittoria Torino*, 1981, 24, p. 178-209.

dissociation des parties du neurone (soma[1], axone, dendrites, synapses). Au XIXe siècle, l'origine du concept repose sur une première dichotomie entre la fibre nerveuse et le soma neuronique, encore dénommé « cellule nerveuse » ou « globule ». Avant 1891, date de l'énonciation du concept de neurone par Heinrich Waldeyer (1836-1921), la constitution de la cellule nerveuse s'établit sur la distinction entre un tissu cellulaire et un tissu nerveux constitué de fibres. L'organisation du système nerveux est alors décrite par des assemblages de nerfs étudiés par la vivisection animale dès l'Antiquité, jusqu'au début du XXe siècle.

Pendant cette vaste période, le neurone n'existe pas. Aussi faut-il définir sans lui la science dont il relève et qui pourtant en a constitué des parties essentielles. Il faut admettre que les études sur l'anatomie et la physiologie du système nerveux ont alors surtout porté sur les nerfs. Celles consacrées aux centres nerveux, les études anatomo-cliniques, les premières explorations fonctionnelles, lésionnelles et électrophysiologiques du cerveau, du bulbe et de la moelle, ont quant à elles surtout relevé d'essais cliniques ou de tentatives expérimentales polémiques. Les nerfs étudiés *in vivo*, les préparations nerf-muscle, les nerfs disséqués, dissociés *in vitro* à l'aiguille jusqu'à la fibre élémentaire, ont offert à la physiologie expérimentale leurs meilleures préparations. Le nerf est décliné sous des formes diverses, dans l'étude de ses conditions de stimulation, de ses propriétés électriques, de la nature de sa variation de potentiel et des principes de génération et de conduction du potentiel d'action.

Ces recherches visaient plus généralement le système nerveux entier, conçu comme un agencement de fibres mettant en relation des centres par des circuits institués par la réflexologie[2]. Le nerf est alors un concept central et un point de vue pour toute recherche. Les travaux de cette période se réfèrent à un « ordre nerveux » : c'est pourquoi ils constituent un « paradigme nerveux » entendu comme une catégorie de recherches contiguës, consacrées au nerf, dont certains domaines ne prennent leur essor qu'au cours des années 1960[3].

1. Le « soma » est le corps cellulaire du neurone. Au XIXe siècle, on le nomme cellule, globule ou noyau.

2. L'étude des réflexes. Le concept de réflexe a été étudié par G. Canguilhem, *La formation du concept de réflexe aux XVIIe et XVIIIe siècles*, Paris, Vrin, 1977.

3. C'est, par exemple, le domaine des travaux sur les axones géants par l'électrophysiologie intra-axonale et les études des flux ioniques transmembranaires par des éléments radioactifs.

À l'origine, une première physiologie nerveuse antique est instaurée par des approches lésionnelles, par l'analyse des paralysies, des trajets anatomiques, de la texture même des nerfs. Mais c'est la maîtrise de l'électricité galvanique au XVIIIe siècle qui permet l'étude fonctionnelle du nerf, en rendant sa stimulation efficace, reproductible, en l'instituant comme objet de recherche. Cette stimulation devient possible dès lors que des chocs électriques peuvent être délivrés par deux métaux de nature différentes, placés soudainement en contact. L'activité nerveuse est mesurée par l'effet de sa stimulation sur le muscle, mais son activité propre ne peut être dissociée. Dans ses études sur le curare, Claude Bernard (1813-1878) porte l'attention sur la nécessité d'étudier séparément les fonctions du nerf et du muscle : puisque le curare bloque la contraction musculaire déclenchée par le nerf, mais pas celle induite par une stimulation électrique directe, le nerf doit avoir une irritabilité propre indépendante de celle du muscle. C'est cette irritabilité nerveuse qui fait l'objet de recherches électrophysiologiques par des galvanomètres[1], des électromètres capillaires, des amplificateurs, par des électrodes et des microélectrodes de plus en plus fines. Quelques noms, liés à cette grande aventure, sont Hermann von Helmholtz (1821-1894), Emil du Bois-Reymond (1818-1896), Julius Bernstein (1839-1917), Charles Sherrington (1857-1952), Edgar Douglas Adrian (1889-1977), Keith Lucas (1879-1916), Louis Lapicque (1866-1952), Joseph Erlanger (1874-1965), Herbert Spencer Gasser (1888-1963), Bernard Katz (1911-2003), Alan Lloyd Hodgkin (1914-1998) ou Andrew Fielding Huxley[2].

Ce paradigme nerveux est riche en découvertes fondamentales et mises au point techniques. Le concept d'excitabilité et les fondements des techniques de mesure des potentiels et des courants sont développés presque entièrement.

Il n'est pas anecdotique de constater que le vocabulaire forgé au sein du paradigme nerveux utilise le mot « nerf » (du latin *nervus*) dans les termes classiquement utilisés : système *nerv*eux, centres *nerv*eux, fibre *nerv*euse, cellule *nerv*euse, ganglion *nerv*eux, prolongements *nerv*eux. Si ces termes n'ont pas été pour l'essentiel remplacés, les nouveaux apparus depuis utilisent souvent la racine grecque *neuron* : *neuron*e, circuits et réseaux *neuron*aux ou *neuron*iques[3], plasticité *neuron*ale, activité

1. *Cf.* glossaire.
2. Né en 1917.
3. Forme plus ancienne, considérée comme la forme correcte. La forme « neuronal » est à l'origine un anglicisme.

*neuron*ale, théorie *neuronale*, *neuro*physiologie. De même, quelques titres d'ouvrages célèbres de ces deux périodes peuvent être mis en parallèle, *La machine nerveuse*[1] (Lapicque, 1943) et *The cerebellum as a neuronal machine*[2] (Eccles, 1967), ainsi que *L'homme neuronal*[3] (Changeux, 1983). Un changement réel de point de vue se dessine, même si étymologiquement *neuron* signifie nerf. Si dans le paradigme nerveux, on souhaite comprendre le fonctionnement du système nerveux par la mise en jeu de circuits et de synapses, un paradigme neuronal traduit une évolution qui place le neurone au centre du fonctionnement cérébral : on n'étudie plus des nerfs, mais des neurones. Même lorsqu'il s'agit de préciser les propriétés de la transmission nerveuse, les études sont réalisées sur des neurones utilisés comme les détecteurs biologiques de l'activité des fibres nerveuses. Plus schématiquement, disons qu'on ne déduit plus l'activité du soma à partir de celle de la fibre, mais bien celle de la fibre à partir de celle du soma.

Dans la période contemporaine, l'omniprésence du nerf a incontestablement cédé sa place au neurone, en tant qu'objet central et point de vue des recherches actuelles. Le paradigme nerveux avait eu comme programme général de comprendre la génération, la conduction et l'émission de l'influx nerveux en laissant de côté l'autre versant de la communication neuronale – la réception du signal par le neurone – en donnant implicitement toute son importance à la fibre nerveuse comme organe indépendant et maillon principal d'un réseau continu. Le paradigme nerveux ne s'est finalement intéressé qu'à une seule moitié du neurone ! Mais dès le XIXe siècle, dans le contexte de la théorie cellulaire, les prolongements neuronaux sont étudiés, d'abord timidement, par l'école allemande qui avance l'idée que certains prolongements sont équivalents à des fibres, tandis que d'autres servent à recevoir les messages des fibres voisines. Les chercheurs qui constituent une première histologie neuronale sont bien identifiés[4] : Wilhelm His (1831-1904), Auguste Forel (1848-1931) ou Santiago Ramón y Cajal (1852-1934). En démontrant qu'il peut être considéré comme un compartiment isolé, polarisé et autonome dans son développement, ces chercheurs ont fait du neurone un élément fondamental, constitutif et fonctionnel des circuits cérébraux.

1. L. Lapicque. *La machine nerveuse*, Paris, Flammarion, 1943.

2. J.C. Eccles, M. Ito, J. Szentágothai, *The cerebellum as a neuronal machine*, Berlin, Springer, 1967.

3. J.P. Changeux. *L'homme neuronal*, Paris, Fayard, 1983.

4. G.M. Shepherd. *Foundations of the neuron doctrine*, New York, Oxford UP, 1991.

La distinction entre paradigmes nerveux et neuronal étant définie, analysons la constitution du neurone par le jeu des disciplines, par la définition et l'entrecroisement des modes d'objectivation, selon un schéma d'ensemble de constitution d'un objet scientifique.

Le neurone est né par création d'un concept anatomique au sein d'une première discipline, l'histologie, qui développe de façon autonome ses moyens propres d'objectivation, ses coupes, ses colorants, ses procédés de durcissement des tissus et de dissociation d'éléments cellulaires. L'indépendance relative de sa démarche garantit sa rationalité, parfois critiquée par d'autres disciplines, mais qui fait consensus dans sa communauté. En cela, l'histologie ne se définit en tant que discipline, non pas tant par son objet, que par l'ensemble des moyens qu'elle met en œuvre pour constituer des objets scientifiques. Le neurone se définit par la continuité de la coloration de Golgi [1] (fig. 1), comme un ensemble comprenant un soma, un axone et des prolongements dendritiques, constituant une même entité.

Ce neurone constitue un concept purement anatomique, un neurone mort tel qu'il apparaît en silhouette noire dans une tranche épaisse de cerveau durci à l'acide. La physiologie n'y prend aucune part, car ses modes d'objectivation ne s'appliquent encore qu'à des nerfs. Le neurone est une articulation d'éléments individuels que l'histologiste repère les uns par rapport aux autres, par une démarche topographique [2], dont on dérive une topologie [3], de même que l'entomologiste définit son objet de collection desséché comme un hexapode, par la position des trois paires de pattes en référence aux régions thoraciques. Cependant, à l'instar du zoologiste, qui sait souvent se faire éthologue, l'histologiste se prend souvent à rêver son objet vivant et prête sa rationalité à une spéculation physiologique cherchant à comprendre ses fonctions. Dès lors, de l'histologie vers la physiologie, apparaît une relation polarisée et multiforme chez certains auteurs.

Il existe donc précocement des possibilités de rapprochements entre l'histologie et la physiologie, même si les deux disciplines n'ont pas

1. Cette coloration inventée par Camillo Golgi est une technique qui associe deux procédés classiques antérieurs, une fixation des tissus par du bichromate de potassium et une coloration au nitrate d'argent. Il se produit alors dans certains neurones la formation d'un précipité de chromate d'argent, sombre, dans toute l'étendue des prolongements cellulaires. Cette technique permet de révéler un faible nombre de neurones dans chaque tranche traitée, mais de manière complète, jusqu'aux ramifications les plus fines.

2. Démarche descriptive basée sur des relevés systématiques des données anatomiques.

3. Un ensemble de relations formalisées entre éléments décrits.

encore les moyens de croiser leurs modes d'objectivation. La période des années 1890 constitue le contexte scientifique de la rencontre célèbre de Sherrington et Ramón y Cajal à Londres en 1894; elle aboutit à de nombreuses discussions sur la polarisation électrique du neurone, comprise soit comme une propriété cellulaire (Cajal), soit comme la propriété exclusive de contacts entre neurones (Sherrington). C'est après cette rencontre que Sherrington formule son concept de synapse (1897), résultat le plus marquant des liens établis alors entre histologie et physiologie.

Comment la physiologie, par ses électrodes de gros calibres et ses courants de stimulation peu contrôlés, a-t-elle pu néanmoins proposer des concepts de constitution[1] physiologiques des centres nerveux et des neurones? Quel était le but de ces physiologistes et comment purent-ils réaliser ce qui nous apparaît impossible avec leurs moyens? Ces questions ont abouti à l'analyse des premières physiologies neuronales de Sherrington et Adrian. Dans les deux cas, le concept de neurone permet d'interpréter des latences, des sommations d'impulsions, des effets facilitants d'une stimulation sur une autre, en suggérant que ces phénomènes dépendent de propriétés cellulaires. Dès cette époque, il devient possible d'établir certaines homologies entre des concepts de constitution histologique et physiologique. Ainsi, la convergence et la divergence des fibres à l'entrée et à la sortie d'un ganglion nerveux peuvent-elles être décrites par le dénombrement histologique des fibres entrantes et sortantes, ou en comparant l'amplitude des potentiels recueillis à l'entrée et à la sortie du ganglion. Les modes d'objectivation histologique et physiologique se répondent par une rationalité intermédiaire et créent ensemble des objets dépassant les limites d'un champ unique de constitution.

L'étude présentée ici a permis de dégager une notion de style de recherche qui a paru utile pour mieux comprendre les liens entre ceux, initialement différents, de Sherrington et Adrian. Le premier se développe dans une perspective bernardienne d'étude des régulations nerveuses par des topographies de mesures unidimensionnelles, tandis que l'autre constitue une recherche analytique du potentiel unitaire d'une fibre nerveuse isolée, dont les propriétés rythmiques sont localisées dans le neurone. En réalité, ces deux styles de recherche peuvent être précisés par les rapports qu'ils entretiennent chacun avec l'anatomie et par une même approche spéculative de décomposition analytique. Les recherches de Sherrington et

1. *Cf.* glossaire.

Adrian finissent par converger en créant une même physiologie neuronale, dont l'essor coïncide avec le développement de l'oscillographie cathodique permettant son extension à l'échelle internationale. Le neurone est constitué par des éléments objectivables de différentes manières, par l'histologie, la physiologie des réflexes et la physiologie élémentaire des fibres nerveuses, dont les résultats sont conformes à une même organisation réelle du vivant et aboutissent à forger des concepts de centres nerveux unitaires et interdisciplinaires.

Sur un plan sociologique, cette unification d'une physiologie neuronale est adoptée à l'échelle internationale; elle aboutit à la création de plusieurs écoles de recherche qui coopèrent de par le monde et entretiennent parfois des rapports conflictuels au sujet de la précision des mesures et de l'introduction de nouveaux concepts. Mais le mouvement vers une globalisation des procédés de recherche et d'une même rationalité à l'œuvre aboutit à dépasser certaines querelles au sein d'une discipline unifiée.

Il a fallu également comprendre comment cette physiologie neuronale a pu s'introduire, au cours des années trente et quarante, dans d'autres champs de recherche comme la physiologie du cortex cérébral. Ces domaines disposaient d'une culture épistémique dense, ancienne et spécifique qui constituait un terreau favorable pour développer des aspects particuliers de la physiologie neuronale. La physiologie corticale fut marquée par son intérêt pour les dendrites, compris comme des entités excitables, capables de sommations et d'intégrations spatiales d'influx nerveux, alors que ces idées avaient été négligées jusque-là par les approches antérieures.

Avec les développements technologiques de l'après-guerre, d'autres modes d'interdisciplinarité ont permis l'extension des lieux de constitution du neurone par l'investissement d'autres disciplines comme l'histochimie et la neuropharmacologie, et l'utilisation de nouvelles techniques, l'histofluorescence, l'histologie enzymatique, la microscopie électronique, l'ultracentrifugation et les microélectrodes. L'adoption de nouveaux modes d'objectivation aboutit à la reconnaissance d'homologies frappantes entre certaines objectivations. Ainsi reconnaît-on que les synaptosomes[1] sont homologues des microphotographies électroniques d'éléments synaptiques, dont les vésicules internes représentent elles-mêmes des homologues des courants synaptiques miniatures quantiques

1. *Cf.* glossaire.

enregistrés par l'électrophysiologie. Dans toutes ces correspondances, la théorie de la neurotransmission chimique tient une place centrale dans la coordination des objets partiels et leur convergence, leur coalescence en un objet unique, qu'on a qualifié d'objet scientifique.

Mais l'enquête ne devait pas s'arrêter là; comment comprendre alors les nouvelles recherches consacrées au neurone et l'intérêt actuel pour ce nouvel objet scientifique? D'une part, les recherches continuent, les progrès des techniques électrophysiologiques et d'imagerie cellulaire permettent de décrire avec toujours plus de précision les dynamiques internes des récepteurs, des messagers intracellulaires et extracellulaires, paracrines ou rétrogrades [1]. D'autre part, la physiologie neuronale a étendu son domaine par des études particulières de chaque structure du système nerveux et celles de leurs fonctions définies à l'échelle de l'organisme. Dans toutes ces études, le concept de neurone tient encore une place centrale et essentielle, à tel point qu'on parle aujourd'hui des neurones de la lecture, comme on serait tenté d'invoquer des neurones de l'angoisse, du désir, de l'addiction, sans être toutefois certain qu'il s'agisse là du concept le plus approprié et qu'il ne faille pas plutôt faire appel à un concept de réseau dont les processus d'objectivation demandent cruellement de nouveaux progrès techniques et des clarifications conceptuelles.

L'intérêt épistémologique de l'enquête présentée réside dans la manière dont le neurone permet de mettre en lumière les diverses modalités d'interaction des disciplines. Les voies de recherche des disciplines et sous-disciplines ne se présentent en aucune façon comme des avancées indépendantes, linéaires et sans chevauchements. Bien au contraire, qu'il s'agisse d'un stade où elles ont, ou pas encore, la possibilité d'articuler, non seulement des concepts, mais des modes d'objectivation, les disciplines entretiennent toujours des relations polarisées, des dialogues constructifs, même s'ils sont parfois décriés par certains, mais dont les résultats se rappellent à nous par la constitution de concepts et d'objets communs, dont la réalité, éclairée par un regard nouveau, apparaît soudainement.

L'analyse de la constitution d'un objet scientifique démontrera qu'il est au cœur d'une dynamique impliquant des voies de recherche issues de disciplines variées. Les rapprochements, les emprunts de concepts, les oppositions et les convergences des procédés d'objectivation se font et se défont selon des processus difficiles à prévoir, dans lesquels les

1. Dont la fonction est de signaler un message issu de l'élément postsynaptique à l'élément présynaptique.

homologies prennent une place centrale dans les recombinaisons et les nouvelles associations des recherches à l'œuvre pour créer ensemble des objets unitaires, scientifiques, et d'une certaine façon réels.

Remerciements

Ce travail est né de la rencontre de deux cultures scientifiques, celle du laboratoire de neurobiologie des processus adaptatifs (NPA, CNRS UMR 7102, J. Mariani, D. Tritsch) et celle du laboratoire d'épistémologie et d'histoire des sciences (REHSEIS, CNRS UMR 7596, K. Chemla). À la croisée de ces deux cultures, il y eut Pierre Buser, membre de l'Académie des sciences, professeur émérite à l'Université Paris 6, ancien directeur de notre Institut des Neurosciences (IDN) et membre du premier laboratoire, et Claude Debru, professeur à l'Université Paris 7, membre du second laboratoire, tous deux collaborateurs et amis. Je les remercie en premier chef pour leur amitié et leur implication profonde et centrale dans l'histoire et l'épistémologie des neurosciences en France qui m'a ouvert un horizon de recherche durable et fécond. Mes remerciements vont aussi à Jean-Claude Dupont, maître de conférence à l'Université de Picardie; Karine Chemla, directrice du REHSEIS; Danièle Tritsch, directrice adjointe du laboratoire de neurobiologie; André Calas, successeur de Pierre Buser à la direction de l'IDN; François Clarac, directeur de recherche émérite au CNRS avec qui nous avons créé le club d'histoire des neurosciences de la Société des Neurosciences; et Jacques Taxi, ancien directeur du laboratoire de neuroanatomie de l'IDN.

Le programme de recherche consacré à l'histoire des neurosciences en France dirigé par Claude Debru, dans le cadre du programme histoire des savoirs du CNRS de Karine Chemla, a été essentiel en me donnant de côtoyer régulièrement, pendant plus de quatre années, ceux que je remercie à présent pour leur amitié et leur vision de l'histoire de leurs champs de recherche: Michel Meulders, professeur honoraire à l'Université de Louvain, ancien doyen de la Faculté de médecine; Yves Galifret, professeur émérite à l'Université Pierre et Marie Curie, Paris 6; Yves Laporte, professeur honoraire au Collège de France, membre de l'Institut; Suzanne Tyč-Dumont, directrice de recherche émérite au CNRS; Andrée

Tixier-Vidal, directrice de recherche émérite au CNRS; Marco piccolino, professeur de physiologie générale à l'Université de Ferrare (Italie); Jean Massion, directeur de recherche émérite au CNRS; Constantino Sotelo, directeur de recherche émérite au CNRS; Henri Korn, directeur de recherche émérite à l'Inserm, professeur honoraire à l'Institut Pasteur, membre de l'Institut; et Philippe Ascher, professeur émérite à l'Université Paris Descartes, Paris 5. Je remercie également particulièrement Chantal Barbara et Ginette Leteuré pour leurs relectures, ainsi que Marine Boré et Hourya Benis Sinaceur pour ses encouragements chaleureux et ses conseils judicieux.

CHAPITRE PREMIER

LE CONCEPT DE NEURONE ENTRE HISTOLOGIE ET PHYSIOLOGIE À LA FIN DU XIXe SIÈCLE

À l'aube du XXe siècle, la physiologie qui a peu à peu osé prendre comme objet le neurone, pouvait seulement utiliser, dans l'état de sa science, les outils et concepts des physiologies musculaire et nerveuse dominantes, axées sur l'étude de préparations simplifiées, ou encore sur l'étude de réflexes *in vivo*. Elle ne pouvait entièrement se départir d'une rigueur anatomique tenant compte des études histologiques les plus fines dans la localisation tissulaire de ses instruments, dont dépendait toute interprétation ultérieure de ses résultats. Le concept de neurone demeurait entièrement anatomique. C'est ainsi que, dans certaines études physiologiques, le neurone apparut, non comme objet d'étude, mais comme élément interprétatif associé à des structures et des mesures de contraction musculaire, obtenues par des stimulations nerveuses assez fines pour les supposer strictement localisées dans des schémas où prenaient naturellement place des neurones. Toute étude s'en remettait à une histologie qui indiquait quelles fibres, quels neurones avaient été atteints. Cette physiologie fut finalement conceptuellement proche de l'anatomie; aussi ne faut-il pas s'étonner de voir ses premiers partisans maîtres d'une nécessaire expérience en histologie. Pour mieux comprendre cette démarche, et ses liens avec l'anatomie de la fin du XIXe siècle, il est inutile de revenir sur la multitude étonnante des rationalités d'une histologie neuronale, parfois en liaison avec la physiologie, et qui s'étend sur plus de soixante années. Il convient plutôt d'analyser quelques cas de rationalismes histologiques particuliers pour en comprendre les relations privilégiées avec la physiologie, les traits d'ensemble et certains concepts de constitution, pour une comparaison ultérieure avec les méthodes spécifiques de la physiologie.

Les spéculations physiologiques associées à certaines de ces histologies constituèrent la base d'une physiologie inspirée par le concept de neurone qui apparut ponctuellement au gré de certaines carrières scientifiques, dans un climat généralement hostile à cette démarche. Il faut donc préciser certaines phases premières de définition de la cellule nerveuse, et du neurone, par les techniques histologiques, dans leurs rapports progressifs à la physiologie.

LE NEURONE DES HISTOLOGISTES AU XIXe SIÈCLE

La théorie du neurone fut essentiellement fondée sur une histologie microscopique utilisant systématiquement la méthode de coloration de Camillo Golgi (1843-1926). Elle aboutit en 1891 à l'énonciation du concept par Waldeyer. Le neurone apparaît initialement comme un concept anatomique dans ses modes d'objectivation. Doit-on dès lors envisager l'investissement progressif du concept par la physiologie comme une phase seconde présentant ses modes propres de constitution? À l'inverse, certaines relations entre l'orientation histologique de physiologistes et quelques conceptions physiologiques d'histologistes relèvent d'un dialogue permanent, à chaque époque, entre structures et fonctions. Il faudrait alors considérer les rapports entre l'histologie des éléments nerveux et le contexte de la physiologie, puis analyser à quel degré l'objectivation histologique recèle de partis pris physiologiques dans ses hypothèses, ses méthodes, ou encore ses interprétations et conclusions. L'histologie ne représente pas une surface isolée de constitution du neurone. Il faut dès lors privilégier l'analyse des rapports, étroits et complexes, de l'histologie avec la physiologie, en envisageant ensemble ces deux disciplines. L'enjeu de cette approche est d'établir ce que l'histologie du neurone a pu créer au contact de la physiologie, et ce qu'elle a pu offrir à la physiologie d'hypothèses, de schémas structuraux théoriques, de spéculations fonctionnelles et de concepts de constitution.

Histologie des cellules nerveuses, physiologie et théorie cellulaire

Avant l'étude des rapports entre neurone et physiologie, analysons la période antérieure, lorsque le soma neuronique était encore « cellule », une cellule déjà présente dans les débats concernant les structures et fonctions des éléments nerveux. Il est classique de rapprocher, pour cette période, la révélation progressive des éléments nerveux en tant que fibres, de certains partis pris fonctionnalistes, comme le réticularisme et son idée centrale d'un fonctionnement nerveux non localisé. C'est là un premier rapport entre une histologie nerveuse et une conception physiologique.

Un second rapport concerne la physiologie et la théorie cellulaire des éléments nerveux, bien qu'il soit moins différencié. Certaines recherches se développèrent, à la fois en Allemagne et en France, à l'intersection d'une physiologie naissante, en tant que discipline expérimentale au XIXe siècle, et de l'histologie nerveuse dans le contexte d'expansion de la théorie cellulaire.

En France, et plus particulièrement dans l'école de Claude Bernard, les travaux de Louis-Antoine Ranvier (1835-1922) requéraient préalablement un lieu où la théorie cellulaire fût acceptée. Or, une polémique existait entre une première histologie microscopique refusant la généralité de l'état cellulaire (Charles Robin) et la physiologie bernardienne subordonnant la localisation des fonctions organiques à des éléments anatomiques cellulaires, différenciés, autonomes et coopérant dans un tout[1]. Dans un tel contexte, ce fut la physiologie qui créa à l'École Pratique des Hautes Études et au Collège de France les conditions institutionnelles propices au renouveau de l'histologie cellulaire[2].

1. Cette discipline avait procédé plus précocement en Allemagne de courants philosophiques, comme celui de la *Naturphilosophie*, ayant favorisé les programmes de recherche de Johannes Peter Müller (1801-1858), Theodor Schwann (1810-1882), ou Rudolf Albert von Kölliker (1817-1905). Leurs succès avaient engagé l'histologie dans un processus d'institutionnalisation remarquable, initialement au sein de l'Institut d'Anatomie de Berlin, dirigé par Müller, puis vers 1850, dans le nouvel Institut de Pathologie, créé dans la même ville, par Rudolf Virchow (1821-1902), et le laboratoire de Carl Ludwig (1816-1895) à Leipzig (1870).

2. L'anatomie générale de François-Xavier Bichat (1771-1802), et la critique de la microscopie par Henri Ducrotay de Blainville (1777-1850), relayée par Auguste Comte (1798-1857), avaient retardé l'usage du microscope dans les institutions françaises universitaires et hospitalières. J.G. Barbara, « Louis Ranvier (1835-1922) : the contribution of microscopy to physiology, and general anatomy at the Collège de France », *J. Hist. Neurosci.*, 2007, 16, p. 13-31.

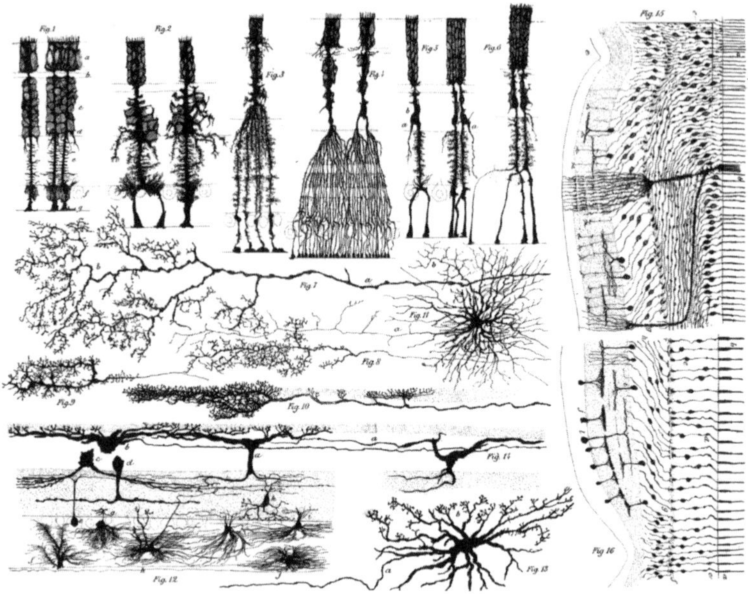

Figure 1
Cellules épithéliales et neurones de rétine de grenouille, caméléon et verdier, « au niveau de la fossette centrale ».
D'après S. Ramón y Cajal, 1933

La création pour Charles-Philippe Robin (1821-1885) en 1862 de l'une des premières chaires d'histologie française, à la faculté de médecine de Paris, fut une étape décisive, mais qui n'aboutit néanmoins qu'à une stagnation des techniques et un refus de la théorie cellulaire allemande. L'école d'histologie de Ranvier émergea dans ce contexte difficile. En autodidacte ingénieux, il développa avec son collègue et ami Victor André Cornil (1837-1908) un cours privé d'histologie, puis, grâce à l'appui de Bernard[1], un petit laboratoire à l'École Pratique des Hautes Études. Louis Ranvier y poursuivit un programme de recherche basé sur la reconnaissance systématique d'éléments histologiques de nature cellulaire dans une orientation histophysiologique. Il recherchait par une approche expéri-

1. La faculté de médecine de Strasbourg fut transférée à Nancy après la défaite de 1870. Mathias Duval, docteur en médecine à Strasbourg, devint chef des travaux anatomiques à Nancy (1872), avant de devenir agrégé d'anatomie et professeur d'histologie à Paris, de 1885 à 1907, à la faculté de médecine.

mentale, dans le détail des structures, certaines interprétations fonctionnelles[1]. Les « nœuds de Ranvier » (fig. 2) furent décrits dans cette perspective comme des étranglements de la gaine de myéline de fibres nerveuses isolées mécaniquement, permettant, par interruption de cette protection isolante, une diffusion passive et localisée d'éléments nutritifs à partir du milieu extracellulaire. Cette interprétation se basait sur la mise en évidence d'une diffusion d'un colorant extracellulaire envahissant l'intérieur de la fibre au niveau des étranglements.

L'histologie fonctionnaliste de Ranvier se développa dans le cadre d'une physiologie bernardienne attentive au domaine de la nutrition des éléments anatomiques. Elle fournit un cadre général pour comprendre la cellule comme une entité à la fois autonome et dépendante d'un tout pour sa survie et sa participation à une fonction d'ordre plus général. L'étranglement annulaire de Ranvier représentait une condition nécessaire de nutrition des nerfs dans la propagation de l'influx nerveux. Si Bernard fut peu engagé dans la défense de la théorie cellulaire[2], il encouragea néanmoins les travaux de Ranvier, et les honora, en le faisant accéder à une chaire d'anatomie générale au Collège de France en 1876.

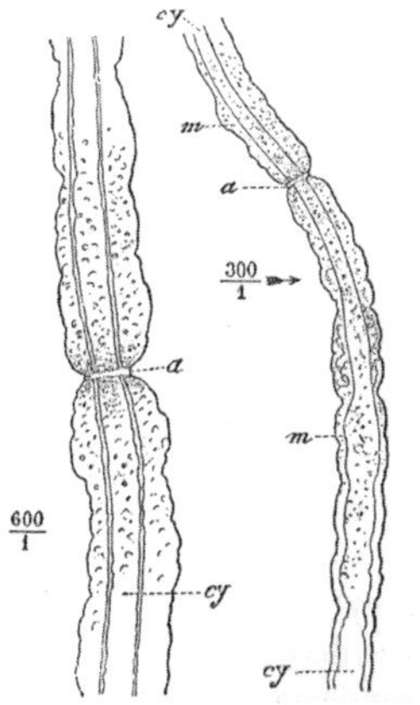

Étranglement annulaire ou « nœud de Ranvier » dans la gaine de myéline des fibres nerveuses, *a*, étranglement annulaire, *cy*, cytoplasme, *m*, myéline.

Figure 2
Nœuds de Ranvier.
D'après L. Ranvier, 1875

1. J.G. Barbara, 2007, *op. cit.*

2. Claude Bernard utilise le plus souvent un vocabulaire neutre comme les « éléments histologiques » et ne systématise pas son emploi du terme « cellule ».

Le renouveau français de l'histologie des cellules nerveuses se développa dans le contexte de la physiologie. Les descriptions fines des cellules nerveuses furent précocement conçues comme des tentatives de corrélation entre la fonction des cellules et leurs détails anatomiques les plus fins. À l'instar de l'école de Louis Ranvier, de nombreux histologistes britanniques, allemands, espagnols et italiens développaient également leurs recherches dans un contexte physiologique, comme en témoignent les carrières d'Edward Sharpey-Schäfer (1850-1935) ou Robert Remak (1815-1865). L'histologie cellulaire du système nerveux présentait donc, dès ses débuts, des liens étroits avec la physiologie.

Ainsi, avant l'énonciation du concept de neurone, une première forme d'interaction disciplinaire est à l'œuvre en histologie, lorsque cette discipline revendique des partis pris sur la fonction des structures étudiées, ou développe ses programmes de recherche en marge de la physiologie par la description de structures envisagées comme conditions des fonctionnements physiologiques. Néanmoins, l'histologie demeure entièrement indépendante de la physiologie dans ses méthodes et visées.

L'objectivation de Deiters

Cette singularité de l'approche histologique est apparente dès les années 1860, une période pendant laquelle l'objectivation du neurone fut une aventure essentiellement allemande, dans laquelle Otto Deiters (1834-1863) occupe une place centrale [1].

Deiters fut l'un de ces jeunes chercheurs entièrement dévoués à l'application expérimentale de la théorie cellulaire de Schwann [2] par l'outil microscopique alors en plein développement. Étudiant en médecine, il entama, pendant les trois dernières années d'une courte existence, de minutieuses observations sur le tissu nerveux. Les *Untersuchungen über Gehirn und Rückenmark des Menschen und der Säugetiere* [3] de Deiters constituent un manuscrit posthume inachevé, publié en 1865 par son maître Max Schultze (1825-1874), annonçant d'emblée le projet d'une analyse approfondie du tissu nerveux par des observations systématiques.

1. S. Tyč-Dumont, « Neurone », dans *Dictionnaire d'histoire et philosophie des sciences*, D. Lecourt (éd.), Paris, PUF, 1999, 2006. S. Tyč-Dumont, G. Horcholle-Bossavit, *Le neurone computationnel – Histoire d'un siècle de recherches*, Paris, CNRS Éditions, 2005.

2. T. Schwann, *Mikroskopische Untersuchungen über die Übereinstimmung in der Struktur und dem Wachsthum der Thiere und Pflanzen*, Berlin, Sander, 1839.

3. O. Deiters, *Untersuchungen über Gehirn und Rückenmark des Menschen und der Säugetiere*, Brunchweig, Vieweg, 1865.

Au début des années 1860, les conditions matérielles étaient réunies pour cette aventure qui marque le commencement du neurone comme objet. Après les premiers succès de Giovanni Battista Amici (1786-1863) dans la réalisation d'objectifs à immersion, certains fabricants de microscopes, Hartnak, Oberhaüser, Nachet, ou Chevalier, rivalisaient d'ingéniosité, mais plus encore de rapidité, pour offrir suffisamment d'instruments à une clientèle croissante. La correction des erreurs optiques et l'agrandissement de la distance de travail des objectifs permirent à Deiters de dissocier des neurones de divers tissus nerveux, en empruntant la technique de dissociation après macération dans l'acide chromique, recommandée, dès 1862, par son maître Max Schultze. Une légère fixation du tissu par cet acide, suivie d'une alcalinisation, facilitait la dispersion mécanique et manuelle des neurones par une fine aiguille à partir d'un fragment de moelle épinière. La technique ancienne de la dissociation manuelle pratiquée sur des nerfs, par exemple par Felice Fontana (1730-1805), était remise à l'honneur. Mais la dissociation [1] fut initialement un aveu d'échec de l'histologie naissante, car ce démêlage grossier ne pouvait être qu'une alternative aux colorations spécifiques ultérieures des éléments dissociés.

Il apparaît néanmoins de ces travaux que Deiters a pu réaliser l'expulsion du neurone de son tissu, en minimisant la destruction et l'arrachement des prolongements près du corps cellulaire [2]. Son mérite fut de reconnaître

1. La technique de dissociation de Schultze offrait la possibilité d'un tel travail. Mais pour ceux qui s'y sont essayé, il est aisé d'imaginer l'habileté manuelle requise pour la manipulation d'une aiguille, sous un objectif à fort grossissement, comme le relate Louis Ranvier dans son *Traité technique d'histologie*, Paris, Savy, 1875, p. 70-72 : « Pour étudier les éléments de certains tissus, il est nécessaire de les écarter et de les isoler les uns des autres [...] [Lors d'une dissociation sous le microscope] il y a alors à vaincre deux difficultés : la première est la dimension considérable que prend l'image de l'aiguille ; la seconde, c'est le renversement de l'image [...] Avec un peu d'exercice, cet inconvénient est moindre qu'au premier abord ».

2. Les étapes de fixation et d'alcalinisation furent sans aucun doute cruciales, si bien qu'on peut affirmer que le premier neurone naquit d'une réduction expérimentale minutieuse et préalable à toute objectivation effective. La chose n'était pas simple. Le microscopiste von Kölliker fut moins heureux lorsqu'il dissocia des ganglions spinaux ; il ne parvint pas à voir les bifurcations en forme de T des neurones sensitifs, plus tard révélées par Ranvier. A. von Kölliker, *Éléments d'histologie humaine*, 2e éd. Paris, Masson, 1868, p. 419 : « Il n'existe dans les ganglions aucun rapport de continuité entre les racines sensitives et les globules ganglionnaires [...] je n'ai jamais rencontré non plus de tubes qui se divisent [...] j'ai trouvé aussi mais plus rarement, des cellules avec deux, voire trois ou quatre prolongements très-pâles. Je veux bien accorder qu'il serait possible que ces cellules fussent plus nombreuses car il est certain que la méthode grossière qu'on est obligé de mettre en usage pour isoler ces cellules, doit souvent conduire à l'arrachement de leurs prolongements [...] ».

précisément, dans les motoneurones de la moelle de mammifères, un prolongement fin et unique, émergeant du corps cellulaire à partir d'un cône (le segment initial), sans gaine de myéline à son commencement, se prolongeant sans bifurcation et identifié au « cylindre-axe » (*Axencylinder*) préalablement décrit par Remak et Rudolf Wagner (1805-1864) (fig. 3).

Ce prolongement fut connu sous le nom de prolongement de Deiters et les cellules à axone linéaire, sous le nom de neurone de Deiters. Cette observation codifiait une stœchiométrie[1] du neurone, comme un ensemble de règles qui permettaient la distinction entre le cylindre-axe, reconnaissable par sa dimension, sa forme et son absence de ramifications (mis à part quelques collatérales), et les autres prolongements qui devenaient de fait des prolongements protoplasmiques[2].

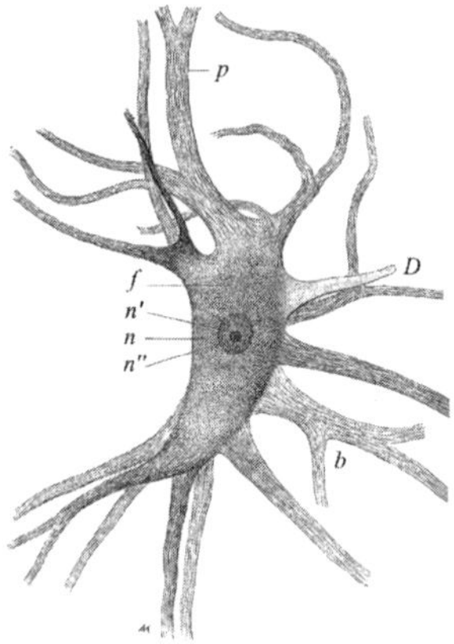

Cellule nerveuse isolée par agitation dans l'eau après macération dans l'alcool, coloration au picrocarminate et fixation à l'acide osmique.
D, prolongement de Deiters; *p*, prolongement protoplasmique, *b*, bifurcation d'un prolongement protoplasmique; *f*, substance fibrillaire; *n*, noyau; *n'*, nucléole; *n''*, nucléolule.

Figure 3.
Cellule nerveuse isolée à partir de la moelle épinière du bœuf.
D'après Deiters, dans Ranvier, 1875

1. La stœchiométrie est un principe d'analyse chimique reposant sur le calcul des proportions quantitatives des molécules impliquées dans une réaction chimique. Cette métaphore indique que le neurone se définit par la découverte d'un coefficient « 1 » pour une espèce de prolongement (l'axone) pour chaque neurone.

2. Vers la même époque, mais avant Deiters, Kölliker proposait une image du neurone bien moins précise : « La plupart de cellules nerveuses, peut-être toutes, émettent un, deux, trois, jusqu'à huit prolongements et plus, lesquels tantôt se transforment, après un court trajet, en tube nerveux pourvu de moelle, et tantôt montrent une plus grande indépendance, et, semblables en tous points aux nerfs sans moelle, s'étendent à de grandes distances, en se ramifiant un grand nombre de fois », *op. cit.*, p. 120. Les distinctions décisives de Deiters, vérifiées sur de nombreux tissus nerveux, furent un véritable processus d'objectivation. Pour tout neurone,

Dans cette perspective, Deiters discuta la possibilité de distinguer et classer diverses cellules selon leur morphologie et leur lieu d'origine; mais les limites de la dissociation manuelle dans la préservation des structures cellulaires ne laissaient aucune chance à un tel projet. La nécessité d'observer les neurones dans leur tissu organisé intact était évidente, surtout lorsque les questions sur le devenir des prolongements cellulaires arrachés par dissociation et celles de leurs interactions de structure entre neurones différents se plaçaient naturellement dans les nouveaux champs d'investigation[1].

Pour ce programme de recherche établi par Deiters, les relations établies entre cellules nerveuses devenaient primordiales. Il s'agissait de comprendre la place de chaque type cellulaire dans un tout, en vue de considérer les éléments anatomiques nécessaires à chaque région du système nerveux. Dès lors, chez Deiters, la physiologie pouvait diriger les principes de l'étude histologique. Cette inclination fut particulièrement apparente lorsque Deiters, étudiant la structure du bulbe rachidien, proposa une analogie à la fois anatomique et physiologique de cette structure avec la moelle épinière afin d'en étudier l'histologie cellulaire, en considérant ses relations avec le cervelet. Mais la mort subite de Deiters en 1863, suite à une fièvre typhoïde, le priva de suivre cette direction.

A posteriori, il apparaît que l'objectivation de Deiters clôt une longue série d'investigations qui engagea principalement l'école allemande dans l'objectivation histologique du neurone par l'établissement d'une stœchiométrie propre de la cellule nerveuse par des rapports spécifiques avec certains types de prolongements cellulaires.

Cette enquête préliminaire indique une première forme d'objectivation du neurone essentiellement anatomique, reposant sur une rationalité cellulaire de nature topographique. Même si ces travaux se situent déjà dans une perspective physiologique, ils n'ont aucun moyen d'établir un réel dialogue basé sur des faits entre observations anatomiques et données physiologiques. Mais le projet théorique a précédé les possibilités

les dendrites et l'axone étaient définis d'une manière comparative en référence à un point d'attachement unique que constituait le soma neuronal. En raison de la morphologie particulière de la cellule nerveuse, un certain nombre d'éléments nerveux pouvaient être regroupés pour en former une idée précise.

1. « Que la comparaison de toutes les régions cellulaires connues puisse donner des informations sur les différences spécifiques, chimiques ou physiques [entre neurones] sera difficilement utile si dans le même temps nous ne connaissons pas comment s'établissent les relations entre ces cellules et le système tout entier des voies nerveuses cellulaires et fibreuses », cité dans E. Deiters, R.W. Guillery, « Otto Deiters, 1834-1863 », *Exp. Neurol.*, 1963, 9, p. III-VI.

techniques de considérer histologie et physiologie des cellules nerveuses dans une perspective resserrée.

Coupes histologiques et nouvelles objectivations du neurone

Les dernières décennies du XIXe siècle connurent d'impressionnants progrès dans les techniques histologiques, ainsi qu'un accroissement considérable du nombre de chercheurs impliqués, à travers toute l'Europe, dans des programmes d'étude microscopique du tissu nerveux. L'objectivation histologique en fut bouleversée, ainsi que ses rapports à la physiologie.

Après la mise au point du microtome[1], de colorants, teintures, méthodes d'imprégnation métallique diverses, techniques d'injections *in vivo*, la coupe fine fixée, colorée, s'imposa comme la préparation de référence[2]. Si elle permettait de conserver les éléments cellulaires et leur organisation, c'est-à-dire leurs rapports de structure, il fallait simultanément développer des méthodes de coloration sélective des neurones et de leurs parties. Cette histologie fut d'abord essentiellement descriptive et technique avec un programme aussi simple dans sa formulation qu'ardu dans sa pratique. Il s'agissait, selon Rudolph Albert von Kölliker (1817-1905), de « saisir les formes microscopiques, déterminer, pénétrer les lois de leurs structures et de leur formation »[3].

En France, les aspirations physiologiques de cette discipline devenaient plus marquées. Au fil des années, elles furent décriées par les physiologistes. Le repli psychologique que l'histologie imposait à des praticiens littéralement rivés à leurs microscopes, ainsi que le sentiment de fierté qu'elle suscitait par des découvertes donnant libre cours aux interprétations physiologiques les plus folles, contribuaient à leur isolement progressif. Car s'ils voyaient ce qu'il fallait peut-être voir, il ne leur était pas toujours possible de le démontrer aux physiologistes.

Cette approche relevait d'un rapport intime et comme secret entre un homme et ses préparations microscopiques. Cette histologie est celle consacrée dans l'*Histologie du Système Nerveux de l'Homme et des Vertébrés* de Ramón y Cajal[4] (1911). Il ne sera pas question ici de son

1. Un microtome est un appareil conçu pour trancher des sections de tissus frais ou fixés aussi fines que possible, allant d'une centaine de micromètres à une fraction de micromètre (ultramicrotome) pour l'observation microscopique.

2. A. Mercier, *Les Coupes du Système Nerveux Central*, Paris, Rueff, 1894.

3. A. Kölliker, *op. cit.*, p. 3.

4. S. Ramón y Cajal, *Histologie du Système Nerveux de l'Homme et des Vertébrés*, Paris, Maloine, 1911.

histoire si souvent relatée et commentée qui se cristallise autour de l'émergence et la victoire finale de la théorie neuronale. Il semble plus utile de faire nettement cette distinction entre les méthodes d'objectivation du neurone qu'elle développa et les questions d'ordre physiologique qu'elle suggéra. Il sera alors possible de montrer l'émergence du neurone comme un concept histologique pouvant remettre en question les fonctionnements possibles des structures nerveuses.

L'objectivation de Deiters avait posé les bases pour reconnaître, à proximité des corps cellulaires, les éléments neuronaux qu'il s'agissait à présent de repérer sur des coupes, avec l'idée de voir apparaître une organisation cellulaire des tissus. Mais la révélation d'un neurone à l'intérieur d'une coupe histologique était entièrement subordonnée à la spécificité des colorations des éléments nerveux [1].

Lorsque ces éléments nerveux purent être colorés, force fut de constater qu'aucun colorant ne pouvait marquer seulement un axone ou un prolongement protoplasmique, comme cela est possible aujourd'hui par immunocytochimie. L'objectivation de Deiters ne put s'étendre aux coupes que par des inspections minutieuses à proximité des noyaux (les corps cellulaires), ou par la méthode de Golgi permettant de suivre les prolongements sur des trajets plus longs (fig. 1). La tâche n'était pas facile et Ramón y Cajal lui-même, dans un travail publié en 1933, soit plus de vingt ans après l'attribution de son Prix Nobel, ne pouvait toujours complètement résoudre ces questions [2].

1. Le carmin fut la première teinture dont l'usage fut massivement adopté. Or, Ranvier indiquait que les noyaux et les fibres seuls sont marqués par ce colorant, après fixation dans l'alcool, alors qu'avec l'acide chromique, employé par Schultze et Deiters, la coloration se portait également de manière non sélective sur le tissu conjonctif. Ce fut donc initialement par un contrôle empirique précis de la concentration des colorants, des procédés de fixation et du temps de contact avec les coupes fines que l'objectivation histologique du neurone fut réalisée. De même qu'on s'assure aujourd'hui de la spécificité des marquages immunohistologiques en comparant ceux obtenus par des anticorps différents, la spécificité d'un colorant pour un élément cellulaire pouvait être validée lorsqu'on avait trouvé deux colorants conférant des marquages identiques. Ainsi, la méthode de Golgi fut à l'abri de tout soupçon lorsque Erlich obtint en 1886 des marquages identiques à ceux obtenus par la méthode de Golgi avec le bleu de méthylène, injecté *in vivo*, dans des tranches de tissu placées au contact de l'air.

2. « Ces prolongements sont coniques, [...] ils deviennent de plus en plus minces et lisses. L'un d'eux, après un trajet très long, prend l'aspect d'un cylindre-axe [...]. [...] par son trajet âpre et grossier, ce prolongement semble être une branche protoplasmique », S. Ramón y Cajal, *Les problèmes histophysiologiques de la rétine. La rétine des Vertébrés*, Madrid, Blass, 1933, t. II-3, XIV, « Concilium ophtalmogicum », p. 18. « La plupart des expansions ascendantes [...] ont l'apparence de fibres nerveuses, tandis que les descendantes ressemblent plutôt à des prolongements protoplasmiques », *ibid.*, p. 23. Dans la majorité des cas, la

Pour ce programme ambitieux, rêve d'une neuronographie complète de toute structure nerveuse, aucun tissu ne fut plus adapté que la rétine qui demeure d'ailleurs aujourd'hui celui dont le plus grand nombre de neurones a été décrit. Cette structure a excité la curiosité de si nombreux chercheurs qu'il fut possible de croire que le travail colossal entrepris avait pu épuiser une organisation et une diversité neuronale qui paraissent encore presque invraisemblables[1].

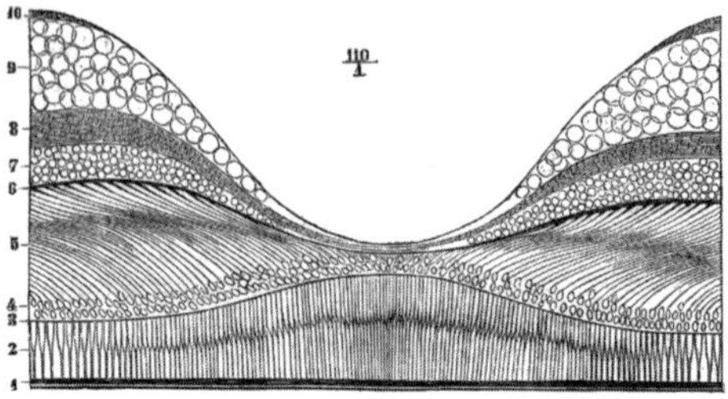

L'organisation en couche est décrite : *1*, couche de pigment ; *2*, couche des cônes ; *3*, membrane limitante externe ; *4*, granulations des cônes ; *5*, fibres des cônes ; *6*, couche intermédiaire ou granulée externe ; *7*, couche granuleuse interne ; *8*, couche moléculaire ; *9*, couche ganglionnaire ; *10*, couche de fibres du nerf optique.

Figure 4.
Coupe de la fosse centrale de la rétine.
D'après Schultze, dans Duval, *Structure et usages de la rétine*, 1872

Le problème initial était de résoudre une organisation rétinienne en couches décelables par des différences de densité de coloration et d'aspects des éléments visibles (fig. 4), en une organisation cellulaire et fibreuse. Trois niveaux de description initialement incompatibles sont distingués, fibres, couches, et corps cellulaires. Comment les fibres du nerf optique entraient-elles en contact avec les couches ? Comment les prolongements des corps cellulaires se répandaient-ils dans ces couches[2] ?

méthode de Golgi permettait de voir des types distincts de neurones par une objectivation finalement conceptuellement proche de celle de Deiters. Comme pour la dissociation, l'imprégnation métallique isolait un neurone, à cette différence près, remarquable, qu'il demeurait intact et se colorait jusqu'à ses prolongements les plus fins.

1. R.H. Masland, « The fundamental plan of the retina », *Nature Neurosci.*, 2001, 4, p. 877-886.

2. Avant l'adoption de la technique de Golgi, l'histologie se bornait à décrire l'aspect granuleux et fibrillaire des couches, la présence de noyaux colorés, sans référence à des cellules ou des fibres. Edward Klein (1844-1925), professeur d'anatomie générale et de

Parmi les questions de ce type, la plus simple fut de savoir si les cônes et les bâtonnets étaient entièrement contenus dans une couche unique. Une simple observation de coupes traitées par la méthode de Golgi permettait de répondre par la négative, puisque si la partie externe de ces cellules constitue une couche propre, les « noyaux » (corps cellulaires) appartiennent à la couche des cellules visuelles[1].

La forme de ces cellules pouvait d'ailleurs être appréciée dans les coupes et hors des coupes (après dissociation manuelle). Le contenu cellulaire de chaque couche pouvait être déterminé. Inversement, on précisait les limites du développement des prolongements des différents types de neurones dans les différentes couches. Cette méthode ne fut finalement pas différente lorsque Ramón y Cajal, ayant décrit la remarquable architecture des arborisations dendritique et axonale des neurones noircis par la technique de Golgi (fig. 1), voulut déterminer leurs positions respectives dans la rétine[2].

Le neurone put être reconnu dans la diversité de ses morphologies, de ses agencements, dans différentes régions du système nerveux. Dans ce travail, le chercheur était guidé par les multiples comparaisons entre divers

physiologie à Londres, indiquait dans son manuel d'histologie sa position sur le devenir des prolongements dendritiques des cellules ganglionnaires (cellules externes de la rétine d'où émergent les fibres qui convergent de la surface rétinienne pour former le nerf optique) : « Plusieurs processus [...] passent dans la couche externe voisine, c'est-à-dire dans la couche granulée interne. Selon Max Schultze et d'autres, ces processus se résoudraient en un réticulum de fibrilles entrant dans la constitution de la couche granulée interne ; mais selon Retzius, Mans et Schwalbe, ces processus ne feraient que passer au travers de la couche granulée interne », E. Klein, *Nouveaux Éléments d'Histologie*, trad. fr. Variot, Paris, Doin, 1885.

1. Avant le développement de cette technique, la démonstration de telles assertions relevait d'une dissociation à l'aiguille, après traitement par l'acide osmique et par l'eau distillée, de cônes, bâtonnets et cellules multipolaires de la couche granulaire interne. Ces cellules retrouvées intactes, en petits nombres, au milieu de fragments épars de débris rétiniens indiquaient des normes structurales pour les éléments cellulaires qu'il convenait ensuite de repérer dans les coupes.

2. « Dans cette couche se rencontrent trois espèces d'éléments : les pieds de cônes droits et obliques, les panaches ascendants des cellules bipolaires, ordinaires et déplacées, et les arborisations protoplasmiques des cellules horizontales. Comme nous l'avons dit plus haut, la couche plexiforme peut être subdivisée en deux sous-zones : l'une externe, dans laquelle s'étalent les filaments des cônes droits et les panaches de certaines bipolaires ; l'autre, interne, où se placent de préférence les pieds des cônes obliques et une autre espèce de bipolaires plus profondément situées. Les arborisations des cellules horizontales, surtout de celles qui ont un panache supérieur en brosse, semblent concourir aux deux sous-zones », S. Ramón y Cajal, 1933, *op. cit.*, p. 52-53.

modes d'objectivation histologique d'objets dont il fallait préciser les relations (neurones, somas, dendrites, fibres, couches cellulaires, couches fibrillaires, etc.). Les structures nerveuses se définissaient progressivement par les types distincts de neurones qu'elles contenaient et par leur organisation spatiale.

L'histologie du système nerveux, tentée dès ses débuts par la recherche de corrélats anatomiques de conceptions physiologiques, n'en demeurait pas moins au stade de descriptions anatomiques des relations intercellulaires, aussi complexes fussent-elles, dans des tissus morts. L'objectivation neuronale n'avait pas encore de liens directs avec la physiologie. Mais l'histologie prenait peu à peu l'assurance nécessaire à la dynamisation progressive du concept de neurone au sujet de structures nerveuses déterminées, où histologie et physiologie pourraient un jour développer des dialogues convergents par une interdisciplinarité fondée sur des approches techniques différentes, mais objectivant des concepts semblables.

Dynamisation du concept de neurone

Dans l'historique introductif de son ouvrage de 1911, Ramón y Cajal confrontait une première période de décomposition microscopique du neurone à une seconde qui vit naître une efflorescence d'hypothèses gratuites concernant la structure intime du tissu nerveux. Si la première période s'achevait avec Deiters, la seconde débutait avec le même homme[1]. Car si Ramón y Cajal confortait Deiters comme le premier objectivateur du neurone, c'est-à-dire celui qui avait permis la véritable distinction entre neurone et névroglie[2], il le rendait coupable d'avoir pressenti le réticularisme et d'avoir imaginé, par des préoccupations d'ordre physiologique, d'invisibles structures.

À cette époque, la physiologie fut à la fois une aide pour l'interprétation des limites du visible, mais aussi semble-t-il un piège. Les distinctions entre dendrites, axones et fibres apposées au soma, ne pouvaient que susciter des questions relatives aux relations entre ces éléments et à leur fonction dans la conduction de l'excitation neuronale. Cette tentation à l'imagination favorisa diverses spéculations et l'émergence de polémiques. Gerlach et Golgi s'illustrèrent par leur habileté à déceler des

1. S. Ramón y Cajal, 1911, *op. cit.*

2. La névroglie ou neuroglie est le tissu environnant les neurones, composé des cellules gliales impliquées dans le maintien, la nutrition des neurones et leurs communications par des mécanismes de couplages métaboliques.

réseaux formés de prolongements cellulaires, prenant place entre dendrites et axones de cellules voisines. Ils leur prêtèrent surtout l'attention qu'une certaine physiologie réclamait.

Pour le physiologiste Louis Lapicque, il y avait là une attitude psychologique propre aux histologistes dont « l'attention [...] est professionnellement dirigée vers la continuité dans le système nerveux; leur préoccupation est de trouver le chemin par où peut passer l'influx ». Les réflexions de Deiters, les images de Golgi ne manquent pas de démontrer combien l'histologie ne se suffisait pas entièrement à elle-même, et combien l'objectivation du tissu nerveux ne pouvait se passer de l'idée même de sa fonction. Comme le notait Jean-Claude Dupont, « [...] on voit que la cellule nerveuse est placée au centre d'un enjeu biologique considérable qui dépasse largement le cadre de la morphologie pure »[1]. Selon Ramón y Cajal, « la seule connaissance structurale [...] n'est pas suffisante »[2]. Mais l'attitude de l'histologiste face à la physiologie attendait d'être précisée, afin d'inclure, dans le concept de neurone, l'idée d'une dynamique fonctionnelle. La piste à laquelle Lapicque faisait allusion est simple; l'histologiste décèle le fonctionnement des éléments anatomiques, c'est-à-dire la possibilité de leur interaction fonctionnelle – passage de l'influx de l'un à l'autre – par une « continuité anatomique », ou une « contiguïté anatomique » considérée comme une « continuité fonctionnelle ». Dans les deux cas, la proximité anatomique des éléments, en interaction dynamique, est considérée comme nécessaire. C'est ce qu'on entend par le « déterminisme anatomique » du fonctionnement nerveux.

Parallèlement à cette volonté de connaître la continuité des circuits cellulaires nécessaires à la conduction d'une excitation, une dynamisation fonctionnelle des éléments cellulaires fut permise par l'idée d'une polarisation de la conduction nerveuse à l'intérieur du neurone. Cette attitude dérivait de conceptions physiologiques antécédentes. L'idée même de polarisation s'apparentait à la conduction nerveuse orientée, centrifuge ou centripète, des physiologistes de l'arc réflexe du XIX e siècle. Depuis l'idée de Charles Bell (1774-1842), et les expériences de François Magendie (1783-1855), le passage de l'influx à travers la moelle était connu pour être polarisé des cornes postérieures, recevant les impulsions sensitives, vers les cornes antérieures, émettant les impulsions motrices. Cette polarisation, appliquée à la dissymétrie des éléments neuroniques, dans le schéma théorique de l'arc réflexe simple, aboutissait à l'idée d'une conduction

1. J.C. Dupont, *Histoire de la Neurotransmission*, Paris, PUF, 1999, p. 24.
2. S. Ramón y Cajal, *Les problèmes histophysiologiques de la rétine*, 1933, *op. cit.*

cellulifuge dans l'axone, le neurone prenant alors la valeur de centre nerveux.

Ce passage d'une physiologie nerveuse grossière à une interprétation à l'échelle cellulaire est bien illustré dans une célèbre expérience citée par Ranvier[1]. Elle est l'une des démonstrations les plus nettes du rôle d'un neurone dans l'émission d'une excitation axonale cellulifuge sous-tendant l'impulsion d'un centre nerveux. L'organisation anatomique particulièrement simple du lobe cérébral de la torpille permet la corrélation sans ambiguïté d'une réponse physiologique avec un trajet nerveux. La stimulation directe des cellules motrices – les neurones de commande des organes électriques – produit une décharge électrique qui indique qu'une impulsion nerveuse procédant des somas neuroniques s'est transmise jusque dans leurs axones. Dès lors, on peut accepter que la conduction cellulifuge de l'axone sous-tend les impulsions motrices et l'excitabilité des corps cellulaires; la propriété conductrice des prolongements cellulaires devient une propriété fondamentale.

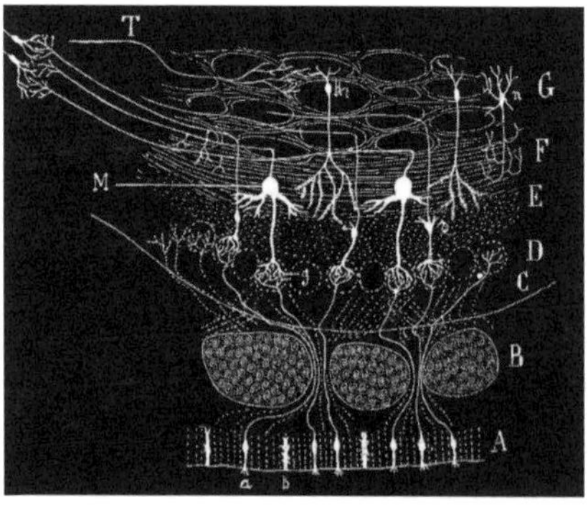

A, muqueuse olfactive; *B*, lame criblée de l'ethmoïde; *C*, couche fibrillaire superficielle; *D*, glomérules; *E*, couche moléculaire; *F*, couche des cellules mitrales; *G*, couche des fibres nerveuses profondes; *M*, une cellule mitrale; *T*, fibres nerveuses centrifuges. C'est par des études de ce type de réseaux que s'est constituée l'idée d'une polarisation des circuits nerveux de la périphérie jusqu'aux centres et celle de polarisation des neurones eux-mêmes.

Figure 5.
Les « rapports nerveux de l'appareil olfactif des mammifères ».
D'après un dessin de S. Ramón y Cajal, dans Berdal, 1899

À l'inverse d'une telle approche, une histologie isolée de toute physiologie semble *a posteriori* peu armée pour répondre à de telles interrogations. Cette discipline revendiquait néanmoins des points de vue qui attirent l'attention sur certains rapports entre histologistes et physio-

1. L. Ranvier, 1875, *op. cit.*, p. 1098.

logistes. À l'opposé de la conception réticulariste de Golgi, qui voyait dans les dendrites des plexus nourriciers proches des vaisseaux, une attitude alternative faisait participer les dendrites dans la « fermeture » des circuits cellulaires, selon le trait psychologique noté par Lapicque. S'il fallait alors supposer une propriété conductrice des dendrites, ce parti pris histologique devait également proposer un sens de conduction et démontrer des interactions entre dendrites et axones. Les arguments, qui demeuraient essentiellement topographiques, partagèrent Ramón y Cajal et Golgi, mais également, dans une phase précoce, l'histologiste espagnol et le belge Arthur Van Gehuchten (1861-1914). Ramón y Cajal dit avoir réussi à convaincre ce dernier par la découverte de certains axones, en association avec des plexus dendritiques, dans des préparations de moelle épinière. De sorte que ce furent finalement ces deux auteurs qui se proclamèrent en faveur d'une propriété de conduction générale à l'intérieur d'un neurone comprenant des éléments récepteurs (les dendrites) et un élément émetteur (l'axone).

Cette « loi de polarisation dynamique », reconnue aujourd'hui comme ne reflétant qu'un aspect de la conduction neuronale, s'inscrivait dans un processus où les neurones étaient placés entre deux neurones voisins, de manière à fermer des circuits électriques polarisés à l'échelle cellulaire (fig. 5). Le système nerveux devenait un « vaste ensemble de chaînes de neurones communiquant tous entre eux médiatement ou immédiatement » [1].

Ces approches n'empruntant rien dans leurs méthodes à la physiologie, s'établissaient sur des arguments purement anatomiques, en adoptant une spéculation pure pouvant susciter de possibles dialogues avec les physiologistes, mais s'attirant surtout leurs foudres dans une première phase de confrontation.

L'histophysiologie des neurones : un mariage possible ?

Cette dimension dynamique d'une histologie se rapprochant de la physiologie fut le fondement d'une nouvelle approche : l'histophysiologie. Cette discipline s'imposa davantage comme un mode d'interprétation que comme une nouvelle méthode, à certains histologistes comme Ramón y Cajal [2] ou Max Schultze.

Elle se développa aussi comme un programme de recherche dans l'entourage de Claude Bernard. En s'ouvrant à l'idée de populations de

1. E. Rabaud et F. Monpillard, *Atlas d'histologie normale*, Paris, Carré et Naud, 1900, p. 74.

2. S. Ramón y Cajal publie en 1933 *Les problèmes histophysiologiques de la rétine*, *op. cit.*

cellules fonctionnant comme un tout, pour un tout, Bernard vit dans l'histologie, au-delà d'une ornière anatomique, la possibilité de situer des fonctions et de fractionner au sein même du tissu des propriétés d'organes. Les premiers chapitres du *Traité technique d'histologie* de Louis Ranvier (1875) incorporaient systématiquement des réflexions histophysiologiques. Mais, dans l'ordre d'énumération des tissus, l'ouvrage s'épuisait vite dans cette démarche, lorsqu'elle devenait progressivement plus difficile. De sorte qu'on pourrait presque soupçonner que cet ordre, dans lequel le tissu nerveux est dernier, fut défini par Ranvier selon la facilité d'application de ce programme aux divers tissus [1].

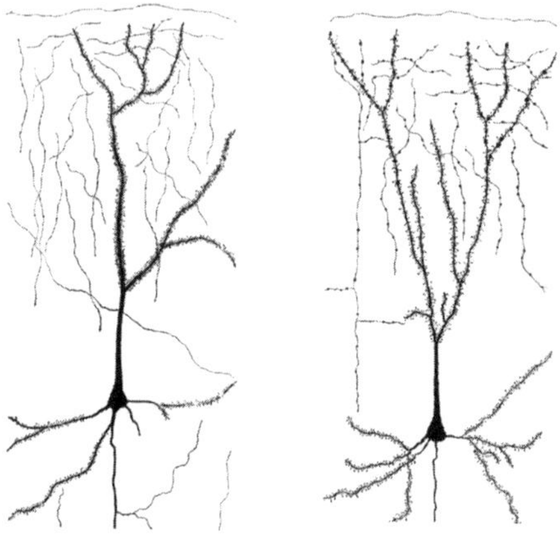

Figure 6.
Cellules pyramidales de la marmotte éveillée (gauche) et endormie pendant sa période d'hibernation (droite). D'après Querton, 1898. Les « appendices pyriformes » (boutons synaptiques) sont moins nombreux chez la marmotte endormie, cité dans Duval, 1900, au sujet de l'amiboïsme.

1. Parmi les succès de l'histophysiologie des premiers chapitres, notons la localisation de la propriété fixatrice de l'oxygène dans les hématies. Mais lorsque Ranvier arrive finalement au tissu nerveux, les conceptions fonctionnalistes n'y sont pas. L'histologiste s'en explique par son refus d'accréditer les conceptions physiologiques précoces du réticularisme. À propos des jugements portés sur ces réseaux diffus, la dénomination d'hypothèses anatomiques de Ranvier fait écho au postulat anatomique de Forel et aux hypothèses gratuites de Ramón y Cajal. Ranvier ne prit pas parti, car il fut plus soucieux, semble-t-il, de l'exactitude de ses observations d'une irréprochable technicité.

Mathias Duval franchit un pas en donnant une théorie du sommeil reposant sur l'amiboïsme neuronal par lequel les cellules établissent des contacts et les rompent à la manière de filopodes, selon les cycles du sommeil (fig. 6)[1]. Si cette histophysiologie paraît aujourd'hui naïve, il faut cependant lui accorder la validité de l'amiboïsme neuronal, mis en évidence au XXe siècle par Cajal et Harrison et son rôle possible dans la plasticité neuronale suggéré par de récents travaux[2].

L'histophysiologie allemande de Max Schultze, s'attaquant au phénomène complexe de la vision des couleurs, constitua, quant à elle, une approche plus biophysique, tenant compte des succès de la physiologie et de la psychophysique. Cependant, dans son ensemble, à cette époque, la physiologie n'influença que timidement les concepts de l'histologie, avant de reformuler profondément le concept de neurone par de tout autres procédés d'expérience, et l'on ne peut encore parler réellement d'interdisciplinarité dans la constitution du neurone.

Objectivation histologique du neurone

Comprendre le neurone objectivé par la physiologie requiert de saisir les différences essentielles entre les objectivations histologique et physiologique. Il est également nécessaire de saisir les rapports entre ces deux méthodes et les conflits générés entre ces disciplines lors des premières rectifications du concept de neurone.

En premier lieu, analysons les modalités d'objectivation de l'histologie. Saisir un type d'objectivation, c'est-à-dire sa rationalité propre, requiert non seulement de comprendre sa dimension expérimentale, mais également de décrire, à travers le langage naturel des textes scientifiques, les procédés de création d'objets.

Le point de départ est l'observation microscopique. Mais avant qu'elle ne puisse débuter, la préparation anatomique est déterminante, de même qu'ultérieurement, l'interprétation des observations. Or, certains histologistes ont parfois voulu discréditer leurs rivaux en les rendant coupables d'avoir produit par leurs techniques de réels artefacts, mais aussi, le plus souvent, d'avoir commis des erreurs d'interprétation.

1. M. Duval, 1900, *op. cit.*, p. 974; voir aussi, M. Duval, « Hypothèses sur la physiologie des centres nerveux; théorie histologique du sommeil », *C.R. Soc. Biol.*, 1872, 24, p. 74-77 et J. Soury, *L'Amiboïsme des cellules nerveuses, critique des théories édifiées sur cette doctrine*, Paris, C. Naud, 1901.

2. P.M. Lau, R.S. Zucker, D. Bentley, « Induction of filopodia by direct local elevation of intracellular calcium ion concentration », *J. Cell. Biol.*, 1999, 145, p. 1265-1275.

L'observation elle-même, à travers le microscope, fut rarement mise en doute. Lorsqu'elle le fut, on crut éliminer sa subjectivité par l'utilisation de la photographie naissante[1]. Cette perception avait quelque chose d'un tabou, relevant de l'intimité du chercheur dans son rapport à ses lames. Ramón y Cajal refusa de montrer publiquement ses préparations à Oxford, bien que Sherrington en eut réalisé des diapositives à lanterne[2]. Montrer des lames histologiques à des physiologistes eut sans doute suscité trop de méprises. Cette dimension de l'objectivation histologique laisse une place limitée pour l'intersubjectivité, surtout dans la confrontation entre deux disciplines. Elle semble plutôt laisser le champ libre à l'imagination individuelle, comme aux rêveries des réticularistes[3].

Mais voir ne suffit pas, car voir n'est pas concevoir. Il y a souvent confusion entre l'élément vu et l'élément objectivé et l'on n'a pas suffisamment distingué l'élément vivant, l'élément préparé dans une coupe et l'élément objectivé. On reconnaît par là la place de la perception histologique à mi-chemin entre l'élément vivant et l'élément objectivé. Mais l'on ne doit pas oublier que l'élément objectivé suit certaines lois propres de constitution des objets. Et cette phase de constitution a une dimension essentiellement rationnelle, bien qu'elle soit en rapport intime avec la perception des éléments préparés.

Une reconnaissance des formes d'objets préalablement isolés en constitue le niveau le plus simple. Ainsi distingue-t-on des sphérules, des corpuscules ellipsoïdes, des fibrilles, des éléments digitiformes, des renflements rugueux ou des tubes lisses. Cet acte a l'objectivité d'une description géométrique, mais elle n'est finalement qu'une étape pour constituer des objets à partir de leurs éléments, comme des ensembles de formes. Là se situe cette distinction marquante qui apparaît, dans tout ouvrage du XIXe siècle, entre deux types d'éléments, le noyau (ou corps cellulaire) rond et

1. O. Breidbach, « Representation of the microcosm: the claim for objectivity in 19th century scientific microphotography », *J. Hist. Biol.*, 2002, 35, p. 221-250. M.J. Gerlach, « De la photographie comme moyen d'investigation micrographique. Note de M. Gerlach accompagnant des épreuves grossies, sans déformations, d'objets soumis au microscope », *C.R. Acad. Sci.*, 1861, 53, p. 376.

2. Mais au cours d'un voyage antérieur à Berlin, Cajal avait acquis une première notoriété internationale, auprès des plus célèbres histologistes, en dévoilant ses coupes lors d'un colloque international.

3. La conférence Nobel de Golgi trahit une fidélité suspecte à son impression première : « Ce qui me sembla immédiatement d'une importance capitale dans le fonctionnement du système nerveux concernant la structure du réseau, fut sa structure même, ainsi qu'elle m'apparut ».

ramassé et la fibre, fine et linéaire. Maints types de fibres furent décrits, selon leur grosseur, la régularité de leur contour, la présence d'une gaine, ou la structure de leurs ramifications. Mais que faire de cette proximité des fibres et des noyaux ?

Comme l'objectivation de Deiters l'a indiqué, la constitution des objets à partir d'éléments fut avant tout une activité de mise en relation d'éléments [1]. Ces relations peuvent être définies comme des « fonctions de relation » distinctes, dont la première est la continuité, continuité entre les formes, leurs pourtours, puis continuité des éléments colorés, des colorations elles-mêmes et notamment la continuité de l'imprégnation chromo-argentique de Golgi. Par leur continuité à un corps cellulaire, les fibres devinrent des prolongements, dont les uns, paraissant en continuité avec la couche protoplasmique autour du noyau et présentant un même aspect rugueux, étaient assimilés à des prolongements protoplasmiques, tandis que l'autre, unique, plus fin, lisse, parfois muni d'une gaine, était le prolongement décrit par Deiters, ou cylindre-axe, c'est-à-dire l'axone. Entre le corps cellulaire et l'axone, un élément de continuité fut également reconnu comme le segment initial de l'axone. Le premier stade d'objectivation du neurone impliqua la recherche des continuités entre éléments d'un même objet, un tout formé de ses parties. C'était le principe de fermeture des circuits appliqué à l'échelle de la cellule.

Avec le développement des coupes et la reconnaissance dans un même lieu d'éléments multiples, l'histologie avait besoin d'un repère géométrique pour révéler les rapports entre éléments. La couche marquée par une coloration d'intensité particulière représentait non seulement l'objet d'une organisation d'un niveau supérieur, mais également un repère géométrique [2]. S'imposaient alors deux nouveaux types de relation, les fonctions de relation de co-localisation et de contiguïté. Ainsi relève-t-on dans le langage qu'un élément « s'adapte à », « établit une articulation avec », « aboutit à » ou « se termine à » un autre élément. La co-localisation d'éléments au sein d'une même couche la caractérise, alors que la contiguïté de neurones proches établit des possibilités d'interactions perçues comme fonctionnelles.

1. G. Bachelard, *Le Nouvel Esprit Scientifique*, Paris, PUF, 1934, « Le rôle des entités prime sur leur nature et l'essence est contemporaine de la relation. [...] nous passons donc sur le plan de la pensée où les objets n'ont de réalité que dans leurs relations ».

2. La couche fut définie par sa position et sa composition, comme la couche des cellules visuelles, la couche des sphérules des bâtonnets, ou la couche plexiforme interne : à chaque élément, sa couche, comme son ordonnée.

C'est ainsi que l'on peut décrire la démarche générale de l'histologie de la fin du XIXe siècle qui crée ses objets par des opérations ensemblistes et des définitions implicites de fonctions de relation révélées par un langage dont la terminologie n'était pas entièrement fixée. Cette démarche rationnelle aboutit à la possibilité de transcrire, sous forme de schémas, les connexions entre éléments et neurones, dans des dessins qui ne sont rien d'autre que les diagrammes de structure des circuits nerveux (ou neuronaux) dont la physiologie va bientôt s'emparer.

L'histologie du neurone se développe donc d'emblée dans des contextes physiologiques prégnants. Mais sa méthode est initialement basée sur une rationalité topographique relativement autonome. La visée d'un fonctionnalisme légitime amène l'histologie à orienter ses outils et recherches vers les relations intercellulaires et la description neuronale des centres. Ce programme amène cette discipline à des interprétations et spéculations excessives, l'instauration très critiquée d'une histophysiologie française, mais surtout à une dynamisation du concept de neurone qui attire l'attention des physiologistes et tirera bientôt parti des résultats ultérieurs de la physiologie. Le neurone ne saurait être encore l'objet d'une quelconque interdisciplinarité.

RECTIFICATIONS DU CONCEPT DE NEURONE PAR LA PHYSIOLOGIE NERVEUSE

L'histologie pouvait-elle soutenir seule, avec toute la rigueur requise, le projet de forger un concept de neurone autonome ? Etait-elle en mesure d'associer avec justesse ses résultats avec ceux d'une physiologie nerveuse en constant progrès ? C'est à travers les réactions des physiologistes au concept de neurone et, plus généralement, à travers les relations entre physiologistes et histologistes qu'il est possible de comprendre les idées fonctionnelles de l'histologie et la nécessité pour certains physiologistes de rectifier un concept qui désormais les concerne, dès lors que la réflexologie s'attache à étudier dans le détail les spécificités fonctionnelles des centres nerveux organisés en neurones.

Une physiologie essentiellement nerveuse

À la fin du XIXe siècle, la physiologie est « nerveuse », car son objet est le nerf étudié *in vivo*, *in vitro*, isolé, ou dans des préparations telles que la patte galvanoscopique de grenouille. Ses outils sont d'abord l'acide, la pince ou le courant (comme stimulant) et l'œil humain ou l'appareil inscripteur pour déceler une contraction, ou le simple frémissement d'une membrane ou d'un muscle. Grâce aux progrès techniques du début du XXe siècle, des ingénieurs construisent de nouvelles électrodes (fig. 7), des circuits permettant le contrôle des fréquences et des durées des stimulations électriques répétées (fig. 8), des myographes[1] et galvanomètres.

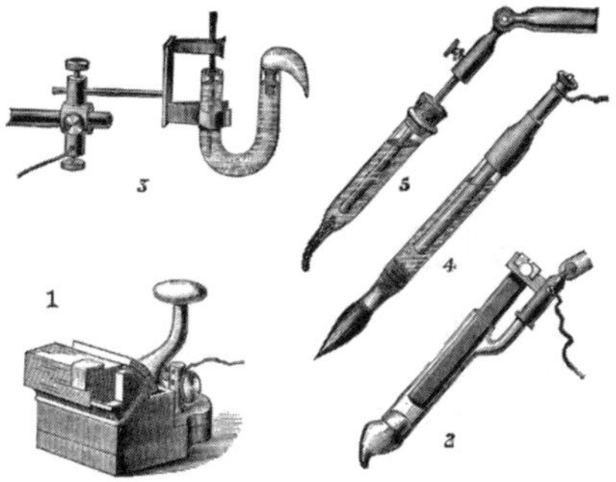

Electrodes impolarisables, (1) et (2), électrodes de du Bois-Reymond ; (3), de Burdon-Sanderson ; (4), de V. Fleischl ; (5), de d'Arsonval. La partie métallique est plongée dans une solution métallique de même métal. Le bout de l'électrode est un bouchon de kaolin de forme variable en contact avec le tissu vivant, imprégné de chlorure de sodium

Figure 7.
Instruments de la physiologie des nerfs et des muscles.
D'après Morat et Doyon, 1902

Cette physiologie situe sa démarche entre une stimulation contrôlée dans le temps et l'espace, et l'enregistrement objectif de son résultat organique. Cette instrumentation du contrôle nerveux s'applique uniquement à l'entrée et à la sortie d'un circuit préalablement et minutieusement défini par l'anatomie. Cette approche vise à en déceler l'organisation fonctionnelle par l'établissement de relations causales entre l'action d'une stimulation et un effet, tous deux localisés dans des lieux anatomiques disjoints et néanmoins en relation par une organisation nerveuse à découvrir.

Les instruments, les concepts et schémas d'organisation de cette physiologie s'appliquent alors presque entièrement à des nerfs. Il est dès lors possible de distinguer une physiologie nerveuse d'une physiologie neuronale à venir. En définissant la première, la seconde sera précisée

1. *Cf.* glossaire.

ultérieurement par des oppositions et des continuités. Comprendre l'émergence de la physiologie neuronale, c'est d'abord chercher l'origine physiologique du neurone dans les liens entre une physiologie nerveuse et l'histologie.

Ces liens se dessinent déjà avant la théorie du neurone; aussi, c'est au cours de la seconde moitié du XIXe siècle qu'il convient de rechercher les interactions précoces entre la physiologie nerveuse et l'histologie sur un objet commun, la fibre nerveuse. Ce sont ces liens qu'il faut définir pour leur analyse ultérieure dans le contexte de la théorie du neurone.

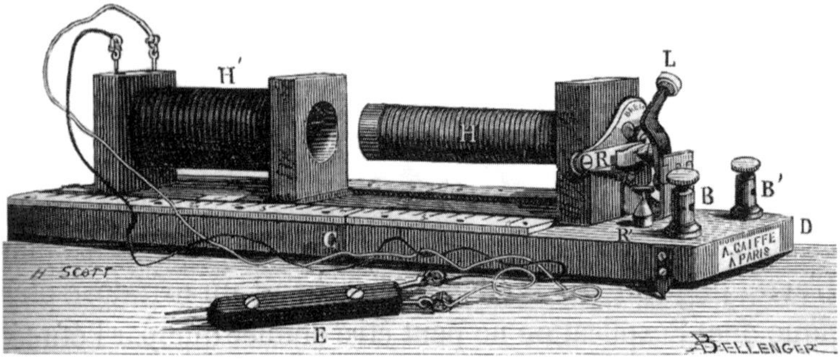

Figure 8.
Appareil d'induction utilisé en physiologie pour la stimulation électrique des nerfs et des muscles par des courants interrompus à grande fréquence (50 Hz).
D'après Ranvier, 1875

Relations entre histologie et physiologie nerveuse au XIXe siècle

Les conceptions physiologiques de l'histologie relevaient soit de l'analogie[1], soit de postulats. Ceux exposés par Ramón y Cajal dans sa conférence Nobel comportaient l'excitation à distance entre neurones, la conductibilité des diverses parties du neurone, la polarisation de la conduction. Cependant, le concept de neurone, même dans sa forme dynamisée, demeurait un concept essentiellement histologique. Il avait néanmoins acquis une valeur opératoire dans la description anatomique des centres nerveux. Son objectivation s'accompagnait du postulat de certaines propriétés fondamentales de conduction et d'une unité fonctionnelle élémentaire que les physiologistes eurent beaucoup de mal à admettre. Le

1. Jan Evangelista Purkinje (1787-1869).

mot du physiologiste Albert Dastre, élève de Claude Bernard, cité par son élève Louis Lapicque, résume ce jugement : « Le neurone ne nous a rien appris »[1].

Pourtant, dans certains domaines de la science, histologistes et physiologistes eurent les moyens d'interagir au sujet du neurone[2] dans une phase précoce d'élaboration du concept. L'un des thèmes qui suscita des échanges concernait les expériences de section de l'axone séparé de son corps cellulaire. La dégénérescence et la régénération consécutives à la section de l'axone dépendaient de cette rupture de lien physique. La valeur de l'union axone-soma corroborait une idée unitaire du neurone.

C'est Augustus Volney Waller (1816-1870) qui en fit la découverte[3]. Dans le premier chapitre de son célèbre ouvrage, *Estudios sobre la degeneración y regeneración del sistema nervioso*[4], Ramón y Cajal lui rendit hommage pour son interprétation correcte de la dégénérescence de la partie périphérique du nerf séparé de son centre[5]. Si un histologiste aussi brillant que Waller pouvait associer sa technique à une expérimentation physiologique, l'histoire montre combien il fut généralement difficile aux physiologistes d'être dans cette démarche de sérieux concurrents.

1. L. Lapicque, 1943, *op. cit.*, p. 149.

2. Ou au sujet de la cellule nerveuse, avant 1891.

3. Dans les années 1850, Waller avait précocement reçu une formation mixte d'histologie et de physiologie en publiant une série de travaux sur la section des nerfs de la langue de grenouille. Il souhaitait comprendre, par l'histologie, l'observation physiologique de Müller et du Français François Achille Longet (1811-1871) d'un nerf sectionné perdant toute excitabilité dans la partie séparée de son centre. Waller choisit comme modèle la langue vivante de grenouille. Elle permettait une mesure de contraction, la section des nerfs et leurs observations microscopiques dans ce tissu transparent. A. Waller, « Minute Structure of the Papillae and Nerves of the Tongue of the Frog and Toad », *Phil. Trans. Roy. Soc. Lond.*, 1849, 139, p. 139-149.

4. S. Ramón y Cajal, *Estudios sobre la degeneración y regeneración del sistema nervioso*, Madrid, Moya, 1913-1914, trad. angl. R.M. May ; S. Ramón y Cajal, *Degeneration and regeneration of the nervous system*, *op. cit.*

5. La séparation physique du centre (où sont localisés les corps neuroniques dont les axones constituent le nerf) fut proposée comme cause de la dégénérescence à une époque où l'histologie se basait sur une série de techniques de coloration des axones peu maîtrisées. Tous les chercheurs ne pouvaient être aussi rigoureux dans l'application de ces techniques délicates. Ramón y Cajal dénonçait « les opinions négatives [...] avancées en particulier par des physiologistes, un groupe de chercheurs qui, avec toutes les qualités et facultés qu'ils possèdent dans leur domaine, sont [...] en raison de leur spécialisation rendue nécessaire par la division du travail, peu exercés à la sévérité et à la rigueur des observations micrographiques et avec les secrets de l'interprétation histologique », S. Ramón y Cajal, *Degeneration and regeneration of the nervous system*, *op. cit.*

Les expériences d'Edmé Félix Alfred Vulpian (1826-1887), réalisées dans le laboratoire de Pierre Flourens (1794-1867), renforcent cette idée. Elles donnèrent lieu à une série de publications au début des années 1860[1] et aboutirent à une théorie autogène de la régénération des nerfs expliquant comment une partie nerveuse isolée de son centre était capable d'une régénération indépendante. Ces physiologistes crurent valider cette idée par l'histologie, en décrivant la multiplication pathologique des cellules de Schwann à proximité des fibres sectionnées.

Un autre élève de Claude Bernard, le physiologiste Paul Bert (1833-1886), laissa, quant à lui, à son collègue et ami du Collège de France, l'histologiste Louis Ranvier, le soin de réaliser les contrôles histologiques nécessaires à ses expériences[2].

Ces quelques faits suffisent à éclairer les liens entre deux disciplines. La plupart des chercheurs n'ont généralement pas suivi dans cette période l'approche de Waller, Bert ou Ranvier. Ces quelques cas isolés rendent néanmoins compte de l'attrait de quelques physiologistes pour les cellules nerveuses et de quelques histologistes pour la conduction nerveuse. C'est par de telles approches témoignant d'une interdisciplinarité naissante entre histologie et physiologie nerveuse que put être remise en question la loi de la polarisation dynamique du neurone. Une confrontation positive était donc possible entre ces deux disciplines au sujet du neurone.

Révision du concept de polarisation nerveuse par la physiologie, avant et après le concept de neurone

La polarisation de l'impulsion nerveuse dans un nerf, ou cette même propriété reformulée à l'échelle cellulaire, fut le terrain propice d'un rapprochement réel entre l'histologie et la physiologie. Cette démarche aboutit à une révision du concept de polarisation dynamique du neurone formulé par Van Gehuchten et Ramón y Cajal.

Une première étape de rectification fut l'œuvre de Paul Bert. En 1863, à l'Académie des Sciences de Paris, il crut devoir porter secours à Vulpian, alors très critiqué, en reprenant un procédé expérimental ancien inspiré des travaux de Flourens : un nerf sensitif, isolé de son centre, peut conduire une

1. *C.R. Acad. Sci.*, 1859, 49, p. 507-509; 1860, 51, p. 363-634; 1861, 52, p. 849-851; 1863, 56, p. 54-58 et p. 1009-1011.

2. « Si, quelques jours après, on examine au microscope, comme a bien voulu le faire M. Ranvier, les nerfs de ce tronçon, on voit qu'ils ont subi les altérations habituelles des nerfs séparés de leurs centres trophiques », P. Bert, *C.R. Acad. Sci.*, 1863, *op. cit.*, p. 174.

impulsion en sens contraire, lorsqu'il est contraint par chirurgie d'établir une connexion avec des fibres motrices. Chez Flourens, ce type d'expérience testait une équivalence de nature entre nerfs moteurs et sensitifs. Chez Vulpian, il s'agissait de montrer la possibilité pour une fibre séparée de son centre de s'unir à d'autres. Mais chez Paul Bert, l'expérience indiqua une conduction « antidromique »[1]. Cette approche expérimentale n'apparut jamais dans l'histoire comme un argument significatif contraire à la loi de polarisation de l'influx nerveux, peut-être en raison de ses procédés artificiels de coupure et de cicatrisation, peut-être aussi parce qu'elle était bien antérieure à la théorie du neurone[2]. Néanmoins, elle est sans nul doute une première objection à la loi de polarisation dynamique de la conduction nerveuse dans une fibre.

La note publiée par Sherrington en 1897, *Double (Antidrome) Conduction in the Central Nervous System*[3] est une étude beaucoup plus connue sur le même thème, bien qu'elle ne figure généralement pas dans le corpus classique des études réflexologiques de cet auteur. Elle constitue une transition entre, d'une part, les études histologiques et pathologiques antérieures de Sherrington et, d'autre part, une motivation croissante pour la physiologie[4]. L'expérience de Sherrington fut basée sur une stimulation

1. Le terme « antidromique » désigne une conduction axonale inverse, de l'extrémité de la fibre vers le corps cellulaire (sens cellulipète) et du soma neuronique, aux dendrites. Il est utilisé par commodité ici, car il n'est pas employé par Paul Bert.

2. Le principe expérimental de Paul Bert consistait à retirer la peau de la partie apicale de la queue d'un jeune rat pour l'insérer ensuite dans une incision pratiquée dans le dos de l'animal, de manière à former une anse. Cette incision était laissée à cicatriser pendant huit mois. On sectionnait alors la queue non loin de la suture. L'excitation par pincement du bout de queue isolé encore inséré dans le dos de l'animal déterminait un cri et la fuite du rat! Paul Bert imagina un influx sensitif se propageant de façon antidromique de cette extrémité coupée vers l'apex de la queue insérée dans le dos de l'animal. La conduction était en effet inverse du sens normal dans ce fragment de queue. Ses fibres nerveuses altérées par l'écorchage de la peau avaient dû former des contacts avec des nerfs sensitifs de la peau du dos de l'animal. La complexité, l'ingéniosité du procédé et du raisonnement, à l'époque de la pince et du bistouri, au service d'une question qui nous semble encore si actuelle, étonnent. On ne peut que regretter que Paul Bert ait renoncé à sa carrière de physiologiste pour une autre plus glorieuse. Cette expérience nous apparaît aujourd'hui comme une objectivation physiologique précoce d'une conduction antidromique qui contredit l'idée, formalisée plus tard par les histologistes, d'une conduction polarisée au sein d'un élément nerveux.

3. C.S. Sherrington, « Double (Antidrome) Conduction in the Central Nervous System », *Proc. Roy. Soc. Lond.*, 1897, 61, p. 243-246.

4. Sherrington fut initialement marqué par le tournant décisif qu'imposa Louis Pasteur (1822-1895) à la médecine, en gagnant l'Espagne en tant que pathologiste pour étudier les

délicate et locale, « imperceptible, ou tout juste perceptible par le bout de la langue », d'un faisceau nerveux sensitif ascendant de la moelle épinière. Ce faisceau était préalablement isolé des centres supérieurs par section en dessous de son noyau relais du bulbe rachidien. La stimulation effectuée en dessous de la section ne devait être d'aucun effet, si la conduction dans ces voies était exclusivement ascendante[1]. Or, Sherrington constata que cette stimulation induisait des mouvements des membres supérieurs. Il arriva à cette conclusion : « La conduction doit être descendante et cellulipète le long d'axones qui conduisent dans une direction cellulifuge ; autrement dit, la propagation de l'impulsion induite artificiellement au cours de mes observations a dû être antidromique[2] au lieu d'orthodromique [...] La direction de la propagation est donc en opposition avec la *polarisation dynamique des nevrons*[3] avancée par Ramón y Cajal et V. Gehuchten »[4].

Sherrington instaura un autre dialogue entre physiologie et histologie. L'interprétation d'une conduction polarisée dans une chaîne nerveuse l'avait amené à constituer le concept fonctionnel de « synapse »[5]. Ce concept se rapportait à l'élément cellulaire impliqué dans le transport d'un courant à sens unique à travers un circuit nerveux, à l'instar d'une

causes infectieuses du choléra et les dégénérescences nerveuses rencontrées dans certaines zoonoses. De l'aveu d'un de ses derniers élèves (W. Gibson, « Pioneers in Neuroscience : The Sherrington Era », *Can. J. Neurol. Sci.*, 1985, 13, p. 295-300), Sherrington ne se consacra jamais exclusivement à l'histologie, mais n'en maîtrisa pas moins les techniques de base. Il publia plusieurs études d'anatomie nerveuse microscopique, dont certaines sont synchrones de premiers travaux purement physiologiques. Cette connaissance des voies nerveuses et de l'anatomie des centres fut un prérequis indispensable à toute étude physiologique pratiquée *in vivo*. C'est ce qui ressort de l'examen des expériences décrites ici.

1. Ceci n'était finalement qu'une conséquence de la loi de polarisation dynamique du neurone sensitif des ganglions spinaux de la moelle épinière.

2. *Cf.* glossaire.

3. En français dans le texte.

4. Sherrington dut vérifier que le courant utilisé pour la stimulation n'avait pu s'échapper pour atteindre les faisceaux latéraux moteurs et descendants par une séparation physique *anatomiquement* délicate dans la zone de stimulation. Wilhelm Friedrich Kühne (1837-1900), du Bois-Reymond et Aleksandr Ivanovich Babukhin (1835-1891) avaient précédemment décrit des cas similaires de conduction antidromique (*Doppelsinnige*) sur des trajets moins longs dans certaines régions du système nerveux périphérique. Cependant, il revint à Sherrington de mettre en évidence une telle conduction dans un long tronc nerveux de la moelle épinière d'un mammifère et surtout de remettre en cause la loi formulée par Ramón y Cajal dans le contexte de la théorie neuronale.

5. G. Berlucchi, 1999, *op. cit.*

diode, mais il ne représentait en fait qu'une « convention physiologique [décrivant] la polarité de la conduction dans le système nerveux »[1].

Lorsqu'il accepta ce concept, Ramón y Cajal renonça au principe naïf de polarisation dynamique qu'il attribua de mauvaise foi à Van Gehuchten[2]. Ce revirement étonne, car Ramón y Cajal avait relaté fièrement la « conversion » de Van Gehuchten à la première théorie dont il s'honorait.

L'acceptation du concept de neurone par Sherrington et celle par Ramón y Cajal de l'idée de synapse illustrent cette polarisation nouvelle du neurone entre histologie et physiologie. Sa constitution mixte en fait l'enjeu d'une nouvelle forme d'interdisciplinarité où deux disciplines confrontent des résultats acquis par des techniques autonomes et formulés avec des concepts communs.

Cette difficulté à rassembler des disciplines distinctes autour d'un même objet est soulignée par le concept de synapse, initialement conçu comme élément logique d'une loi physiologique, recevant des éléments d'objectivation histologique incomplets par la méthode de Golgi[3], complétés seulement par la microscopie électronique dans les années cinquante, et ne devenant réellement un objet physiologique qu'avec les études microphysiologiques des plaques motrices de la même décennie.

Mais déjà, entre Sherrington et Cajal, s'amorce une convergence des objectivations vers un objet unique : la synapse. À ce stade, la physiologie et l'histologie peuvent étudier un même concept, un même objet, car elles en révèlent chacune des propriétés homologues.

Dans l'histoire du neurone, la note de Sherrington marque un pas décisif de révision du concept du neurone qui accède à l'approche physiologique. L'époque est celle où un courant de stimulation bien choisi, établi dans une zone délimitée et isolée par le scalpel, induit un mouvement, en objectivant bien plus qu'un réflexe, une conduction dans un élément nerveux identifié, polarisé et situé. C'est ainsi que le neurone put être soumis à l'objectivation physiologique.

Ainsi, c'est avant et pendant l'élaboration de la théorie du neurone que la physiologie nerveuse propose déjà certains résultats en contradiction

1. K.S. Lashley, *Brain mechanisms and intelligence : a quantitative study of injuries to the brain*, Chicago, University of Chicago Press, 1929.

2. « Pour nous, la cause de la polarisation dynamique est toute différente et toute relative : elle est uniquement dans les rapports qui existent entre les neurones », S. Ramón y Cajal, 1911, *op. cit.*

3. O. Breidbach, « Understanding the functional architecture of cortical tissue in the XIXth century », *Clio Med.*, 1995, 33, p. 57-71.

avec la loi de polarisation du neurone formulée en 1892. Le mouvement de l'histologie vers la physiologie avait abouti aux conceptions spéculatives de l'histophysiologie ne prenant pas suffisamment en compte les données expérimentales de la physiologie. Une telle évolution ne pouvait que susciter des réactions négatives de la part des physiologistes. D'autres plus constructives ne tardèrent pas. C'est ainsi que la première rectification du concept de neurone par Sherrington fut le fait d'une physiologie nerveuse classique attentive à l'histologie. Ces deux disciplines étaient donc en réalité en mesure de travailler sur des objets communs, par des modes d'objectivation singuliers, ce que seuls quelques rares scientifiques aux multiples compétences, et ouverts à plusieurs disciplines, pouvaient réaliser.

L'objectivation physiologique à la fin du XIXe siècle

La comparaison des objectivations histologique et physiologique indique d'emblée que la physiologie nerveuse s'appuie largement sur l'anatomie dont les résultats sont utilisés pour l'établissement de schémas de structure, où s'insèrent les mesures et concepts physiologiques.

C'est le mouvement de la physiologie vers l'histologie qui doit être valorisé ici. En un sens, l'histologie était alors conçue comme étant subordonnée à la physiologie [1], comme Bernard se plaisait à le penser.

À la fin du XIXe siècle, la démarche de la physiologie nerveuse *in vivo* repose sur une interaction étroite entre une préparation et son inspection visuelle, à laquelle le physiologiste incorpore un troisième terme : la stimulation du tissu vivant, préalable à l'observation des mouvements induits.

Or l'effet de cette stimulation n'est réellement interprétable qu'au sein d'une structure connue : supposons que l'excitation passe par là, coupons alors ici, l'effet perdure-t-il après une nouvelle stimulation ? La préparation expérimentale du physiologiste, loin de celle figée de l'histologiste, n'en demeure pas moins une réalisation technique, une variation morphologique de l'animal vivant, à l'instar de la greffe de Paul Bert ou, plus généralement, de toute réduction expérimentale chirurgicale opérant une simplification de structure [2]. L'opération des circuits permet d'isoler

1. Voir aussi par exemple E.G.T. Liddell, *The discovery of reflexes*, Oxford, Clarendon Press, 1960, chap. IV. Liddell insiste sur les prérequis anatomiques dans les études de C. Sherrington.

2. La réduction expérimentale institue le corps de l'animal en objet de science, elle en fait un objet scientifique incarné, une matérialité transformée, idéalisée, sacrifiée. Michael E. Lynch, « Sacrifice and the Transformation of the Animal Body into a Scientific Object :

fonctionnellement un mécanisme, en vue de son interprétation; mais elle permet également d'en affiner le déterminisme.

Entre la stimulation et l'ensemble des observations pratiquées, le physiologiste, comme l'histologiste, cherche à établir des « fonctions de relation ». La plus simple est celle du voisinage temporel, une forme pragmatique de déterminisme, entre une stimulation et une réaction. Mais, loin d'une causalité définie, cette relation a la dimension d'une boîte noire. Elle représente une certaine organisation d'un réseau de relations laissant libre cours à une démarche nécessairement abductive [1].

Là se noue le rapport essentiel entre une histologie qui aimerait confondre la réalité des tissus et ses diagrammes de structure avec les données physiologiques, tandis que la physiologie recherche des équivalences possibles entre les diagrammes histologiques et ses relations fonctionnelles. Une telle approche a pu remettre en cause non seulement certaines propriétés des diagrammes de structure des histologistes, mais elle a pu faire apparaître, dans les schémas, de nouveaux éléments, des fibres ou neurones conceptuels qu'une rationalité physiologique exigeait.

Ainsi, dans l'expérience citée de Paul Bert, le pincement de l'extrémité de la queue du jeune rat détermine un cri. Avant l'acte chirurgical, l'histologie indique un circuit de fibres sensitives centripètes délivrant au cerveau les impressions sensitives du pincement. Le bout de queue dénudé, greffé dans une incision de la peau du dos est isolé, après cicatrisation, par section du reste de la queue. D'un cri entendu naît un diagramme nerveux imaginaire. Il est possible d'en déduire un nouveau lien fonctionnel établi entre certaines fibres sensitives du bout de queue et d'autres de la peau du dos en relation avec les centres nerveux. Dans le bout de queue, Paul Bert conçoit une fibre sensitive nouvelle, en connexion avec celles du dos. Il en imagine même la formation et propose un diagramme nerveux équivalent au diagramme des histologistes, mais entièrement basé sur l'objectivation physiologique. Cette fibre de nature conceptuellement mixte, créée par un procédé expérimental double, devient un objet réellement physiologique et conceptuel [2].

Laboratory Culture and Ritual Practice in the Neurosciences », *Social Studies of Science*, 1988, 18, p. 265-289.

1. Démarche utilisant l'abduction, c'est-à-dire un type d'explication de phénomènes à partir de certaines données initiales, faits ou événements, considérés comme pouvant permettre de proposer un scénario explicatif possible.

2. Quant à elle, l'expérience de Sherrington n'avait pas établi l'existence de véritables *neurones conceptuels*. Ces neurones ne pourront pas être créés à ce stade de la science. Mais les études ultérieures des réflexes menées par Sherrington permettront l'objectivation des

Dès lors, l'anatomie et la physiologie des éléments nerveux peuvent-elles adopter un ensemble de concepts communs objectivés de manières différentes. L'interdisciplinarité qui en résulte s'établit donc à un niveau relativement théorique, même si des associations techniques sont possibles, comme dans certaines recherches de Waller et Bert.

L'objectivation physiologique au début du XXe siècle

La période emblématique de l'histoire de la neurophysiologie, incarnée par la carrière de Sherrington, est marquée par deux ouvrages magistraux, *The Integrative action of the Nervous System* (1906) et *Reflex activity of the Spinal Cord* (1932). Ils définissent *a posteriori* les conditions d'étude et de décomposition des réflexes par une approche myographique[1] qui aboutit à la découverte d'organisations réflexes insoupçonnées, telle que l'innervation réciproque (fig. 10).

Cette démarche a pu redéfinir le concept de centre nerveux en y incorporant le neurone comme concept physiologique central. Mais cette physiologie a pu également proposer une nouvelle objectivation nerveuse du neurone.

La physiologie utilisait non seulement les concepts anatomiques, mais elle proposait parfois de les redéfinir par de nouvelles fonctions de relation, soit dans un cadre local (l'expérience de Paul Bert), soit dans une conception générale (la synapse de Sherrington).

Si la fonction immédiate du voisinage temporel établissait un lien entre une stimulation et un effet spécifique, la relation de continuité fonctionnelle instaurait quant à elle, parallèlement à l'idée d'une continuité anatomique, un lien de causalité entre des éléments anatomiques déterminés (lieu de stimulation et lieu de l'effet physiologique observé). Cette relation de continuité était le pendant de celle rencontrée en histologie, mais sa nature était toute autre. Alors que la première procédait à l'aveugle et prédisait le cheminement des influx, la seconde suggérait les relations fonctionnelles possibles dans les voies anatomiques. Si la première pouvait pécher par excès d'imagination, ou par négligence de la complexité histologique des circuits, la seconde manquait souvent son but par excès de confiance en des postulats physiologiques simplificateurs (comme pour l'histophysiologie). C'était là en réalité deux attitudes opposées qui

centres nerveux et de populations conceptuelles de neurones, en remaniant les diagrammes de structure des arcs réflexes.

1. *Cf.* glossaire (myographie).

exigeaient d'être réalisées de conserve, ce que la physiologie britannique démontra à une physiologie française trop radicalement éloignée de l'anatomie.

Avec le développement de nouveaux instruments électriques et mécaniques, la physiologie se donna les moyens de mesurer et de dériver des paramètres, des courants, des tensions ou encore des latences. Les relations établies entre ces indices prenaient la forme de lois formalisées par des fonctions mathématiques. Ces lois devinrent les éléments essentiels de constitution des concepts neurophysiologiques autour des années 1900. Ces fonctions de paramètres furent à l'œuvre dans les nouvelles objectivations physiologiques des centres nerveux et du neurone.

Certains concepts furent également constitués par des relations établies entre l'objectivation anatomique et l'objectivation physiologique selon un certain parallélisme analogique. Les réseaux de relations fonctionnelles supposés équivalents aux diagrammes de structure firent apparaître, après modifications des structures et variations des stimulations, de nouvelles relations objectivant des éléments conceptuels nouveaux, auxquels furent associés des équivalents anatomiques spéculatifs.

Ces parallèles entre objectivations histologique et physiologique indiquent que, par l'élaboration de nouvelles fonctions de relations, les techniques physiologiques recréaient les objets histologiques ou en révélaient de nouveaux, conceptuels, dans l'ordre anatomique.

Par ces nouveaux développements, c'est la physiologie britannique qui sut créer un champ nouveau d'interdisciplinarité en lien avec l'anatomie qui aboutit à l'essor de la neurophysiologie dès la fin des années vingt.

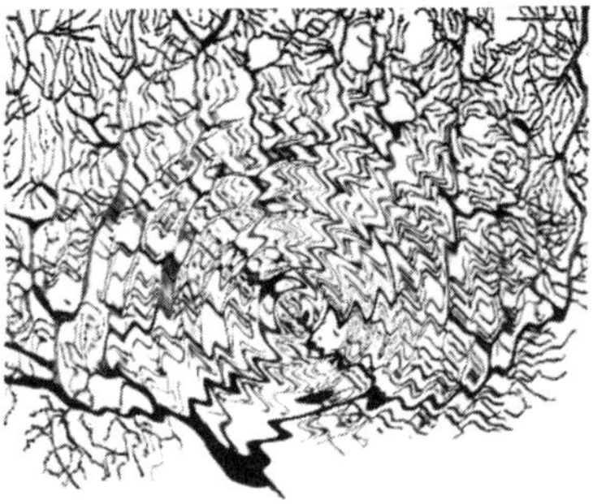

CHAPITRE II

RÉCEPTION ET CONSTITUTION DU NEURONE PAR LES PHYSIOLOGISTES

À la fin du XIXe siècle, l'histologie et la physiologie avaient amorcé un dialogue au sujet du neurone. Ces deux disciplines semblaient capables de collaborer sur des conceptions neuronales communes. Des cas multiples ont été présentés, où un réel dialogue eut lieu entre histologistes et physiologistes. Alors que les premiers histologistes du neurone avaient laissé s'exprimer leurs aspirations pour comprendre la physiologie des éléments décrits, certains physiologistes remirent en cause certaines lois du fonctionnement hypothétique proposées par l'histologie, et conçurent un dialogue constructif au sujet de la polarisation de l'influx nerveux dans le neurone et du rôle de la synapse dans cette propriété. Au début du XXe siècle, une physiologie était donc réellement attentive au neurone et un nouveau terrain d'interdisciplinarité était constitué.

Cependant, elle n'avait pas véritablement les moyens de faire du neurone son concept général, et encore moins son objet d'étude. C'est au cours de la période 1900-1930 que le défi de prendre le neurone comme objet et comme élément fonctionnel théorique général fut réalisé dans un contexte physiologique britannique relevant de rapports spécifiques entre histologie et physiologie.

ORIENTATIONS DE LA PHYSIOLOGIE FRANCAISE DANS LES ANNÉES 1900

L'analyse préliminaire du contexte français permettra de préciser l'évolution progressive d'un style dominant de physiologie, très différent de celui adoptant le parti pris du neurone. Cela rendra plus apparent l'ensemble des facteurs qui fut propice à l'essor des styles nouveaux de physiologie neuronale de Sherrington et d'Edgar Douglas Adrian (1889-1977).

Au tournant du siècle, la physiologie française se détourne ostensiblement du concept de neurone en prenant résolument une orientation nettement physico-chimique. Mais le refus apparent d'un concept ne doit pas masquer la complexité des relations entre l'ancienne voie d'étude physiologique des réflexes et la modernité des nouvelles approches physico-chimiques réductionnistes. Certains facteurs institutionnels français à l'œuvre seront recherchés dans les nouvelles tensions qui se dessinent entre la physiologie et l'anatomie.

Déclin de la réflexologie française du début du XXe siècle

La distinction que réalisa Magendie, en 1822, par la vivisection entre les nerfs sensitifs et moteurs avait ouvert la voie à une nouvelle physiologie des fonctions nerveuses. La démarche était basée sur une description de circuits réflexes [1] qui fut initialement opportuniste, comme se plaisait à le dire Magendie [2]. Dans la complexité des tissus vivants, le physiologiste cherchait, par le bistouri et la pince, des corrélations entre l'écrasement d'un nerf et une réaction animale, en distinguant les trajets nerveux sensitifs et moteurs empruntés [3]. Les expériences de Bernard sur la sensibilité récurrente des racines antérieures [4] montrent avec quel soin une nouvelle rationalité s'appliquait à une chair meurtrie, dans le but de reconnaître le sens de conduction des impressions nerveuses [5].

Cette physiologie était en réalité une vivante anatomie nerveuse instituant progressivement le réflexe comme un mécanisme de régulation

1. F. Magendie, « Études sur les fonctions des racines des nerfs rachidiens », *Journal de physiologie expérimentale*, 1822, p. 276-279 et p. 366-371.

2. « Je me promène là-dedans comme un chiffonnier, et je trouve à chaque pas quelque chose d'intéressant à mettre dans ma hotte », cité dans *L'orientation actuelle des sciences*, *op. cit.*, p. 86.

3. « À la suite des tiraillements qu'on fit éprouver au plexus solaire, l'animal fut pris immédiatement d'évacuations diarrhéiques très abondantes », dans C. Bernard, *Leçons sur la physiologie et la pathologie du système nerveux*, Paris, Baillière, 1858, leçon 20.

4. *Cf.* glossaire.

5. *Ibid.* Le problème de la sensibilité récurrente soulevé par Magendie est traité par Bernard dans les *Leçons sur la physiologie et la pathologie du système nerveux*, *op. cit.*, leçons 2 à 6.

nerveuse[1] dans un vaste ensemble de programmes de recherche dans toute l'Europe[2] (fig. 9).

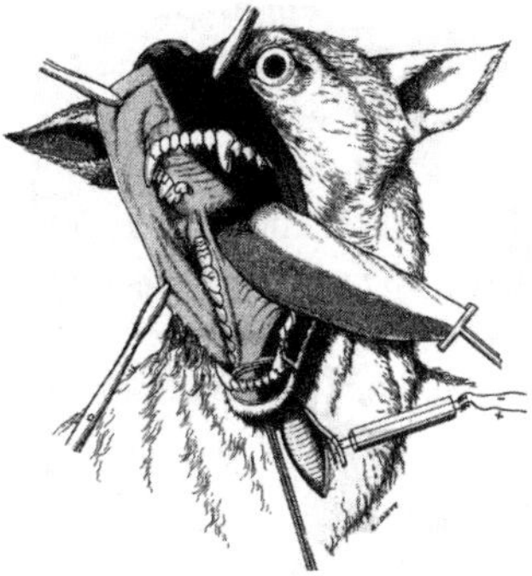

Effets de l'excitation du sympathique cervical, après section du nerf vague. Effets oculo-pupillaires (dilatation de la pupille, saillie du globe oculaire), effets vasomoteurs (pâleur de la langue et de l'oreille du côté gauche par effet constricteur, rougeur des lèvres, gencives et palais (effet vasodilatateur ou inhibition de la constriction).

Figure 9.
Étude d'un réflexe par vivisection chez le chien.
D'après Morat et Doyon, 1902

La carrière d'Albert Dastre (1844-1917), élève de Bernard est significative de la régression des études réflexologiques dans les milieux français[3]. Dastre débuta par d'importants travaux réflexologiques

1. « Mouvements réflexes, mouvements produits par l'excitation sensitive, mais sans que la conscience intervienne. [...] La moelle, d'ailleurs, est nécessaire à la communication physiologique que ces expériences montrent exister entre les racines postérieures et antérieures, car, si on la détruit, les phénomènes de mouvement réflexe n'ont ordinairement plus lieu », *ibid.*, leçon 18.

2. Ces études connurent un succès européen dans tous les laboratoires de physiologie, puis plus encore dans les facultés de médecine et les écoles vétérinaires. En 1863, Ivan Mikhaïlovitch Setchenov (1825-1905) identifiait les lobes optiques de grenouille comme centres modérateurs des activités réflexes. En 1869, Elias von Cyon (1842-1912), élève de Carl Ludwig, étudiait les nerfs vasomoteurs. L'année suivante, Waller étudiait les nerfs sensitifs impliqués dans la déglutition. La science des réflexes intéressa finalement une immense communauté de chercheurs, histologistes, physiologistes, médecins et vétérinaires. Le réflexe était devenu un objet en soi. Pour Georges Canguilhem (1904-1995), le concept de réflexe des années 1850 n'est plus seulement une phénoménologique, il devient une phénoménotechnique qui permet son « extension triomphale », G. Canguilhem, 1977, *op. cit.*, p. 163.

3. Ces études devinrent progressivement classiques au point de devenir des exercices de style. L'étude des réflexes était une sorte de passage obligé pour de jeunes étudiants faisant leurs premières armes dans un laboratoire, avant de définir ultérieurement une thématique personnelle. Nombre de physiologistes se consacrèrent ainsi à leurs débuts à des études

consacrés à l'étude des nerfs vasomoteurs, suivant une question héritée de Bernard par l'utilisation initiale d'un procédé vaso-myographique emprunté à Etienne Jules Marey (1830-1904). Ces études culminèrent dans les années 1880 par la publication de plusieurs importants mémoires[1]. Mais bientôt, Dastre s'éloigna de ces études en multipliant ses sujets de recherche dans le domaine de la chimie physiologique[2].

Son élève Louis Lapicque donne une lecture psychologique de ce virage radical: Dastre répondait à la célèbre citation de Magendie, préalablement citée, par une assertion que l'on peut rapprocher du style de recherche de Helmholtz: « Quand on ne sait pas ce qu'on cherche, on ne sait pas ce qu'on trouve »[3]. Il y a là pour Lapicque une évolution naturelle, puisqu'« à mesure que la physiologie se développe, les trouvailles pour chiffonniers se font plus rares, et les possibilités de travailler comme le rêvait Dastre se rapprochent »[4]. Mais ce faisant, « un fossé semble se creuser, parmi les physiologistes [...], entre ceux qui ont subi cette évolution, et ceux qui en sont restés aux conceptions anciennes »[5]. À l'instar de Dastre, Lapicque avait subi l'influence de son temps, mais chose rare dans le milieu médical, il avait été jusqu'à mettre en pratique son attrait pour la méthode physico-chimique en créant un petit laboratoire de chimie physiologique à l'Hôtel-Dieu dans le but de comprendre les mécanismes de l'intoxication par le fer[6].

Par ces évolutions personnelles[7], l'étude des réflexes finit par devenir en France un chapitre des traités médicaux, basé sur de longues

réflexologiques. Il en fut sans doute de même au Royaume-Uni, où les études sur les réflexes furent à jamais marquées par la carrière de Sherrington. Cependant, alors que ce dernier redéfinit presque entièrement l'investigation topographique de la réflexologie, les physiologistes français, quelles que fussent leurs affinités futures, désertèrent progressivement le domaine pour se tourner vers d'autres thématiques. Leurs goûts nouveaux étaient détachés d'un académisme réflexologique animé alors principalement en France par les facultés de médecine.

1. *Archives de physiologie normale et pathologique*, 1882, 2, p. 177; 3, p. 337; 7, p. 326.

2. Dastre réalisa des études des ferments de la coagulation sanguine, de l'assimilation du maltose, des pigments hépatiques ou de la stabilité chimique des gélatines.

3. *L'orientation actuelle des sciences*, *op. cit.*, p. 86.

4. *Ibid.*, p. 87.

5. *Ibid.*

6. A.M. Monnier, « Louis Lapicque », *Dictionary of scientific biography*, C.C. Gillispie (ed.), New York, Charles Scribner's and sons, 1970-1980.

7. Également issu du monde médical, Charles Richet (1850-1935), attiré par la gloire d'un Bernard, d'un Vulpian et d'un Marey, consacra ses premiers travaux à la physiologie nerveuse et musculaire en s'attachant à définir une période réfractaire dans le cœur et les centres nerveux. Parallèlement, en suivant l'influence de Marcellin Berthelot (1827-1907) à partir de 1878 au Collège de France, Richet diversifia ses approches dans les domaines de

classifications. « Il nous faut rechercher jusqu'à l'hôpital, jusqu'à la clinique, la trace du réflexe 1850 » dit encore Canguilhem[1]. Ces inventaires incitaient à la recherche de nouveaux réflexes[2], souvent par de jeunes physiologistes en quête d'une première reconnaissance. C'est finalement la clinique qui fit de la physiologie des réflexes l'usage le plus utile dans le repérage de multiples syndromes de lésions nerveuses[3]. En dépit d'attaques virulentes dans certains milieux holistes ou organicistes[4], le réflexe devint une unité fonctionnelle fondamentale des sciences de l'homme. La réflexologie française, fondée sur la domination des sciences biologiques par la médecine et l'anatomie, engendrait dans l'esprit des physiologistes une aversion pour les études trop descriptives.

Dans un contexte scientifique où la physique et la chimie conquérantes faisaient planer l'espoir d'une démarche scientifique plus rationnelle, la physiologie nerveuse ne tarda pas à perdre en France son orientation anatomique et préféra la voie physico-chimique[5]. C'est dans ce contexte général qu'il faudra préciser la distinction entre une physiologie attentive au neurone et une physiologie française qui, en ne parvenant pas à accepter le réductionnisme intermédiaire de la cellule, se tourna finalement vers des conceptions excentrées, moléculaires et systémiques.

Réception du concept de neurone par la physiologie française

Les réticences de la communauté française des physiologistes au concept de neurone s'enracinent dans la rupture entre une physiologie

la physico-chimie physiologique en étudiant la sécrétion gastrique, la chaleur animale et la sérothérapie.

1. G. Canguilhem, 1977, *op. cit.*

2. Par exemple : A. Dastre, « Sur un nouveau réflexe moteur très localisé », *C.R. Soc. Biol.*, 1886, p. 53 ; H. Cardot et H. Laugier, « Le réflexe linguo-maxillaire (ultimum reflex) », *C.R. Acad. Sci.*, 1924, 174, p. 1368 ; E. Bachrach et G. Morin, « Un nouveau réflexe acquis (conditionnel) de la vie végétative », *C.R. Acad. Sci.*, 1932, 194, p. 746.

3. Comme souvent, la médecine s'approprie d'anciens champs de recherche biologique, devenus moins utiles, au service du diagnostic. L'intérêt de la réflexologie allait au-delà de la description des affections pathologiques de chaque nerf. Cette science s'imposa comme une méthode sûre à nombre de disciplines annexes, s'immisçant dans la psychologie d'Édouard Toulouse (1865-1947) et d'Henri Piéron (1881-1964), ou dans la physiologie sportive et rééducative (« Le réflexe orbiculo-costo-diaphragmatique de Frossard utilisé pour une phonothérapie », *C.R. Acad. Sci.*, 1921, 173, p. 111).

4. G. Canguilhem, 1977, *op. cit.*, p. 163-164.

5. En 1930, l'Institut de Biologie Physico-Chimique était construit à Paris à l'initiative de Jean Perrin et du Baron Edmond de Rothschild.

anatomique et une physiologie physico-chimique. Les débats évolueront très différemment au Royaume-Uni. Tentons de comprendre comment, en France, l'ancienne conception de la physiologie bernardienne généreuse pour la cellule nerveuse devint finalement désuète.

Il faudra analyser la critique des physiologistes de l'explication du fonctionnement nerveux par la théorie du neurone. Ces polémiques justifiaient la nouvelle orientation de la physiologie française presque entièrement émancipée des schémas de structure. Cette attitude pouvait s'expliquer chez quelque physicien converti à la biologie, comme Georges Weiss (1859-1931). Mais dans l'esprit d'un naturaliste ou d'un physiologiste initialement bernardien, d'un Lapicque ou d'un Dastre, cette posture prenait la dimension d'une rupture.

La physiologie nerveuse classique reposait sur le présupposé de propagations d'influx selon des circuits déterminés par l'histologie. La structure élucidée était nécessairement préalable à l'étude physiologique. Cette nécessité d'une antériorité de la connaissance anatomique se rencontre à divers degrés jusqu'au milieu du XXe siècle.

En 1868, une étude histologique des ganglions de la seiche, associée à des observations physiologiques, permettait à son auteur de conclure aux « conditions anatomiques de la production des actions réflexes », dont la plus flagrante était « l'existence de la cellule multipolaire dans les centres »[1]. L'argument semblait justifier une fonction de la cellule nerveuse garante d'une continuité anatomique, réalisée dans le corps cellulaire, entre les multiples fibres. Cette conception reprenait finalement les premiers schémas histologiques des arcs réflexes[2], auxquels l'approche bernardienne se rattachait naturellement : « Des cellules de la corne antérieure, on voit partir des filaments dont les uns se portent dans le côté opposé de la moelle, tandis que d'autres remontent vers le cerveau et que d'autres descendent sur les parties situées inférieurement. Toutes les cellules de la substance grise communiquent donc entre elles. Il faut voir nécessairement dans chacune d'elles l'image d'un véritable centre »[3].

Or, il y avait là une ambiguïté. Si les cellules communiquent toutes ensemble, pourquoi l'une plus qu'une autre serait centre ? La conception de

1. J. Chéron « Des conditions anatomiques de la production des actions réflexes », *C.R. Acad. Sci.*, 1868, 66, p. 842.

2. G. Canguilhem, 1977, *op. cit.*, p. 133. Canguilhem présente le travail de Rudolph Wagner de 1844. R. Wagner. *Handwörterbuch der Physiologie*, Brunschwick, 1844, III, sect. I, « Sympathischer Nerv, Ganglienstructur und Nervenendigungen », p. 398.

3. C. Bernard, 1858, *op. cit.*, leçon 18, p. 350.

la cellule nerveuse comme un petit centre se basait en réalité sur l'idée d'une unité fonctionnelle abstraite, celle d'un arc réflexe simple dans lequel la réflexion des impressions nerveuses était localisée dans le corps d'une certaine cellule. Dès lors, c'est le soma de la cellule nerveuse de la moelle qui portait cette fonction de mise en relation d'éléments anatomiques. Cela revenait à localiser dans le corps d'une cellule ce lieu où l'influx nerveux changeait de signification en devenant, de sensitif, moteur.

Les travaux de physiologie nerveuse de Dastre et Morat mettent en scène ces conceptions classiques, avant le virage de Dastre. La technique de dégénérescence wallérienne leur permit de localiser l'origine de certains nerfs et le centre des activités réflexes associées, de sorte qu'il est possible de dire que cette physiologie nerveuse s'était donné les moyens d'annexer l'ancienne physiologie des centres nerveux. C'est dans cette rencontre qu'émergea, avant la théorie du neurone, cette première conception physiologique de la cellule nerveuse comme élément cellulaire de mise en relation. L'emprise anatomique était alors si subreptice que Dastre pouvait écrire : « La Physiologie générale ne permet de concevoir l'action d'un filet nerveux sur un autre que grâce à l'entremise de la cellule nerveuse »[1].

Or, il y avait là un présupposé bien commode pour établir des corrélations entre une physiologie et une histologie. Les critiques ne tardèrent pas, avant même l'apparition du neurone de Waldeyer et Ramón y Cajal. Les réticularistes ne pouvaient concevoir de placer une fonction si importante, la fonction diastaltique de Marshall Hall (1790-1857)[2], dans un si petit élément. La position paraissait extrême et le chef de file des physiologistes anglais Michael Foster (1836-1907) eut quelque réticence à concevoir le corps de la cellule nerveuse comme un globule, un point nodal nécessaire à la mise en relation des filets nerveux.

L'histologie du XIXe siècle porta elle-même un méchant coup à cette vision par l'expérience si souvent citée d'Albrecht Bethe (1872-1954) sur le réflexe d'axone chez le crabe : l'excision d'un ganglion moteur de cet animal n'empêche pas la communication des filets entrants et sortants, car ils réalisent entre eux un petit contact avant les corps cellulaires logés dans le ganglion[3]. Si l'influx n'a pas besoin d'un corps cellulaire pour cheminer

1. A. Dastre, J.P. Morat, « Du rôle tonique et inhibitoire des ganglions sympathiques, et de leur rapport avec les nerfs vaso-moteurs », *C.R. Acad. Sci.*, 1883, 27, p. 446.

2. La fonction diastaltique comprend l'ensemble des actes de sensibilité dans les nerfs sensibles, de réaction des centres nerveux et de transmission motrice aux muscles.

3. La même situation se rencontre pour les prolongements des neurones sensitifs en forme de « T » des vertébrés.

d'une fibre à une autre, comment ce corps cellulaire pourrait-il être si indispensable dans un réseau complexe de cellules et de filets ?

La critique semblait forte, mais elle s'est progressivement affaiblie. Sherrington utilisa la conception ancienne de la cellule nerveuse comme un outil heuristique dans la décomposition myographique des centres réflexes. En revanche, en France, la critique perdura en s'associant à une argumentation plus construite que pouvaient justifier les premiers résultats d'une nouvelle physiologie nerveuse basée sur de nouveaux instruments. La théorie du neurone et les schémas fonctionnels simplistes de l'arc réflexe avaient joué un rôle dans la conversion des physiologistes français à une conception critique du neurone. Dastre avait, certes, accrédité l'ancienne conception de la cellule nerveuse, mais il avait changé d'avis selon son mot déjà cité : « Le neurone ne nous a rien appris » [1].

Pour illustrer ce nouvel esprit, trois auteurs, trois écrits, suffisent à décrire le dispositif d'attaque. Mais il ne faudrait pas croire que ces démarches visaient à dévaloriser la théorie du neurone; ces auteurs l'acceptaient sans réserve. Néanmoins, ils refusaient l'idée d'un neurone dont le soma, en centralisant des activités nerveuses, localisait une fonction physiologique précise. Le neurone ne pouvait être pour eux une véritable unité fonctionnelle. Cette vision tirait parti de l'ambiguïté première d'un parallélisme implicite entre une unité anatomique et une unité fonctionnelle toujours d'actualité. Morat était explicite : le neurone est un « élément anatomique », il n'est pas un « élément vivant », « un organisme en petit ». Pour Dastre, si la cellule est l'« élément anatomique », la « vie élémentaire » est « dans la matière vivante, dans la molécule de cette matière » [2]. Cette « division des fonctions » attribuant au soma une fonction principale néglige, selon Morat, la fibre manifestant une « fonction propre ». La multiplicité des fonctions générales que Dastre et Morat souhaitaient voir appliquer au soma, autant qu'à la fibre nerveuse, rappelle la pluralité des éléments anatomiques de Charles Robin et son refus de voir dans la cellule la seule forme générale et unitaire du vivant. Mais l'argumentation de Morat plaidait en fait plutôt en faveur d'une fonction distribuée, contre des « localisations étroites et absolues » où « substance, énergie, mouvement » circulent librement. La multiplicité des fonctions se situait donc plutôt du côté d'un découpage fonctionnel des parties du neurone. Morat conclut que « les hautes fonctions, depuis longtemps dévolues au corps de cette cellule ont acquis la valeur d'un axiome, qui certainement prévaudra encore dans

1. L. Lapicque, 1943, *op. cit.*, p. 149.
2. A. Dastre, *La vie et la mort*, *op. cit.*, p. 52.

les esprits contre l'expérience»[1]. Il ne pouvait être plus clair dans sa condamnation!

Dans son *Précis de Physiologie*[2], Maurice Arthus (1862-1945) insistait sur la nécessité de considérer l'arc réflexe à plusieurs neurones, de sorte qu'il fallait parler de relais réflexes multiples au lieu d'un centre localisé. «Il nous déplait, disait-il, de considérer comme centre réflexe une région banale, un terrain vague [...]. Il faut abandonner l'expression de centre réflexe, et lui substituer une autre expression [...] l'expression relais du réflexe»[3]. La critique d'Arthus était dirigée vers ce dogme d'un arc réflexe élémentaire, dans lequel un corps cellulaire était suffisant. Elle semblait prendre les histologistes à leur propre piège, mais n'étant pas réellement physiologiste du système nerveux, sa critique ne put aller plus avant.

Les conceptions de Lapicque reprenaient celles de Morat et Arthus. Mais il s'agissait cette fois pour lui de justifier un programme de recherche sur l'isochronisme[4] des éléments nerveux. Selon sa théorie, les excitabilités de deux fibres nerveuses devaient être similaires pour qu'une transmission d'influx fût possible de l'une à l'autre[5]. Pour Lapicque, la contiguïté anatomique entre deux fibres n'était pas suffisante pour la conduction de l'excitation; s'y ajoutait la nécessité imposée par l'accordement de leurs chronaxies[6] de part et d'autre de la synapse. La question centrale pour Lapicque portait sur ce qui décidait l'influx à cheminer dans une voie plutôt qu'une autre, ce qu'il appelait «l'aiguillage». Or cette détermination reposait également sur la contiguïté des éléments anatomiques et la continuité fonctionnelle dans la voie choisie. Pour Lapicque, la contiguïté anatomique entre la fibre et le soma neuronique n'impliquait pas forcément une continuité fonctionnelle. Dès lors, ce n'était plus sur la géométrie de l'ancienne cellule nerveuse, le déterminisme anatomique, que reposait l'aiguillage, mais sur une loi physique, abstraite, et en réalité fausse. Ce

1. J.P. Morat, «Cellule nerveuse et système nerveux», *Revue générale des sciences pures et appliquées*, 1900, 11, p. 720.

2. M. Arthus. *Précis de physiologie*, Paris, Masson, 6e éd. 1920, p. 719.

3. Voir aussi au sujet des conceptions de M. Arthus, *Revue générale des sciences pures et appliquées*, 1901, 12, p. 944. Les lois de Pflüger illustraient la position d'Arthus, puisque l'extension des groupes de muscles impliqués lors de l'accroissement de l'intensité de la stimulation spinale indiquaient la mise en jeu d'un nombre croissant de circuits nerveux que Ramón y Cajal décrivit ultérieurement dans la moelle épinière.

4. *Cf.* glossaire.

5. L. Lapicque, «Principe pour une théorie du fonctionnement nerveux élémentaire», *Revue générale des sciences pures et appliquées*, 1910, 21, p. 103-117, p. 105.

6. *Cf.* glossaire.

faisant, Lapicque avait rejeté le concept de neurone comme aiguilleur des réseaux nerveux.

Lapicque simplifiait à l'extrême la position des histologistes contemporains : « La cellule nerveuse des anciens histologistes n'est plus qu'une partie de cellule, le corps du neurone »[1]. Lapicque souhaitait promouvoir une ligne de recherche qui s'inscrivait dans le nouveau contexte physico-chimique de la physiologie nerveuse française : « La question n'est pas de savoir par où passe l'influx [...] : c'est de savoir pourquoi (ou comment) tantôt il suit et tantôt ne suit pas cette voie [...] Le problème physiologique consiste à reconnaître le mécanisme physico-chimique qui détermine la direction de l'influx nerveux »[2].

Le point de vue n'était pas nouveau. Lapicque attribuait le déterminisme des circuits nerveux, l'aiguillage, à des facteurs physiques, comme Ramón y Cajal avait pu le faire à son heure, en estimant, selon la loi d'Ohm, que l'influx « préférait » sans doute pour se guider les fibres de plus gros calibre (de moindre résistance). Mais à la différence d'une physiologie spéculative, la physiologie de Lapicque, conçue comme un système aussi rigide que fermé, basait ses conceptions théoriques sur des dispositifs expérimentaux bien réels. Par son refus de l'anatomie, la physiologie française avait bel et bien tué le neurone[3].

Réception britannique du concept de neurone

La réception du concept de neurone par la physiologie britannique au tournant du XXe siècle a jusqu'alors été réduite à l'analyse des travaux de Sherrington. En réalité les rapports entre cette physiologie et certains aspects de la théorie du neurone sont plus divers[4]. Si les recherches de Sherrington sont capitales, leur histoire ne tient pas compte d'une vision plus complexe de la physiologie britannique dans laquelle il faudrait voir, au-delà de l'école d'Oxford, les nouvelles voies, les tensions entre disciplines, comme un cadre nécessaire pour mieux saisir l'émergence d'une physiologie neuronale. Il serait en effet trop facile de distinguer schéma-

1. *Ibid.*, p. 104.

2. *Ibid.*, p. 103-104.

3. J.G. Barbara, « Les heures sombres de la neurophysiologie à Paris (1909-1939) », *Lettre des Neurosciences*, 2005, 29, p. 3-4.

4. R.D. French, « Some concepts of nerve structure and function in Britain, 1875-1885 : background to Sir Charles Sherrington and the synapse concept », *Medical History*, 1970, 14, p. 154-165.

tiquement, à l'aube du XXe siècle, une physiologie française abandonnant le neurone d'une physiologie britannique qui le prendrait entièrement comme objet. Il semble nécessaire de souligner les parallélismes entre ces deux physiologies et définir plus subtilement leurs différences.

Approches physiologiques au Royaume-Uni au tournant du siècle

À suivre seulement les plus célèbres travaux, on assigne parfois trop vite à une discipline entière des qualités seulement réunies chez quelques rares savants. À ne considérer que Waller ou Sherrington, il serait possible de croire que la physiologie britannique a joué, au début du XXe siècle, d'une intimité entre l'étude des structures et celle des fonctions. Pourtant, au Royaume-Uni comme en France, l'anatomie et la physiologie suivaient deux voies chaque année plus divergentes. Dès 1889, John Scott Burdon-Sanderson (1828-1905), alors premier titulaire de la chaire Waynflete de physiologie à Oxford, annonçait: «[...] la Morphologie [...] et la Physiologie [...] ont divergé à présent de façon si importante, par leurs objets et méthodes, qu'apparaît le danger d'une séparation complète» [1].

En cette fin de XIXe siècle, de nouvelles tendances voyaient le jour au sein des jeunes écoles britanniques de physiologie, en particulier en raison d'un intérêt grandissant pour l'association des découvertes de la chimie à la jeune discipline. Au Royaume-Uni, les références à la science allemande étaient partout. Elles y étaient plus marquées encore qu'en France en raison des relations plus étroites avec les grands laboratoires d'outre-Rhin. La physiologie britannique s'était largement formée dans la sphère allemande [2]. L'influence de la pensée allemande sur le développement de la physiologie et de ses disciplines annexes au Royaume-Uni demanderait une étude minutieuse qui montrerait sans doute une étroite association entre des spécificités britanniques de la physiologie et les styles allemands de recherche.

1. J.S. Burdon-Sanderson, *Rapport du 12 septembre 1889 au 15e rassemblement de la British Association for the Advancement of Science*, London, John Murray, 1890, p. 604.

2. John Newport Langley (1852-1925) et Ernest Henry Starling (1866-1927) avaient travaillé chez Wilhelm Friedrich Kühne (1837-1900) à Heidelberg, Sherrington chez Virchow, Friedrich Leopold Goltz (1834-1902) et Robert Koch (1843-1910), Walter Holbrook Gaskell (1847-1914) chez Ludwig, puis plus tard, Archibald Hill chez Friedrich Louis Carl Heinrich Paschen (1865-1947). Lors de sa nomination en 1898, le premier professeur de biochimie de Cambridge, Frederick Gowland Hopkins (1861-1947) avouait: «Je n'ai jamais fait le séjour alors habituel dans un laboratoire allemand et n'ai jamais eu de contact avec aucun des maîtres [de la biochimie]», *Hopkins and Biochemistry*, J. Needham (ed.), Cambridge, W. Heffer and Sons, 1949, p. 21.

Il y aurait aussi matière à saisir les pôles d'influence allemands qui ont favorisé l'émergence de nouvelles tendances physiologiques au Royaume-Uni. Quelques pistes seulement seront envisagées. En 1889, Burdon-Sanderson considérait le *Die organische Bewegung in ihrem Zusammenhange mit dem Stoffwechsel* (1845) de Julius Robert von Mayer (1814-1878)[1] comme une œuvre révolutionnant la compréhension des phénomènes vitaux en termes physico-chimiques, en donnant une importance nouvelle au concept d'énergie et au principe de sa conservation dans l'organisme[2]. Foster et Walter Holbrook Gaskell (1847-1914) forgeaient dans cette perspective une nouvelle terminologie : « métabolisme », « catabolisme » et « anabolisme ». Le principe d'une énergie comprise comme l'essence d'un tout permettait d'envisager, au Royaume-Uni comme en France[3], une nouvelle physiologie expérimentale, éloignée des méthodes descriptives. Là encore, la tentation était grande de faire disparaître le niveau cellulaire[4]. Pour Burdon-Sanderson, « la découverte de la cellule semble être une approche au cœur du mécanisme de la vie, mais à présent, nous mourons d'envie d'en savoir plus, avec autant de succès. Nos mesures sont plus exactes, nos méthodes plus fines [...] »[5].

Un paradigme nouveau s'ouvrait dans tous les domaines de la biologie. La théorie protoplasmique[6], qui avait suscité un certain éloignement du niveau cellulaire, perdait de ses partisans. La chimie enzymatique prenait son essor en énonçant de nouvelles théories de la vie. Une thermo-

1. J.R. von Mayer, *Die organische Bewegung in ihrem Zusammenhange mit dem Stoffwechsel, Ein Beitrag zur Naturkunde*, Heilbronn, Drechsler, 1845.

2. J.S. Burdon-Sanderson, *op. cit.*, p. 605-606. En France, A. Dastre écrivait : « C'est à [Julius] Robert Mayer et à Helmholtz que revient l'honneur d'avoir engagé la physiologie dans cette voie. Ils ont fondé *l'énergétique des êtres vivants* [...] », *op. cit.*, p. 53.

3. « [...] dans un organisme [...] tout se pénètre, tout se conditionne et tout s'enchaîne [...] Substance, énergie, mouvement, tout se transmet, tout se répercute, tout circule suivant des cycles qui renaissent d'eux-mêmes, en même temps qu'ils s'engendrent les uns les autres, et dont l'activité totale se fond dans la merveilleuse unité de l'individu vivant », J.P. Morat, « Cellule nerveuse et système », *Revue générale des sciences pures et appliquées*, 1900, 11, p. 723.

4. À propos de l'énergie nerveuse, J.P. Morat écrit : « Cette forme intermédiaire échappe entièrement à nos moyens actuels d'analyse, et elle échappe, non pas seulement dans l'élément nerveux, mais dans tous les éléments cellulaires [...] Ce que nous appelons les éléments cellulaires ne représentent pas les éléments derniers, les éléments proprement dits des êtres vivants », « Le système nerveux et la chimie animale », *Revue générale des sciences pures et appliquées*, 1900, 11, p. 242.

5. J.S. Burdon-Sanderson, *op. cit.*, p. 614.

6. Théorie de Thomas Huxley (1825-1895) selon laquelle le protoplasme est la substance fondamentale de la vie.

dynamique physiologique émergeait à partir de mesures de température objectivant les flux énergétiques des phénomènes de contraction musculaire et de conduction nerveuse [1].

Ces évolutions britanniques montrent les conséquences positives des conceptions physiologiques élargies de Burdon-Sanderson à Oxford ou de Foster à Cambridge. La prise en compte des conceptions allemandes permit la diversification des approches, sans toutefois négliger les approches physiologiques classiques. Sans doute parce que la physiologie britannique était comparativement plus jeune que sa cousine française et parce qu'elle jouissait d'une plus grande autonomie, l'annexion des approches physico-chimiques ne l'ont pas desservie et n'ont pas entaché ses liens avec l'anatomie et l'histologie [2].

Une raison évidente de cette situation particulière tient aux liens étroits entre certains physiologistes et Charles Darwin (1809-1882) [3]. Maints d'entre eux cultivèrent un goût non seulement pour la théorie de l'évolution, mais également pour les études d'anatomie et d'histologie comparées des invertébrés. Ces travaux réalisés sur des animaux inférieurs et supérieurs valorisaient des modèles dont l'organisation simple rendait plus décelables certaines corrélations entre structures et fonctions [4].

En dépit d'une orientation marquée pour une histologie classique, la physiologie britannique se tourna néanmoins avec intérêt et vigueur vers les nouvelles voies incarnées par Sharpey-Schäfer, John Newport Langley (1852-1925), Frederick Gowland Hopkins (1861-1947) et Ernest Henry Starling (1866-1927). Il est possible de percevoir dans ces carrières un éloignement progressif d'un style classique de physiologie vers de nouveaux domaines. Sharpey-Schäfer illustrait la tendance incitant les physiologistes du nerf et du muscle à s'ouvrir aux problèmes nouveaux de l'endocrinologie et, en particulier, à tester des extraits de « glandes

1. Hill et Lucas en furent les figures britanniques les plus influentes.

2. « Les physiologistes britanniques ont en quelque sorte transféré vers l'histologie ce qu'il leur restait de lien traditionnel avec l'anatomie, alors que leurs collègues continentaux les plus compétents laissèrent derrière eux leurs frères histologistes travailler pour eux-mêmes et retourner dans les terres reculées de l'anatomie. », G. Geison, *Michael Foster and the Cambridge school of physiology*, Princeton, Princeton UP, 1978, p. 331.

3. G. Romanes, darwinien convaincu de la deuxième génération, était un ami personnel de Darwin. Gaskell écrivit en 1908 l'ouvrage, *The Origin of Vertebrates*, London, Longman. K. Lucas s'intéressa aux liens entre physiologie et évolution en écrivant *The evolution of animal function* (1909), cf. *Sci. Progr.*, 3, p. 472-483. R.D. French, « Darwin and the Physiologists, or the Medusa and Modern Cardiology », *J. Hist. Biol.*, 1970, 3, p. 253-274

4. Nous reviendrons en particulier sur la collaboration de G. Romanes, physiologiste, et E. Sharpey-Schäfer, histologiste, dans leurs études concertées sur la locomotion des méduses.

internes » sur les diverses fonctions de l'organisme, selon une voie de recherche initiée dans les années 1880[1].

Avec Langley, la physiologie britannique réalisait un tournant que ne réussit pas la physiologie française. Sa carrière se caractérisa par l'étude classique, héritée de Wilhelm Friedrich Kühne (1837-1900), Foster et Gaskell, de phénomènes fondamentaux de la sécrétion, de la contraction musculaire et de la régulation nerveuse du système autonome. Mais son approche fut peu à peu fortement influencée par la pharmacologie[2]. À partir de 1889, la problématique de Langley consacrée aux ganglions sympathiques rejoignait celle de Dastre du début des années 1880, en reprenant la conception du ganglion comme centre relais de mise en relation de nerfs. Mais au moment où Dastre voulut faire prévaloir ses droits à la priorité de ses conceptions[3], il s'était déjà converti à la chimie physiologique[4]. La pharmacologie des poisons du système nerveux trouvait ainsi sa place à Cambridge dans une physiologie nerveuse classique incluant le concept de synapse de Sherrington, puisque l'empoisonnement du ganglion par la nicotine révélait le dysfonctionnement d'une jonction entre une fibre et son neurone.

Au fil des années, Hopkins développa une véritable discipline biochimique en marge de la physiologie. Après avoir enseigné l'anatomie, la physiologie et la chimie, il devint, en 1914, le premier professeur

1. C'est dans le laboratoire de Sharpey-Schäfer à University College que Starling rencontra William Maddock Bayliss (1860-1924) et qu'ils réalisèrent ensemble, vers 1899, leurs travaux sur le péristaltisme aboutissant à exclure une régulation nerveuse au profit d'une substance libérée, la sécrétine, qui leur permit de forger ainsi le terme d'hormone. Cette tendance se retrouva également en France chez le physiologiste Emile Gley (1857-1930), formé tardivement à l'école de E.J. Marey, puis célèbre pour ses expériences d'injection d'extraits testiculaires.

2. En 1874 et 1875, Langley étudiait l'effet du jaborandi, une drogue dont l'effet sur le muscle cardiaque s'accordait à la théorie myogénique de la contraction du cœur de Foster. Avec la découverte des effets de la nicotine, de l'adrénaline et du curare sur les nerfs et les muscles, Langley redéfinit une topographie fonctionnelle des éléments nerveux. Il put distinguer, notamment, dans le système autonome, les nerfs sympathiques et parasympathiques.

3. A. Dastre, « Du rôle physiologique de la chaîne sympathique, à propos des recherches de Langley, de Dickinson et de O. Langendurff », *Archives de physiologie*, 1892, IV, p. 170.

4. En 1889, Langley avait fait bien davantage que reconnaître le ganglion sympathique comme un simple relais. Il avait réalisé pour la nicotine ce que Vulpian avait fait pour le curare, en redéfinissant l'action nerveuse du poison par un déplacement de son site d'action de la périphérie du nerf à l'élément innervé. L'action n'était pas nerveuse, elle devenait en quelque sorte neuronale et nous dirions aujourd'hui postsynaptique.

de biochimie à Cambridge[1]. Cette université permit une nouvelle fois de réaliser l'impensable en France[2]: le recrutement d'un jeune chercheur original, capable de créer la passerelle que l'avenir de la science réclamait. Aussi Hopkins n'eut aucune aversion pour la physiologie ou l'anatomie et sa collaboration avec Walter Fletcher leur permit de démontrer une production d'acide lactique dans l'exercice musculaire par une technique de dosage ingénieuse.

L'étude chimique des métabolismes s'immisçait progressivement, sans rupture apparente, dans la physiologie britannique. Alors que la cellule était critiquée au sein de cette nouvelle tendance en France, un syncrétisme physiologique britannique lui attribuait un contenu élargi. La conception hopkinienne de la cellule en donnait une subtile version qui ne pouvait manquer de susciter l'intérêt des physiologistes. Sherrington s'en souvint longtemps et se rappela en 1947 cette « image de la cellule comme une petite éponge contenant presque un millier de sites de différentes actions coopérant dans un tout unique »[3].

Cette enquête illustre quelques aspects du développement de la physiologie britannique et montre à quel point la science requiert aussi bien le développement individuel de jeunes disciplines que le maintien à long terme de traditions établies. C'est un tel équilibre qui permet les échanges d'idées entre savants de différentes cultures.

En France, et particulièrement à Paris, les disciplines qui souhaitaient s'affranchir de leurs voisines et aînées, dans le but de légitimer leur autonomie par de nouvelles voies de recherche ont trouvé cette dialectique trop souvent pénible. On ne saurait trop insister sur le climat néfaste et passionné de nombreuses institutions françaises au cours des siècles, et l'on pourrait sûrement étudier plus précisément comment la structure des facultés a favorisé, dans un cas, des sectarismes entre disciplines et, dans d'autres nations, des syncrétismes utiles.

1. Lorsqu'au congrès de la Société de Physiologie à Cambridge, Foster demanda à Hopkins de venir le rejoindre, cet assistant de laboratoire, alors âgé de trente-sept ans, n'avait pas de lien académique avec la biochimie allemande. Cet homme original, dans une large mesure autodidacte, ayant commencé sa vie professionnelle à dix-sept ans comme assistant d'un laboratoire médical, allait pouvoir apporter un souffle nouveau à la physiologie de Cambridge. Encouragé dans ses jeunes années à apprendre un métier, Hopkins prit peu à peu conscience de la nécessité d'étudier à l'université et réalisa finalement de brillantes études médicales en conservant toujours un goût particulier pour la chimie.

2. En France, la chimie physiologique était présente en des lieux plutôt isolés, l'école de Physique et Chimie, les Instituts Pasteur et certaines facultés de médecine (Lille).

3. C. Sherrington, *Lancet*, 1947, 1, p. 729, dans *Hopkins and Biochemistry*, *op. cit.*, p. 117.

Mais il semble plus opportun à présent de comprendre comment la physiologie britannique s'ouvrit à la théorie du neurone, l'anticipa, la reçut et l'utilisa dans certaines de ses démarches expérimentales, à une époque où les nouvelles tendances de la science s'éloignaient de l'échelle cellulaire. L'examen du cadre général de la physiologie britannique au tournant du XXe siècle permettra d'expliquer l'utilisation du concept de neurone en tant qu'élément théorique et heuristique.

Réception du concept de neurone au Royaume-Uni

Les reconstructions historiographiques des voies de recherche menant au concept de neurone à Cambridge indiquent une lignée assez nette allant de Foster à l'interprétation physiologique par Sherrington des conceptions de Ramón y Cajal, en passant par les travaux de George John Romanes (1848-1894) sur la méduse et les célèbres recherches histologiques connexes par Sharpey-Schäfer[1]. Débutons l'investigation en considérant l'ancienne conception de la cellule nerveuse, telle qu'elle peut apparaître dans le manuel de physiologie de Foster dans son édition de 1888[2] :

> [...] Il ne fait aucun doute que la partie de la moelle épinière qui agit comme centre réflexe est localisée dans la matière grise, qui est caractérisée par la présence de cellules nerveuses : il ne fait également nul doute que les fibres efférentes sont connectées avec les afférentes au moyen de cellules, très probablement celles de la *cornu anterior* et aussi probablement avec d'autres dans la *cornu posterior* et ailleurs. Mais, il ne s'ensuit pas qu'un mécanisme cellulaire soit essentiel au sens où les noyaux des cellules n'ont pas forcément dans tous les cas quelque chose à voir avec cela [...][3].

Cette conception classique rejoint celle généralement admise par les physiologistes du XIXe siècle en Europe. Pour eux, la cellule nerveuse possède un corps cellulaire, un noyau permettant aussi bien une continuité fonctionnelle entre les prolongements cellulaires qu'une fonction trophique. Cependant, Foster remet précocement en cause le rôle du corps cellulaire comme participant activement à la conduction nerveuse, selon une critique qui se développa également en France dans les années 1900. Il y a donc lieu de distinguer chez Foster, comme chez nombre de physio-

1. On a pu dire que ces recherches représentaient une anticipation sérieuse de la théorie neuronale. G. Geison, 1978, *op. cit.*, p. 267. R.D. French, *Medical History*, 1970, *op. cit.*

2. M. Foster, *A text-book of physiology*, 5e éd. Londres-New York, Macmillan and Co., 1888.

3. *Ibid.*; voir aussi E.G.T. Liddell, *The discovery of reflexes*, Oxford, Clarendon Press, 1960, p. 111.

logistes, la réception de la théorie du neurone de la réception du neurone comme concept physiologique.

Cette première réception de la théorie du neurone est généralement considérée par les historiens britanniques comme la rencontre entre les travaux de Ramón y Cajal et une pensée autonome antérieure. Le physiologiste Romanes, en darwinien convaincu, s'intéressa au système nerveux des invertébrés, dans le cadre de la polémique entre une origine myogénique ou neurogénique des contractions musculaires rythmiques. L'ombelle de la méduse, détachée de son corps, conservait une contractilité rythmique se propageant comme une onde; elle pouvait être interrompue par une section. La propagation de la contraction pouvait être sous-tendue par une activité nerveuse rythmique entretenue dans un réseau diffus. Cette idée entrait naturellement dans le cadre des conceptions contemporaines histologiques des réseaux. C'est ainsi que Romanes demanda à son ami Sharpey-Schäfer de mettre en évidence, dans le tissu de la méduse, un entrelacs nerveux. Or, dans son travail, Sharpey-Schäfer observa des extrémités nerveuses libres: « Il ne fait aucun doute que les fibres n'ont pas de rapport de continuité anatomique »[1]. Après quelques vives discussions et des difficultés de publication, Sharpey-Schäfer fut finalement convaincant[2]; il devint dès lors un précurseur, puis un ardent défenseur de la théorie du neurone au Royaume-Uni[3].

L'impact de ces recherches sur Sherrington est indéniable[4]. Il suffit pour s'en convaincre de noter la douzaine de références aux travaux sur les méduses dans son ouvrage *The Integrative Action of the Nervous System*[5]. Sherrington fut également très sensible aux travaux de Ramón y Cajal. En 1894, Sherrington l'invita d'ailleurs à donner une *Croonian Lecture* à Londres. Ces faits témoignent de l'accueil généralement favorable de la théorie du neurone dans les cercles des histologistes et physiologistes britanniques.

1. E.A. Schäfer, « Observations on the nervous system of *Aurelia aurita* », *Philosophical Transactions of the Royal Society of London*, 1878, 169, p. 566.

2. R.D. French, *op. cit.*, p. 162. R.D. French, « Edward Albert Schäfer (Sharpey-Schäfer) and his contributions to Neuroscience: commemorating of the 150th anniversary of his birth », *J. Hist. Neurosci.*, 2001, 10, p. 41-57.

3. E.A. Schäfer, « The Nerve Cell considered as the Basis of Neurology », *Brain*, 1893, 13, p. 134-169.

4. R.D. French, *op. cit.*, p. 163.

5. C.S. Sherrington. *The integrative action of the nervous system*, London, Constable, 1906, rééd. New Haven, Yale UP, 1947.

En France, la théorie du neurone fut, malgré certaines critiques, également acceptée ainsi que le notait Lapicque : « Remarquons-le explicitement : nous admettons la doctrine du neurone ; nous admettons que le système nerveux est discontinu, formé d'éléments distincts et juxtaposés » [1]. Il faut donc voir ailleurs les raisons de cette profonde sympathie pour le neurone de la part des physiologistes britanniques.

La véritable réception britannique du concept de neurone impliqua un dialogue, qui n'eut pas lieu en France, au sujet des implications de la théorie du neurone et en particulier au sujet des synapses. Sherrington, qui avait obtenu la charge de réaliser de nombreux ajouts à l'édition de 1897 du *Manuel de Physiologie* de Foster, discuta dans une lettre à son maître la nécessité de forger un nouveau terme décrivant un instrument de contact et non un contact réel [2]. Cet événement, auquel on accorde, trop souvent, une importance naïve, traduit la volonté de voir, dans une contiguïté anatomique, un mécanisme de transmission tel que Ramón y Cajal l'avait initialement et naturellement imaginé par une sorte d'excitation à distance entre cellules. Le terme français d'« articulation » renvoyait à cette même image d'un mécanisme impliquant un espace fonctionnel discontinu. Mais ce terme suggérait, dans un esprit cartésien, un espace analogue en quelque sorte à une poche de synovie ! Quant au terme adopté par Sherrington, il n'était pas une simple métaphore, mais un concept impliquant une propriété de diode, c'est-à-dire de propagation d'influx dans un sens et non dans l'autre. Lapicque reconnaissait, sur ce point, la valeur des idées de Sherrington : « Nous voici arrivés à ce point : [...] c'est à la synapse qu'est localisée la fonction essentielle du centre nerveux [...] Sherrington a donné un résumé, remarquable dans sa concision, des différences essentielles qui distinguent de la simple propagation dans un tronc nerveux le passage de l'influx par les centres, et il a montré que presque toutes ces différences peuvent se caractériser de la façon suivante : *transmission intercellulaire au lieu de transmission intracellulaire* [...] » [3].

En forgeant le concept de synapse, Sherrington établit une passerelle entre ses travaux de physiologie et le concept de neurone. Or, ce dialogue

1. L. Lapicque, « Principe pour une théorie du fonctionnement nerveux élémentaire », *Revue générale des sciences pures et appliquées*, 1910, 21, p. 105.

2. L'idée d'un helléniste de Cambridge du terme « synapse » fut adoptée par Sherrington, par M. Foster, puis aussi, après quelques échanges, par E. Sharpey-Schäfer qui avait également demandé à Sherrington une contribution pour son propre Manuel de Physiologie de 1897 ; voir E.M. Tansey, « Not committing barbarisms : Sherrington and the synapse 1897 », *Brain Research Bulletin*, 1997, 44, p. 211-212.

3. L. Lapicque, 1943, *op. cit.*, p. 106.

se plaçait dans la perspective d'une physiologie des centres nerveux qui ne pouvait réellement voir le jour que par les moyens expérimentaux de la physiologie des nerfs. La valeur expérimentale du concept physiologique de neurone ne pouvait donc être exploitée que par une objectivation nerveuse des centres, par une approche topographique, chère à Bernard dans ses mesures de glycémie, et jamais abandonnée dans la sphère britannique en biochimie, pharmacologie et physiologie. De ce point de vue, l'œuvre de Sherrington s'inscrivait dans une triple tradition : l'histologie, qu'il pratiqua initialement en tant que pathologiste; la physiologie des centres nerveux qu'il apprit à ses débuts chez Goltz; et la physiologie nerveuse, telle qu'elle était réalisée à Cambridge, en particulier par Gaskell. C'est dans ce contexte singulier que la réception du neurone prit un véritable sens, au point de marquer les recherches et l'école de Sherrington d'un esprit nouveau.

Le contexte de la physiologie britannique fut un terreau fertile de réception de la théorie du neurone et de création d'une nouvelle forme d'interdisciplinarité. Les contextes sociaux furent déterminants dans le choix des programmes de recherche interdisciplinaire. Mais pour être réellement effective, l'interdisciplinarité a exigé l'adhésion sincère de chercheurs à de nouvelles disciplines (Sherrington devient physiologiste), en vue d'une synthèse et d'une reformulation des concepts d'une discipline d'origine (l'histologie – l'anatomopathologie) dans le langage d'une autre (physiologie). Ensuite seulement un dialogue interdisciplinaire devint possible avec des spécialistes du premier domaine (anatomie), si les chercheurs en question (Sherrington) étaient devenus spécialistes du second (physiologie). De l'approche interdisciplinaire de Sherrington a pu naître une première forme de physiologie du neurone qu'il faut à présent caractériser.

ÉTUDE DES REFLEXES ET PREMIERS CONCEPTS NEURONAUX DANS L'APPROCHE DE SHERRINGTON

À côté des physiologies de Marey, Charles Émile François-Franck (1849-1921), et celles des écoles allemandes, les études myographiques de Sherrington aboutissent, au début du XXe siècle, à une rationalité qui, en s'attachant scrupuleusement à l'étude des nerfs, pense l'organisation des centres nerveux en termes de neurones.

Ces décompositions myographiques firent le succès de l'école de Cambridge, en demeurant en France un champ d'investigation comparativement limité. L'étude des réflexes, centrale dans la physiologie du XXe

siècle, offrait la possibilité de contrôler diverses entrées – comme une stimulation mécanique de la peau ou la stimulation d'un nerf – et plusieurs sorties – la contraction de divers muscles. La préparation expérimentale nécessitait de véritables opérations de chirurgie pour étudier l'organisation fonctionnelle rigoureusement basée sur un schéma d'anatomie. L'objectivation physiologique permettait de rechercher des équivalents fonctionnels des éléments anatomiques des réflexes.

Sherrington ne savait réellement que penser du terme ultime de sa décomposition : « Un réflexe simple est probablement un concept entièrement abstrait, [...] mais le réflexe simple est utile, sinon probable ». Le réflexe simple était en réalité un mouvement hypothétique obtenu par une stimulation expérimentale dans un circuit artificiellement élémentaire. Sa validité pouvait être remise en cause comme elle le fut par Kurt Goldstein (1878-1965). Dans cette approche mécaniste, le neurone devenait un élément fonctionnel théorique, ce qui marquait une forme de transition indéniable vers une première physiologie neuronale.

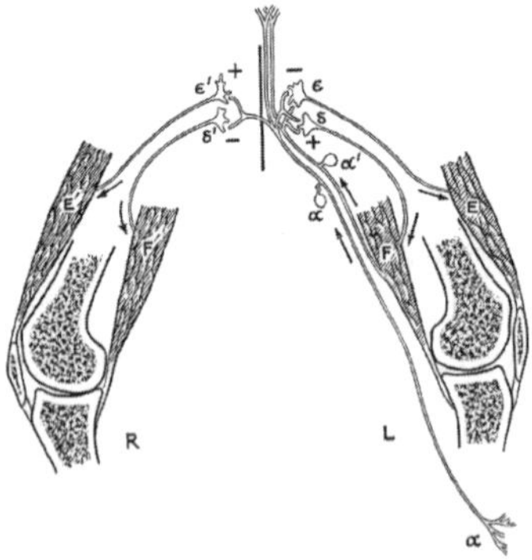

Hypothèse de l'organisation neuronale de l'inhibition réciproque dans le réflexe simple d'extension, avec contraction du muscle extenseur (E) et inhibition du muscle fléchisseur (F) au niveau des genoux ; α, α', neurones sensitifs ; ε, ε', δ, δ', motoneurones.

Figure 10.
Organisation neuronale de l'inhibition réciproque.
D'après C.S. Sherrington, 1906

La décomposition analytique des réflexes nécessitait la minutie et l'ingéniosité d'instruments dont l'évolution technique ne pouvait suivre les deux chemins contraires entre lesquels la physiologie dut toujours faire un choix. Le premier, ouvert dès le XIXe siècle, accordait une importance primordiale non seulement à la sensibilité des instruments, mais aussi à leur inertie et finalement à la dynamique temporelle des signaux recueillis, en permettant une décomposition par le temps. Le second, plus délicat, devait, par la miniaturisation des instruments, réaliser des mesures localisées tenant compte de l'anatomie pour une décomposition d'ordre spatial. Ce fut sans doute l'un des grands mérites de Sherrington de toujours accorder une importance capitale à la dimension spatiale des réflexes et d'y vouloir constamment rapporter les concepts de constitution établis principalement par la décomposition temporelle.

La démarche de Sherrington fut encore celle d'une école qui, ayant tôt assimilé la théorie du neurone, voulut suivre ce parti que les concepts utiles à décrire les centres nerveux étaient finalement réductibles à des concepts pouvant s'appliquer aux neurones eux-mêmes. En partant des concepts de constitution des centres nerveux, la recherche déductive de leur possible localisation en fit des concepts de constitution des neurones. De sorte que cette voie marqua la naissance du premier concept physiologique de neurone en tant que concept explicatif de l'organisation et des mécanismes d'intégration des arcs réflexes et finalement un concept élémentaire et fonctionnel des centres nerveux. Par cette physiologie, le centre était un neurone et le neurone devenait centre. L'assimilation du centre à la synapse était remplacée par celle du centre à un neurone.

Cette nouvelle conception se rapprochait du concept histologique du neurone considéré comme centre de mise en relation entre différentes fibres. La convergence anatomique des fibres sur le neurone prenait avec le nouveau concept d'intégration une dimension réellement physiologique.

Concepts neuronaux dans l'approche de Sherrington

Dans la réflexologie classique, le concept de sommation, ou d'addition, indiquait qu'une faible stimulation préalable d'un nerf n'empêchait pas un réflexe déclenché par la stimulation d'un second. Au contraire, les deux contractions obtenues s'additionnaient. Ce concept suggérait une convergence fonctionnelle des deux nerfs dans un même centre nerveux. Ce même schéma pouvait aussi s'appliquer à la stimulation de deux régions corticales liées fonctionnellement dans un même réflexe. Mais, Sigmund von Exner-Ewarten (1846-1926), ayant observé que l'ablation du cortex était sans effet sur un phénomène de sommation, avait conclu à une localisation spinale d'un tel phénomène.

Au cours des années vingt et trente, l'école de Sherrington systématisa à Oxford cette démarche en tenant compte de l'organisation anatomique et fonctionnelle du réflexe de flexion chez le chien[1]. Pour démontrer la

1. L'animal légèrement surélevé, par une suspension au niveau du ventre, lève une patte postérieure en réaction à une piqûre.

convergence entre deux nerfs, leur centre et un muscle, il fallait au préalable considérer chacun des éléments comme constitués d'unités arbitraires, décomposables en sous-ensembles. Ainsi, le centre fut considéré comme un ensemble de neurones moteurs et le muscle, comme un ensemble d'unités motrices distinctes. Nerfs, centre et unités motrices furent définis en relation avec la théorie neuronale, avec quelques approximations nécessaires : le centre était un ensemble de motoneurones dont chaque fibre innervait une sous-région unique du muscle (unité motrice). Ce cadre, une fois posé, permettait de définir un concept de convergence qui n'était en réalité qu'un concept de structure ancien des histologistes. Cette approche physiologique permit finalement une localisation du concept de sommation dans un centre nerveux et son explication par une organisation neuronale hypothétique, à la base d'une véritable approche du réflexe par construction d'un modèle.

Sherrington nomma cette analyse le fractionnement du centre réflexe qui, de fait, reposait sur ce qui, dans la mesure, pouvait être dissocié. La décomposition analytique reposait sur celle des signaux préalablement enregistrés, puis décomposés. Or, cette physiologie, essentiellement nerveuse, réalisait la mesure d'une tension musculaire en faisant varier le lieu, l'intensité et la forme de la stimulation électrique. L'analyse ensembliste du centre et du muscle se fit par des choix judicieux de stimulations nerveuses définissant des sous-ensembles de motoneurones et d'unités motrices.

> Entrons avec quelque détail dans ce rationalisme. La stimulation d'un nerf sensitif donné n_i est considérée comme activant un sous-ensemble spécifique du centre nerveux, c'est-à-dire un ensemble de neurones (N_i) et un sous-ensemble du muscle contracté, c'est-à-dire un ensemble d'unités motrices (UM_i). Le sous-ensemble UM_i est mesuré par le rapport des intensités des deux contractions c_i/C, dans lequel la contraction c_i est obtenue par la stimulation (à 50 Hz) du nerf n_i et C représente la contraction maximale et directe du muscle par une forte stimulation électrique. Or, la somme des contractions partielles c_i, pour les différents nerfs sensitifs n_i du muscle étudié, est généralement supérieure à la contraction maximale C. Cette inégalité ($\Sigma c_i > C$) en faveur de la somme des contractions partielles indique une sorte de redondance dans l'effet des différents nerfs sur l'effet maximal du muscle, soit une convergence des effets nerveux sur le muscle. L'hypothèse d'emblée écartée par les données histologiques est celle selon laquelle des fibres motrices distinctes innervent des fibres musculaires communes : il ne peut y avoir convergence des nerfs moteurs sur leurs territoires innervés, car les unités motrices sont sous l'influence d'une fibre unique. La convergence fonctionnelle doit donc être nécessairement située entre les

fibres sensitives et leurs territoires innervés dans le centre nerveux : des nerfs distincts doivent mettre en jeu une sous-population recouvrante de motoneurones. Cet ensemble de motoneurones innervés à la fois par deux nerfs est nommé « frange sous-liminaire » [1].

Cette convergence fonctionnelle dans le centre représente un équivalent physiologique du concept de convergence histologique. Elle apporte un sens fonctionnel à l'inégalité des fibres entrantes et sortantes d'un centre nerveux. Mais ce concept, devenu physiologique, va devenir un concept central sous-jacent aux concepts instrumentaux de « facilitation » [2], d'« occlusion » [3] et d'« état d'excitation central » [4].

Le concept de convergence appartient désormais également à la physiologie nerveuse, puisqu'il définit une zone d'interaction entre de deux nerfs dans un centre. Deux concepts en sont dérivés : la « frange sous-liminaire » et l'« occlusion ».

Par la suite, ces trois concepts seront expliqués par un concept plus général : l'« état d'excitation central » dont la valeur est située en deçà ou au-delà d'un seuil d'excitation [5]. Cet état a été désigné « *central excitatory state* » ou « *c.e.s.* » [6] par Sherrington. Ce modèle, appliqué au neurone, était finalement proche de celui développé par Louis Lapicque en 1907. Mais pour Sherrington, il avait un caractère opératoire expliquant plusieurs observations générales des réflexes. Ce concept eut en particulier l'avantage immense de pouvoir avoir une variante négative, soit un « état d'inhibition central », dont la valeur heuristique fut de concevoir excitation et inhibition comme deux phénomènes conceptuellement proches, mais opposés.

1. *Cf.* glossaire.
2. *Cf.* glossaire.
3. *Cf.* glossaire. Selon le premier, il y a, au cours de la facilitation, un ensemble de neurones stimulés de façon sous-liminaire, nommé frange sous-liminaire de neurones, dont le seuil d'excitation est abaissé par la première stimulation. Ces neurones, situés dans le territoire de convergence des nerfs, sont excités plus efficacement à la stimulation du second nerf. Selon le second corollaire, une occlusion indique qu'une forte stimulation du premier nerf empêche l'effet obtenu par la stimulation du second. L'occlusion indique un état d'excitation maximal de la frange sous-liminaire de motoneurones à la stimulation du premier nerf.
4. *Cf.* glossaire.
5. La facilitation est expliquée comme un abaissement de ce seuil, tandis que l'occlusion peut être vue comme une excitation supra-liminaire des neurones empêchant l'effet d'une excitation consécutive. L'excitabilité du neurone peut être considérée comme l'écart entre un état d'excitation dit central et basal, gradué, évoluant de manière cumulative jusqu'au dépassement d'un seuil d'excitation.
6. *Cf.* glossaire.

Le modèle réflexologique de Sherrington est véritablement neuronal, car son élément central, le motoneurone, organise les convergences de fibres en jeu dans les stimulations croisées ou simultanées de deux nerfs. Ce modèle propose une modalité de décomposition analytique des éléments du réflexe reposant sur des partitions anatomiques théoriques à plusieurs niveaux (centre, nerfs, muscle, c'est-à-dire motoneurones, fibres nerveuses, unités motrices).

Sherrington invente là une troisième rationalité, ni purement anatomique, ni purement physiologique, mais qui dispose, et associe, dans l'espace du modèle, les unités anatomiques aux mesures physiologiques. Un pas de plus est franchi en direction d'une interdisciplinarité où anatomie et physiologie collaborent par un jeu réalisé à partir d'un ensemble de concepts coordonnés et, pour certains, équivalents[1].

La période réfractaire du neurone

Le concept de période réfractaire[2] est central et utile pour mieux comprendre la démarche de Sherrington. L'étude de deux stimulations consécutives appliquées à un même nerf sensitif permettait de définir une fenêtre de temps en dessous de laquelle deux stimulations rapprochées engendraient une réponse indissociable de celle obtenue par une stimulation unique. Cette fenêtre définissait donc une courte période pour laquelle la seconde stimulation n'avait aucune sorte d'effet apparent. Cette période dite « réfractaire » fut ainsi nommée en référence au concept de la physiologie musculaire.

Dans l'approche de Sherrington, se posait la question de sa localisation et de son explication par son modèle réflexologique. Il n'était pas *a priori* possible de savoir si elle devait être localisée dans le nerf, le centre nerveux, les synapses ou les neurones eux-mêmes. On prit le parti que chaque élément pouvait disposer d'une telle période, de même que la propriété de conduction nerveuse était considérée comme générale pour tout tissu nerveux. Ce sont les élèves de Sherrington qui voulurent faire une distinction entre la période réfractaire des fibres nerveuses et celle des somas neuroniques. Ces recherches ont montré l'heuristique des transferts de concepts du muscle au neurone et du nerf au neurone.

1. La convergence anatomique est, par exemple, équivalente à la convergence physiologique ou homologue de celle-ci.

2. *Cf.* glossaire.

Le concept de période réfractaire devint un concept neuronal lorsque les mesures oscillographiques permirent de distinguer une période réfractaire longue qui, ne pouvant être attribuée à celle d'une fibre nerveuse, fut pensée comme neuronale [1].

Une nouvelle fois, une physiologie nerveuse réussit à localiser un concept initialement appliqué à un muscle, un centre nerveux, puis à un nerf, dans un neurone. Cette démarche fut le sujet d'intenses débats dans la décennie suivante. Si conceptuellement cette voie était ouverte, l'histoire polémique de sa démonstration expérimentale fut plus complexe et plus longue. La prise en compte du neurone dans la physiologie du système nerveux relevait encore, avant la fin des années vingt, de la spéculation la plus théorique.

LA PHYSIOLOGIE NERVEUSE DE LUCAS ET D'ADRIAN

Il a peu été question, jusqu'à présent, de la branche de la physiologie britannique, pourtant essentielle, qui pratiquait ses mesures sur des tissus nerveux et musculaires isolés. L'école de Cambridge, particulièrement diversifiée, n'avait pas oublié cette voie de recherche représentée, avant 1900, par Francis Gotch (1853-1913). Gotch avait favorisé cette approche en acceptant Keith Lucas (1879-1916) dans son laboratoire de physiologie.

1. Ce n'est qu'au milieu des années vingt que l'oscillographie cathodique de Gasser et Erlanger permit de préciser quantitativement les concepts de Sherrington. Il fut possible de distinguer, dans le nerf, une période réfractaire absolue, de l'ordre de la milliseconde et légèrement supérieure à la durée du potentiel d'action. Au cours des cinq millisecondes suivantes, l'excitabilité réduite du nerf définissait une période réfractaire relative, pendant laquelle une seconde stimulation nécessairement plus forte déclenchait un potentiel d'action dont l'amplitude était néanmoins amoindrie. Ces valeurs une fois connues, on pouvait déterminer la période réfractaire minimale d'un réflexe, plus longue que celle des nerfs impliqués, parce qu'elle incluait la période réfractaire du centre. Or souvent, les valeurs mesurées ne furent pas sensiblement plus élevées; on craignait qu'elles ne reflètent seulement les périodes réfractaires des nerfs. Dans son ouvrage de 1932, *Reflex activity of the spinal cord*, Sherrington discuta longuement ce problème. Il aboutit à cette conclusion que la détermination de la période réfractaire des réflexes était en réalité compliquée par les phénomènes de facilitation et d'inhibition. Ceux-ci rendaient les mesures imprécises, ou du moins inapplicables au centre nerveux et au neurone. L'école de Sherrington résolut la question en remplaçant la stimulation du premier nerf par une stimulation antidromique, c'est-à-dire de l'axone des motoneurones, déterminant un potentiel d'action se propageant de façon rétrograde de l'axone jusqu'au soma. Cette excitation déterminait dans le corps neuronique un état d'excitation central et une période réfractaire dont la localisation somatique ne faisait aucun doute.

En marge de la physiologie nerveuse américaine, promue au premier rang par les développements de l'oscillographie, l'école de Cambridge put ainsi ouvrir une voie nouvelle dans la physiologie du neurone.

Les conditions qui ont rendu possible cette démarche et instauré une nouvelle rationalité associant la physiologie nerveuse à la physiologie des centres nerveux seront analysées. Il y a dans l'évolution de ces domaines un cap franchi qui rend pertinente l'analyse des discours, des objets scientifiques, des nouveaux instruments et des mesures. À partir de ces deux physiologies en naît une troisième, la physiologie du neurone. Comment certains rapports nouveaux entre des objets initialement considérés dans des domaines distincts ont-ils engendré une nouvelle manière de voir, mais aussi bientôt une autre façon d'aborder des problématiques antérieures, entièrement renouvelées et centrées sur le neurone ?

Keith Lucas et le programme de recherche d'Edgar Adrian

Sur le plan historique, une rupture se dessine dans l'union, la confrontation, puis la synthèse de deux styles de recherche. L'un est représenté par la physiologie sherringtonienne. L'autre, dont on souhaite brièvement retracer l'histoire, débute par les travaux de Gotch et Lucas. La possibilité d'une synthèse de ces deux styles démontre, une nouvelle fois, l'heuristique du neurone conceptuel de Sherrington et de l'état d'excitation central (c.e.s.) localisé dans son soma. Car la localisation du c.e.s. fut une question brûlante qui suscita maintes discussions, controverses et convergences jusqu'à la fin des années trente.

La carrière de Lucas[1] débuta réellement en 1903 à son retour à Cambridge. Elle est significative de l'engouement pour la physiologie de certains ingénieurs du début du siècle, comme Georges Weiss en France. Si Lucas n'était pas réellement ingénieur de formation[2], il l'était de tradition familiale[3]. Installé à Cambridge, il entreprit de comprendre non pas les conditions de l'excitation musculaire et nerveuse, comme Weiss ou Lapicque en France, mais la nature de l'état excité du tissu vivant, les

1. Voir aussi R.G. Frank Jr, « Instruments, Nerve Action, and the All-or-None Principle », *Osiris*, 1994, 9, p. 208-235.

2. Il suivit la formation classique de Sciences Naturelles à Cambridge.

3. Dès son enfance, il s'était illustré par la construction de vélos et de microscopes. Hérité de son père, ingénieur de renom, son goût pour la technique lui permit la construction de nouveaux appareils de physiologie, au point d'être nommé en 1909, directeur de la *Scientific Instrument Company* qui breveta plusieurs de ses inventions.

« perturbations propagées »[1] conçues comme un état électrique de même nature pour tous les tissus excitables.

Les liens entre Lucas et certains physiologistes français ou allemands[2] font considérer son approche comme classique à son époque[3]. En revanche, l'ingéniosité technique dont il fit preuve pour appuyer ses idées fut exceptionnelle. Elle lui permit de produire d'originales contributions à la physiologie du muscle qu'on ne peut détailler, car il faut surtout insister ici sur l'idée générale qui traversa toute son œuvre et qui finalement permit à son élève Adrian d'adopter ce style original de recherche.

Lucas débuta ses travaux dans le domaine de la physiologie musculaire. Ses études sur le cœur permettaient une décomposition temporelle de ses propriétés. L'excitabilité du muscle était considérée comme une propriété générale relevant d'un processus physique objectivable par des mesures calorimétriques[4]. Lucas n'aura de cesse de vouloir généraliser ses résultats à tous les tissus excitables et d'en étendre la portée à la physiologie des nerfs selon une approche reprise et développée par Adrian[5].

Comprenons bien que ce programme prenait initialement le contre-pied de celui de Sherrington, même si les études ultérieures d'Adrian s'en rapprochèrent. Chez Lucas, comme chez Adrian, la physiologie nerveuse avait d'abord recherché son autonomie par rapport à la physiologie des centres nerveux dont Lucas en proposa au départ une alternative.

Par opposition à la conduction de l'influx dans un centre décrite par Sherrington, la conduction nerveuse simple, rapide et certaine, avait quelque chose d'une pure électricité dont le déterminisme strict se rapprochait de celui de l'ampoule s'allumant à la fermeture du circuit. Lucas acceptait cette idée : « La conduction dans les nerfs périphériques est une chose rigide, qui semble manquer justement de ces caractères, inhibition, rythme, décharge résiduelle, qui donnent à la conduction centrale sa souplesse et ses moyens d'adaptation à des fins spécifiques »[6]. Cependant, cette conclusion lui paraissait prématurée et il critiqua implicitement son

1. « Propagated disturbances »

2. Les travaux de physiologie nerveuse de Lucas s'appuient sur ceux de Szpilman, Luchsinger, Verworm et Fröhlich.

3. R.G. Frank Jr., « Instruments, Nerve Action, and the All-or-None Principle », *op. cit.*

4. Ces travaux se rapprochaient de ceux d'Archibald V. Hill.

5. Adrian écrivit « Dans mon propre travail, j'ai essayé de suivre les voies que Keith Lucas aurait développées s'il avait vécu », E.D. Adrian, Conférence Nobel. K. Lucas est décédé prématurément dans un accident d'avion lors de la Première Guerre mondiale en 1916.

6. K. Lucas, *La conduction de l'influx nerveux*, trad. fr. G. Matisse, Paris, Gauthier-Villars, 1920, p. 8.

enseignement aux étudiants d'Oxford[1] en ajoutant: « [n'est-il pas] plus probable que les différences apparentes reposent seulement sur notre ignorance des faits élémentaires du mécanisme de la conduction ? »[2].

La critique de l'école de Sherrington est lisible. Elle contenait ironiquement une citation de Sherrington au sujet de cette nécessité d'étudier à la fois la cellule nerveuse et la nature intime de l'influx, chose que Sherrington ne fit jamais. Selon Lucas, si un travail laisse de côté la physico-chimie de l'influx[3], il « apparaît comme un travail d'école, perdant contact avec les grands intérêts généraux du système nerveux »[4]. La guerre était ouverte.

Le programme de Lucas marquait donc une opposition forte avec ce qui apparaissait déjà comme un dogmatisme ! De son côté, Lucas souhaitait « expliquer le phénomène central en fonction des propriétés élémentaires que l'expérience [...] a révélées dans les tissus excitables plus simples »[5]. Il reprenait en cela le programme de Max Verworn (1863-1921) et Friedrich Wilhelm Fröhlich (1879-1932)[6] en s'opposant à leurs conclusions jugées imparfaites, ainsi qu'au recours trop rapide à des propriétés de centre par l'école de Sherrington.

La physiologie de Lucas fut une physiologie nerveuse qui cherchait le simple et le général en rejetant les localisations « qui multiplient les êtres physiologiques [...] et leur attribuent gratuitement toutes les propriétés requises pour l'interprétation des faits [...] »[7]. Lucas rejoignait ici en quelque sorte le refus de Dastre, Morat et Lapicque de considérer le neurone comme niveau intermédiaire utile.

Dans cette perspective, le programme d'Adrian fut d'étendre les résultats de Lucas, de la physiologie musculaire et nerveuse en général, à la fibre nerveuse unique. C'était là une évolution naturelle qui se distinguait

1. *Ibid.*, p. 8, « les différences entre la conduction périphérique et la conduction centrale dans l'arc réflexe formant un thème connu pour les dissertations d'école de l'étudiant à ses débuts ».

2. *Ibid.*, p. 8.

3. « Le côté physico-chimique du problème, souvent plus facile à aborder en s'adressant aux conducteurs nerveux, aisément accessibles, isolables, de structure simple et peu fragiles, qu'aux formations réceptrices ou centrales », A. Fessard, *Propriétés rythmiques de la matière vivante*, partie I, Paris, Hermann, 1936, p. 8-9.

4. *Ibid.*, p. 8.

5. *Ibid.*, p. 8-9.

6. M. Verworn, F.W. Frohlich, *Allgemeine Physiologie, ein Grundriss der Lehre vom Leben*, Jena, Fischer, 1922.

7. A. Fessard reprenait cette critique dans sa thèse, *Propriétés rythmiques de la matière vivante*, partie II, Paris, Hermann, 1936, p. 44.

par la portée heuristique de ses conceptions, par ses techniques instrumentales et ses procédés expérimentaux élaborés par Lucas. Aussi faut-il souligner ce que le programme d'Adrian dût à Lucas.

Adrian reconnut toujours le caractère essentiel des inventions techniques et l'apport de son maître[1]. Adopter les concepts de période réfractaire, de sommation et d'excitation pour une fibre nerveuse unique nécessitait la mise au point d'instruments permettant de suivre l'influx nerveux dans sa faible amplitude et sa grande vitesse. Car à cette époque déjà, « le temps se compte en millièmes de secondes et l'amplitude en dixièmes, voire en centièmes ou en millièmes de millivolts »[2]. Or, la limitation des appareils de mesure fut un premier obstacle.

Au début des années vingt, l'oscillographe et le galvanomètre de Willem Einthoven (1860-1927) demeuraient inaccessibles à beaucoup de laboratoires de physiologie. Le coût, la complexité d'utilisation et les difficultés à commercialiser ces instruments l'expliquent entièrement. Or, les électromètres et galvanomètres alors accessibles avaient le défaut d'être soit trop peu sensibles, soit d'une trop grande inertie pour suivre des phénomènes rapides dont la cinétique était déformée. Sans entrer dans les détails qui ont déjà fait l'objet de discussions[3], l'instrument idéal n'existait pas. Chacun cherchait une solution selon sa voie, ses finances et son contexte[4].

L'option d'Adrian fut l'adaptation d'une amplification par des lampes à diode, alors utilisées par la TSF[5], à un électromètre capillaire dont les variations étaient enregistrées par chronophotographie[6] (fig. 11). L'électromètre avait l'avantage d'une faible inertie. L'amplification apportait la

1. Adrian, conférence Nobel : « La révolution dans les techniques n'est pas venue d'une meilleure sensibilité des galvanomètres et des électromètres, mais de l'utilisation de diodes thermoïoniques dans l'amplification des variations de potentiels ».

2. A. Fessard, 1936, *op. cit.*, p. 7.

3. J.K. Bradley, E.M. Tansey, « The coming of the electronic age to the Cambridge Physiological Laboratory: E.D. Adrian's valve amplifier in 1921 », *Notes Rec. R. Soc. London*, 1996, 50, p. 217-228. E.D. Adrian, *The basis of sensation*, London, Christophers, 1928, « Recording instruments », p. 42 *sq.*

4. Aux États-Unis, Gasser utilisait avec succès un oscillographe, après avoir développé des corrections mathématiques compensant l'inertie des premiers instruments. En France, Lapicque et Alfred Eugène Fessard (1900-1982) utilisaient des oscillographes (non cathodiques) imparfaits pour contrôler leurs courants de stimulation. Einthoven réussit de belles mesures avec un galvanomètre de son invention.

5. La téléphonie sans fil.

6. Ses plans dessinés par Adrian et l'appareil lui-même ont été conservés au *Caius College* à Cambridge, grâce en particulier au Dr. Roger Carpenter.

sensibilité requise et la chronophotographie réalisait l'enregistrement des tracés.

Ce système avait donc un avantage réel sur l'oscillographie pour laquelle le passage unique du faisceau n'était alors pas suffisant pour imprimer un film. Seuls des événements répétés de manière identique pouvaient alors être enregistrés. Cette technologie ne pouvait finalement servir qu'une physiologie nerveuse et s'avéra peu adaptée aux mesures plus complexes et uniques des centres nerveux à chaque stimulation[1]. De sorte que pour enregistrer des activités centrales, le « bricolage » de Lucas et d'Adrian avait finalement peu à envier aux autres instruments[2], même si son utilisation délicate, les survoltages et les pannes fréquentes en compliquaient considérablement l'utilisation.

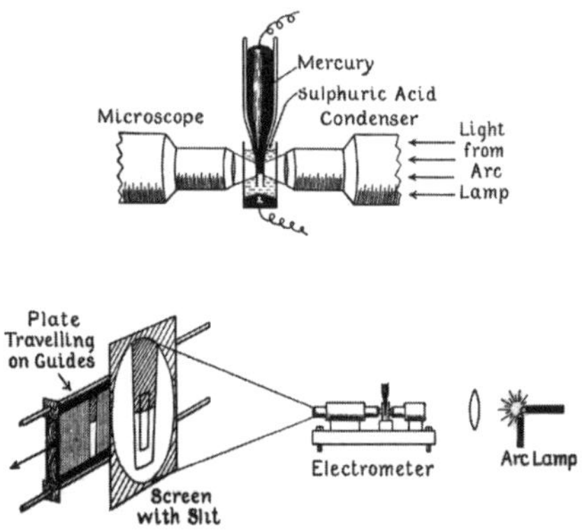

Dispositif d'enregistrement optique d'Adrian pour les courants d'action unitaires par un électromètre capillaire à mercure associé à une amplification à quatre lampes à diode. Le courant amplifié est appliqué entre le cône de mercure et l'acide sulfurique. Les mouvements du ménisque de mercure sont grossis par un microscope et projetés sur un dispositif cinématographique pour l'enregistrement

Figure 11.
Dispositif d'enregistrement d'Adrian.
D'après Adrian, *The Basis of Sensation*, 1928

Lorsqu'en 1925 Adrian utilisa des lampes triodes pour un nouveau système d'amplification, ses échanges avec les Américains Alexander Forbes (1882-1965), Herbert Spencer Gasser (1888-1963) et le Britannique

1. À ce sujet, voir, P. Rijlant, « L'oscillogramme cathodique continu des phénomènes physiologiques », *Arch. Int. Physiol.*, 1932, p. 326-338. Le but de Rijlant fut, à partir de 1930, de construire un oscillographe permettant les mesures des activités non répétées.

2. L'oscillographe non cathodique permettait à A. Fessard, au Collège de France dans les années trente, de calibrer et contrôler d'autres instruments stimulateurs et enregistreurs d'un emploi plus facile.

Bryan Harold Cabot Matthews (1906-1986) furent déterminants[1]. Adrian tenait de Lucas cet intérêt pour l'amélioration des détecteurs, l'électromètre capillaire[2] et l'appareil d'enregistrement photographique dessiné par ce dernier en 1912[3]. Les conditions techniques étaient en partie assurées par cette filiation.

Mais l'appareil d'Adrian ne fut qu'une des conditions nécessaires au succès des études des années vingt. Une autre plus délicate était requise. Il fallait pouvoir accéder aux variations de potentiel mesurées dans une fibre unique. Cette seconde condition dut également beaucoup à Lucas, à la fois sur les plans conceptuel et pratique. Dans ses études sur le muscle, Lucas s'était surtout fait connaître par deux études, publiées en 1905 et 1909[4]. Il y montrait qu'une contraction musculaire se développe par paliers successifs lorsqu'on augmente très progressivement la stimulation électrique. Lucas concluait que « la gradation de la contraction dans une fibre musculaire unique doit être en conséquence un paramètre de faible importance [...] dans la gradation de la contraction d'un muscle composé d'une multitude de fibres ».

Ce travail est représentatif d'un style de physiologie qui se retrouve à la fois chez Sherrington et chez Adrian. Il se caractérise par un souci de décomposition spatiale d'éléments définis par une division analytique validée par des décompositions instrumentales. Cette approche topographique mettait en relation avec un ordre spatial, basé sur une anatomie théorique, un ordre de relations fonctionnelles établi par des mesures localisées[5].

La question posée par Lucas en 1905 relevait de ce style qu'Adrian adopta dans ses études sur le nerf[6]. « Nous devons concevoir la gradation

1. *Ibid.*, p. 220.

2. K. Lucas, « On a mechanical method of correcting photographic records obtained from the capillary electrometer », *J. Physiol. Lond.*, 1912, 44, p. 225-242.

3. *Ibid.*

4. K. Lucas, « On the gradation of activity in a skeletal muscle-fibre », *J. Physiol. Lond.*, 1905, 33, p. 125-137; K. Lucas; « The "all-or-none" contraction of the amphibian skeletal muscle fibre », *J. Physiol. Lond.*, 1909, 38, p. 113-133.

5. L'ordre spatial en France fut davantage rattaché à l'anatomie, et donc plutôt à la médecine, tandis que les physiologistes universitaires se concentraient sur l'ordre *temporel* plus noble, sur des mesures non localisées dont l'abstraction rendait possible les formulations mathématiques d'une physiologie physique fondée sur la renommée des maîtres allemands de la psychophysique.

6. Adrian se demandera si la cinétique d'un potentiel d'action dans un nerf traduit la dispersion temporelle de potentiels d'action de même amplitude dans chacune de ses fibres ou

de la contraction d'un muscle entier, soit par celle de chacune de ses fibres, soit par la variation du nombre de fibres entrant en action, ou encore une combinaison des deux »[1].

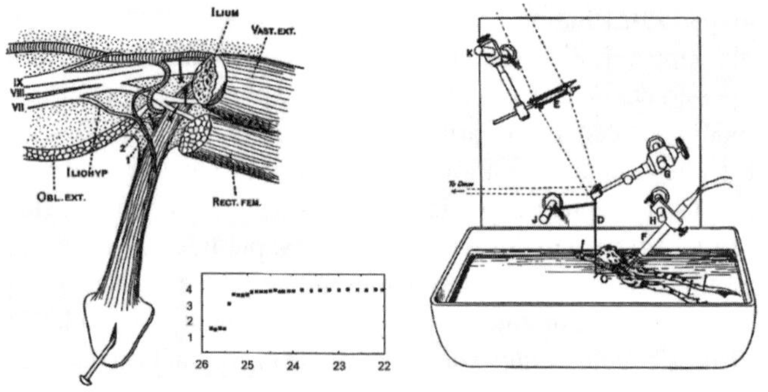

Figure 12.
Préparation d'un muscle de grenouille (*cutaneus dorsi*) pour la démonstration du caractère tout-ou-rien des contractions élémentaires de chacune de ses fibres (gauche). Dispositif expérimental (droite) et tracés des contractions (encadré). Le muscle est épinglé à un support dont les mouvements permettent la mesure de sa contraction. La stimulation électrique est appliquée sur le nerf VII. Les contractions d'autres muscles sont empêchées par section des filets nerveux du plexus en différents endroits notés (X).
C, *cutaneus dorsi*, F, électrode de stimulation.
D'après Lucas, 1909

La modernité de la démarche étonne[2], car ce type de question est bien celui qui a cours encore aujourd'hui pour distinguer des entités non

si l'amplitude elle-même de ces potentiels individuels varie d'une fibre à une autre ou même dans une même fibre au cours du temps.

1. K. Lucas, 1905, *op. cit.*

2. En 1902, Gotch proposait une question du même type. Selon Lucas, « il fit l'hypothèse que le plus ou moins d'activité nerveuse pourrait bien être causé par une variation, non de l'intensité du mécanisme en chaque fibre, mais du nombre des fibres engagées », cité dans K. Lucas, 1920, *op. cit.*, p. 18. Notons qu'en France Lapicque développa une conception spatiale de la vitesse de conduction des fibres nerveuses en fonction du diamètre qui intéressa Gasser, lors d'un passage à Paris, et qui donna à Lapicque l'occasion d'une publication commune avec lui. Gasser développa ensuite cette idée de retour aux États-Unis avec l'oscillographie. Mais dans les écoles françaises, ces décompositions spatiales *a priori* testées avec beaucoup d'ardeur n'eurent pas beaucoup de partisans. Lapicque renia d'ailleurs ce résultat en faisant dépendre la vitesse de l'influx d'une propriété protoplasmique en accord avec les

réellement accessibles[1]. La question était alors de savoir s'il existait un phénomène unitaire de contraction musculaire[2]. Cette question amena Lucas à conclure au caractère tout-ou-rien de la contraction d'une fibre musculaire unique, en suivant ainsi les résultats de Gotch, mais en pointant cette question essentielle du caractère unitaire d'un phénomène physiologique[3] (fig. 12). Adrian voulut étendre ce résultat à la fibre nerveuse unique.

Mais comment isoler une fibre nerveuse unique? Si la dissociation d'un nerf en fibres jusqu'à une fibre unique paraît aujourd'hui techniquement impossible par les moyens d'alors, cette microdissection connue des histologistes paraissait irréalisable pour des fibres devant rester vivantes. Il y eut des astuces non dites qu'on peut reconstituer par une lecture entre les lignes. Ces dissections pratiquées avec difficulté, dans des solutions fixatrices ou dans l'eau, n'eurent en réalité pas lieu en physiologie. L'accès à l'unitaire fut avant tout fonctionnel et non anatomique. Il y a là une différence essentielle d'objectivation.

La démarche consistait à mesurer l'activité d'un nerf soumis à une dilacération. Mais plutôt que de dilacérer jusqu'à obtention d'un signal issu d'une fibre unique, on dilacérait légèrement en attendant patiemment que le temps fasse par lui-même un tri, en rendant non fonctionnelle chacune des fibres, l'une après l'autre, jusqu'à l'instant où n'en restait en vie finalement qu'une, dont le signal était alors rapidement recueilli[4]. L'unitaire en

conceptions de Lucas. Selon Lapicque une propriété aussi générale ne pouvait dépendre d'un facteur anatomique aussi simple.

1. Dans un domaine bien actuel, la transposition de cette question pourrait être: un changement de plasticité par un stimulus faible ou fort implique-t-il un renforcement plus ou moins important des synapses mises en jeu ou un renforcement identique affectant un plus grand nombre de synapses?

2. Notons que la décomposition par Sherrington des propriétés d'interactions entre nerfs en sous-ensembles de neurones relevait d'un même esprit.

3. R.G. Frank Jr., 1994, *Osiris*, 9, p. 208-235, *op. cit.*

4. On comprend dès lors que le problème principal était de recueillir le signal d'une seule fibre pendant un temps suffisamment long. La longueur de l'enregistrement permettait d'apprécier l'absence d'événements doubles et d'indiquer la probabilité d'un seul événement. Plus la probabilité d'événements uniques était grande, plus la probabilité d'un événement double calculable était en contradiction avec l'absence de tels événements dans l'enregistrement. Il devenait alors possible d'exclure la survie d'une seconde fibre. Là résidait l'argument le plus fort de l'unitaire: « Nous n'avons aucune preuve directe que les réponses régulières [...] sont dues à une seule terminaison nerveuse, mais les arguments indirects ne laissent que très peu de doute », E.D. Adrian, *J. Physiol. Lond.*, 1926, *op. cit.*, p. 155. La même problématique est devenue à présent classique pour atteindre l'unitaire dans l'enregistrement d'un

physiologie ne fut pas réalisé par un partage anatomique, mais conçu comme une norme physiologique[1].

Il y eut une autre procédure empruntée à Lucas qui fut tout autant décisive pour le premier succès d'Adrian dans son étude de 1926[2]. Un petit muscle de grenouille mentionné dans une note d'un article de Lucas se caractérise par un petit nombre de fibres musculaires et de fibres nerveuses afférentes. L'étirement d'un tel muscle active des récepteurs de tension en produisant un signal nerveux dans un petit ensemble de fibres nerveuses sensitives efférentes au muscle. Le signal unitaire ne fut finalement atteint que lorsque le collaborateur d'Adrian eut l'idée d'ôter des lambeaux de ce muscle jusqu'à ce qu'il ne restât qu'un seul récepteur de tension actif et un signal unique dans un faisceau nerveux non divisé anatomiquement[3]. Ainsi, cette volonté chez Lucas et Adrian d'atteindre un niveau unitaire par un souci théorique s'accompagnait d'une ingéniosité pratique qui fut une condition essentielle du succès de l'objectivation physiologique et normative d'un phénomène élémentaire.

Lorsqu'Adrian put enfin réaliser ses premiers enregistrements de fibres nerveuses uniques, les deux premières conditions étaient réunies (fig. 13). Mais pour comprendre ce qu'il vit et en réaliser d'emblée la portée, une troisième condition était nécessaire. Adrian reconnut une nouvelle fois l'importance de l'influence de Lucas, même si pour cette question, il y a peut-être davantage un hommage au maître qu'un rôle décisif. Que vit Adrian dans ses premières mesures? Une série de potentiels d'action de même amplitude se succédant dans le temps avec un intervalle de temps minimum entre deux potentiels. Or, ce temps était le temps d'un cycle qui ne pouvait s'accélérer indéfiniment comme le rythme cardiaque dont la fréquence maximale est fixe. Adrian fit la même application du concept de période réfractaire que celle adoptée dans les études sur le cœur ou pour un centre nerveux par Richet; mais cette fois, pour une fibre nerveuse unique. Ce temps minimal devait en réalité correspondre à la période réfractaire de la fibre elle-même. Que cette idée fût générale et qu'elle cadrât avec les

canal ionique unique dans un patch de membrane ou encore dans celui de courants synaptiques unitaires au niveau d'un site unique de libération.

1. Cette norme demeure la même lorsqu'on souhaite aujourd'hui isoler l'activité d'un canal unitaire dans une membrane, ou l'activité unitaire d'une synapse. Une activité est unitaire si son enregistrement demeure d'amplitude fixe pendant une durée suffisamment longue. Ce temps permet d'exclure la probabilité d'avoir en réalité deux activités simultanées.

2. E.D. Adrian, « The impulses produced by sensory nerve-endings. Part 2 », *J. Physiol. Lond.*, 1926, 61, p. 151-171.

3. E.D. Adrian, 1928, *op. cit.*, p. 55.

idées générales de Lucas a son importance. Car il faut souligner que les conceptions théoriques de Lucas s'appliquèrent à merveille aux mesures d'Adrian, qu'elles en justifiaient l'interprétation et en favorisaient l'acceptation par la communauté scientifique. De ce point de vue, la physiologie d'Adrian fut en continuité directe avec la physiologie nerveuse de Lucas dans la localisation possible de propriétés de centres nerveux dans des fibres nerveuses uniques.

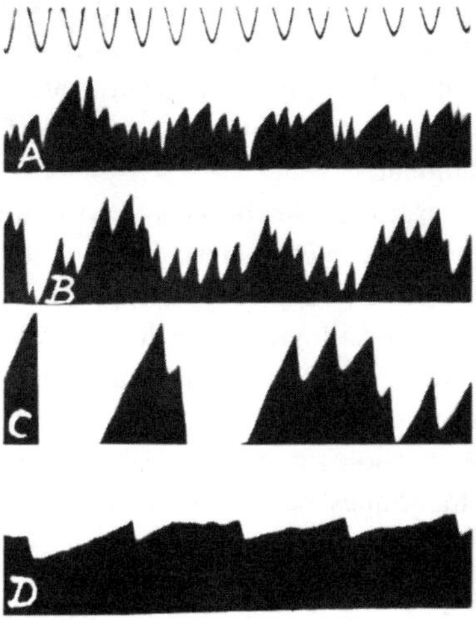

Les impulsions sont déclenchées par l'étirement mécanique du muscle qui excite le fuseau musculaire. *A*, muscle intact; *B*, une partie du muscle est retirée; *C*, un troisième fragment de muscle est retiré. En *D*, les impulsions d'amplitude fixe, tout-ou-rien, suggèrent qu'une seule fibre du nerf demeure fonctionnelle. Le nerf contient à l'origine entre 15 et 25 fibres.

Figure 13.
Impulsions dans les fibres du fuseau [1] musculaire d'un petit nerf afférent unique du muscle (*cutaneous pectoris*) de grenouille.
D'après Adrian, *The Basis of Sensation*, 1928

Il faut néanmoins voir dans le travail d'Adrian, au delà de cette filiation, une rupture avec la physiologie nerveuse. Or « voir » n'est pas ici de l'ordre de l'évidence. C'est en cherchant à comprendre comment une physiologie neuronale put émerger d'une physiologie antérieure que le changement apparaît, d'abord discrètement, puis en prenant peu à peu l'assurance d'un point de vue accepté. C'est l'analyse de cette discontinuité qui doit être étudiée, car comme Michel Foucault le soulignait, « [...] la discontinuité n'est pas seulement un de ces grands accidents qui forme faille dans la géologie de l'histoire, mais là déjà dans le fait simple de l'énoncé; on le

1. *Cf.* glossaire.

fait surgir dans son irruption historique : ce qu'on essaie de mettre sous le regard, c'est cette incision qu'il constitue, cette irréductible – et bien souvent minuscule – émergence »[1].

Une autre condition apparaît d'emblée nécessaire pour l'émergence d'une physiologie neuronale. Il s'agit d'un retour à l'étude de la moelle épinière et plus généralement à celle des réflexes amorcée par Sherrington. C'est ici qu'intervient la rencontre effective de la physiologie d'Adrian avec celle de l'école de Sherrington. Qu'Adrian ait voulu soumettre ses conceptions nerveuses à l'épreuve des réflexes, ou qu'il ait souhaité réduire les caractères de la conduction à travers la moelle épinière à des propriétés de fibres, cela reste difficile à dire. Mais la rencontre eut lieu, signe qu'au Royaume-Uni les rapprochements entre écoles avaient parfois plus de valeur que les dogmatismes ambiants[2].

Au cours des années trente, les divergences s'établissent plutôt entre la physiologie britannique et les écoles américaines, traduisant une confrontation entre une physiologie nerveuse dérivant vers une physiologie neuronale et une physiologie américaine oscillographique dont les succès aboutissent à cette prétention excessive de vouloir rapporter toute mesure à des propriétés exclusivement nerveuses.

Avec l'approche neuronale, la physiologie britannique s'éloignait progressivement des conceptions théoriques de Lucas qui avaient été pourtant si utiles. Les divergences théoriques initiales entre Oxford et Cambridge indiquent la subtilité du renversement qui s'opéra chez Adrian et qu'il convient d'étudier en détail pour y voir émerger, cette fois-ci véritablement, le neurone comme *objet*.

Nouvelle physiologie nerveuse chez Adrian

Les conditions matérielles et théoriques qui ont rendu possibles, après 1925, les travaux d'Adrian, appartiennent à la physiologie des nerfs. L'intérêt d'Adrian pour la construction de nouveaux instruments a été souligné. Il y a cependant une autre manière de voir qui n'est plus celle de la

1. M. Foucault, *L'archéologie du savoir*, *op. cit.*, p. 40.

2. En France, la réflexologie réfugiée dans la médecine n'attirait plus l'intérêt des physiologistes. La comparaison entre les physiologies en France et au Royaume-Uni perd ici son intérêt. L'école de Lapicque ne fit que dogmatiser des méthodes et des théories qui rendaient l'émergence de toute physiologie neuronale impossible en France. Les conceptions sur les centres de subordination n'avaient que faire des neurones. La contribution française à cette aventure devait attendre encore une décennie ; c'est pourquoi nous nous concentrerons essentiellement sur les travaux d'Adrian.

généalogie des traditions, des styles de recherche et des techniques, mais celle d'une rationalité, dont on ne peut dire avec assurance si elle les anticipa, ou les suivit.

Dans cette perspective, partons d'un facteur essentiel qui marqua d'emblée une rupture nette entre la physiologie d'Adrian et celle de Lucas. À l'instar de Weiss, Lapicque, et plus généralement des physiologistes des nerfs isolés jusqu'au début du XXe siècle, Lucas considérait le nerf comme l'objet d'une science, l'organe d'une physiologie. L'intérêt qu'on lui portait justifiait qu'on l'isolât, qu'on le plaçât dans l'atmosphère humide d'une chambre, l'auscultant à l'aide de délicates électrodes.

La physiologie des réflexes n'avait pas pour le nerf de telles attentions ! On le piquait, l'écrasait ou le soumettait à l'acide, mais en même temps son intégrité *in vivo* était préservée. Si dans l'étude du nerf *in vitro* l'espace d'un laboratoire permettait de placer côte à côte électrodes et galvanomètres de formidables dimensions, cette méthode n'était pas possible *in situ* dans l'animal. Comme souvent il fallait faire un choix. Voulait-on préserver *in vitro* le phénomène vivant ou garantir l'objectivation du phénomène *in vivo* ? Fallait-il préserver *in vitro* la vie d'un nerf mourant ou pousser le nerf *in vivo* bien vivant vers la mort ? Ce sont là des questions essentielles pour toute biologie.

Or Adrian changea de camp; il prit ce parti de réaliser des mesures *in vivo*. Ce point nécessite de reconstituer la rationalité de ce choix tellement il fut déterminant dans ce mouvement vers le neurone, par l'accès aux activités unitaires dans un organisme vivant. On peut s'étonner aujourd'hui de ce curieux mélange entre un réductionnisme instrumental précis et un cadre théorique ample.

L'idée seule d'une mesure précise *in vivo* n'était pas suffisante pour cette mutation et la volonté d'accéder à un signal unitaire *in vivo* était nécessaire. Pour s'en convaincre pleinement, soulignons le début de la carrière de Forbes vers 1910. Physiologiste, ingénieur et explorateur, formé à Harvard chez Sherrington et Lucas, ami d'Adrian, Forbes étudia les activités nerveuses au cours d'activités réflexes[1]. Cette démarche représentait plus qu'une simple avancée technique, mais bien la vérification directe qu'une activité nerveuse formée d'impulsions distinctes était nécessaire à une contraction soutenue. La physiologie sherringtonienne

1. Il fut fidèle à la réflexologie sherringtonienne, à laquelle il appliqua les améliorations techniques des nouvelles mesures oscillographiques. A. Forbes, A. Gregg, *Am. J. Physiol.*, 1915, *op. cit.*, 37, p 118 ; 39, p. 172.

accédait par ses travaux à des preuves directes d'une activité nerveuse rythmique d'activités élémentaires.

Cependant, ces résultats ne sortaient pas du cadre théorique de Sherrington et n'apportaient pas de conceptions réellement novatrices. Gasser s'inscrivit également dans cette nouvelle voie dont l'intérêt résidait dans la mesure fidèle de l'activité d'un nerf *in vivo*. Bien que souhaitant utiliser une approche similaire, Adrian avait une idée supplémentaire.

La tradition de Lucas ne suffit pas à expliquer pourquoi Adrian souhaitait atteindre le niveau unitaire *in vivo*. L'unitaire pour le muscle avait été atteint *in vitro*. De même, Gasser avait atteint l'unitaire sur des nerfs isolés par l'oscillographie, ce qui lui permit de décomposer les potentiels des nerfs en potentiels de sous-populations de fibres nerveuses distinctes. Mais cette physiologie nerveuse ne put reconnaître le neurone comme objet tant qu'elle n'opéra pas un déplacement dans l'animal vivant.

La décision d'Adrian de le réaliser fut basée, selon sa conférence Nobel, sur le désir de connaître la forme du signal nerveux unitaire et d'en démontrer la nature tout-ou-rien, en suivant la problématique de Lucas sur l'activité musculaire élémentaire. Cette question avait un lien avec les expériences d'Adrian; elle était basée sur des résultats antérieurs de Gotch, Lucas [1] et Verworn, sur la conduction de l'influx d'un nerf dans une région localisée soumise à une narcose. Ces expériences indiquaient une indépendance relative de l'amplitude de l'activité nerveuse à l'intensité de stimulation [2]. Adrian en conçut l'idée d'une activité nerveuse unitaire tout-ou-rien, aussi bien *in vitro*, qu'*in vivo*.

Or, déceler une activité nerveuse unitaire nécessitait la séparation mécanique d'une fibre unique par dissociation ou bien par une distinction fonctionnelle. Mais Adrian pensa également à une dissociation temporelle en suivant l'idée que des activités élémentaires peu fréquentes et désynchronisées permettaient une telle dissociation. Il fallut en réalité simultanément tous ces types de séparation pour atteindre l'unitaire *in vivo*.

1. E.D. Adrian, 1928, *op. cit.*, p. 27-28.

2. Ces expériences ont été faites sous la direction et pour certaines avec la collaboration de K. Lucas. On en trouvera un résumé dans K. Lucas, 1920, *op. cit.* Précisons que les expériences et conclusions d'Adrian et Lucas furent attaquées par l'école japonaise de Kato. Adrian reconnut dans sa conférence Nobel l'erreur commise qui fut corrigée par le Japonais. Cette polémique a donné lieu à une étude par M. Piccolino, « Nerves, alcohol and drugs, the Adrian-Kato controversy on nervous conduction: deep insights from a "wrong" experiment? », *Brain Res. Brain Res. Rev.*, 2003, 43, p. 257-265. E.D. Forbes fit lui aussi une mise au point de ces expériences d'Adrian. Voir « Forbes, Alexander », dans *Dictionary of scientific biography*, *op.cit.*

La nécessité d'une désynchronisation des activités amena Adrian à exclure, dans ses expériences, l'étude des réflexes par stimulation électrique. L'activité nerveuse ne pouvait en effet être étudiée ainsi [1], car la synchronisation des activités élémentaires obtenues ne permettaient pas de débrouiller les signaux élémentaires. De même, *in vivo*, les activités motrices, déclenchées lors de réflexes, étaient également trop synchronisées, comme Forbes et Gasser l'avaient montré.

Il restait les activités nerveuses sensorielles [2]. Là, l'information extérieure complexe transmise aux centres par un nerf sensitif ne pouvait avoir la simplicité d'une activité synchrone. À l'instar de la décharge d'un appareil de morse, la structure de ces signaux, l'exigence du codage d'une information, l'empêchaient, du moins d'un point de vue théorique. Adrian présentait ainsi cette idée: «Il est peu probable que la stimulation en condition normale d'une surface sensorielle produise une décharge synchrone d'impulsions à partir de l'ensemble des récepteurs sensoriels» [3]. Mais ce type de mesures réalisées jusque-là avaient nécessité des stimulations suffisamment fortes pour pallier la faible sensibilité des appareils; dans ces conditions, l'asynchronie de réponses individuelles ne pouvait apparaître [4]. La solution du problème passait non seulement par le perfectionnement des appareils de mesure, mais aussi par l'isolement de quelques fibres dans un nerf sensitif.

Adrian avait compris que le niveau unitaire pouvait être réalisé *in vivo* sur un nerf sensitif, par une dissociation à la fois mécanique, fonctionnelle et temporelle. Cette nouvelle rationalité donne sens à la filiation d'une démarche qui ne peut se limiter à l'histoire progressive du perfectionnement d'instruments, des procédures expérimentales et l'affinement des concepts. Cette nouvelle rationalité qui est à l'œuvre chez Adrian a une autre dimension. Elle contient en germe une rupture épistémologique avec la physiologie nerveuse et la possibilité d'une objectivation physiologique du *neurone* par une mesure directe; mais c'est là un passage subtil et alors presque imperceptible vers un *paradigme neuronal*.

1. E.D. Adrian, 1928, *op. cit.*, p. 13.

2. C'est en étudiant ces activités, qu'Adrian en vint à adopter le nouveau concept d'information. J. Garson, *The Introduction of Information into Neurobiology, Philosophy of Science Assoc*, 18th Biennial Mtg-PSA, 2002.

3. E.D. Adrian, 1928, *op. cit.*, p. 33.

4. Ce sont des travaux d'Einthoven, Jolly, Buytendiyk et Forbes; voir les références dans E.D. Adrian, 1928, *op. cit.*, p. 34-35.

Activités nerveuses unitaires et conceptions neuronales chez Adrian

À l'instar de Forbes, adepte de la physiologie sherringtonienne et des enregistrements d'activités de nerfs *in vivo*, Adrian adopta le modèle de la fibre sensitive afférente du muscle. Cette fibre est celle qui envoie le message sensoriel de l'étirement du muscle au centre nerveux. Ce modèle permit, dès la première étude, la dissociation temporelle des activités unitaires isolées[1]. « À l'aide d'une stimulation faible [...] les oscillations (élémentaires) sont isolées les unes des autres par des pauses très longues »[2]. Adrian conclut : « Il est très probable que nombre de ces oscillations représentent les courants d'action dans une fibre nerveuse unique »[3]. Il fut alors possible d'augmenter la stimulation sans qu'un changement d'amplitude ne soit visible, mais seulement un changement de fréquence, jusqu'à obtention d'une fréquence maximale. On expliqua naturellement cette fréquence par une période réfractaire; mais une nouvelle question se posait alors. La période réfractaire représentait-elle une propriété de la fibre elle-même ou une propriété du récepteur (de tension)?

La question semblait légitime, c'était celle-là même qui se posait aussi à Oxford. Cette fréquence maximale pouvait être une propriété du système de détection de l'étirement musculaire, ou une contrainte générale de conduction dans la fibre nerveuse. La dernière solution renvoyait aux premières idées de Lucas, mais la seconde relevait d'une dichotomie entre propriétés nerveuses et non nerveuses contenant une possibilité d'objectivation du neurone.

Le choix d'Adrian fut décisif dans l'émergence d'une première physiologie neuronale, mais il ne fut ni rapide, ni radical, car Adrian changea discrètement d'avis dans ses articles de cette période.

La première interprétation fut que « la réponse régulière des récepteurs (*end-organs*) peut très bien s'expliquer sans avoir recours à d'autres facteurs que les propriétés générales connues des éléments excitables »[4]. Adrian suivait là l'idée de Lucas d'une propriété générale du tissu vivant en

1. E.D. Adrian, « The impulses produced by sensory nerve-endings. Part 1 », *J. Physiol. Lond.*, 1926, 61, p. 49-72.

2. *Ibid.*, p. 63.

3. *Ibid.*, p. 71. L'unitaire fut atteint de manière certaine grâce à une préparation musculaire suggérée par K. Lucas et pour lequel une petite dissociation permettait d'isoler un seul récepteur de tension et de ce fait une activité nerveuse unitaire. E.D. Adrian, « The impulses produced by sensory nerve-endings. Part 2 », *J. Physiol. Lond.*, 1926, 61, p. 151-171.

4. *Ibid.*, p. 157.

revendiquant la possibilité d'une période réfractaire propre localisée, non dans la fibre, mais dans le récepteur. L'argument développé se basait sur la distinction d'une autre période réfractaire plus courte assignable à la fibre. Avec une stimulation prolongée, l'activité de la fibre finissait par décliner. Cette « adaptation » était un concept de la physiologie nerveuse développé par Walther Hermann Nernst (1864-1941), Archibald Vivian Hill (1886-1977) et Lapicque sur des nerfs isolés. Adrian localisait ce phénomène dans la fibre et l'expliquait par une période réfractaire nerveuse. Que la stimulation fut brève ou prolongée, deux périodes réfractaires étaient distinguées. L'idée d'une période réfractaire du récepteur dérivait donc d'un résultat de physiologie des nerfs.

Une dichotomie du lent et du rapide était également à la base de la physiologie des centres de Sherrington. Toute mesure, lente ou rapide, se rapportait respectivement à une conduction centrale ou à celle d'un tronc nerveux. Ces idées se superposaient aux dichotomies centre-nerf et neurone-fibre des histologistes. Adrian reconnaissait au récepteur une propriété non nerveuse, et c'est là une idée essentielle. L'activité d'une fibre nerveuse unique pouvait donc révéler une propriété non seulement de la fibre elle-même, mais du récepteur, à la manière des phénomènes réflexes qui chez Sherrington indiquaient des propriétés de centre. À ce stade, Adrian ne localisait pas de propriétés dans un neurone. Le récepteur n'était pas le corps d'une cellule nerveuse, puisque la fibre afférente était l'extrémité libre d'un axone entourant une fibre musculaire spécialisée dans la transduction d'un étirement, le récepteur du muscle. Cependant, ce mouvement interprétatif put s'appliquer avec le même schéma à une fibre dont l'activité émanait d'un soma neuronique et en indiquait certaines propriétés.

Adrian conclut : « La cinétique de la courbe de récupération du récepteur (*end-organ*) est donc considérablement plus longue que celle de la fibre nerveuse »[1]. Dès lors, Adrian s'engageait dans une nouvelle physiologie, la physiologie des récepteurs, cherchant sans succès à disséquer un corpuscule de Pacini, puis généralisant son résultat essentiel à des récepteurs de pression[2] et de la douleur[3] chez les mammifères. Dans cette dernière étude, Adrian revint sur sa localisation d'une période réfractaire lente dans le

1. *Ibid.*, p. 160.

2. E.D. Adrian, « The impulses produced by sensory nerve-endings. Part 3 », *J. Physiol. Lond.*, 1926, 61, p. 465-483.

3. E.D. Adrian, « The impulses produced by sensory nerve-endings. Part 4 », *J. Physiol. Lond.*, 1926, 62, p. 33-51.

récepteur, comme s'il reniait sa vue initiale qui l'avait engagé dans cette nouvelle voie. Selon cet argument, cette période réfractaire était finalement trop proche d'un type de récepteur à un autre pour être localisée dans ces structures si différentes, sensibles soit à la chaleur soit à la pression.

Adrian revint donc à une conception entièrement nerveuse en localisant cette propriété dans la portion distale non myélinisée de la fibre. L'explication nerveuse semblait finalement plus orthodoxe, même si elle comportait là une dimension *ad hoc*. L'émergence d'une physiologie neuronale ne fut donc pas linéaire, mais laissait place aux hésitations et aux polémiques.

Avant son retour, deux années plus tard, à cette même question, Adrian étudia la rétine. Ces travaux le confortèrent à nouveau dans l'idée qu'une activité unitaire pouvait indiquer autre chose que des propriétés de fibres. Il retourna à la conception d'une période réfractaire lente par l'étude de l'activité de fibres motrices de la moelle[1]. Les potentiels recueillis indiquaient cette fois non pas des propriétés de récepteurs, mais de corps cellulaires. L'activité émanait d'un neurone moteur du nerf phrénique[2] dont l'activité cyclique chez le chat pouvait être graduée par la modulation artificielle de la fréquence respiratoire. Mais une respiration lente ne suffisait pas pour isoler une activité unitaire, et la dissection du nerf fut nécessaire jusqu'à ce qu'une seule fibre ne survive. Adrian reprenait une préparation classique, utilisée par Forbes, en y adjoignant la procédure audacieuse d'une dissection anatomique et physiologique adoptant la norme d'une activité unitaire.

Cette étude marque un point décisif vers la physiologie du neurone. Car parler de neurone à la place d'une fibre revenait finalement à souligner le rôle des dendrites. On se souvient de la disposition des dendrites accolées aux vaisseaux pour leur nutrition selon l'idée de Golgi. Le neurone conceptuel de Sherrington, constitué par des concepts physiologiques, n'avait quant à lui aucun dendrite ! Car il importait finalement peu que les synapses soient établies sur eux ou sur le soma. Les dendrites n'avaient reçu de réelle importance que par la théorie du neurone, mais la physiologie ne s'était pas encore prononcée à leur sujet.

Or, les nouveaux résultats d'Adrian sur les mesures de périodes réfractaires de fibres uniques l'amenèrent à localiser cette propriété physiologique dans les dendrites. Les activités unitaires des fibres motrices isolées ne différaient pas fondamentalement de celles des fibres senso-

1. E.D. Adrian, D.W. Bronk, « The discharge of impulses in motor nerve fibres. Part I », *J. Physiol. Lond.*, 1928, 66, p. 80-101.

2. Ce nerf commande la contraction du diaphragme.

rielles. Adrian conclut: «Les seuls facteurs de structure communs à l'organe des sens et au motoneurone semblent être, d'une part, l'arborisation terminale (les terminaisons axonales) qui relient l'axone de la fibre sensitive à l'organe des sens et, d'autre part, celle qui investit la cellule nerveuse ou constitue la région d'articulation entre les dendrites et les axones d'autres neurones» [1].

Adrian rendait ici à la fois hommage aux réseaux diffus et aux dendrites des histologistes. Pour lui, les deux pouvaient être le siège de propriétés distinctes décelables dans les activités de fibres uniques. Pour la première fois réseaux axonaux et dendrites étaient le siège d'une localisation d'un paramètre physiologique.

C'est ainsi que l'objectivation physiologique accédait timidement à des structures neuronales. Adrian était conscient de toute l'importance de sa conception développée dans une longue discussion où il coordonnait théorie chimique de la transmission nerveuse, état d'excitation central de Sherrington et recrutement progressif de populations neuronales au delà d'un seuil. «Toutes ces questions sont relatives à la mécanique du neurone» [2]: l'objectivation physiologique directe du neurone était réalisée; une mesure était assignée à l'activité d'un neurone (fig. 14).

1. Adrian fait un parallèle entre l'arborisation terminale du neurone sensitif dans l'organe récepteur de la sensibilité musculaire et celle qui excite le motoneurone. La similitude des fréquences d'activité des fibres sensitives et des fibres motrices permet à Adrian de justifier l'analogie d'un même déterminant synaptique entre, d'une part, l'organe de la sensibilité musculaire et la terminaison axonale de la fibre nerveuse sensitive, et, d'autre part, les dendrites du motoneurone et l'arborisation terminale présynaptique qui l'excite. Dans ce dernier cas, Adrian penche pour un mécanisme général de libération d'une substance chimique excitante dans le cadre de la transmission synaptique chimique. Cette conception donne toute sa valeur aux dendrites qui, dans ce modèle, sont les structures réceptrices réelles. E.D. Adrian, D.W. Bronk, «The discharge of impulses in motor nerve fibres. Part II», *J. Physiol. Lond.*, 1929, 67, p. 119-151, p. 145. Adrian est ici plus explicite que dans l'article précédent: «La ressemblance entre les décharges des organes des sens et celle du motoneurone [...] suggère qu'elles sont toutes les deux déterminées par quelque propriété générale de l'expansion dendritique», p. 139. Adrian prit aussi l'argument que des activités lentes ne pouvant être expliquées par des propriétés de fibres devaient être localisées dans les dendrites: «L'alternative la plus simple est de supposer que la décharge rythmique débute en réalité dans les arborisations terminales de l'organe des sens, et dans quelque région du motoneurone, ou ses dendrites» dans E.D. Adrian, K. Umrath, «The impulse discharge from the Pacinian corpuscle», *J. Physiol. Lond.,* 1929, 68, p. 139-154, p. 150.

2. E.D. Adrian, D.W. Bronk, 1929, *op. cit.*, p. 149. Adrian rassembla aussi ses idées sur ces questions dans une revue de 1930, intitulée «The mechanism of the sense organs», *Physiol. Rev.*, 10, p. 336-347.

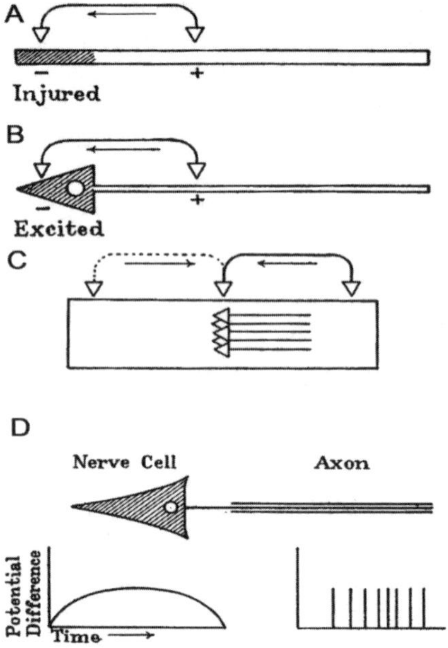

Ce modèle est basé sur l'analogie des dépolarisations propagées à partir d'un point de dépolarisation ou de blessure dans un nerf ou un muscle (A). Il est appliqué au neurone (B). Propagation d'une dépolarisation par dépolarisation d'un groupe de neurones dans la moelle épinière (C). Dans le modèle neuronal (D), ce potentiel propagé lent (graphe de gauche) détermine la fréquence des impulsions axonales tout-ou-rien (graphe de droite).

Figure 14.
Modèle d'Adrian dans lequel le soma neuronique (et les dendrites) est le siège d'un état d'excitation qui détermine la décharge de l'axone.
Adapté de Adrian, Buytendijk, 1931

D'une manière très progressive, Adrian opère un retournement entre une physiologie des activités nerveuses en localisant leurs propriétés dans la fibre elle-même ou dans le soma.

La physiologie neuronale naît finalement de l'idée que c'est le soma neuronique qui rythme l'activité propagée dans l'axone. Elle est d'abord un point de vue justifié par une mesure nouvelle, ainsi que par la conviction qu'on peut raisonner par analogie entre le muscle, le récepteur de tension musculaire et le neurone. Cette conviction, c'est peut-être l'idée première de Lucas qu'il existe une propriété d'excitabilité commune à la matière vivante; c'est encore la croyance en une homologie des propriétés électriques de diverses structures histologiques; mais c'est toujours une pensée unifiée, celle qui vise à un même *objet scientifique*.

Les recherches d'Adrian constituent un exemple de convergence opérée par analogie entre des conceptions nerveuses et neuronales. C'est ainsi qu'on peut expliquer le revirement d'Adrian et l'élaboration d'une interdisciplinarité qui fait d'une physiologie nerveuse une première forme de *neuro*-physiologie par un nouveau regard qui ne repose à son origine sur aucune preuve décisive, mais demeure une intuition secrète.

Vers une physiologie des centres nerveux chez Adrian

Cette convergence se poursuivit dans un rapprochement entre la physiologie d'Adrian et celle de Sherrington. Adrian avait été amené à considérer le neurone, autant que la fibre nerveuse isolée, comme le siège de propriétés fondamentales dans le fonctionnement nerveux. Or, dans l'histologie classique, les neurones représentaient les éléments anatomiques de la substance grise de tout centre nerveux. Etudier les propriétés des neurones impliquait donc un retour à une physiologie des centres nerveux.

Adrian avait compris que l'activité d'une fibre unique pouvait contenir des informations non nerveuses [1]. Par cette opposition entre l'activité d'une fibre isolée enregistrée soit par stimulation directe de l'axone, soit par stimulation synaptique de son soma, Adrian accédait en réalité à des propriétés neuronales dépendant de propriétés des synapses excitées. Le non-nerveux était défini comme une propriété localisée au-dehors de l'axone d'un soma neuronique. Cet ailleurs relevait en réalité autant des autres régions du neurone que de son circuit afférent entier. Il semble que le non-nerveux fut d'abord central, c'est-à-dire relevant de propriétés du circuit afférent, avant d'être véritablement neuronal.

C'est à l'échelle cellulaire que les propriétés non-nerveuses avaient également permis de refonder la physiologie de Sherrington. Celle-ci avait distingué les conductions dans la moelle à travers un centre ou le long d'un

1. On peut ne voir aujourd'hui qu'une différence de terminologie entre l'activité d'une fibre et celle d'un neurone. Certes, un potentiel d'action émis dans un soma, propagé, mesuré dans une fibre, est une activité indistinctement nerveuse ou neuronale. La continuité soma-axone suffit à cette identité. De même, il n'y a pas lieu de distinguer, pour un neurophysiologiste actuel, une période réfractaire d'un axone de celle de son soma. Sur un plan fonctionnel non plus, aucune distinction n'est requise. Mais ce qui s'oppose chez Adrian, entre l'activité d'une fibre et celle de son soma, ce sont des propriétés nerveuses et non nerveuses pensées comme distinctes. Elles le sont expérimentalement si l'on considère que les propriétés somatiques sont mises en évidence lors de la stimulation synaptique d'un neurone et que les propriétés axonales le sont par sa stimulation directe (en réalité ces mesures sont obtenues sur des nerfs, ou des faisceaux plus ou moins abondants en fibres.) Dans ce cas, les fréquences de décharge du soma et de l'axone sont obligatoirement très différentes. Deux périodes réfractaires peuvent en être dérivées.

faisceau. L'opposition nerf-centre possédait ses normes, comme la lenteur, la sensibilité à la strychnine ou à l'oxygène[1]. Pour l'activité d'une fibre unique, cette opposition aboutissait à une dichotomie entre les propriétés de cette fibre, qu'on la stimule directement ou par le biais d'un circuit. Dans ce cas, le rythme physiologique maximal (spontané) des décharges d'une fibre était plus lent que celui d'une fibre directement stimulée : le corps cellulaire de la fibre semblait alors imposer la cadence. Adrian pensait que la période réfractaire apparente de l'activité était celle du soma neuronique. C'est donc bien dans ce sens qu'il faut comprendre l'opposition heuristique entre la fibre et le péricaryon[2] qui s'étendait du domaine de l'histologie vers celui d'une physiologie neuronale. Pour Adrian, le soma concentrait toutes les propriétés afférentes à son axone.

Dès lors, un nouvel intérêt d'Adrian pour la physiologie des centres nerveux apparaît au moment où il conçoit l'activité unitaire comme objectivant le soma neuronique, ses dendrites et bientôt le réseau neuronique afférent entier. C'est à partir de 1927 qu'Adrian publia ses premiers travaux relevant de cette approche sur le modèle de la rétine[3]. En quoi ces articles marquent-ils le début d'une nouvelle physiologie des centres et comment influencent-ils l'essor d'une physiologie du neurone au cours des années trente ?

Le programme d'Adrian fut alors d'atteindre une activité unitaire dans un nerf optique du congre. Or, la dissociation mécanique fut comme précédemment remplacée par une stimulation aussi faible que possible, un étroit faisceau de lumière dont le diamètre était ajusté à des dimensions inférieures au millimètre, avec l'idée de stimuler la région de réception d'une fibre unique. L'expérience ne fut pas entièrement concluante, car si certaines activités semblaient unitaires, la norme de l'unitaire n'était pas atteinte ; Adrian conclut à plusieurs activités unitaires chevauchantes.

Par une autre approche, confrontant l'histologie rétinienne à des schémas fonctionnels établis expérimentalement, Adrian développa de

1. Une conduction, objectivée par le temps entre une stimulation localisée dans la moelle et une contraction, devait passer par un centre, si ce temps était modifié par la strychnine ou le manque d'oxygène. La strychnine agit en bloquant certaines synapses centrales.

2. Le péricaryon désigne une cellule, c'est-à-dire la masse protoplasmique autour d'un noyau. Le terme est synonyme ici de cellule ou encore de soma neuronique ou corps cellulaire du neurone.

3. E.D. Adrian, « The action of light on the eye. Part I », *J. Physiol. Lond.*, 1927, 63, p. 378-414, Part II, 1927, 64, p. 279-301, Part III, 1928, 65, p. 273-298.

nouveaux concepts fonctionnels de la rétine considérée comme un centre nerveux. Un faisceau lumineux très fin, de quelques micromètres et de grande intensité, déplacé sur une surface rétinienne circulaire d'un millimètre de diamètre, induisait une activité dans une même fibre donnée. Or, ces fibres sont issues des cellules ganglionnaires [1] dont les dendrites couvrent une surface moindre que la surface illuminée. Il fallait donc imaginer, entre la surface rétinienne illuminée et les dendrites de la cellule dont l'activité de l'axone était recueillie, un réseau convergent réalisant une « diffusion de l'excitation » de la périphérie vers la position de la cellule ganglionnaire.

Il y a là deux concepts constitutifs de centre nerveux : la « diffusion de l'excitation » dans la rétine à travers un réseau et le concept suivant lequel un neurone ganglionnaire peut être excité par illumination d'une surface spécifique nommée « champ récepteur » [2]. Adrian adopte ici une nouvelle fois un style d'analyse topographique et analytique en s'inspirant de concepts structuraux, selon un style mentionné chez Sherrington. Mais il opère surtout un glissement entre la physiologie nerveuse et une physiologie des centres, à la manière de Sherrington, dans laquelle le neurone devient un élément théorique essentiel.

Les enregistrements unitaires permettent ainsi l'analyse topographique des activités nerveuses à l'échelle neuronale. Cette physiologie ne cesse alors de prendre une part grandissante dans les travaux d'Adrian par l'étude de l'excitation synchrone d'un groupe de motoneurones [3], puis dans celle de diverses préparations plus complexes comme la moelle épinière isolée du poisson rouge, les ganglions du dytique et le cortex humain.

Au cours des années trente, la voie de recherche d'Adrian prend deux chemins contraires, dont l'un vise à définir l'organisation du centre à son échelle et l'autre à celle du neurone. La première accède par l'électrophysiologie à l'établissement de cartes sensorielles et motrices (les cartographies cérébrales) et, parallèlement, l'électrophysiologie est en mesure d'interroger directement le neurone dans son centre par des mesures unitaires pour constituer la neurophysiologie.

1. Les cellules ganglionnaires sont les cellules externes de la rétine d'où émergent les fibres qui convergent de la surface rétinienne pour former le nerf optique.

2. Le champ récepteur d'un neurone de la rétine ou du cortex est la portion rétinienne qui lui est connectée par un réseau nerveux et dont l'illumination détermine son activité électrique. *Cf.* glossaire.

3. E.D. Adrian, *J. Physiol. Lond.*, 1928, 66, *op. cit.*, p. 80-101.

CHAPITRE III

CONSTITUTION MODERNE DU NEURONE (1930-1960)

Les vingt premières années du XXe siècle ont vu naître progressivement au Royaume-Uni deux physiologies particulières. D'une part, la physiologie nerveuse sherringtonnienne des réflexes qui a développé des analyses topographiques permettant la description d'organisations fonctionnelles des centres nerveux, dont les modèles incorporaient le concept de neurone ; d'autre part, la physiologie nerveuse de Lucas-Adrian qui centrait ses recherches sur les activités de fibres nerveuses unitaires par un réductionnisme associant de nouvelles préparations biologiques simplifiées et des instruments de mesure plus sensibles.

Tout séparait initialement ces deux programmes de recherche. L'un distinguait nettement les activités de centres de celles des fibres nerveuses par des paramètres lents nécessitant peu d'avancées techniques ; l'autre s'engageait dans l'étude des propriétés des fibres nerveuses avec l'idée qu'elles pouvaient suffire à expliquer les activités centrales. Au fil du temps, ces deux physiologies se rencontrèrent par l'importance accordée au neurone, lorsque les activités centrales et les propriétés lentes des fibres nerveuses y furent toutes deux localisées. Le concept de période réfractaire, employé dans ces deux programmes de recherche, montre comment il fut utilisé de différentes manières pour une objectivation d'un même type, comme deux objectivations homologues du neurone se rapportant finalement à un même *objet scientifique*.

Ces recherches démontrent que si la physiologie nerveuse dans son ensemble ne pouvait alors prendre le neurone comme objet de recherche, certaines physiologies purent établir des liens privilégiés avec l'anatomie, au moyen de partitions de l'espace créant un lieu où anatomie et physiologie pouvaient corréler leurs données, et ainsi localiser à l'intérieur de modèles rigoureux des propriétés physiologiques dans certains éléments anatomiques.

Cette approche interdisciplinaire britannique reposait sur une réception favorable du concept de neurone et sur un refus de considérer la cellule comme un niveau intermédiaire inutile pour l'étude des phénomènes physiologiques.

La physiologie britannique a représenté un lieu d'interdisciplinarité remarquable où physiologie et anatomie nerveuses purent dialoguer, rectifier chacune les concepts de l'autre discipline, et finalement forger une troisième rationalité par des modèles d'organisations nerveuses. Dans cette aventure, la physiologie fut le théâtre d'une autre interdisciplinarité, à une échelle différente, entre la physiologie musculaire, la physiologie des centres nerveux et la physiologie nerveuse. De nombreux concepts créés dans l'une de ces physiologies furent appliqués dans d'autres, avec l'idée centrale qu'un muscle, un centre nerveux ou un nerf devaient partager certaines des propriétés élémentaires de tout tissu excitable. Ainsi fut créée une première forme d'organisation fonctionnelle du système nerveux, avec le neurone pour élément, qui devait mener ces trois physiologies vers la synthèse disciplinaire de la *neurophysiologie*.

Une physiologie du neurone

Il faut à présent présenter l'essor de cette neurophysiologie qui dut beaucoup de ses développements à l'emploi de nouveaux instruments, l'oscillographe et l'oscillographe cathodique en particulier. Les mesures se portèrent non plus seulement sur des activités nerveuses, mais sur l'enregistrement de potentiels générés dans les somas neuroniques. Bientôt on souhaita comprendre les propriétés intrinsèques des neurones en les isolant physiquement ou fonctionnellement de leurs circuits nerveux. Ces recherches furent favorisées par le développement d'une physiologie expérimentale américaine, dans une perspective cytologique, qui prit initialement comme objet certaines algues unicellulaires de très grandes dimensions, puis les axones géants de certains invertébrés et enfin certains neurones géants.

Ce tournant fut celui de la neurophysiologie cellulaire qui se constitua dans le contexte large de la biophysique américaine. Le neurone fut constitué d'une nouvelle manière par des mesures à l'échelle subcellulaire en utilisant un nouvel arsenal technique. Le neurone devint ainsi un élément physiologique à part entière, un objet scientifique et un monde en soi.

Propriétés neuronales et propriétés de circuit

La constitution neurophysiologique du neurone comportait un réel danger épistémologique, car elle s'appuyait sur un concept de neurone compris à la fois comme l'élément d'un circuit et un objet isolé, décomposable en parties. Or, cette indétermination rejaillissait sur l'objectivation physiologique constitutive du neurone. Les physiologies des centres nerveux, comme toute science passée, actuelle ou future du système nerveux *in vivo*, ne purent réellement décider s'il fallait prendre pour objet, soit uniquement le neurone, soit le circuit neuronique, un problème qui demeure à l'ordre du jour.

Dans la neurophysiologie des années trente, cette démarcation n'avait en fait pas réellement lieu d'être, même si elle suscita de vives polémiques. À la fin de cette période, Rafael Lorente de Nó (1902-1990) et John Carew Eccles (1903-1997) s'étaient mis d'accord pour considérer cette aporie comme un *a priori* néfaste.

Au cours des années quarante, ce problème n'avait toujours aucune espèce de solution générale, ni théorique, ni expérimentale. Le neurone était indissociablement lié à son circuit. Il n'était pas possible de créer un concept neuronal sans penser à son équivalent de circuit et inversement. Dans une synthèse des perspectives des années trente, le neurone était constitué comme un concept intermédiaire, non comme objet central des expérimentations, mais comme un concept de réseau explicatif et théorique encore largement polémique. Le neurone n'était que la maille d'un circuit, dont il concentrait localement les propriétés. Il n'était pas encore un objet expérimental, ni l'objet conceptuel incontournable de toute neurophysiologie. Car, pour ce faire, le neurone devait d'abord se fonder sur l'étude d'un neurone isolé, ce que seule l'étude de réflexes monosynaptiques pouvait alors réaliser[1]. Il fallait préciser dans d'autres situations ses propriétés et ses paramètres dont on pouvait être certain qu'ils ne dépendaient pas des circuits environnants.

Limites du neurone-objet dans la physiologie des centres nerveux

L'une des principales raisons du développement de cette neurophysiologie cellulaire tenait à l'objectivation indirecte du neurone par les

1. *Cf.* glossaire.

physiologies centrale et nerveuse qui ne parvenaient finalement pas à distinguer parmi les propriétés étudiées celles du neurone (propriétés intrinsèques) de celles de son circuit.

Pourtant, les premières neurophysiologies, celles de Sherrington et d'Adrian, mais aussi celle de l'axonologie américaine[1], avaient réalisé un changement d'échelle à tous les niveaux, dans la précision temporelle et spatiale des mesures, dans les lieux histologiques étudiés et les mécanismes recherchés.

En développant de nouveaux instruments, on ne cherchait pas seulement à affiner d'anciennes conceptions, on souhaitait aussi distinguer et classer de nouveaux objets en précisant leurs propriétés (types de fibres, types de neurones). Mais l'on espérait aussi découvrir des éléments inconnus, comme des neurones intermédiaires par mise en évidence d'une transmission disynaptique. Il était possible d'espérer que les regroupements de ces nouveaux éléments en ensembles puissent subsumer les catégories premières des objets étudiés (potentiels évoqués, rythmes). Cette neurophysiologie devait être à même de proposer des modèles neuronaux des fonctionnements nerveux étudiés par l'électrophysiologie.

Cette démarche reposait sur deux approches synergiques, dont l'une isolait expérimentalement la propriété d'un élément suspecté, et l'autre attribuait de façon inverse, à grands renforts de preuves indirectes, d'autres propriétés à cet élément qu'on commençait à tenir pour vrai. C'était là le cœur d'une approche analytique où ces éléments furent des molécules, des fibres, des somas et d'autres parties du neurone, des neurones entiers, des types cellulaires ou encore des circuits. Il n'y avait pas lieu de privilégier à ce stade, dans cette démarche, un niveau d'organisation particulier. Mais c'est grâce aux progrès de la physiologie neuronale des années trente, conçue au sein de la physiologie nerveuse, que l'on en vint à distinguer des propriétés et des mesures, à la fois lentes et spatialement restreintes, qui remettaient en question l'exclusivité de la fibre nerveuse comme objet de la neurophysiologie, en donnant progressivement de nouvelles preuves de propriétés physiologiques du soma neuronique. C'est ainsi que cette démarche se resserra sur le neurone pour ne plus le quitter.

Dès lors, il apparaît plus clairement que le soma du neurone existait comme l'alternative à un objet insuffisant (la fibre nerveuse); le neuronal fut d'abord un objet *non-nerveux*[2].

1. *Cf.* glossaire.

2. La période réfractaire lente neuronale devient la propriété d'un centre nerveux. Son niveau de localisation s'équilibre, dans les discussions, à l'échelle du neurone. Les locali-

Cependant, la fibre nerveuse conservait une part importante pour constituer par analogie le soma neuronique, tout en permettant une démarcation physiologique nette entre la fibre et le soma basée sur l'ancienne dichotomie histologique. Ainsi, la physiologie cessait de faire du soma un simple péricaryon à fonction trophique en entrant dans l'ordre des échelles temporelles courtes des activités électriques.

Progressivement, les mesures ne s'appliquèrent plus seulement à constituer le neurone par opposition à sa fibre, c'est-à-dire son axone, mais plus généralement à ses diverses parties. Dans les études sur la moelle épinière des années quarante, on localisait à la jonction soma-fibre, c'est-à-dire au niveau du segment initial de l'axone, un changement de résistance rendant compte de la propriété de barrage des impulsions antidromiques[1]. Il ne fallut pas attendre la technique d'enregistrement intracellulaire des années cinquante, comme le font penser de trop rapides lectures, pour faire de cette région un élément neuronal fonctionnel. Cette physiologie définissait également les régions présynaptiques qui semblaient posséder une individualité physiologique propre. Enfin, la physiologie rétinienne, par son approche spatiale, précisait le rôle des dendrites comme un accepteur d'impulsions distribuées issues d'un réseau entier. Elle démontrait également une fonction de convergence et de sommation des potentiels générés dans le soma neuronique. Telles furent les prémisses d'un concept de neurone qui se développa par des distinctions progressives de ses parties histologiques. On impliquait fonctionnellement ces diverses régions dans divers mécanismes théoriques d'invasions électriques antidromiques ou synaptiques du neurone.

Cependant, vers le milieu des années quarante, le concept de neurone n'était pas encore souvent discuté isolément, mais seulement selon les nécessités théoriques d'explication des résultats expérimentaux. À défaut

sations des mesures, et non plus seulement des propriétés, deviennent plus nombreuses et diverses. Le potentiel (lent) neuronal (le potentiel de repos du neurone ou potentiel de base) est caractérisé par sa lenteur, mais il est corrélé avec la décharge de la fibre nerveuse, il paraît même la précéder. Mieux, il semble être un élément nécessaire, voire suffisant et causal de sa genèse. Ce potentiel devient un état d'excitation neuronal (Sherrington, Eccles), puis un potentiel somatique induisant une dépolarisation de son axone dont l'activité rythmique ne fait que suivre celle de son soma. Telle est l'hypothèse d'Adrian, la conclusion de la physiologie ganglionnaire, ou celle encore de la physiologie des éléments de l'ommatidie de limule. Tel est le modèle adopté généralement et envisagé pour la fibre musculaire, le neurone ganglionnaire de rétine, l'unité lente corticale ou le motoneurone. Un même schéma du cycle de l'excitation s'applique alors à toute matière vivante excitable.

1. *Cf.* glossaire.

d'être un objet d'expérience, le neurone était une entité théorique permettant de proposer des modèles fonctionnels de différents types de neurones. Le concept se fragmenta en concepts distincts, comme celui du motoneurone ou de la cellule ganglionnaire rétinienne. Puis, les mesures unitaires précisèrent des catégories inférieures, comme des sous-types de cellules ganglionnaires, tenant compte par exemple de leur spectre d'excitation.

Mais ici s'arrêta cette démarche. Car l'unitaire n'était que la mesure d'une fibre unique qui ne se rapportait en réalité pas plus à une fibre qu'à un neurone isolé; le spectre caractérisait surtout un réseau. L'activité de la fibre ne pouvait être corrélée avec des propriétés proprement neuronales, comme la taille et la forme des dendrites. Ici s'arrêtaient également les possibilités de localisation de propriétés dans le neurone. Aussi peut-on comprendre en quoi le neurone ne pouvait être à ce stade, par son inaccessibilité même, qu'un concept finalement faiblement objectivé.

Les limites de cette première interdisciplinarité de la neurophysiologie naissante semblaient atteintes. D'ailleurs les mesures indirectes et les modèles neurophysiologiques du fonctionnement neuronal suscitaient encore des polémiques qui témoignaient de questions qui ne pouvaient être résolues définitivement par les techniques employées. La neurophysiologie devait se tourner vers d'autres champs de recherche et s'ouvrir à d'autres disciplines. Ce qui fut fait par le tournant important des nouvelles recherches à l'échelle cellulaire qui prenaient le neurone comme un réel objet d'expérience.

Le neurone-objet dans la physiologie des modèles invertébrés

Au début des années quarante, quelques tentatives d'objectivation directe du neurone furent tentées. Il s'agit des travaux d'Angélique Arvanitaki (1901-1983) et de Theodore Holmes Bullock (1915-2005)[1] réalisés respectivement sur les ganglions nerveux d'aplysie[2] (fig. 15) et le cœur de limule. Le soma neuronique était cette fois considéré expérimentalement comme un objet. Il s'agissait pour ces deux chercheurs, issus de deux écoles de physiologie des invertébrés, de localiser des mesures et des propriétés dans un corps neuronique, par l'exceptionnelle possibilité

1. T.H. Bullock, H.S. Burr, L.F. Nims, « Electrical polarization of pacemaker neurons », *J. Neurophysiol.*, 1943, 6, p. 85-97.

2. L'aplysie est un gastéropode marin sans coquille, une limace de mer des herbiers à zostères des franges littorales, encore nommée « lièvre de mer » en raison de ses longs tentacules.

d'isoler physiquement des petits amas de neurones, ou même un gros corps cellulaire unique.

Les travaux d'Arvanitaki furent plus nombreux et plus spectaculaires. En effet elle parvint à extraire mécaniquement, par pression d'un ganglion d'aplysie, des corps de neurones s'échappant comme les billes d'un sac [1]. Comme pour les études d'Eccles sur les ganglions, la question fut de localiser, dans les somas, un potentiel soumis à l'influence de diverses polarisations qui perturbaient la fréquence de leurs décharges [2]. Cette physiologie voulut surtout démontrer que le neurone isolé était capable d'une activité autorythmique propre. Le résultat avait son importance, et les concepts précisant cette propriété étaient empruntés aux physiologies préexistantes.

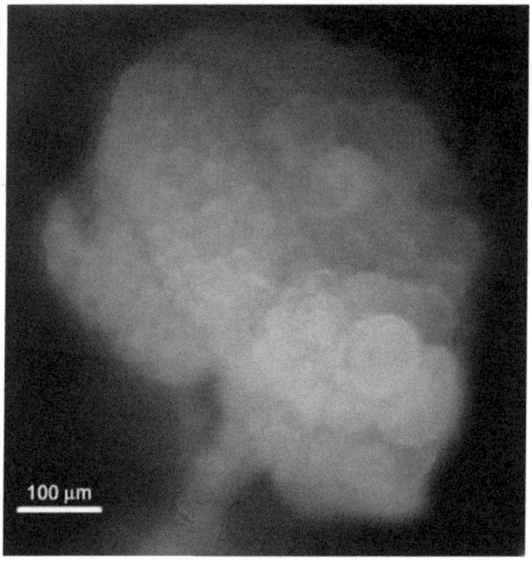

Figure 15.
Ganglion d'aplysie montrant un amas de gros neurones directement accessibles aux électrodes extra- ou intracellulaires.

1. A. Arvanitaki, « Contribution à la morphologie du système nerveux des Gastéropodes. Isolement, à l'état vivant, de corps neuroniques », *C.R. Soc. Biol.*, 1941, 135, p. 965-969, p. 967.

2. Dans ce cas, il s'agissait d'un rythme ganglionnaire ; A. Arvanitaki, « Les caractéristiques de l'activité rythmique ganglionnaire "spontanée" chez l'Aplysie », *C.R. Soc. Biol.*, 1941, 135, p. 1207-1216 ; A. Arvanitaki, « Réponses autonomes ganglionnaires à une polarisation appliquée », *C.R. Soc. Biol.*, 1941, 135, p. 1216-1221. Dans ces études, Arvanitaki observa des synchronisations de cellules nerveuses qu'elle expliqua par de simples contacts entre corps neuroniques proches, thème qu'elle développa également entre deux nerfs isolés ; voir A. Arvanitaki, « Intéractions électriques entre deux cellules nerveuses contiguës », *Arch. Int. Physiol.*, 1942, 52, p. 381-407.

À la fin des années quarante, un autre chercheur, Gunnar Svaetichin (1915-1981), avait mesuré des potentiels somatiques spontanés en faisant glisser une fine électrode au-dessus d'un amas de neurones isolés *in vitro*[1]. Il mesura un potentiel d'action maximal au-dessus du plus gros corps cellulaire[2] ! Le neurone pouvait donc être considéré comme un petit centre et un lieu électrogène.

Ces diverses tentatives pour prendre le corps neuronique comme objet démontraient qu'il pouvait être le lieu d'activités électriques mixtes, faites de potentiels d'action rapides générés ou simplement propagés et d'un potentiel lent déterminant le seuil d'apparition des potentiels d'action. Ces recherches butèrent néanmoins sur la nécessité d'une avancée technique : la possibilité de pénétrer par une fine électrode un soma neuronique pour mesurer directement la valeur du potentiel transmembranaire. Cela était nécessaire pour quantifier et corréler les différents potentiels neuroniques. Mais Arvanitaki et Bullock avaient opté pour des enregistrements extracellulaires des somas, ce qui limitait considérablement leurs possibilités de recherche; aussi reprirent-ils bientôt les fibres nerveuses comme objets expérimentaux, sans envisager de développer une technique d'enregistrement intracellulaire sur leurs préparations pourtant idéales. Le développement de la technique intracellulaire ne fut pas mise au point par ces chercheurs qui en furent néanmoins des utilisateurs précoces après les travaux d'Eccles.

Contexte cytologique de la physiologie américaine

Les approches d'Arvanitaki, Bullock et Svaetichin étaient en réalité directement inspirées d'une biophysique cellulaire américaine des années vingt. Mais l'interdisciplinarité entre ce domaine ancien et la neurophysiologie naissante ne fut pas poussée à son terme par ces auteurs. Elle était cependant possible, mais fut réalisée par d'autres voies.

Comment des liens s'établirent-ils entre cette biophysique cellulaire et d'une part, la physiologie de la fibre nerveuse isolée et, d'autre part, la

1. G. Svaetichin, « Analysis of action potentials from single spinal ganglion cells », *Acta Physiol. Scand.*, 1951, 24, 23-57, p. 31.

2. Cette approche a été pratiquée récemment dans des tranches de cerveau avec une quantification de l'effet de la distance microélectrode-neurone sur le recueil du potentiel extracellulaire. I. Cohen, R. Miles, « Contributions of intrinsic and synaptic activities to the generation of neuronal discharges in in vitro hippocampus », *J. Physiol. Lond.*, 2000, 524, p. 485-502.

neurophysiologie cellulaire? Les premiers contacts furent établis dans le contexte de la physiologie réductionniste de Jacques Loeb (1859-1924). Dans ses études sur la fécondation, sur la survie d'un ovule isolé, sa mort ou son développement parthénogénétique, la cellule prenait dans l'expérience une place principale. C'est surtout sur des organismes végétaux unicellulaires que cette voie devint un ample programme de recherche chez deux botanistes proches de Loeb, Winthrop John Vanleuven Osterhout (1871-1964) [1] et Lawrence R. Blinks (1900-1989). Tous deux étaient initialement intéressés par l'étude cytologique du développement végétal.

Loeb et Osterhout se rencontrèrent à Berkeley, dans un environnement exceptionnel où se côtoyaient, après 1907, Hugo de Vries (1848-1935), August Svante Arrhenius (1859-1927) et Wilhelm Ostwald (1853-1932) [2]. En 1918, Loeb créait le *Journal of General Physiology*, en collaboration avec Osterhout et Thomas Hunt Morgan (1866-1945). Cette revue contribua à créer un style de recherche encourageant des mesures à l'échelle de la cellule : résistivité et capacitance des divers compartiments cellulaires comme la paroi végétale, le protoplasme ou les vacuoles. Les concepts de la physique pénétraient comme par osmose dans la physiologie végétale. Les grandes algues unicellulaires permettaient, par exemple, par insufflation d'air entre la paroi et le protoplasme, l'isolement électrique nécessaire aux mesures d'un compartiment cellulaire. On s'appliquait également à positionner des électrodes, extracellulaires [3] ou intracellulaires [4], dans diverses régions d'une cellule, ou encore à les dialyser de solutions ioniques artificielles. Toutes ces techniques purent être appliquées très progressivement et avec succès aux axones géants, puis, dans d'autres contextes, aux neurones.

Au début des années vingt, l'étude des algues des genres *Nitella* et *Chara* démontrait une électrogenèse végétale rythmique qui n'était pas sans rappeler celle des fibres nerveuses, dont un modèle physique avait été

1. En 1895, le jeune Osterhout avait rejoint le laboratoire du célèbre cytologiste végétal allemand Eduard Adolf Strasburger (1844-1912). Strasburger est le créateur de nombreux termes comme *gamète*, *prophase*, *métaphase*, *anaphase*, *plasmodesme*, *haploïde*, *diploïde*.

2. « Winthrop John Vanleuven Osterhout », dans *National Academy of Science Biographical Memoirs*, Washington, National Academy Press, 44, p. 213-249, p. 217.

3. W. Osterhout, E.S. Harris, « The concentration effect in Nitella », *J. Gen. Physiol.*, 1929, 12, p. 761-781.

4. W. Osterhout, E.B. Damon, A.G. Jacques, « Dissimilarity of inner and outer protoplasmic surfaces in Valonia », *J. Gen. Physiol.*, 1927, 11, p. 193-205.

développé par Frank Rattray Lillie (1827-1947)[1] et Wolfgang Ostwald (1883-1943). Au cours de la même période, Daniel Auger et Alfred Fessard (1900-1982) (fig. 16) réalisaient en France des études similaires sur des algues unicellulaires et enregistraient un premier potentiel d'action par une électrode extracellulaire. La cellule végétale offrait un modèle vivant de rythmogenèse électrique qu'Osterhout et Blinks étudièrent au cours des années trente, au point d'attirer la plus grande attention des neurophysiologistes. Au colloque du Cold Spring Harbor Laboratory (CSHL) de 1936, Osterhout et Blinks furent invités à donner leurs explications des changements de potentiel membranaire entretenus par des variations de perméabilités ioniques par la théorie de Bernstein[2].

Figure 16.
Alfred Fessard (1900-1982)[3]

1. Comme Morgan, Franck Lillie fréquentait Loeb et Osterhout à la station marine de Woods Hole, « Winthrop John Vanleuven Osterhout », *National Academy of Science Biographical Memoirs*, *op. cit.*, p. 215.

2. W. Osterhout, « Some ways to control bioelectrical behavior », *Cold Spring Harb. Symp. Quant. Biol.*, 1936, 4, p. 43-52 ; L.R. Blinks, « The effect of current flow in large plant cells », *Cold Spring Harb. Symp. Quant. Biol.*, 1936, 4, p. 34-42.

3. Nous remercions Jean Fessard pour la reproduction de cette photographie.

Les liens entre Osterhout, Loeb, Arrhenius et Ostwald favorisèrent l'application de ce réductionnisme ionique comme base théorique fondamentale d'une physiologie cellulaire. En 1936, Kenneth Stewart Cole (1900-1984) envisagea la possibilité de transposer ce programme de recherche sur un nerf aux fibres syncitiales[1] créant un grand compartiment cellulaire unique décrit par John Zachary Young (1907-1997) au congrès du CSHL[2] : l'axone géant du calamar. Avant d'atteindre Woods Hole, où il rencontra Cole, Young visita Ralph Waldo Gerard (1900-1974), Detlev Wulf Bronk (1897-1975) et Haldan Keffer Hartline (1903-1983)[3]. Young était également passé à Chicago et à Saint Louis pour rencontrer Joseph Erlanger (1874-1965), Gasser, George Holman Bishop (1889-1973) et Lorente de Nó. Pourtant, seul Cole adopta réellement le parti de prendre l'axone géant comme objet d'étude ; aucun autre ne franchit le pas.

Cette préparation pouvait en effet sembler étrange et la théorie de son origine syncitiale[4] avait ses détracteurs. Pourquoi étudier ce nerf naturellement réduit à l'unicité d'une fibre, alors que la neurophysiologie n'avait de cesse d'entretenir un équilibre entre la complexité histologique des réseaux et un opportunisme modéré dans le choix de préparations simples ?

Quelle perspective décida Cole à choisir ce modèle ? Ami d'Osterhout et proche du milieu de la physiologie cellulaire, Cole avait été attiré par la biophysique cellulaire animale avec Hugo Fricke (1892-1972). Il avait réalisé des mesures de capacitance sur des hématies et des œufs d'oursin. À Woods Hole, il s'était lié d'amitié avec Osterhout et avait travaillé dans son sillage sur la nitelle[5]. Au congrès du CSHL de 1936, Cole fut lui aussi invité avec Howard James Curtis (1906-1972) à présenter ses travaux portant sur de nouvelles méthodes de mesure de capacitance membranaire par des courants alternatifs appliqués à des nerfs et à des muscles[6]. L'axone

1. Fibres formant un syncitium, *i.e.* un compartiment cytoplasmique formé par la fusion de plusieurs cellules.

2. Voir par exemple, J.Z. Young, « Structure of nerve fibers and synapses in some invertebrates », *Cold Spring Harb. Symp. Quant. Biol.*, 1936, 4, p. 1-6 ; J.Z. Young, « Fused neurons and synaptic contacts in the giant nerve fibres of cephalopods », *Phil. Trans. R. Soc. Lond.*, 229(B), 1939, p. 465-503.

3. « J.Z. Young », dans *The History of Neuroscience in Autobiography*, vol. I, Washington, Society for Neuroscience, 1996, p. 564.

4. Selon cette théorie, l'axone géant était constitué par une fusion lors du développement de plusieurs fibres nerveuses, formant un syncitium.

5. K.S. Cole, H.J. Curtis, « Electric impedance of Nitella during activity », *J. Gen. Physiol.*, 1938, 22, p. 37-64.

6. K.S. Cole, H.J. Curtis, « Electric impedance of nerve and muscle », *Cold Spring Harb. Symp. Quant. Biol.*, 1936, 4, p. 73-89.

géant de calamar représentait, comme la cellule de nitelle, un compartiment membranaire cylindrique de taille millimétrique permettant des mesures électriques.

Le passage de la nitelle à l'axone géant pouvait sembler naturel[1]. On peut croire que tout était alors réuni pour que la diversité des mesures d'une biophysique cellulaire s'appliquât enfin, non pas encore à un neurone, mais à une fibre nerveuse. C'est ainsi que cette biophysique devint une physiologie générale des membranes excitables, animales et végétales, dont les développements, au cours des années quarante, permirent de comprendre le déterminisme des perméabilités ioniques actives et sélectives. Ces progrès furent permis grâce au contexte de la théorie ionique de Bernstein et à l'influence d'une physiologie internationale du nerf isolé, initialement de tradition britannique.

Ainsi, l'interdisciplinarité entre biophysique cellulaire et neurophysiologie s'établit d'abord au sein d'une physiologie nerveuse à la fois classique et moderne dans ses moyens d'investigation, proche de la physiologie cellulaire végétale. L'interdisciplinarité ne se développe donc pas toujours là où on l'attend; ses chemins sinueux dépendent de contraintes multiples, surmontées seulement dans certains milieux, lorsqu'un chercheur décide de s'engager dans une voie pour une raison qui n'est pas toujours celle qui semble la légitimer *a posteriori*, une fois ouvert le nouveau champ d'investigation.

Une telle agrégation de différents programmes de recherche ne s'accompagne pas seulement de l'échange de moyens techniques, mais révèle un lieu d'importation de concepts de constitution transférables d'un objet scientifique (cellule d'algue) à un autre (axone). Cet espace d'interdisciplinarité est déjà l'explicitation d'une conception unitaire d'un champ théorique applicable à différents types cellulaires végétaux ou animaux. C'est le rôle que joua, dans notre cas, la théorie ionique de Bernstein considérée comme fondamentale pour toute biologie cellulaire.

La diversité des champs de constitution d'objets scientifiques en interaction permet donc l'unification de nouvelles voies de recherche. C'est ici la biophysique cellulaire qui se différencie alors, par fusion avec la neurophysiologie, en une neurophysiologie *cellulaire*. L'échelle cellulaire, remise en question dans certains milieux physio-logiques au

1. Osterhout lui-même incita Cole à prendre l'axone géant de calamar comme modèle. K. Cole, 1975, *op. cit.*, p. 144.

début du XXe siècle, joua le rôle en biologie de foyer organisateur de l'interdisciplinarité et en devint un élément moteur.

Toutefois, une avancée révolutionnaire manquait encore à ce tableau. C'était l'adoption par la neurophysiologie de la technique d'enregistrement intracellulaire, également issue de la biophysique végétale.

Mesures intracellulaires dans les fibres nerveuses et musculaires

Cette technique fut en premier lieu utilisée par les physiologistes de l'axone géant du calamar. À la fin de l'année 1936, Alan Lloyd Hodgkin (1914-1998), un représentant britannique de la physiologie nerveuse, ne tarda pas à se faire connaître aux États-Unis. Pourtant, l'avancée technologique de certains laboratoires outre-Atlantique contrastait avec les équipements électrophysiologiques de Cambridge ou d'Oxford. L'oscillographie américaine démontrait que la précision de ses mesures pouvait remettre en cause les conceptions de compétiteurs britanniques moins avancés dans leur technologie [1].

À l'opposé de l'axonologie [2] américaine moderne, un style britannique de physiologie privilégiait la résolution de problèmes physiologiques par des dispositifs expérimentaux les plus simples possible, à la manière d'une démonstration mathématique dont l'esthétique tient autant à sa rigueur qu'à sa simplicité [3]. Aussi, le jeune Hodgkin ne pouvait être que fasciné par l'axonologie dont la technicité et le professionnalisme étaient inimaginables au Royaume-Uni. Il travaillait à Cambridge à la fois sans idée de thèse, sans direction scientifique [4], et avec des instruments désuets, dont certains avaient été construits par Keith Lucas dans les années dix [5] !

Lorsqu'en 1937, Gasser l'invita à passer une année au *Rockefeller Institute* avec un équipement électronique ultramoderne et l'aide exceptionnelle de l'ingénieur allemand Jan Friedrich Toennies (1902-1970) [6],

1. Notamment au sujet des périodes réfractaires de la fibre nerveuse et du soma neuronique. L'oscillographie américaine ne faisait pas de différences entre les deux.

2. *Cf.* glossaire.

3. *Cf.* A.L. Hodgkin, « Chance and Design in electrophysiology », *J. Physiol. Lond.*, 1976, 263, p. 1-21, p. 4-5.

4. *Ibid.*

5. A.L. Hodgkin, 1976, *op. cit.*, p. 2.

6. Toennies avait fuit l'Allemagne nazie où il travaillait au *Kaiser Wilhelm-Institut für Hirnforschung* de Berlin-Buch.

Hodgkin avait déjà publié quelques travaux sur la conduction nerveuse[1]. Même si ses conclusions n'étaient pas du goût de Gasser[2], l'axonologiste l'embaucha tout de même.

À Woods Hole, Hodgkin trouva rapidement en Cole et Curtis deux scientifiques proches de ses projets scientifiques. Avant d'embarquer aux États-Unis, Hodgkin avait lui-même développé une préparation d'axone géant isolé de crabe[3]. Comme eux, il était favorable aux modèles ioniques de Lillie[4] et d'Osterhout[5]. Il avait été particulièrement intéressé par le résultat de Blinks concernant une augmentation de perméabilité membranaire de la nitelle au passage d'un potentiel d'action[6]. Mais à Cambridge, Hodgkin avait échoué à démontrer, par ses instruments, ce résultat sur un nerf isolé[7]. À présent, il avait à disposition les possibilités instrumentales modernes de l'Institut Rockefeller, et son expérience héritée de l'école de Cambridge qu'il pouvait proposer à Cole et Curtis pour collaborer sur leur préparation d'axone géant de calamar[8].

Hodgkin a décrit son excitation lorsqu'il vit, à son arrivée à Woods Hole, Cole et Curtis démontrant le résultat de Blinks sur un axone[9]. Or, une quantification exacte des variations de potentiel nécessitait une électrode intracellulaire. Hodgkin et Curtis réalisèrent quelques essais infructueux pour implanter une électrode dans l'extrémité coupée d'un axone isolé, ou de manière tangentielle à sa surface, avec une électrode de référence extracellulaire à une position suffisamment éloignée pour minimiser l'effet du courant de fuite induit par l'extrémité sectionnée[10]. Curtis et Hodgkin se

1. A.L. Hodgkin, *The electrical basis of nervous conduction*, Cambridge, Fellowship dissertation, Library of Trinity College, 1936; A.L. Hodgkin, « Evidence for electrical transmission in nerve », Part I, II, *J. Physiol. Lond.*, 1937, 90, p. 183-210, p. 211-232; A.L. Hodgkin, « A local electric response in crustacean nerve », *J. Physiol. Lond.*, 1937, 91, p. 5-6.

2. A.L. Hodgkin, *The History of Neuroscience in Autobiography*, vol. I, Washington, Society for Neuroscience, 1996, p. 252-292, p. 258.

3. A.L. Hodgkin, Nobel Lecture, 1963, p. 32.

4. R.S. Lillie, *Protoplasmic action and nervous action*, Chicago, Chicago UP, 1923; cité dans A.L. Hodgkin, Nobel Lecture, 1963, p. 32.

5. W. Osterhout, « Physiological studies of single plant cells », *Biol. Rev. Cambridge Philos. Soc.*, 1931, 6, p. 369-411.

6. « Electrical stimulation causes a marked reduction of resistance, which may be due to exosmosis of KCl », L.R. Blinks, « The direct current resistance of Nitella », *J. Gen. Physiol.*, 1930, 13, p. 495-508, p. 508.

7. A.L. Hodgkin, 1996, *op. cit.*, p. 257-258.

8. K.S. Cole, A.L. Hodgkin, « Membrane and protoplasm resistance in the squid giant axon », *J. Gen. Physiol.*, 1939, 22, p. 671-687.

9. A.L. Hodgkin, 1976, *op. cit.*, p. 9.

10. *Ibid.*, p. 10.

quittèrent peu après, mais réussirent l'expérience quelque temps plus tard presque simultanément, l'un aux États-Unis, l'autre en Angleterre. C'était la première mesure d'un potentiel d'action intracellulaire dans un élément du système nerveux [1].

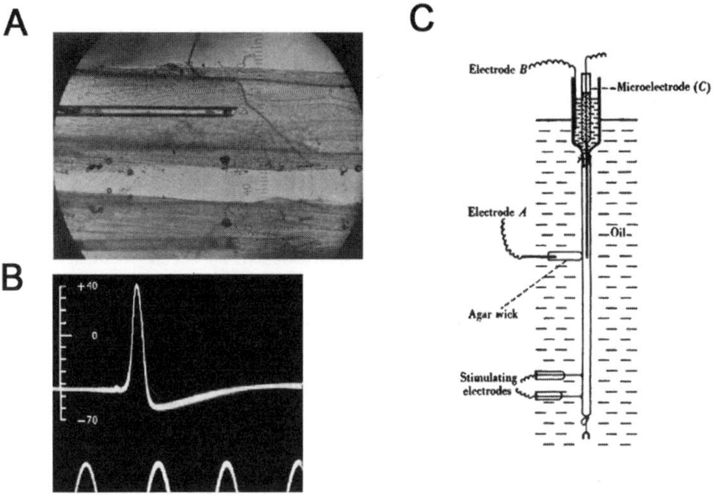

A, micrographie de l'électrode à l'intérieur de l'axone ; B, enregistrement oscillographique du potentiel d'action ; C, dispositif expérimental montrant la position des électrodes sur l'axone géant dialysé (microélectrode intracellulaire (C), électrode de référence extracellulaire (A), électrodes de stimulation).

Figure 17.
Enregistrement d'un potentiel d'action intracellulaire
dans un axone géant de calamar.
D'après Hodgkin et Huxley, 1945

Ce premier potentiel neuronal fut une révélation, car l'amplitude maximale était positive, ce qui contredisait l'hypothèse de Bernstein

1. A.L. Hodgkin, A.F. Huxley, « Action potential recorded from inside a nerve fiber », *Nature*, 1939, 144, p. 710-711. H.J. Curtis, K.S. Cole, « Membrane action potentials from the squid giant axon », *J. Cell. Comp.*, 1940, 15, p. 147-157. H.J. Curtis, K.S. Cole, « Membrane resting and action potentials from the squid giant axon », *J. Cell. Comp. Physiol.*, 1942, 19, p. 135-144.

(fig. 17). Dans le modèle de Bernstein, le potentiel d'action était induit par l'ouverture de conductances cationiques non sélectives, avec pour conséquence un potentiel maximal nul. Il fallait donc supposer une perméabilité sélective, comme celle du sodium, selon une hypothèse proposée par Charles Ernst Overton (1865-1933) dans le numéro même des *Pflügers Archives* où Bernstein avait décrit son modèle ionique[1]. Cependant cette conception avait été totalement oubliée ! Elle fut redémontrée par Hodgkin et Huxley après la Seconde Guerre mondiale[2]. Paradoxalement, la réfutation de la théorie de Berstein, dans un contexte qui lui était favorable, permit d'interpréter cette contradiction par une hypothèse *ad hoc* – la perméabilité sélective au sodium – d'une portée heuristique indéniable. Elle permit en effet de rassembler après guerre dans les rangs de Bernstein l'immense majorité des neurophysiologistes[3].

Ces recherches prenaient véritablement la fibre nerveuse comme l'objet d'une physiologie qui finit par devenir essentiellement membranaire. Mais comment cette avancée fut-elle étendue à une cellule animale entière ?

Vers la fin des années trente, un axonologiste, Ralph Gerard, menait un programme parallèle visant à réaliser une mesure exacte du potentiel de repos d'une fibre musculaire unique par une mesure directe d'un potentiel transmembranaire. L'idée d'une telle expérience avait été précocement conçue par Gerard dès les années vingt[4]. La nécessité de mesurer un potentiel intracellulaire fut encouragée par l'annonce, au colloque du CSHL de

1. *Cf.* A.F. Huxley, « Overton and the indispensability of sodium ions », *Brain Res. Bull.*, 1999, 5/6, p. 307-308; J. Bernstein, « Untersuchungen zur Thermodynamik der bioelektrischen Ströme. I (Erster Teil) », *Pflügers Arch. Ges. Physiol.*, 1902, 92, p. 521-562; E. Overton, « Beiträge zur allgemeinen Muskel- und Nervenphysiologie II. Über die Unentbehrlichkeit von Natrium- (oder Lithium-) Ionen für den Contractionsact des Muskels », *Pflügers Arch. Ges. Physiol.*, 1902, 92, p. 346-386.

2. Par l'utilisation d'isotopes du sodium. Pour un résumé de ces travaux, *cf.* K.S. Cole, « Neuromembranes : Paths of ions », dans *The Neurosciences : Paths of discovery*, 1975, Cambridge, MIT Press, p. 143-157, p. 148-149 ; A.L. Hodgkin, Nobel Lecture, 1963, p. 37-40.

3. En 1947, la revue de Grundfest offrait une large place aux nouveaux résultats de Hodgkin, Huxley, Cole et Curtis; H. Grundfest, « Bioelectric potentials in the nervous system and in muscle », *Ann. Rev. Physiol.*, 1947, 9, p. 477-506. En 1949, D.P.C. Lloyd et A.K. McIntyre écrivaient : « La théorie membranaire elle-même, qui implique antérieurement la théorie de Bernstein, est largement acceptée », D.P.C. Lloyd, A.K. McIntyre, « Bioelectric potentials in the nervous system and muscle », *Ann. Rev. Physiol.*, 1949, 11, p. 173-198.

4. « Ralph Waldo Gerard », dans *National Academy of Science Biographical Memoirs*, Washington, National Academy Press, v. 53, p. 179-210, p. 191.

1936, d'une mesure extracellulaire de l'activité lente d'un neurone cortical unique qu'il convenait de vérifier par une mesure plus directe[1].

Au cours des années quarante, Gerard réussit une mesure intracellulaire sur une fibre musculaire isolée et démontra le rôle actif de l'ion potassium dans le maintien d'un potentiel de repos[2]. Mais l'avancée théorique était mince, car des mesures de potentiel de repos avaient déjà été réalisées sur des cellules végétales[3]. Gerard lui-même minimisait ce travail et préférait qu'on se penchât davantage sur ses conceptions théoriques pour lui rendre hommage. Du reste, ses micropipettes de verre étaient déjà utilisées en physiologie végétale. Elles ne furent pas, comme on le pense parfois, une réelle invention. L'importance de ces travaux fut surtout de susciter ultérieurement des mesures intracellulaires de potentiels d'action de fibres musculaires[4], d'axones (avec le développement ultérieur du *voltage-clamp* à deux électrodes[5]) et surtout de neurones[6].

La possibilité de prendre un neurone comme objet s'offrait à la neurophysiologie, mais Gerard reconnut avoir manqué d'audace pour franchir ce cap; c'est-à-dire pour plonger une fine aiguille de verre aveuglément dans un tissu nerveux, avec l'espoir de reconnaître, dans une chute de potentiel, le potentiel de repos d'un neurone[7]. C'est donc en

1. Ces mesures extracellulaires furent réalisées dans le but de tester l'hypothèse d'un potentiel unitaire lent neuronal qui devait expliquer les rythmes cérébraux lents, comme le rythme alpha de Hans Berger (1873-1941), alors en pleine discussion.

2. J. Graham, R.W. Gerard, « Membrane potentials and excitation of impaled single muscle fibers », *J. Cell. Comp. Physiol.*, 1946, 28, p. 99-117; G. Ling, R.W. Gerard « The normal membrane potential of frog sartorius fibers », *J. Cell. Comp. Physiol.*, 1949, 34, p. 383-396; G. Ling, R.W. Gerard, « Effect of temperature on the membrane potential of frog muscle fibers », *J. Cell. Comp. Physiol.*, 1949, 34, p. 407-412; G. Ling, R.W. Gerard, « The membrane potentials and metabolism of muscle fibers », *J. Cell. Comp. Physiol.*, 1949, 34, p. 413-438.

3. A.H. Bretag, « A History of the glass micropipette electrode », *Axobits*, 2003, 39, p. 10-14; G. Svaetichin, « Low resistance micro-electrodes », *Acta Physiol. Scand.*, 1951, 24, p. 5-13.

4. W.L. Nastuk, A.L. Hodgkin, « The electrical activity of single muscle fibers », *J. Cell. Comp. Physiol.*, 1950, 35, p. 39-73.

5. A.L. Huxley, A.F. Hodgkin, « Measurement of Current-Voltage Relations in the Membrane of the Giant Axon of Loligo », *J. Physiol. Lond.*, 1952, 1, p. 424-448. Le *voltage-clamp*, technique permettant le contrôle du potentiel intracellulaire, fut appliqué aux neurones en 1959.

6. L.G. Brock, Coombs, J.C. Eccles, « The recording of potentials from motoneurones with an intracellular electrode », *J. Physiol. Lond.*, 1952, 117, p. 431-460.

7. R.W. Gerard, « The minute experiment and the large picture », dans *The Neurosciences : Paths of discovery*, 1975, *op. cit.*, p. 469.

premier lieu, dans le domaine de la physiologie nerveuse, l'électrophysiologie de l'axone géant qui réussit à prendre un élément cellulaire comme l'objet d'une biophysique. L'importance accordée à un tube axonique simple, qui n'était qu'un boudin creux dialysable, le fragment membranaire fonctionnel d'une cellule morte, permettait une physiologie membranaire, dont la visée ultime ne pouvait être que moléculaire. Ce faisant, par le choix de son objet d'expérience, cette physiologie perdait de vue non seulement les relations anatomiques et fonctionnelles de l'élément cellulaire avec son tissu, mais aussi toute spatialité, réduite à l'unique dimension d'un tube.

Le neurone 1952 d'Eccles

La Seconde Guerre mondiale retarda les travaux d'Hodgkin, Huxley, Cole, Curtis, Graham et Gerard. Aussi ce n'est qu'au début des années cinquante que ces auteurs, puis d'autres, réalisèrent d'autres mesures sur des fibres musculaires [1], puis sur des neurones [2]. En 1952, l'ensemble de ces travaux fut l'occasion d'une nouvelle version du colloque *Excitation phenomena* du CSHL de 1936, intitulé cette fois *The Neuron*. Les organisateurs avaient pris conscience qu'un tournant de la science se jouait. Le neurone accédait à un statut nouveau d'objet scientifique et son programme de recherche reflétait les communautés de la physiologie de l'axone, de la physiologie intracellulaire du soma neuronique, de la physiologie des centres nerveux (moelle et ganglions) et des éléments neuroniques (dendrites et synapses).

Une démarcation apparaissait entre deux tendances. Alors qu'une certaine physiologie s'éloignait de la signification même de son objet, en atteignant par la biophysique des problèmes moléculaires, une autre restait fidèle à la spatialité des tissus, c'est-à-dire à leur organisation fonctionnelle.

La première communauté était représentée par la physiologie de l'axone, dont certaines dérives biophysiques l'éloignaient de toute objectivation réaliste d'éléments anatomiques, en se perdant parfois dans des

1. W.L. Nastuk, A.L. Hodgkin, 1950, *op. cit.*; L.A. Woodbury, J.W. Woodbury, H.H. Hecht, « Membrane resting and action potentials of single cardiac muscle fibers », *Circulation*, 1950, 1, p. 264-266. Certaines problématiques concernaient la libération d'acétylcholine à la jonction neuromusculaire. P. Fatt, B. Katz, « Some observations on biological noise », *Nature*, 1950, 166, p. 597-598. P. Fatt, B. Katz, « An analysis of the end-plate potential recorded with an intra-cellular electrode », *J. Physiol. Lond.*, 1951, 115, p. 320-370.

2. G. Svaetichin, 1951, *op. cit.*; L.G. Brock, J.S. Coombs, J.C. Eccles, 1952, *op. cit.*; J.W. Woodbury, H.D. Patton, « Electrical activity of single spinal cord elements », *Cold Spring Harb. Symp. Quant. Biol.*, 1952, 17, p. 185-188.

formalismes mathématiques stériles. Mais ce qu'elle pouvait offrir de meilleur à la seconde, c'était la possibilité d'interpréter par des flux ioniques et des modèles électriques, les nouvelles mesures neuronales.

La seconde communauté offrait, quant à elle, un large spectre de démarches, depuis l'anatomie classique du neurone, jusqu'aux études par microélectrodes extracellulaires localisées. Entre ces deux tendances, l'enregistrement intracellulaire du neurone fit son apparition et créa d'emblée un objet nouveau, encore mi-fibre, mi-neurone, qui recréait l'unité fonctionnelle de la neurophysiologie (par le modèle du motoneurone) et rompait radicalement avec la dichotomie des deux approches en présence.

Ce mouvement épistémologique n'avait pas seulement pour ambition la mesure d'un potentiel de repos dans un soma neuronique, même si la première étude intraneuronale de Svaetichin peut le laisser croire par l'absence dans les figures de toute trace oscillographique et de toute analyse cinétique des potentiels[1]. La visée première de cet auteur était pourtant déjà de localiser, dans la morphologie neuronale, les signes électriques des flux ioniques. Si l'on resitue cet article comme le troisième d'un triptyque[2], la perspective d'ensemble suggère un programme de recherche à venir dont le potentiel de repos n'était en fait qu'une étape.

Svaetichin avait travaillé avec Ragnar Granit (1900-1991) pour l'isolement d'unités rétiniennes par des microélectrodes métalliques[3]. En 1950, son but était de comprendre les déterminations morphologiques des signaux électriques recueillis dans un neurone. Il développa des microélectrodes, des micropipettes, un microscope binoculaire et des micromanipulateurs pour localiser, sous contrôle visuel, des signaux électriques dans les neurones d'une préparation de ganglion spinal *in situ*. Svaetichin voulait corréler les inflexions des potentiels électriques extracellulaires avec les discontinuités neuroniques entre la fibre, le soma et les dendrites. Mais cette approche que Svaetichin réussit sur des cellules partiellement

1. G. Svaetichin, 1951, *op. cit.*

2. G. Svaetichin, « Electrophysiological investigations on single ganglion cells. Part I : Low resistance micro-electrodes », « Part II : A combination of microscopes and micromanipulators for electrophysiological investigations on single cells », « Part III : Analysis of action potentials from single spinal ganglion cells », *Acta Physiol. Scand.*, 1951, 24, p. 5-13, p. 15-22, p. 23-57.

3. R. Granit, G. Svaetichin, « Principles and techniques of the electrophysiological analysis of color reception with the aid of microelectrodes », *Upsala Lakaref Forh*, 1939, 65, p. 161-177.

dissociées, c'est à Eccles qu'il revint de la réaliser par des mesures directes intracellulaires, dans la moelle épinière du chat.

La perspective théorique était cependant la même, mais les mesures intracellulaires d'Eccles eurent une toute autre dimension dans l'objectivation du neurone. Le travail de Svaetichin illustre ce que la technique intracellulaire neuronale dut, dès son commencement, au contexte de la tradition extracellulaire. L'approche intracellulaire du neurone fut une réelle synthèse à la fois expérimentale et conceptuelle équilibrée entre une physiologie de l'axone et le domaine de l'analyse microphysiologique extracellulaire des centres nerveux.

Cette synthèse fut celle de l'école d'Eccles. Ce qui fit de cet épisode son réel succès, c'est qu'il s'inscrivit au carrefour de deux moments où deux neurophysiologies arrivaient simultanément à maturité. La physiologie de l'axone avait imposé son modèle ionique et la microphysiologie extracellulaire du neurone avait atteint les limites des localisations d'inflexions électriques à l'intérieur du neurone.

Dans cette aventure, Eccles innova peu en réalité sur un plan purement technique. Il assembla avec une grande maîtrise un dispositif électronique et mécanique qui fut mis au point dans son laboratoire avec une dextérité exceptionnelle et l'appui d'un ingénieur de talent. Il s'agissait de pénétrer un neurone d'une fine micropipette, en aveugle, dans la moelle épinière d'un chat. Il apparaît qu'en neurophysiologie, comme ailleurs, une avancée technique en apparence modeste peut représenter une énorme difficulté technique et un bond épistémologique immense. C'est aussi souvent le point d'aboutissement d'un ensemble de convergences entre différents domaines qui révèlent subitement une heuristique depuis longtemps soupçonnée et recherchée.

L'empalement d'un neurone par une fine micropipette et l'enregistrement intracellulaire de ses activités électriques objectivèrent d'emblée d'une manière nouvelle, complète et coordonnée, le neurone comme un nouvel *objet scientifique* (fig. 18).

Ces recherches nécessitaient en réalité des qualités techniques exceptionnelles et certaines convictions tenaces que seul un chercheur expérimenté pouvait posséder. Une première conviction était celle d'une similitude profonde, d'une homologie, entre les propriétés membranaires de la fibre nerveuse et celles presque inconnues alors du soma neuronique. Cette similitude était un *a priori* nécessaire pour interpréter d'emblée les premiers tracés enregistrés. Or, cela n'était pas une idée naturelle; certains auteurs, dont Lorente de Nó, étaient partisans de propriétés membranaires distinctes[1]. On ne savait pas à quel point ces différences étaient seulement quantitatives ou qualitatives. L'analogie fibre-soma était encore un parti pris qu'on pouvait juger, non sans risque, heuristique. La seconde conviction fut celle que des mesures réalisées en aveugle dans la profondeur opaque de la moelle[2] pouvaient véritablement prendre sens par l'analogie entre fibre et soma[3]. Le travail d'Eccles consista non seulement à réaliser des mesures électriques, mais surtout à les interpréter d'après les modèles des fibres nerveuse et musculaire et selon leurs normes[4].

Dans ces recherches, la mesure d'un potentiel de repos neuronal ne fut pas la simple vérification de mesures précédemment réalisées sur d'autres types cellulaires. Elle fut d'emblée définie comme une nouvelle norme indiquant la position intraneuronale de la micropipette, mais surtout l'état de survie du neurone empalé[5]. De même, l'amplitude du potentiel d'action par stimulation antidromique, vérifiant la positivité du potentiel d'équilibre du sodium, devint rapidement la norme de l'invasion somatique d'un potentiel d'action axonal. Les *afterpotentials*[6] indiquaient également l'état satisfaisant du motoneurone lésé par la micropipette[7].

Les nouvelles mesures purent être mises rapidement en relation avec d'anciens concepts, des mesures extracellulaires[8], ou certains cadres théoriques. La théorie ionique fut utile pour comprendre la nature des potentiels

1. R. Lorente de Nó, « Action potential of the motoneurons of the hypoglossus nucleus », *J. Cell. Comp. Physiol.*, 1947, 29, p. 207-288, p. 218.

2. Le choix de ce tissu réputé difficile aujourd'hui était nécessaire, car le neurone étudié devait conserver fonctionnelles ses connexions avec des fibres nerveuses stimulables, ce que la moelle épinière permettait.

3. Cette seconde conviction fut partagée par Woodbury et Patton qui réussirent en 1952 des enregistrements analogues. Mais la perspective plus descriptive n'eut pas la portée du travail d'Eccles plus soucieux de généralisations et d'interprétations théoriques des potentiels observés. J.W. Woodbury, H.D. Patton, « Electrical activity of single spinal cord elements », *Cold Spring Harb. Symp. Quant. Biol.*, 1952, 17, p. 185-188.

4. La norme de l'inflexion négative du potentiel de repos indiquant la pénétration du neurone suggérait une lésion modérée par la micropipette.

5. Un neurone pénétré d'une micropipette sans lésion trop importante conserve un potentiel de repos hyperpolarisé d'au moins une cinquantaine de millivolts (-55 à -90 mV).

6. *Cf.* glossaire.

7. Ces potentiels disparaissent ou sont perturbés, en particulier en cas d'hypoxie.

8. Lorsqu'une stimulation synaptique était réalisée, un potentiel synaptique gradué atteignait parfois le seuil de décharge du neurone et objectivait le mystérieux potentiel de base, le c.e.s., contrôlant le niveau des décharges axonales que la physiologie nerveuse des centres avait tant hésité à localiser. Une stimulation synaptique répétée était suivie d'un *after-potential* connu des mesures extracellulaires. Les mesures de bruit synaptique furent rapprochées de celles réalisées à la jonction neuromusculaire et interprétées comme l'ouverture d'une conductance cationique non spécifique. P. Fatt, Katz, *J. Physiol. Lond.*, 1951, 115, p. 320-370.

synaptiques inhibiteurs, comme l'ouverture d'une conductance hyperpolarisante suite à la libération d'un neurotransmetteur. La théorie des champs électrostatiques, impliquant l'hypothèse des cellules de Golgi (théorie de l'inhibition d'Eccles), était, selon les mots mêmes d'Eccles, falsifiée[1]. Les mesures simultanées extracellulaires et intracellulaires respectivement de la volée afférente[2] et du potentiel d'action postsynaptique démontraient, de manière directe, un décalage temporel réfutant l'idée d'une continuité à la fois anatomique et électrique des neurones. Par cette démarche physiologique, la théorie du neurone se rapprochait de son ultime combat.

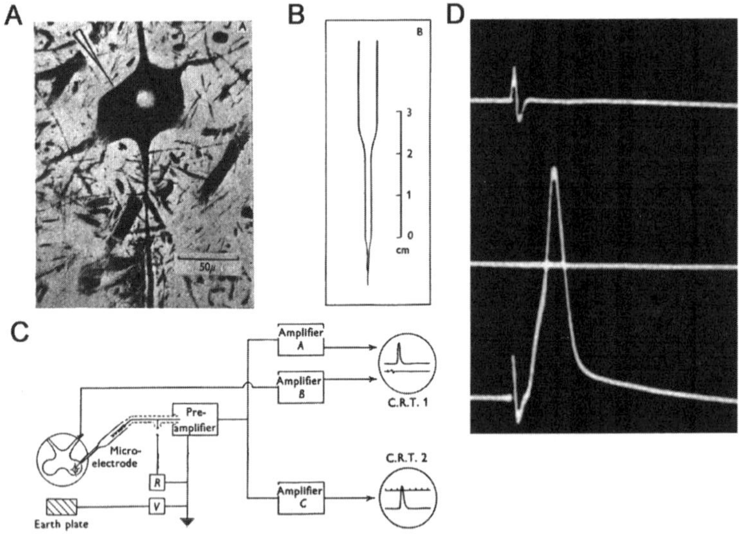

A, schéma indiquant la taille de la pointe de la micropipette par rapport à un motoneurone de chat; B, forme générale de la micropipette utilisée indiquant plusieurs phases d'étirement du verre; C, schéma d'enregistrement et d'amplification électronique; D, potentiel d'action obtenu par stimulation antidromique.

Figure 18.
Premier enregistrement intra-cellulaire dans un neurone.
D'après Brock, Coombs et Eccles, 1952

1. L.G. Brock, J.S. Coombs, J.C. Eccles, 1952, *op. cit.*, p. 452. À la suite de ces travaux, Eccles se convertit publiquement à la théorie de la neurotransmission chimique.

2. Le potentiel extracellulaire présynaptique.

Ces enregistrements intracellulaires n'offraient pas simplement de nouvelles mesures, mais ouvraient un nouveau champ de recherche qui intéressait la communauté entière des neurophysiologistes. Cette vue de l'intérieur représentait une réelle *ré-volution*, et non pas une révolution épistémologique. Car les cadres théoriques étaient en effet conservés, même si certaines théories particulières, la théorie de l'inhibition et la théorie de la neurotransmission électrique, étaient réfutées.

Les aspects théoriques de ces recherches furent développés dans l'article qu'Eccles présenta au symposium du CSHL de 1952[1]. Les analogies fibre-soma furent poussées aux extrêmes limites de ce que les nouvelles mesures justifiaient; elles fixaient le cadre d'un modèle théorique neuronal probable : le « neurone 1952 ».

Cet article capital traduit la démarche épistémologique de la migration heuristique de concepts compatibles entre une physiologie nerveuse et une neurophysiologie cellulaire sur le point de percevoir la réalité objective de son unité physiologique.

Eccles fut en mesure de proposer une explicitation et une quantification de tous les concepts électriques de la physiologie membranaire aptes à interpréter les nouvelles mesures neuronales. Un modèle cellulaire quantitatif paraissait possible par la prise en compte de la résistivité des membranes neuronales, des gradients d'ions (potassique, sodique et chlorure), des variations de perméabilités (potassique et sodique) lors du potentiel d'action, de la perméabilité aux ions chlorure ouverte par le jeu de l'inhibition, et la perméabilité cationique non spécifique ouverte par l'excitation synaptique.

Le modèle présentait une explication satisfaisante des activités électriques du neurone par ses propriétés passives et par l'ouverture de perméabilités ioniques sélectives. Eccles insistait sur ses deux sources d'inspiration : « Les spécifications de ce modèle sont d'une part déduites par inférence d'expériences réalisées sur des neurones, en particulier des enregistrements intracellulaires et, d'autre part, d'analogies avec des recherches faites sur les axones géants isolés et des fibres musculaires, qui ont donné d'autres inférences »[2].

Le premier modèle de neurone, basé sur des mesures neuronales, était né. Ce nouvel objet avait, par cette approche théorique, une réalité à la fois mathématique et physique qui en coordonnait les propriétés, en établissant

1. J.C. Eccles, « The electrophysiological properties of the motoneurone », *Cold Spring Harb. Symp. Quant. Biol.*, 1952, 17, p. 175-183.

2. *Ibid.*, p. 175.

des correspondances prédictives entre les mesures, les compositions ioniques extracellulaire et intracellulaire, et les localisations neuronales.

L'interdisciplinarité d'Eccles par le développement de l'enregistrement intracellulaire des neurones ouvrait la voie à une nouvelle discipline, la neurophysiologie cellulaire, qui n'était pas à l'origine un élément moteur dans la conception des nouveaux instruments et procédés techniques de l'électrophysiologie cellulaire. Les échanges disciplinaires peuvent avoir des conséquences inattendues dans des domaines éloignés, par des développements dont les plus intéressants peuvent surgir là où ils ne sont pas attendus. Bachelard avait insisté sur la fécondité des transferts de concepts dans des disciplines voisines, et leurs transformations parfois radicales, ce qui peut être étendu dans notre cas à la fécondité des remaniements interdisciplinaires, des échanges complexes de concepts et techniques, des réassociations avec d'autres champs de recherche, permettant la naissance de nouvelles sous-disciplines, dans une perspective dynamique où aucun formalisme épistémologique n'est requis pour décrire *a priori* cette liberté des connaissances et des techniques à s'associer librement pour s'emparer de nouveaux objets et en constituer d'autres d'une manière nouvelle.

MICROPHYSIOLOGIE DU NEURONE DANS LES ANNÉES CINQUANTE

L'ouverture du champ de la neurophysiologie cellulaire (intracellulaire) par hybridation entre la neurophysiologie et la biophysique cellulaire ne permettait pas seulement d'appliquer au neurone des concepts de constitution mis au point sur des algues unicellulaires ou sur des axones géants. Ce remaniement permit également d'associer ce qui constituait antérieurement la neurophysiologie établie par des enregistrements extracellulaires. Cela ne doit pas étonner, car cette physiologie avait développé des conceptions fonctionnelles des sous-parties du neurone que la neurophysiologie cellulaire était en mesure de redéfinir à sa façon par la technique intracellulaire.

Les confrontations qui surgirent et les polémiques incontournables qui en découlèrent aboutirent en réalité à une autre modalité d'interdisciplinarité, où une discipline rénovée discute sans cesse, par-delà toute forme de rupture, avec son propre passé, avec l'histoire de ses démarches antérieures, même si, et surtout si, celles-ci semblent en contradiction avec la nouvelle voie. À l'interdisciplinarité synchronique des champs distants de recherche doit s'associer une interdisciplinarité diachronique des disciplines qui n'ont pas perdu le souvenir d'elles-mêmes. Ceci n'étant pas toujours le cas, on justifie le concept de culture scientifique, à défendre toujours à notre époque où les développements techniques accélérés rendent si vite périmées, en apparence, les données passées. Les révolutions scientifiques ne peuvent dès lors que relever de descriptions superficielles, en laissant dans l'obscurité les réseaux d'échanges entre voies de recherche.

Continuité dans les démarches extracellulaire et intracellulaire

La présentation du modèle du neurone 1952 donna lieu à une discussion sur l'invasion électrique du soma neuronique par une impulsion antidromique [1]. Elle résumait en réalité les travaux de deux études [2], en reprenant le problème examiné dix années plus tôt par la physiologie extracellulaire. La filiation des concepts entre les démarches extracellulaire et intracellulaire était évidente. Le fait que les partisans de la seconde n'avaient pas renoncé aux questions posées par la première rend ceci particulièrement apparent. Telle était la position privilégiée d'Eccles à ce moment-là.

Comprendre le rôle central d'Eccles dans l'étape clé des recherches intraneuronales requiert de reconnaître sa position dans le dualisme apparent de ces deux approches. Nul autre scientifique n'était en effet mieux placé pour comprendre que, malgré la finesse de l'étude électrophysiologique des voies monosynaptiques [3] de la moelle épinière, la physiologie extracellulaire atteignait les limites de ses localisations neuronales.

La maturité de cette approche localisationniste avait en effet révélé ses limites expérimentales dans l'isolement d'un groupe homogène de motoneurones, à partir duquel on espérait mettre en évidence certaines propriétés neuronales unitaires communes. Les polémiques entre David P.C. Lloyd (1911-1985) et Eccles, des années 1949-1951, sur la question du soma neuronique en témoignent. Il s'agissait de comprendre la fonction spécifique du soma, dans un ensemble de compartiments neuronaux définis par des propriétés de résistivité, de capacitance ou de période réfractaire. On définissait des sources et des puits de courants, ainsi que, des uns aux autres, les circuits locaux empruntés. Mais certaines limites méthodologiques entravèrent l'émergence d'un consensus.

C'est par l'analyse des relations entre les études extracellulaires et intracellulaires du neurone, au début des années cinquante, que l'on peut

1. *Cf.* glossaire.

2. L.G. Brock, J.S. Coombs, J.C. Eccles, 1952, *op. cit.*, L.G. Brock, J.S. Coombs, J.C. Eccles, « Antidromic propagation of impulses into motoneurons », dans *The Spinal Cord*, Londres, Churchill, Ciba Foundation Symposium, 1953, p. 120-129.

3. *Cf.* glossaire.

préciser les termes de continuité et de discontinuité dans les phases précoces d'apparition de la neurophysiologie cellulaire. On prendra l'exemple des études sur l'invasion antidromique du soma neuronique. Comment Eccles justifia-t-il sa démarche extracellulaire, par l'intracellulaire, en donnant, dans ses travaux, l'apparence d'une belle continuité ? Pourquoi Lloyd dut-il quitter progressivement le modèle de la moelle épinière sans jamais adopter l'intracellulaire ?

Les distinctions fonctionnelles entre le soma et la fibre nerveuse furent basées sur des mesures réellement pertinentes lorsqu'on disposa, en utilisant une microélectrode extracellulaire, d'un indice, comme une onde électrique, dont on put être certain qu'elle révélait un potentiel somatique. L'onde *m* de Lorente de Nó (1939) en est un des premiers exemples, sinon le premier, obtenu par une véritable microélectrode. Son caractère somatique fut démontré par la diminution du signal en éloignant l'électrode du corps cellulaire [1]. Cette distinction fonctionnelle soma-fibre s'est maintenue en suscitant une littérature abondante jusqu'au début des années soixante. L'idée de départ fut qu'une impulsion antidromique, échouant parfois à produire une onde somatique, voit sa route coupée par la chute de résistance imposée par le grand volume conducteur du soma. Ce compartiment était considéré comme un puits trop grand pour le courant ténu de l'axone [2].

Pendant plus de dix années cette polémique se nourrit des multiples corrélations possibles entre des ondes électriques, leurs inflexions et des localisations de discontinuités neuronales : discontinuités anatomiques, mais surtout discontinuités entre propriétés des éléments distingués (la discontinuité entre l'axone myélinisé et le segment initial, le segment initial et le soma, ou le soma et les dendrites).

C'est dans la moelle épinière que Birdsey Renshaw (1911-1948) [3] confirma la conclusion de Lorente de Nó d'un barrage au niveau du soma, en important cette question dans le modèle alors le plus en vue. Il décrivit ce résultat en précisant que l'invasion du soma était dotée d'un *low safety factor* [4] (faible probabilité de propagation), selon une terminologie qui demeure encore en vigueur aujourd'hui.

1. R. Lorente de Nó. 1939, *op. cit.*, p. 433-434.

2. Il y eut des interprétations anatomiques différentes du blocage soma-fibre, comme celle de H.T. Chang, favorisant le segment initial non myélinisé, et selon lui plus fin que l'axone lui-même, comme lieu du blocage de haute résistance. H.T. Chang, « Cortical and spinal neurons », *Cold Spring Harb. Symp. Quant. Biol.*, 1952, 17, p. 189-202, p. 193.

3. B. Renshaw, « Effects of presynaptic volleys on spread of impulses over the soma of the motoneuron », *J. Neurophysiol.*, 1942, 5, p. 235-243.

4. *Ibid.*, p. 242.

Les travaux de Lorente de Nó, Lloyd et Eccles se succédèrent sur ce thème jusqu'au paroxysme de la polémique de 1952. Peu avant, l'étude finale de Lloyd de 1951 [1] se considérait comme définitive en présentant une corrélation fine entre des ondes *m*, *i*, *b* et *d* et leurs localisations respectives dans le segment myélinisé de l'axone, le segment initial, le soma et les dendrites. Or, les résultats d'Eccles de 1949 étaient en décalage en faisant de l'onde *b* de Lloyd un potentiel de segment initial [2].

Que fallait-il alors penser? Ce programme semblait entrer dans une impasse méthodologique, similaire à celle notée par Gerard au colloque du CSHL de 1936 au sujet de l'implication des neurones dans les rythmes cérébraux lents [3]. Le moment était venu de recourir à l'enregistrement d'un neurone unique. En 1950, Eccles l'avait également noté : « Nous apportons certaines preuves qu'un résultat définitif ne peut être atteint que par une expérimentation sur des motoneurones uniques » [4]. Il semblait alors que Lloyd avait franchi un pas de trop dans ses interprétations en surestimant sa méthode et en annonçant pour l'axonologie américaine une perte de prééminence, même si la méthode extracellulaire était loin d'avoir révélé toutes ses possibilités de recherche.

Pour comprendre la portée réelle de cette polémique, elle doit être resituée dans une autre, d'ordre plus général, entre Lloyd et Eccles au congrès du CSHL de 1952 [5]. La question portait sur la signification des potentiels de surface de la moelle, rendue ardue par la position mal définie des électrodes et les conditions de stimulation mal contrôlées déterminant l'activation d'une population plus ou moins grande de motoneurones [6]. La microélectrode avait atteint la limite des corrélations possibles entre une mesure et une localisation qu'on voulait préciser à un niveau trop fin. Or,

1. D.P.C. Lloyd, « Electrical signs of impulse conduction in spinal motoneurons », *J. Gen. Physiol.*, 1951, 35, p. 255-288; voir en particulier le tableau des correspondances spatio-électriques (p. 259), et leurs justifications (p. 287).

2. Eccles reconnaît cette correspondance dans L.G. Brock, J.S. Coombs, J.C. Eccles, « Intracellular recording from antidromically activated motoneurones », *J. Physiol. Lond.*, 1953, 122, p. 429-461.

3. Comme le rythme alpha, *cf.* glossaire.

4. C.M. Brooks, C.B.B. Dowman, J.C. Eccles, « After-potentials and excitability of spinal motoneurones following antidromic activation », *J. Neurosci.*, 1950, 13, p. 9-38, p. 36.

5. D.P.C. Lloyd, « Electrotonus in dorsal nerve roots », *Cold Spring Harb. Symp. Quant. Biol.*, 1952, 17, p. 203-219.

6. Ce fut là une des principales attaques d'Eccles contre Lloyd. Eccles avait beaucoup appris de son ancien collaborateur au sujet du contrôle des voies monosynaptiques. Mais la polémique grandissant, Eccles dut fournir une explication aux résultats de Lloyd. L.G. Brock, J.S. Coombs, J.C. Eccles, *J. Physiol. Lond.*, 1953, *op. cit.*, p. 458-459.

ces localisations étaient déterminées aveuglément par une autre corrélation, cette fois d'ordre spatial, entre le glissement linéaire de l'électrode par le micromanipulateur et l'ordre histologique dont la tridimensionnalité complexe représentait un obstacle évident. De sorte qu'aucun tissu nerveux n'était en réalité assez simple pour que cette procédure indiquât avec précision quel élément neuronal déterminait les potentiels recueillis. Le danger était grand, et reconnu de tous [1], mais certains le sous-estimèrent dans leur quête de nouveaux résultats.

La technique intracellulaire permit néanmoins une rupture épistémologique en corrélant, d'une manière plus sûre, les potentiels aux régions du neurone. Ce fut la raison essentielle de sa plus grande légitimité à établir des correspondances spatio-électriques entre les potentiels mesurés et les compartiments neuronaux proposés dans le modèle de 1952.

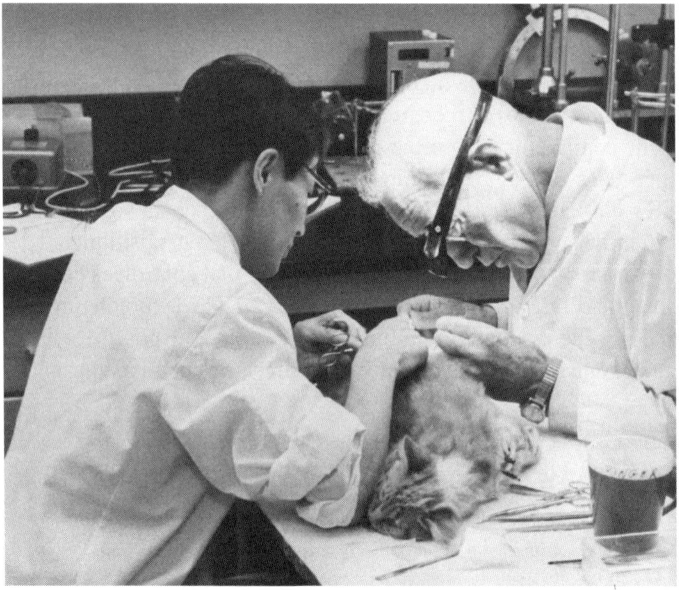

Figure 19.
Eccles pratiquant une dissection de la moelle épinière d'un chat pour l'enregistrement électrophysiologique.

1. Dans les années cinquante, Lorente de Nó, histologiste et axonologiste, annonçait à qui voulait l'entendre que les structures étudiées étaient souvent beaucoup trop complexes pour de telles corrélations spatiales (communication personnelle de Pierre Buser).

Cependant, en commentant les échecs des invasions antidromiques des somas[1], Eccles résumait ce que Renshaw, Lorente de Nó, et Lloyd avaient déjà dit. Il y avait une continuité évidente. La rupture épistémologique impliquait également une continuité théorique sur ce type de questions.

En 1953, la polémique semblait terminée lorsque Eccles publia une étude intracellulaire entièrement consacrée aux discontinuités fonctionnelles du neurone[2]. L'article pose d'indéniables problèmes à l'épistémologue. Lorsqu'un auteur présente un résultat lui paraissant comme définitif, le style de l'article, la présentation des travaux antérieurs et la mise en scène des données peuvent parfois trahir la volonté de l'auteur de se positionner ostensiblement dans l'histoire de sa discipline, en sous-estimant la capacité de ses contemporains et de ses futurs lecteurs à reconnaître la place naturelle qui lui reviendrait pourtant sans certains artifices qu'on se doit de critiquer, mais surtout d'interpréter. Ainsi dans l'introduction, il semble, sauf erreur évidente de l'interprétation, qu'Eccles cite des opinions erronées de Renshaw et Lorente de Nó. Il affirme qu'ils ne reconnaissaient pas le blocage axone-soma, en privilégiant un blocage au niveau des dendrites. Si ces auteurs défendaient éventuellement ces idées à certains endroits, les références citées ne le soulignent pas. Or, la présentation d'Eccles laisse entendre que lui seul avait eu, avant l'intracellulaire, l'interprétation correcte du problème, par la technique extracellulaire ! Cette idée, presque de propagande, est mise en scène à plusieurs reprises, mais surtout dans le paragraphe d'introduction de la discussion générale. Elle est capitale, car elle souligne la continuité d'une démarche chez Eccles allant de l'extracellulaire à l'intracellulaire, comme si, chez lui seul, la continuité s'imposait dans la validité des arguments.

Or, cette belle continuité d'Eccles peut être mise en doute sur le terrain même où il l'établit. Les arguments d'avant et après l'intracellulaire n'avaient en effet pas la même valeur. Eccles le reconnut en partie en indiquant que l'intracellulaire permettait la démonstration des hypothèses de l'extracellulaire. Mais en soutenant que ses interprétations étaient justes, et en critiquant méticuleusement ses adversaires, Eccles commit l'erreur de comparer les potentiels extracellulaires de Lloyd, non pas à ses propres tracés extracellulaires de 1949, mais à ses tracés intracellulaires. Il omettait ce que ces correspondances, réfutant Lloyd, avaient de spéculatif. D'un ordre à l'autre, nul ne pouvait être certain des relations entre extracellulaire et intracellulaire. De même qu'une histoire ne peut, ni ne doit

1. J.C. Eccles, 1952, *op. cit.*, p. 179.
2. L.G. Brock, J.S. Coombs, J.C. Eccles, 1953, *op. cit.*

jamais être entièrement jugée, le scientifique ne peut lui-même toujours distinguer le vrai du faux entre deux approches techniques successives, alors qu'il serait tenté de le faire par une sorte d'anachronisme normatif dont la valeur scientifique demeure infondée.

Le discours scientifique a une tendance à légitimer une continuité dans la démarche du vainqueur, par négligence des ruptures épistémologiques qui laissent le plus souvent face à face les anciens adversaires.

Un domaine de recherche en grande partie nouveau permet au vainqueur de s'établir, ainsi que de nombreux épistémologues l'ont souligné à leur manière, dans des cadres de pensée différents. Mais les liens entre deux approches ne sont souvent pas suffisamment éclaircis pour un partage honnête du vrai et du faux.

Dans cette polémique, ce n'est pas par l'ancienne technique qu'Eccles eut le dernier mot, mais en se donnant les moyens de la résoudre d'une autre manière. Quant à lui, Lloyd n'aborda plus la question. Il défendit la technique extracellulaire, sans adopter l'intracellulaire, en n'oubliant jamais de mentionner les avantages de la première sur la seconde dans les nouvelles questions qu'il choisit alors d'aborder avec discernement, pour légitimer ses dernières recherches sur la moelle épinière [1]. Lloyd avait en un certain sens raison car, dans cette voie, la recherche neurophysiologique avait encore un avenir.

Ainsi faut-il considérer l'intrusion de l'intracellulaire dans la neurophysiologie comme une nouvelle technique établissant de nouvelles normes. C'est en légitimant cette approche à une échelle subcellulaire, que n'avait pas permis la technique extracellulaire, que l'intracellulaire fut à même de forger les compartiments neuronaux comme des concepts constitutifs du neurone. C'est en contrôlant les localisations des micropipettes que l'on put recueillir et localiser les signaux électriques neuronaux. Les mesures localisées ne donnaient plus lieu à des concepts abstraits. En prenant le neurone comme objet, la distance de la mesure au concept neuronal se réduisait; mais il y avait entre l'extracellulaire et l'intracellulaire, au-delà des limites de la première, une proximité de démarche. La neurophysiologie extracellulaire fut le réel terrain de développement d'une neurophysiologie cellulaire ancrée dans la spatialité du neurone.

Les ancienne et nouvelle neurophysiologies du motoneurone, les questions sur l'initiation du potentiel d'action, sur l'influence des

1. D.P.C. Lloyd *et alii*, *J. Gen. Physiol.*, 1955, 38, p. 307-317, p. 771-787, p. 789-799; 1957, 40, p. 409-426, p. 427-434, p. 435-450; 1958, 41, p. 297-306; 1959, 42, p. 475-488, p. 1219-1231.

propriétés du segment initial, et des entrées synaptiques, furent jusqu'à aujourd'hui des thématiques sans cesse enrichies de résultats expérimentaux nouveaux, sur de nouvelles préparations, dans une continuité à la fois méthodologique et conceptuelle [1].

Le dialogue n'est donc jamais vraiment interrompu entre une discipline et son passé, qu'il soit immédiat ou bien antérieur. Les discussions portent essentiellement sur des concepts, et non pas toujours, comme certains scientifiques ont parfois voulu le laisser croire, sur des résultats expérimentaux. Car les modes et les concepts de constitution adoptés lors de périodes différentes se révèlent souvent irréductibles. L'interdisciplinarité diachronique peut néanmoins s'établir parfois sur des consensus qui se rapportent à des concepts considérés comme homogènes et jouant d'analogies symétriquement établies entre une démarche et celle qui l'a précédée. Toutefois, l'irréductibilité de certains modes de constitution peut parfois rendre toute entente impossible, et toute comparaison infondée. De sorte qu'aucune falsification d'une conception ancienne ne peut toujours être apportée par la nouvelle démarche, le progrès étant réalisé par adoption des conceptions apparemment les mieux fondées et par abandon de l'*hétérogène* qu'il revient à l'historien et l'épistémologue de prendre en compte avec prudence.

Continuité entre physiologie nerveuse et neurophysiologie cellulaire

De l'extracellulaire à l'intracellulaire, la filiation scientifique, discontinue épistémologiquement, ne représenta pas la seule voie de constitution du neurone. La physiologie membranaire de l'axone eut aussi son mot à dire au cours de ces mêmes années.

En 1952, une neurophysiologie cellulaire revendiquait le neurone comme objet, par la prise en compte détaillée de ses délimitations histo-

1. T. Araki, T. Otani, « Response of single motoneurons to direct stimulation in toad's spinal cord », *J. Neurophysiol.*, 1955, 18, p. 472-485 ; M.G.F. Fuortes, K. Frank, M.C. Becker, « Steps in the production of motoneuron spikes », *J. Gen. Physiol.*, 1957, 40, p. 735-752 ; P. Fatt, « Electrical potentials occurring around a neurone during its antidromic activation », *J. Neurophysiol.*, 1957, 20, p. 27-60 ; L. Tauc, « Stimulation du soma neuronique de l'Aplysie par voie antidromique », *J. Physiol. Paris*, 1957, 49, p. 973-986 ; T. Araki, C.A. Terzuolo, « Membrane currents in spinal motoneurons associated with the action potential and synaptic activity », *J. Neurophysiol.*, 1962, 25, p. 272-289 ; Z.G. Jiang, E. Shen, M.Y. Wang, N.J. Dun, « Excitatory postsynaptic potentials evoked by ventral root stimulation in neonate rat motoneurons in vitro », *J. Neurophysiol.*, 1991, 65, p. 57-66 ; M.C. Xi, R.H. Liu, J. Yamuy, F.R. Morales et M.H. Chase, « Electrophysiological properties of lumbar motoneurons in the alpha-chloralose-anesthetized cat during carbachol-induced motor inhibition », *J. Neurophysiol.*, 1997, 78, p. 129-136.

logiques, dans lesquelles étaient localisés les concepts de l'axone géant du calamar. L'application de ces concepts relevait de l'analogie et d'un modèle quantitatif nerveux du neurone. Alors que cette microphysiologie neuronale opérait une sorte de retournement dans la redéfinition des concepts de son approche extracellulaire, une démarche parallèle justifiait le modèle neuronal de 1952 par un programme, paraissant accessible, de mesures électrophysiologiques neuronales directes.

La difficulté principale fut d'adapter à un neurone les techniques développées sur l'axone géant, comme la technique intracellulaire de stimulation directe, la technique de contrôle du potentiel par injection de courant et la technique de substitution ionique intracellulaire. Plusieurs groupes de chercheurs se lancèrent dans cette voie, avec plus ou moins de succès, d'habileté technique et surtout de perspectives dans leurs visées théoriques. Les articles qui en découlèrent furent tantôt simplement descriptifs, tantôt reprirent d'anciennes études de physiologie nerveuse, ou indiquèrent de nouvelles pistes de recherche. Il faut voir, au-delà d'une continuité apparente des instruments et des concepts, comment le neurone se constituait en compartiments cellulaires distincts, déjà délimités par le passé par d'autres modes d'objectivation, mais objectivés à présent par des mesures nouvelles, comme l'avait fait la biophysique américaine sur certaines algues unicellulaires.

L'une des premières techniques adaptées fut le précurseur du *voltage-clamp* qui permettait le maintien contrôlé du potentiel transmembranaire à des valeurs fixes et déterminées pour l'étude de la sensibilité à ce facteur des variations de perméabilités ioniques. La technique, développée à la toute fin des années quarante par Marmont, Cole, puis Hodgkin et Huxley [1], avait permis la modélisation des conductances sodique et potassique, sensibles au potentiel, par de célèbres équations [2]. Dans les premiers travaux de neurophysiologie cellulaire, il s'agissait, non pas initialement de contrôler

1. C. Marmont, « Studies on the axon membrane. I. A new method », *J. Cell. Comp. Physiol.*, 1949, 34, p. 351-382; K.K. Cole « Dynamic electrical characteristics of the squid axon membrane », *Arch. Sci. Physiol.*, 1949, 3, p. 253-258; A.L. Hodgkin, A. Huxley, B. Katz, « Measurements of current-voltage relations in the membrane of the giant axon of Loligo », *J. Physiol. Lond.*, 1952, 116, p. 424-448; A.L. Hodgkin, A. Huxley, « Currents carried by sodium and potassium ions through the membrane of the giant axon of Loligo », *J. Physiol. Lond.*, 1952, 116, p. 449-472; A.L. Hodgkin, A. Huxley, « The components of membrane conductance in the giant axon of Loligo », *J. Physiol. Lond.*, 1952, 116, p. 473-496; A.L. Hodgkin, A. Huxley, « The dual effect of membrane potential on sodium conductance in the giant axon of Loligo », *J. Physiol. Lond.*, 1952, 116, p. 497-506.

2. M. Hausser, « The Hodgkin-Huxley theory of the action potential », *Nat. Neurosci.*, 2000, suppl. 3, p. 1165.

le potentiel d'une manière exacte dans un neurone entier, pas même encore dans la région limitée du soma[1], mais plus modestement, d'injecter un courant de stimulation intracellulaire générant un potentiel d'action. Cette expérience fut réalisée dès 1952 dans le nouveau Centre d'Études de Physiologie Nerveuse d'Alfred Fessard, localisé dans l'ancien Institut Marey[2] (fig. 20), par Ladislav Tauc (1926-1999), biophysicien végétaliste, spécialiste des microélectrodes en verre utilisées pour la mesure de potentiels de repos de diverses cellules végétales, de fibres musculaires et cellules ganglionnaires. En 1953, il développa un dispositif à deux électrodes, dont l'une enregistrait le potentiel neuronal et l'autre injectait un courant de stimulation dans un gros neurone ganglionnaire d'aplysie[3] (fig. 20).

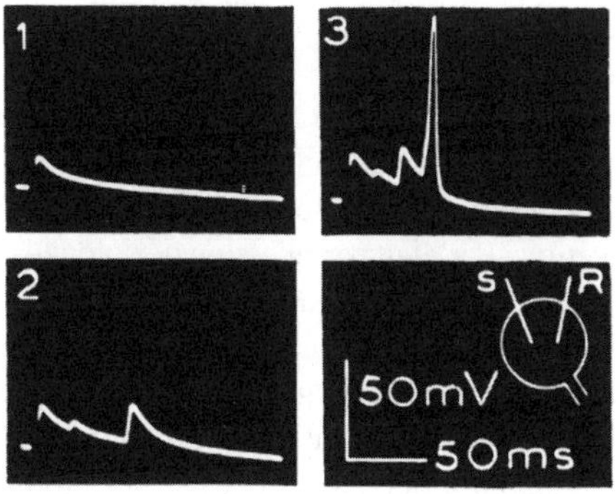

Le neurone est implanté par deux microélectrodes en verre, l'une pour la stimulation par injection d'un courant bref (S), l'autre pour l'enregistrement du potentiel transmembranaire (R). 1, potentiel électrotonique passif dû à la stimulation; 2, deux petits potentiels locaux sont générés; 3, le seuil du potentiel d'action cellulaire est atteint.

Figure 20.
Enregistrement intracellulaire d'un neurone d'aplysie.
D'après Tauc, 1956

1. Le *voltage-clamp* fut appliqué pour la première fois à un neurone par S. Hagiwara. S. Hagiwara, N. Saito, « Voltage-current relations in nerve cell membrane of onchidium verruculatum », *J. Physiol. Lond.*, 1959, 148, p. 161-179.

2. J.G. Barbara. « L'Institut Marey, 1947-1978 ». *Lettre des Neurosciences*, 2004, 27, p. 3-5.

3. Comme mentionné précédemment, le modèle avait été développé pour les mesures électrophysiologiques, par A. Arvanitaki. L. Tauc, « Réponse de la cellule nerveuse du ganglion abdominal de *Aplysia depilans* à la stimulation directe intracellulaire », *C.R. Acad. Sci.*, 1954, 239, p. 1537-1538. L. Tauc, « Étude de l'activité élémentaire des cellules du ganglion abdominal de l'Aplysie », *J. Physiol. Paris*, 1955. L. Tauc, « Les divers modes d'activité du soma neuronique ganglionnaire de l'Aplysie et de l'escargot, dans *Microphysiologie comparée des Éléments excitables*, Colloques Internationaux du CNRS, Paris, Gif-sur-Yvette, Juillet 1955, Paris, CNRS, 1957, p. 91-119.

La moisson de résultats fut intéressante. Car s'il y avait un intérêt à calculer une chronaxie et une rhéobase, selon une approche lapicquienne dont Tauc ne pouvait encore totalement se départir, les injections de courants stationnaires, de durées plus ou moins longues, dépolarisantes, ou hyperpolarisantes, expliquaient certains phénomènes : la polarisation des neurones, l'augmentation de fréquence de décharge associée à la diminution d'amplitude des potentiels d'action, le phénomène d'accommodation des décharges lors de dépolarisations prolongées et le phénomène de rectification membranaire[1]. La conclusion pouvait revendiquer un nouveau domaine : « Les résultats de nos expériences nous ont permis d'établir un parallèle étroit entre la réactivité de la cellule nerveuse du ganglion d'aplysie et celle de la fibre nerveuse non myélinisée »[2]. Le neurone 1952 pouvait légitimer, par les justifications de ce parallélisme, ses emplois analogiques de concepts nerveux.

Cette technique fut applicable aux gros corps neuroniques d'invertébrés, mais la petite taille des neurones de vertébrés requérait une autre démarche. En outre, les premiers enregistrements intracellulaires *in vivo* étaient réalisés d'ordinaire en aveugle. Il n'était pas question de colocaliser finement deux électrodes dans une cellule, aussi grande fut-elle. En 1955, l'équipe de Takuzo Otani concluait : « La seule méthode disponible était donc d'utiliser la même microélectrode avec quelque circuit de compensation pour la stimulation et l'enregistrement »[3]. Du *voltage-clamp* à deux électrodes, on passait au *voltage-clamp* à une électrode, par des circuits électriques oscillant entre une phase de stimulation et une phase d'enregistrement. Progressivement, la physiologie de l'axone cessait d'être une référence unique et ses techniques étaient modifiées pour leur application directe au neurone.

Cependant, ces études relativement descriptives s'appuyaient sur les fondements théoriques de la nouvelle physiologie membranaire établie par le modèle de l'axone. Les grands succès d'Hodgkin et Huxley ne furent pas entièrement dus à l'introduction d'une fine électrode dans une fibre, mais en grande partie à la possibilité de substituer des ions, parfois des isotopes radioactifs, pour tester la théorie fondamentale offerte par Bernstein et l'équation des équilibres ioniques de Walther Nernst. C'est la voie qui fut

1. Il s'agit d'une propriété de l'axone géant du calamar lors d'hyperpolarisations prolongées.

2. L. Tauc, 1955, *J. Physiol. Paris*, *op. cit.*, p. 791.

3. T. Araki, T. Otani, « Response of single motoneurons to direct stimulation in toad's spinal cord », *J. Neurophysiol.*, 1955, 18, p. 472-485.

également prise par Eccles. Elle apparaissait comme nécessaire au modèle 1952 pour comprendre les bases ioniques du potentiel de repos, du potentiel d'action, de l'inhibition et des potentiels synaptiques[1]. Le problème expérimental fut le même que précédemment, car il était difficile d'introduire dans le neurone une seconde micropipette pour l'injection d'ions. D'autre part, il n'était pas possible, pour certains ions, de changer la solution ionique par la pipette d'enregistrement sans modifier le potentiel de jonction[2], ce qui obscurcissait les résultats[3]. Une alternative fut d'utiliser des micropipettes doubles, formées de deux tubes cn verre accolés et séparés par une mince paroi, le tout étiré à la flamme pour former une pointe fine à deux orifices. On pouvait alors placer, dans la pipette, deux solutions permettant une substitution progressive dans la cellule des ions de l'une par ceux de l'autre[4] (fig. 21).

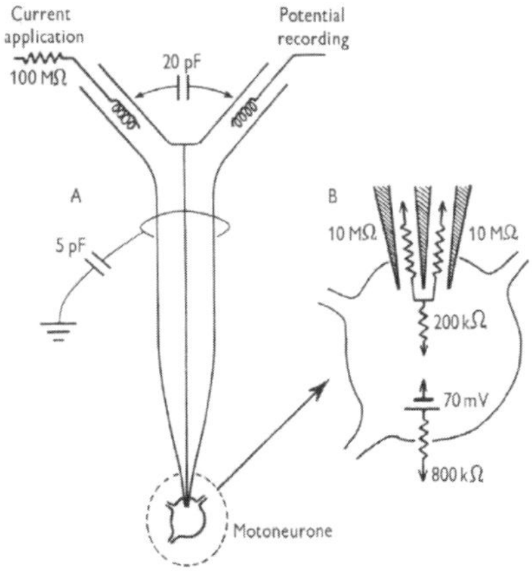

Les résistances des circuits utilisés pour le dispositif sont indiquées (A). La résistance du neurone est celle à l'état de repos (B). La taille de la pipette a été augmentée par rapport à celle du neurone. Cette micropipette permet l'injection de courant dans le compartiment ne servant pas à l'enregistrement et l'introduction à l'instant désiré d'une nouvelle solution dans le neurone. La solution est précédemment maintenue en retrait dans le compartiment de la pipette par application d'un faible courant de maintien.

Figure 21.
Micropipette en verre à deux compartiments.
D'après Coombs, Eccles, Fatt, 1955

1. Cette voie de recherche fut encouragée par l'hypothèse, très appréciée d'Eccles, de P. Fatt et B. Katz sur une conductance cationique ouverte par l'acétylcholine dans la genèse des potentiels synaptiques. P. Fatt, B. Katz, *J. Physiol. Lond.*, 1951, 115, p. 320-370, *op. cit.*

2. Potentiel établi à la pointe de la pipette par la différence de mobilité des ions des solutions intérieure et extérieure. Ce potentiel nécessite une correction pour les mesures de courant ou de potentiel.

3. Cette technique fut néanmoins largement utilisée ultérieurement en appliquant des corrections dans les potentiels de jonction.

4. J.S. Coombs, J.C. Eccles, P. Fatt, « The electrical properties of the motoneurone membrane », *J. Physiol. Lond.*, 1955, 130, p. 291-325.

La substitution ionique dans un axone géant plongé dans un bain contenant une nouvelle solution externe avait permis de tester le rôle du potassium externe dans le potentiel de repos, la nécessité du sodium externe pour le potentiel d'action et l'absence d'effet suite au remplacement du sodium pour le potentiel de plaque motrice[1], en indiquant respectivement des canaux potassique, sodique et cationique[2], ouverts au potentiel de repos par dépolarisation ou par l'acétylcholine. Mais les substitutions ioniques à l'intérieur de l'axone permirent de modifier les équilibres des ions impliqués dans les flux sortants : flux externe de potassium lors de l'hyperpolarisation et flux externe d'ions chlorure lors du court-circuitage du potentiel de membrane[3]. Ces mesures permettaient également de se faire une idée des concentrations ioniques internes déterminant les potentiels d'équilibre des ions dans le neurone et de faire certaines hypothèses sur d'éventuels mécanismes actifs de pompage[4].

Mais le résultat le plus essentiel fut la découverte des flux d'ions chlorure dans la genèse des potentiels postsynaptiques inhibiteurs (ppsi)[5] qui valut en grande partie à Eccles son Prix Nobel de 1963[6]. Ces résultats permirent à Stephen Kuffler (1913-1980), un étudiant postdoctoral d'Eccles, d'écrire en 1957 : « Les techniques d'injection intracellulaire mises au point par le laboratoire de Canberra (Eccles) sont les principaux outils qui nous ont conduits aux vues actuelles sur les mouvements ioniques aux synapses excitatrices et inhibitrices »[7].

1. Le potentiel synaptique.

2. P. Fatt, B. Katz, *J. Physiol. Lond.*, 1951, 115, p. 320-370. *op. cit.* Eccles confirma ce résultat dans le motoneurone en 1955. J.S. Coombs, J.C. Eccles, P. Fatt, « Excitatory synaptic action in motoneurones », *J. Physiol. Lond.*, 1955, 130, p. 374-395.

3. Un des premiers articles à présenter cette hypothèse fut celui de S.W. Kuffler et C. Eyzaguirre, « Synaptic inhibition in an isolated nerve cell », *J. Gen. Physiol.*, 1955, 39, p. 155-184.

4. *Ibid.*

5. *Cf.* glossaire. J.S. Coombs, J.C. Eccles, P. Fatt, « The specific ionic conductance and the ionic movement across the motoneuronal membrane that produce the inhibitory post-synaptic potential », *J. Physiol. Lond.*, 1955, 130, p. 326-373 ; J.S. Coombs, J.C. Eccles, P. Fatt, « Nature du potential post-synaptique inhibiteur », dans *Microphysiologie comparée des Éléments excitables*, 1957, *op. cit.*, p. 281-297.

6. J.C. Eccles, « The ionic mechanism of post-synaptic inhibition », Conférence Nobel, 1963.

7. S.W. Kuffler, book review, *J. Neurophysiol.*, 1957, 20, p. 549. Kuffler commente la publication de J.C. Eccles, *The physiology of nerve cells*, Baltimore, The Johns Hopkins Press, 1957.

Ainsi, ces approches, ayant fait les succès de la physiologie de l'axone, transformaient le neurone 1952 en un modèle établi par ses propres quantifications, par l'adaptation de nouvelles techniques à un petit compartiment accessible en aveugle par une microélectrode unique. La neurophysiologie cellulaire avait pris, en quelques années (entre 1952 et 1955), un nouveau départ. Nombreux furent les chercheurs qui furent tentés par ces techniques difficiles pour étudier les propriétés fondamentales d'un type de neurone particulier, ou leurs connexions synaptiques. D'autres chercheurs considéraient le neurone simplement comme l'indice d'une activité de centre nerveux. Fessard put dire de cette nouvelle neurophysiologie : « Alors seulement sont apparues les réalités cachées derrière les dipôles ou feuillets polarisés fictifs mis en place dans les modèles destinés à faire comprendre la structure du champ électrique environnant le générateur »[1]. Progressivement, par de nouveaux modèles quantitatifs, le neurone se rapprochait d'un *objet scientifique* à part entière par l'objectivation directe de ses multiples composantes. Les analogies des éléments neuronaux avec des composants électroniques cédaient la place à la description de sous-parties du neurone objectivées par des mesures dont on pouvait imaginer leur nature moléculaire[2].

Cette nouvelle forme d'interdisciplinarité basée sur une importation technique massive de la physiologie de l'axone géant à la neurophysiologie cellulaire fut établie par de profondes analogies entre membranes axonique et neuronique. Une discipline sert ici de modèle à une autre, dans sa méthodologie générale, aussi bien que dans l'adoption de ses modèles. Mais par l'adaptation spécifique de techniques à un nouvel objet, les modèles se précisent, et le neurone devient l'objet d'un modèle quantitatif réalisé par des mesures directes et accède progressivement au statut d'*objet scientifique*.

Physiologie corticale et physiologie des dendrites

Au début des années cinquante, la physiologie des centres nerveux revenait sur le devant de la scène du fait d'une physiologie corticale qui ne parvenait pas à réconcilier les nouvelles données de la neurophysiologie cellulaire et les rythmes corticaux lents. Une façon de les concilier fut

1. A. Fessard, « Electrophysiologie », *Encyclopaedia Universalis*, 1970.

2. Les « canaux ioniques » étaient, par exemple, encore appelés « perméabilités ioniques » et l'on ne connaissait pas la nature protéique de leur pore de perméation ionique.

d'expliquer ces rythmes par des activités électriques lentes propagées dans les dendrites (fig. 22).

Une polémique s'engagea alors entre les partisans des dendrites et les axonologistes[1], c'est-à-dire les adeptes de l'explication des activités centrales par des activités nerveuses rapides de nature tout-ou-rien. D'une part, l'émergence d'une neurophysiologie cellulaire entraînait une dissociation plus fine des éléments neuronaux (soma, fibre, etc.), selon une tendance paradoxalement peu favorable à un intérêt pour les dendrites. D'autre part, les anciennes physiologies oscillographique et électroencéphalographique, peu armées pour développer le concept de neurone, favorisait des études de centres, à des échelles moins fines, en prenant paradoxalement les dendrites comme concept et objet d'étude[2].

Il apparut alors qu'un ordre s'était inversé, dans ce chiasme curieux des répartitions de concepts-clés dans chaque sous-discipline. Il sera nécessaire de poser une notion épistémologique pour comprendre cette inversion : parfois, un concept est tellement mis en avant par une sous-discipline, qu'il se produit un effet écran pour certains concepts associés, parfois rivaux ou simplement collatéraux, qui sont alors négligés *a priori*. Un concept peut en masquer un autre jusqu'à l'occlure. Il est possible de rapprocher ce processus d'un parti pris poussant souvent un groupe de chercheurs à abuser d'un concept particulier dans l'explication de certains phénomènes.

Dans quel cadre et comment émergea le concept neurophysiologique de dendrite ? Une nouvelle fois, des rapports de continuité et de rupture se dessinent dans ces études. Cet élément neuronal, souvent négligé, ne fut constitué ni par une physiologie nerveuse, ni par la neurophysiologie cellulaire naissante, mais par une physiologie des centres nerveux. Comment les dendrites émergèrent-ils à partir d'un concept ancien ? Comment devinrent-ils un concept-clé constitutif du neurone ?

Cet épisode montre à quel point la constitution du concept de neurone ne fut pas unilinéaire, mais emprunta des voies détournées, dont seule une étude historique peut rendre compte. Qui oserait dire de nos jours que la neurophysiologie cellulaire dut à l'électroencéphalographie un intérêt nouveau pour les dendrites ? Il y a là quelque chose de choquant qui n'indique qu'un seul fait : dans les évolutions scientifiques, on retient

1. *Cf.* glossaire.

2. Les potentiels évoqués à la surface du cortex étaient considérés comme des mesures directes de potentiels propagés dans des dendrites en raison de la densité des arborescences dendritiques à la surface du cortex (*cf.* figure 22).

souvent les continuités des approches dominantes; on retient d'ordinaire, dans le renouveau des dendrites, celui de la neurophysiologie cellulaire postérieure aux années quatre-vingt. Celui des années cinquante est généralement oublié et de telles rectifications devraient favoriser d'autres retours possibles à des approches anciennes, abandonnées sans avoir donné l'entière mesure de leurs possibilités de recherche, et qui peuvent néanmoins remettre à l'honneur des concepts utiles et parfois négligés.

Au cours du congrès du CSHL de 1936, Herbert Henri Jasper (1906-1999), Forbes et Gerard étaient conscients de la nécessité de mesurer des unités neuronales lentes pour comprendre leur synchronisation dans la genèse des rythmes cérébraux. Durant presque deux décennies, la question de la participation aux rythmes lents des activités somatiques, rapides et tout-ou-rien, fut à la fois polémique et centrale[1]. Lorsqu'en 1948, dans la revue *Science*, Jasper se réjouissait des développements techniques et institutionnels importants du domaine, au nom des membres de la Société Américaine d'Electroencéphalographie, il ne put cacher sa déception de voir cette question encore entièrement ouverte et le désintérêt de plus en plus profond qu'elle suscitait chez les cliniciens, les psychologues et électroencéphalographistes[2]. L'analyse des unités neuronales par microélectrodes métalliques avait révélé des unités lentes rendant possiblement compte des rythmes électroencéphalographiques dont la nature demeurait suspecte. On ne comprenait toujours pas comment des activités unitaires rapides, temporellement comparables à des décharges de fibres nerveuses, pouvaient se combiner en une onde lente. En quatre ans, les progrès dans la réalisation de microélectrodes[3] avaient apporté des avancées significa-

1. Certains auteurs étaient encore plus pessimistes sur la question : « Après plus de vingt ans de travail intensif sur les ondes électriques du cerveau, nous ne savons encore rien du comportement individuel des neurones corticaux », R. Baumgarten, R. Jung, « Microelectrode studies on the visual cortex », *Rev. Neurol.*, 1952, 87, p. 151-155.

2. H.H. Jasper, « Charting the sea of brain waves », *Science*, 1948, 108, p. 433-437.

3. La nouvelle technique des pipettes capillaires en verre fit ici la différence. Popularisée par les enregistrements intracellulaires, elle fut reprise par Thomas, Amassian, Baumgarten et Jung, Li, Jasper et McLennan, pour des enregistrements extracellulaires. Au cours d'une réunion de la *Société américaine d'EEG*, Davis avait dit que les données obtenues par cette technique devraient permettre de savoir si les ondes lentes sont de simples groupes de potentiels d'action, dans L.B. Thomas, « Spontaneous and evoked patterns of activity of single cortical cells in auditory and visual cortex », *Electroenc. Clin. Neurophysiol.*, 1952, 4, p. 376; voir aussi, R. Baumgarten, R. Jung, « Microelectrode studies on visual cortex », *Rev. Neurol.*, 1952, 87, p. 151-155; R. Jung, « Neuronal discharge », *Electroenc. Clin. Neurophysiol.*, 1953,

tives grâce aux travaux de Jasper, Vahe Amassian, Louis B. Thomas, John M. Brookhart (1913-1995), Giuseppe Moruzzi (1910-1986) et Stuart R. Snider[1], S. Woldring et M.N.J. Dirken[2] et Richard Jung (1911-1986)[3]. En 1952, Jasper publia une réponse à son propre article de 1948, dans une note technique adressée au même journal[4]. Sa réponse était attendue, la netteté des résultats laissa perplexe une communauté entière. La facilité d'obtention d'unités rapides neuronales de caractère tout-ou-rien avait permis de comprendre combien elles n'avaient finalement que peu de rapports avec les ondes lentes enregistrées par l'électroencéphalographie ! L'hypoxie et l'anesthésie faisaient disparaître d'abord les premières (unités rapides), sans perturber les secondes (unités lentes). Les premières se logeaient en phase, en déphasage, ou encore sans rapport de phase avec les secondes ! Les premières présentaient, surimposées à une activité spontanée, une augmentation de fréquence, une diminution ou encore ne montraient aucun changement, comparativement à la partie de l'onde lente paraissant parfois les affecter !

Dans l'ensemble, la complexité des relations entre unités neuronales et ondes lentes laissait penser que l'électroencéphalographie n'enregistrait pas des activités somatiques corticales et que les rythmes électriques du cerveau n'étaient donc pas dus à des somas de neurones !

Dans l'ère de la neurophysiologie cellulaire, cette réponse pouvait discréditer une technique, voire une discipline entière, car la nature du rythme de Berger demeurait inconnue. Dans une position extrême, on put douter que cette mesure eut un quelconque rapport avec des neurones. Pourtant, l'année précédente, Eccles s'était prononcé sur ce problème[5]; la neurophysiologie cellulaire se devait aussi d'expliquer les mesures de l'électroencéphalographie pourtant encore hors de sa sphère de contrôle.

suppl. 4, p. 57-71 ; C.L. Li, H.H. Jasper, H. McLennan, « Décharges d'unités cellulaires en relation avec les oscillations électriques de l'écorce cérébrale », *Rev. Neurol.*, 1952, 87, p. 149-151.

1. J.M. Brookhart, G. Moruzzi, R.S. Snider, « Spike discharges of single units in the cerebellar cortex », *J. Neurophysiol.*, 1950, 13, p. 465-486; voir aussi, A. Arduini, O. Pompeiano, *Boll. Soc. Ital. Biol. Sper.*, 1954, 30, p. 938-939, *op. cit.*

2. S. Woldring, M.N.J. Dirken, « Spontaneous unit activity in the superficial cortical layers », *Acta Physiol. Pharm. Neerl.*, 1950, 1, p. 369-379.

3. R. Baumgarten, R. Jung, *Rev. Neurol.*, 1952, 87, p. 151-155, *op. cit.*, R. Jung, *Electroenc. Clin. Neurophysiol.*, 1953, suppl. 4, p. 57-71, *op. cit.*

4. H.H. Jasper, « Brain waves and unit discharge in cerebral cortex », *Science*, 1952, 116, p. 656-657.

5. J.C. Eccles, « Interpretation of action potentials evoked in the cerebral cortex », *Electroenc. Clin. Neurophysiol.*, 1951, 3, p. 449-464.

Pour Eccles, les potentiels électroencéphalographiques représentaient des potentiels synaptiques, dont la cinétique s'accordait aux anciennes unités lentes de l'extracellulaire. Il ne s'agissait donc pas d'activités tout-ou-rien du soma, mais de potentiels lents considérés comme des potentiels intermédiaires de la neurotransmission synaptique chimique.

Certains électroencéphalographistes adoptèrent cette position[1]. Pour d'autres, l'analyse des potentiels corticaux lents devait se rapprocher du domaine récent d'objectivation des activités dendritiques, au sein de la communauté des électroencéphalographistes et oscillographistes des centres nerveux. Margaret Clare et George Bishop imaginèrent que les dendrites pouvaient être des lieux de genèse de potentiels lents et gradués de la neurotransmission[2]. Il y avait comme une volonté d'expliquer, dans un cadre plus familier, une mesure par un nouvel objet: les *dendrites*. Encore externe à la neurophysiologie cellulaire, cet objet demeurait à prendre, car ce domaine de recherche appartenait alors encore par tradition à la neurophysiologie des centres nerveux.

Lorsque l'oscillographie fonctionnelle des centres des années trente appliqua ses électrodes, puis ses microélectrodes, à l'intérieur des tissus excitables, en contrôlant leur degré d'enfoncement dans l'enregistrement de biopotentiels, ceux-ci s'inversaient parfois, après un minime déplacement de l'électrode[3] (fig. 22). D'autre part, Adrian avait, en 1936, analysé les propriétés de propagation d'ondes lentes à la surface du cortex[4]. Dans les deux cas, on pouvait expliquer ces phénomènes par des changements de polarisation des tissus, en fonction de la distance et du temps, selon qu'un groupe de cellules ou un autre était activé et, dans la dimension verticale du cortex, selon que les somas, situés dans les couches inférieures, étaient dépolarisés par rapport à leurs dendrites apicaux (fig. 23, 28). Ce dernier schéma de polarisation, au niveau d'un seul neurone, avait été en réalité pro-

1. H.H. Jasper, *Science*, 1952, *op. cit.*; C.L. Li, H.H. Jasper, H. McLennan, *Rev. Neurol.*, 1952, 87, p. 149-151, *op. cit.;* C.L. Li, H.H. Jasper, « Microelectrode studies of the electrical activity of the cerebral cortex in the cat », *J. Physiol. Lond.*, 1953, 121, p. 117-140. Nombreux sont les autres travaux citant l'article d'Eccles, *Electroenc. Clin. Neurophysiol.*, 1951, *op. cit.*, jusqu'à la fin des années cinquante.

2. M.H. Clare, G.H. Bishop, *Electroenc. Clin. Neurophysiol.*, 1955, 7, p. 85-98, *op. cit.*

3. B. Renshaw, *J. Neurophysiol.*, 1940, 3, p. 74-105, *op. cit.*; V.E. Amassian, « Evoked single cortical activity in the somatic sensory areas », *Electroenc. Clin. Neurophysiol.*, 1953, 5, p. 415-438.

4. E.D. Adrian, *J. Physiol. Lond.*, 1936, 88, p. 127-161, *op. cit.*

posé par Adrian dès 1931 [1] (fig. 14). Il fut l'un des plus reproduits, au cours des années cinquante, dans les multiples articles expliquant l'origine neuronale de l'inversion de potentiels évoqués par une polarisation différentielle entre le soma et les dendrites. La cinétique des réponses dépendait de la vitesse de propagation de l'excitation du soma aux dendrites.

Ce modèle accordait une nouvelle importance aux dendrites étrangères à la neurophysiologie. De ce point de vue, le neurone était encore sherringtonien, ou même bernardien, tant le soma était le seul élément histologique considéré dans les fonctions de mise en relation et d'intégration des voies nerveuses. Pourtant, la théorie du neurone avait mis beaucoup d'énergie à défendre un rôle physiologique des dendrites en n'hésitant pas à leur accorder une propriété de propagation électrique. Cette propriété fut néanmoins remise en question à une date très récente.

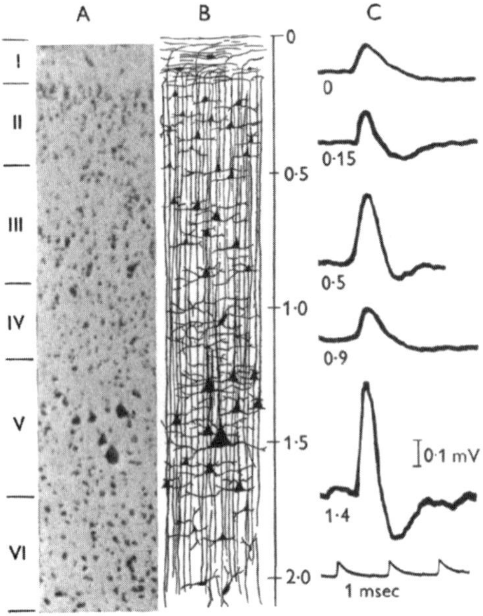

A, coloration de Nissl du cortex sigmoïde postérieur du chat; B, schéma d'une coloration de Golgi de la même préparation; C, potentiels unitaires extracellulaires enregistrés aux différentes profondeurs. Les plus grands potentiels d'action sont obtenus dans la couche V des grandes cellules pyramidales.

Figure 22.
Enregistrement de potentiels d'action unitaires dans différentes couches corticales.
D'après Li et Jasper, 1953

1. E.D. Adrian, *J. Physiol. Lond.*, 1931, 71, p. 121-134, *op. cit.*

Adrian avait manifesté un intérêt pour les dendrites dès la fin des années vingt, lorsqu'il situait, par analogie avec la physiologie des organes des sens, l'excitation du motoneurone entre un réseau terminal présynaptique et son arborisation dendritique. Au cours des années quarante, il accordait encore aux dendrites un rôle dans la genèse et la propagation des ondes corticales. Telle fut l'opinion qui sembla justifier deux programmes de recherche de physiologie des centres nerveux consacrés en partie aux dendrites : ceux de Bishop [1] et de Howard T. Chang [2], des années quarante à la fin des années cinquante. Ces programmes définissaient les déterminants histologiques des activités cérébrales lentes : ensembles de neurones, collatérales et circuits réverbérants, ou encore ensembles de synapses localisés sur des portions d'arbres dendritiques.

Les travaux de Bishop et Chang furent consacrés à mesurer des potentiels corticaux de surface, localisés dans les dendrites, à l'étude de leurs propriétés, leur vitesse de propagation, leur sensibilité à diverses drogues affectant la transmission synaptique, et leurs modalités d'apparition selon la position verticale des faisceaux horizontaux afférents stimulés (fig. 22). Dès 1952, au colloque du CSHL, le credo de Chang fut : « Je crois que les dendrites peuvent propager des impulsions à condition que l'excitation para-dendritique atteigne son seuil de décharge [...] Je suis enclin à penser que, lorsque la décharge d'un neurone s'interrompt, l'impulsion se propage dans l'intégralité de la structure neuronale en installant une période réfractaire qui récupère selon le cycle d'excitabilité [3] habituel » [4].

Dès 1954, les auteurs qui étudiaient les centres nerveux par microélectrodes extracellulaires et intracellulaires [5] purent identifier certains

1. Pour un témoignage du début de la période, voir J.L. O'Leary, G.H. Bishop, « The optically excitable cortex of the rabbit », *J. Comp. Neurol.*, 1938, 68, p. 423-478 ; G.H. Bishop, J.L. O'Leary, « Potential records from the optic cortex of the cat », *J. Neurophysiol.*, 1938, 1, p. 391-404.

2. H.T. Chang, « Dendritic potential of cortical neurons produced by direct electrical stimulation of the cerebral cortex », *J. Neurophysiol.*, 1951, 14, p. 1-20 ; H.T. Chang, « Cortical and spinal neurons, cortical neurons with particular reference to the apical dendrites », *Cold Spring Harb. Symp. Quant. Biol.*, 1952, 17, p. 189-202.

3. *Cf.* glossaire.

4. H.T. Chang, *Cold Spring Harb. Symp. Quant. Biol.*, 1952, 17, p. 202, *op. cit.*

5. I. Tasaki, S. Hagiwara, A. Watanabe, « Action potentials recorded from inside a Mauthner cell of the catfish », *Jpn. J. Physiol. Lond.*, 1954, 4, p. 79-90 ; C. Eyzaguirre, S.W. Kuffler, « Processes of excitation in the dendrites and in the soma of single isolated

potentiels lents gradués à des potentiels dendritiques[1]. Ces travaux étaient la démonstration directe qu'un potentiel gradué pouvait être généré dans un dendrite. On se prononça même sur l'origine dendritique du rythme alpha de Berger[2].

Ainsi que le notait Pierre Buser[3], dans sa thèse, l'intracellulaire confirmait, dans le neurone, la genèse d'un potentiel dendritique diffus, suggéré par l'extracellulaire[4]. Le domaine se développa avec vigueur, au point qu'un colloque, intitulé *A symposium on dendrites*, se tint en 1958 avec le soutien de la Société Américaine des Electroencéphalographistes[5]. Comme ceux du CSHL, il s'ouvrit par une conférence d'anatomie. Celle-ci fut consacrée aux dendrites. L'électroencéphalographie internationale revendiquait ici, de manière forte, sa participation à la constitution électrophysiologique du concept de neurone.

sensory nerve cells of the lobster and crayfish », *J. Gen. Physiol.*, 1955, 39, p. 87-119; C. Eyzaguirre, S.W. Kuffler, « Further study of soma, dendrite, and axon excitation in single neurons », *J. Gen. Physiol.*, 1955, 39, p. 121-153; S.W. Kuffler, C. Eyzaguirre, « Synaptic inhibition in an isolated nerve cell », *J. Gen. Physiol.*, 1955, 39, p. 155-184.

1. I. Tasaki, E.H. Polley, F. Orrego, « Action potentials from individual elements in cat geniculate and striate cortex », *J. Neurophysiol.*, 1954, 17, p. 454-474; M.H. Clare, G.H. Bishop, « Properties of dendrites: apical dendrites of the cat cortex », *Electroencephalogr. Clin. Neurophysiol.*, 1955, 7, p. 85-98; D.P. Purpura, H. Grundfest, « Nature of dendritic potentials and synaptic mechanisms in cerebral cortex of cat », *J. Neurophysiol.*, 1956, 19, p. 573-595; P. Buser, « Étude de l'activité électrique du lobe optique des vertébrés inférieurs », *J. Physiol. Paris*, 1956, 48, p. 49-71; C.L. Li, H.H. Jasper, « Laminar microelectrode studies of specific somatosensory cortical potentials », *J. Neurophysiol.*, 1956, 19, p. 112-130; C.L. Li, H.H. Jasper, « Laminar microelectrode analysis of cortical unspecific recruiting responses and spontaneous rhythms », *J. Neurophysiol.*, 1956, 19, p. 131-143.

2. I. Tasaki, E.H. Polley, F. Orrego, *J. Neurophysiol.*, 1954, 17, *op. cit.*, p. 472.

3. Né en 1921.

4. « [...] les investigations effectuées sur le cortex, par microélectrodes intracellulaires, ont, de leur côté, apporté la confirmation de l'existence de processus de longue durée au niveau de chaque neurone du cortical pyramidal », P. Buser, *J. Physiol. Paris*, 1956, p. 69.

5. La société reconnaissait que les travaux sur les potentiels dendritiques avaient ouvert un nouveau champ d'investigation. Cette reconnaissance soulignait le rôle des électroencéphalographistes dans cette aventure; « A symposium on dendrites », *Electroencephalogr. Clin. Neurophysiol.*, 1958, suppl. 10.

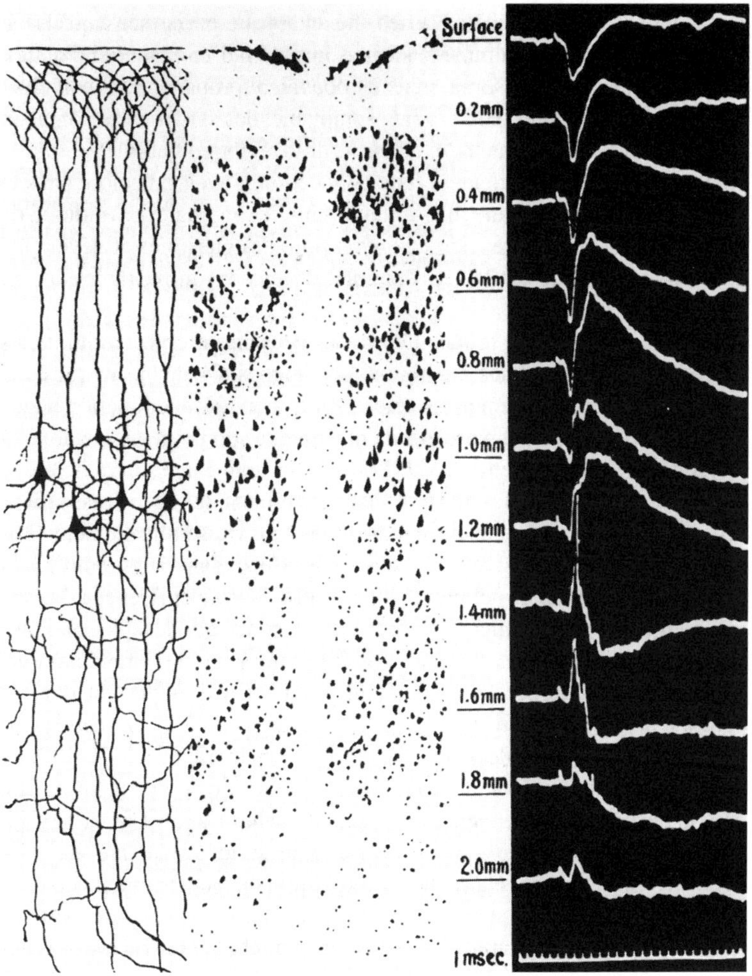

Coloration de Golgi du cortex moteur et coloration des somas neuroniques (gauche) et tracés des enregistrements électrophysiologiques correspondants aux profondeurs de pénétration de la microélectrode (droite).

Figure 23.
Enregistrements oscillographiques de potentiels corticaux dendritiques par une microélectrode placée dans le cortex moteur du lapin.
D'après Chang, 1955

La discussion générale qui s'ensuivit marqua des divergences, mais soulignait surtout de nombreuses convergences. Les dendrites apparaissaient comme des éléments, certes inexcitables[1], en ce sens qu'ils ne pouvaient être conçus comme le siège d'initiation d'un potentiel d'action se propageant jusqu'au soma, mais ils pouvaient propager de façon électrotonique un potentiel lent, gradué, sommable, des synapses au soma, en contrôlant ainsi directement l'excitabilité de la région somatique.

Pour des raisons évidentes, cette conception n'avait pu éclore dans la neurophysiologie cellulaire, ni d'ailleurs dans l'axonologie. La tradition de la physiologie des centres nerveux avait posé des questions et développé des techniques par lesquelles les dendrites devenaient un véritable concept neuronal objectivé.

De son côté, l'étude intracellulaire des neurones n'objectivait que les potentiels postsynaptiques des régions somatiques. On déduisait que ceux générés au niveau des dendrites apicales n'avaient qu'une fonction négligeable. Eccles n'avait-il pas clairement explicité son point de vue, lors du congrès de Gif-sur-Yvette de 1955? « L'insertion d'une microélectrode dans le soma est très défavorable à l'enregistrement de ces réponses [dendritiques], car les terminaisons dendritiques sont vraisemblablement éloignées de plusieurs constantes d'espace [...] Cependant, les terminaisons dendritiques sont aussi défavorablement placées pour influencer l'axone que pour influencer la microélectrode dans le soma, quelles que soient les réponses données par les terminaisons dendritiques; il ne semble pas que, dans les motoneurones, elles puissent jouer un rôle important dans le contrôle des décharges d'impulsions le long de l'axone »[2]. Or, cette position n'était pas acceptable pour les électroencéphalographistes. Ce fut Jung qui fut leur porte-parole lors de la discussion avec Eccles, en mentionnant certains aspects fonctionnels des potentiels dendritiques. Car la physiologie des centres nerveux avait localisé, mais surtout objectivé, dans les dendrites, ses concepts classiques d'inhibition, de facilitation, de convergence et de sommation. L'arbre dendritique était vu comme une sorte de matrice de contacts synaptiques excitateurs ou inhibiteurs, où les activités

1. Ceci n'est plus vrai aujourd'hui et l'on sait comment, dans certaines conditions, les dendrites peuvent être le lieu d'initiation de potentiels d'action.

2. « Microphysiologie comparée des Éléments excitables », Colloques Internationaux du CNRS, Paris, Gif-sur-Yvette, Juillet 1955, Paris, CNRS, 1957, p. 302. Eccles avait précisé ailleurs sa position plus en détail : « Étant donné que les synapses ne peuvent avoir un effet que par la dépolarisation du segment initial, celles situées plus loin sur les dendrites seront fonctionnellement inefficaces selon la constante de temps estimée [...] Ce manque d'effet relatif des synapses des régions dendritiques distales pourrait être corrélé avec leur densité faible dans ces régions [...] », dans J.S. Coombs, D.R. Curtis, J.C. Eccles, « The generation of impulses in motoneurones », *J. Physiol. Lond.*, 1957, 139, p. 232-249.

se sommaient, se facilitaient, ou encore s'occluaient par saturation, selon les patrons d'excitation des voies afférentes stimulées, en réalisant entre elles comme des sortes d'opérations[1]. Fessard, conciliant, voulut se faire médiateur: « Peut-être trouverait-on [...] des raisons de réintroduire les segments dendritiques lointains dans une réalité fonctionnelle qu'il paraît choquant de leur refuser »[2].

Il pouvait alors sembler que la neurophysiologie cellulaire avait trop vite fait du soma l'unique lieu fonctionnel important dans l'activité de sa fibre, pour des raisons à la fois techniques, théoriques et historiques: les dendrites appartenaient encore à la théorie du neurone.

Le domaine de l'axonologie fut à ce point aveugle qu'il ne parvint pas non plus à accepter un rôle physiologique pour les dendrites. Cette discipline s'était constituée par l'analyse de la diversité fonctionnelle des fibres nerveuses. Elle dénia aux dendrites toute propriété de propagation active. Au congrès du CSHL de 1952, Hallowell Davis (1896-1992) dit: « Je suis perturbé par l'idée qu'une impulsion de nature tout-ou-rien puisse balayer [les dendrites] en laissant derrière elle une période réfractaire problématique ; pire, par celle qu'une impulsion descendant d'un dendrite se propage à d'autres; pire encore, si chaque impulsion qui démarre au corps cellulaire ou au segment initial de l'axone envahit tout l'appareil dendritique »[3].

Il y avait une sorte d'impossibilité à reconnaître dans l'arbre dendritique un lieu non polarisé de propagation d'influx, contraire d'ailleurs à la loi de polarisation du neurone. Mais on semblait avoir oublié que cette loi, ainsi que l'avait reconnue Ramón y Cajal, après Sherrington, était synaptique. Rien ne s'opposait en réalité à la conception de dendrites pouvant conduire l'excitation. Mais pour l'axonologie, la propriété de propagation bidirectionnelle active était uniquement celle d'une fibre. Or, les frayeurs de Davis étaient justifiées, car ce qu'il craignait se révéla exact, ainsi que le démontra récemment la science[4]. Il y avait là, chez les axonologistes, comme une angoisse à voir leur concept de fibre dominé par un autre; la fibre nerveuse masquait les dendrites.

1. Cette idée était inspirée des travaux de McCulloch et Pitts. W.S. McCulloch, W. Pitts, « A logical calculus of the ideas immanent in nervous activity », *Bulletin of Mathematical Biophysics*, 1943, 5, p. 115-133.

2. Colloques Internationaux du CNRS, 1955, *op. cit.*, p. 303.

3. H. Davis, *Cold Spring Harb. Symp. Quant. Biol.*, 1952, 17, *op. cit.*, p. 201.

4. Les dendrites ont bien les équipements en canaux ioniques en faisant des lieux de propagation d'influx, au mêmc titre que les fibres nerveuses. Ils peuvent être dans certaines conditions des lieux d'initiation des potentiels d'action.

Le soma et la fibre furent donc les concepts-clés de deux sous-disciplines refusant de considérer les propriétés électrogéniques des dendrites et leurs fonctions. Aussi entendons-nous ces occlusions de concepts défavorisant, dans certaines sous-disciplines, la pleine réalisation d'un nouveau. Le mérite des électroencéphalographistes et des physiologistes des centres nerveux apparaît dans la constitution du neurone par ses dendrites. En un sens, leur sous-discipline, qui avait su faire du neurone un petit centre, avait réussi à le localiser plus précisément dans ses longs prolongements dendritiques. La fonction du neurone se précisait. Il contenait la possibilité d'interactions multiples entre deux ordres de phénomènes, entre un espace spatio-temporel nerveux présynaptique et un espace dendritique postsynaptique. La fibre n'était plus ici que le conducteur d'une activité élaborée par une matrice neuronale.

Dans l'ordre des concepts, cette physiologie avait finalement renversé son point de vue sur le neurone. Du soma à la fibre, l'intérêt se portait vers l'autre extrémité. Et ce mouvement ne s'arrêta pas là, car, en gagnant la neurophysiologie entière, l'intracellulaire réalisa des enregistrements intradendritiques, et l'étude des dendrites par le *patch-clamp*[1] et par les techniques d'imagerie qui ne cessent encore aujourd'hui de développer ce domaine.

Cette histoire fournit un bel exemple d'une nouvelle interdisciplinarité, originale, où une discipline (la physiologie corticale), *a priori* peu outillée pour développer un concept (le neurone), devient déterminante pour en expliciter une composante essentielle (les dendrites). C'est assez naturellement que les disciplines maîtresses (la neurophysiologie cellulaire, l'axonologie) ont rejeté ces nouveaux résultats en favorisant leurs concepts propres qui occluaient l'adoption des nouveaux, proposés hors de leurs champs d'étude. Une discipline, aussi développée soit-elle, peut toujours négliger certains concepts-clés. L'interdisciplinarité polarisée entre une discipline distante et d'autres dominantes peut néanmoins leur apporter des bouleversements positifs inattendus.

Extension des études intracellulaires des neurones

L'approche visant à comprendre physiologiquement le neurone dépendait d'une adaptation technologique des instruments à une cellule considérée comme isolée. De sorte qu'une culture générale en biophysique cellulaire, aidée d'une bonne connaissance en électronique, suffisaient

1. *Cf.* glossaire.

pour rejoindre les quelques chercheurs engagés dans cette voie, en permettant l'extension rapide de cette petite communauté.

À la suite de la publication d'Eccles de 1952, les équipes de Jay Walter Woodbury et Harry Patton (1918-2002), d'une part, Tatsunosuke Araki (1926-1985) et Takuzo Otani, d'autre part, avaient développé l'enregistrement intracellulaire des motoneurones, respectivement aux Départements de Physiologie des Universités de Seattle (University of Washington) et de Kyoto. Au Japon, Susumu Hagiwara (1922-1989), élève de Yasuji Katsuki (1905-1994), au Département de Physiologie de l'Université de Tokyo, rejoignait le cercle des neurophysiologistes intracellulaires, avant de partir aux États-Unis pour collaborer avec Bullock.

En France, l'école de Fessard promouvait, à l'Institut Marey (fig. 24), la nouvelle technique intracellulaire par de nombreuses études réalisées par Denise Albe-Fessard (1916-2003) et Pierre Buser sur les neurones corticaux, sur les neurones ganglionnaires d'aplysie par Tauc et sur les neurones de poissons électriques par Denise Albe-Fessard.

Figure 24.
L'Institut Marey après la Seconde Guerre mondiale [1].

Les physiologistes des centres nerveux s'intéressèrent également à cette technique. À Oxford, un élève d'Edward George Tandy Liddell (1895-1981) [2], Charles Garrett Phillips (1916-1994), armait ses électrodes sur les

1. J.G. Barbara. « L'Institut Marey, 1947-1978 », *op. cit.* Ce bâtiment construit pour Marey pour héberger une commission de contrôle des instruments utilisés en physiologie, fut laissé dans un état de relatif abandon avant qu'il ne devienne le laboratoire du centre CNRS d'Alfred Fessard, alors professeur au Collège de France.

2. Liddell travailla avec Sherrington et collabora notamment à l'ouvrage *Reflex activity of the spinal cord, op. cit.*

grandes cellules de Betz du cortex moteur. Puis dans d'autres contrées, Ichiji Tasaki[1], Kuffler, Karl Franck et Michael Fuortes, et plus tard Eric Kandel, et bien d'autres, appliquèrent l'intracellulaire sur des neurones de diverses structures. Ainsi, par l'attraction de chercheurs venus d'horizons différents, dont certains issus de la psychologie, une neurophysiologie intracellulaire évoluait vers une neurophysiologie des centres. Cette mixité, du moins dans les années cinquante, fut propice à redéfinir le concept de neurone à l'interface de propriétés à la fois intrinsèques et centrales.

Par l'enregistrement des potentiels neuronaux postsynaptiques, la technique intracellulaire offrait la possibilité de contrôler localement leurs mesures en maintenant invariable le potentiel transmembranaire du soma. La nature même de cette technique tendait à privilégier les facteurs neuronaux intrinsèques. Cependant, les facteurs centraux furent peu à peu pris en compte, non comme des facteurs externes, mais à travers certaines mesures, comme les ppse de nature duale[2], présentant à la fois des déterminants centraux et neuronaux. Cette dualité reflétait en partie la disjonction synaptique, ou plus généralement, celle de la membrane neuronale entière en interaction de contiguïté avec son environnement, et dont la théorie du neurone n'avait été qu'une première étape. La généralité du caractère isolant des bicouches lipidiques prenait ici une nouvelle signification. Cette contiguïté structurale, associée à une continuité fonctionnelle, était comprise comme un ensemble d'interactions moléculaires avec le milieu extracellulaire des neurones et de la glie. De part et d'autre des synapses, les phénomènes se répondaient, comme la libération du neurotransmetteur et la genèse postsynaptique du ppse. C'est entre ces deux ordres de phénomènes que la physiologie neuronale intracellulaire put établir, sur des bases quantitatives solides, des corrélations permettant d'en dériver un mécanisme général du neurone.

Il faut donc voir comment le neurone devint à la fois un objet isolé et l'élément d'un centre. À ce stade, il ne s'agira plus de montrer quelle approche dut ses fondements à la physiologie des centres ou à la physiologie de l'axone géant, mais de préciser comment la multiplication des procédés et problématiques neuronales institua une neurophysiologie cellulaire unifiée et autonome.

1. Né en 1910.

2. *Cf.* glossaire. Le ppse dépend des éléments présynaptiques et postsynaptiques, mais aussi de la structure du réseau présynaptique en interaction avec l'arborisation dendritique. Cette structure relève de l'organisation synaptique du centre nerveux.

À l'intérieur de la physiologie neuronale intracellulaire, un style de recherche centré sur le neurone favorisa les facteurs neuronaux intrinsèques. Il s'agissait par exemple de questionner, selon certains schémas hérités du paradigme extracellulaire, les discontinuités du neurone expliquées par sa géométrie. Mais en réalité, on étudiait davantage l'ordre temporel d'invasion électrique des compartiments cellulaires, cherchant des corrélations avec la structure du neurone. Cette physiologie s'intéressa à la décomposition temporelle de la succession des potentiels neuronaux par une méthode héritée de la première oscillographie. Ainsi au cours des années cinquante, on disposait de concepts opérationnels et de trois méthodes de recherche, l'extracellulaire, l'intracellulaire et les premiers modèles mathématiques à compartiments. Le soma, la fibre et les dendrites étaient distingués *a priori*. Les biopotentiels électriques comportaient le potentiel d'action, les ppse et ppsi, le potentiel de repos et les *afterpotentials*. Pourtant, rien de spécifiquement nouveau ici. Ce qui semblait plutôt caractériser la décennie 1950, ce sont bien les liens multiples qui se tissèrent entre ces objets et méthodes. Prenons quelques exemples. Le potentiel d'action somatique était fidèlement enregistré par l'*intracellulaire*. Les sommations de populations de ppse *dendritiques* distaux n'étaient alors révélées que par l'*extracellulaire*. L'*intracellulaire* mesurait des *afterpotentials* dépolarisants qu'on soupçonnait localisés dans les *dendrites*. La *modélisation* mettait en évidence une fonction de filtrage des *ppse* par la géométrie des *dendrites*. L'*afterpotential* hyperpolarisant était mis en évidence par l'*intracellulaire* ; il expliquait un contrôle neuronal des profils de décharge mesurés par l'*extracellulaire*.

On comprenait progressivement que le neurone était le siège de phénomènes électriques intrinsèques, qu'il réagissait en synergie avec les activités synaptiques extrinsèques. Bref, il semblait évident qu'au-delà de ses modes de stimulation, le neurone était le siège d'une réactivité électrique propre, de mécanismes régénératifs actifs, permis par un ensemble de propriétés quantifiables qu'on résumait par le circuit électrique d'un modèle équivalent, tenant compte des volumes respectifs des divers compartiments cellulaires. Il était ainsi possible d'objectiver l'ancien cycle d'excitabilité du neurone qui définissait les rapports entre un état d'excitation global et la décharge des potentiels d'action. Par cette démarche le neurone était constitué comme une unité fonctionnelle distincte en interaction avec son centre.

Ces études s'attachaient finalement à mesurer, localiser et donner sens à des paramètres fixes de capacitance membranaire, des cinétiques et des amplitudes maximales de potentiel d'action, de prépotentiels, d'*after-potentials*, de courants portés par des perméabilités ioniques sélectives et de phénomènes comme l'accommodation[1].

La dimension la plus fondamentale de ces études fut de montrer que ces paramètres relevaient de propriétés moléculaires des membranes excitables. Certains présentaient un haut degré de conservation, tandis que d'autres tendaient à prendre des valeurs différentes d'une région cellulaire à une autre, d'un neurone à un autre chez une même espèce, ou chez des espèces éloignées[2].

De plus, la mesure de nouveaux paramètres servait non seulement à définir des propriétés neuronales, mais également des liaisons fonctionnelles avec le centre nerveux. Cependant, une indétermination de ces liens pouvait cependant persister. Lorsqu'un neurone était stimulé par une voie afférente, il générait pour une stimulation unique une bouffée à haute fréquence de potentiels d'action. On s'interrogeait alors sur les déterminants intrinsèques et ceux des circuits environnants pour expliquer l'allure de cette réponse, le nombre, la fréquence, la latence des potentiels d'action.

1. A. Fessard, L. Tauc, « Capacité, résistance et variations actives d'impédance d'un soma neuronique », *J. Physiol. Paris*, 1956, 48, p. 541-544; J. Alanis, « Effects of direct current on motor neurones », *J. Physiol. Lond.*, 1953, 120, p. 569-578; M.G. Fuortes, « Direct current stimulation of motoneurones », *J. Physiol. Lond.*, 1954, 126, p. 494-506; J.S. Coombs, J.C. Eccles, P. Fatt, « The electrical properties of the motoneurone membrane », *J. Physiol. Lond.*, 1955, 130, p. 291-325; W. Rall, « Membrane time constant of motoneurons », *Science*, 1957, 126, p. 454; J.C. Eccles, « Membrane time constants of cat motoneurons and time courses of synaptic action », *Exp. Neurol.*, 1961, 4, p. 1-22; W. Rall, « Membrane potential transients and membrane time constant of motoneurons », *Exp. Neurol.*, 1960, 2, p. 503-532; J.S. Coombs, D.R. Curtis, J.C. Eccles, « The electrical constants of the motoneurone membrane », *J. Physiol. Lond.*, 1959, 145, p. 505-528; H.D. Lux, D.A. Pollen, « Electrical constants of neurons in the motor cortex of the cat », *J. Neurophysiol.*, 1966, 29, p. 207-220.

2. Parmi les paramètres fondamentaux figuraient les valeurs de capacitance membranaire et de résistivité du neurone au repos. Karl Frank et Michael Fuortes notaient en 1956 : « Les propriétés électriques des motoneurones examinés sont en accord avec celles déterminées sur d'autres tissus nerveux. » Parmi les paramètres particuliers susceptibles de grandes variations, l'un des premiers exemples fut une petite inflexion entre le potentiel d'action et l'afterpotential hyperpolarisant, présente chez les motoneurones du chat endommagés par l'électrode et chez ceux du crapaud en bonne condition. Brock, Coombs et Eccles laissaient entendre qu'il s'agissait d'un artefact. Mais Araki et Otani suggérèrent qu'il s'agissait d'une propriété membranaire attribuable à une perméabilité potassique. Cette interprétation ionique rejoignait celle de la physiologie de l'axone géant. La déclinaison des valeurs d'un paramètre, aussi bien que sa conservation, pouvaient donc justifier sa réalité membranaire.

Ce type de question n'est pas sans rappeler certaines autres antérieures, comme celle concernant la facilitation expliquée par la convergence d'afférences sur un neurone ou la mise en jeu de boucles réverbérantes dans la polémique Eccles-Lorente de Nó. Aussi peut-on voir, dans ces tensions, les fondements d'un ensemble de problématiques, mais également en germe un autre renversement dans l'étude des centres nerveux : de même que le physiologiste avait cessé de voir le neurone de l'extérieur pour l'appréhender de l'intérieur, il devenait possible d'étudier le centre depuis l'intérieur d'un neurone.

Dès lors, quel qu'ait été le potentiel neuronal étudié, on s'interrogeait sur les facteurs centraux pouvant l'initier, on se demandait s'il pouvait être produit expérimentalement par une stimulation directe indépendante, puis on précisait les facteurs neuronaux et centraux qui en déterminaient la cinétique, l'amplitude, la polarité, en questionnant enfin sa fonction par la détermination de sa participation à la décharge neuronale de sortie. Un ensemble de problématiques s'éloignait progressivement d'une biophysique de compartiments cellulaires isolés, pour considérer la spatialité du neurone, ses interactions avec son centre nerveux, avant de prendre finalement en compte l'architecture du centre lui-même qui prit peu à peu dans ces travaux une importance première.

En 1964, parurent deux comptes rendus d'un colloque, édités par Eccles et Johannes P. Schadé, intitulés respectivement *Physiology of spinal neurons* et *Organization of the spinal cord*[1]. Ils reprenaient les articles de la première école d'été de juillet 1963, consacrée au cerveau et organisée par l'Académie royale d'Amsterdam. Dans sa préface au premier volume, Eccles donnait son opinion. Dans son esprit, le virage était déjà réalisé : « Je vais me hasarder raisonnablement pour prédire que le centre d'intérêt des études du système nerveux se déplace des propriétés de neurones et de synapses individuels, vers les concepts plus larges des patrons d'organisation fonctionnelle, qui donnent tout leur sens aux propriétés neuronales et synaptiques individuelles et les subsument dans différents niveaux d'organisation ». Dans cette déclaration, un tournant était annoncé; après l'étude des propriétés neuronales individuelles, la neurophysiologie devait se tourner vers les spécificités des neurones appartenant à un même ensemble. On en cherchait les significations dans

1. J.C. Eccles, J.P. Schadé, *Physiology of spinal neurons*, J.C. Eccles and J.P. Schadé (eds.), *Progress in Brain Research*, vol. 11, Elsevier, Amsterdam, 1964; J.C. Eccles, J.P. Schadé, *Organization of the spinal cord*, J.C. Eccles and J.P. Schadé (eds.), *Progress in Brain Research*, vol. 12, Elsevier, Amsterdam, 1964.

des structures nerveuses particulières, en lien avec leurs fonctions, de telle sorte que les études neuronales ne justifiaient plus uniquement la connaissance intime du neurone, mais reconnaissaient dans ses idiosyncrasies cellulaires et tissulaires des significations fonctionnelles.

Ce faisant, la physiologie intracellulaire rejoignait la physiologie extracellulaire qui avait étudié des organisations fonctionnelles nerveuses. La neurophysiologie se rapprochait donc d'une physiologie des centres nerveux étudiant les organisations et expliquant les fonctions des réseaux de neurones.

La neurophysiologie cellulaire refondait ainsi la physiologie des centres en définissant des propriétés de circuits nerveux par certains paramètres neuronaux dont on avait pu croire qu'ils ne reflétaient que des propriétés intrinsèques. Cette approche constituait une sous-discipline qui ouvrait un véritable champ interdisciplinaire en maintenant au long-terme un dialogue entre la neurophysiologie du neurone isolé et la physiologie des centres nerveux. Un tel thème de discussion était en réalité un dialogue interdisciplinaire qui dépassait le cadre des seules disciplines en présence, puisqu'il se manifestait déjà entre la physiologie nerveuse et la physiologie des centres. Une nouvelle sous-discipline reformulait des débats anciens à une frontière qui préexistait, de sorte qu'elle était en réalité fondée à son origine sur un jeu interdisciplinaire fécond et *a priori* destiné à faire progresser ensemble différents programmes de recherche, et ceci malgré certaines apories fondamentales, comme la distinction du neurone et de son centre sur les plans des fonctionnements et des fonctions.

Les études sur les motoneurones

Il est possible d'illustrer notre propos par l'analyse d'un programme de recherche qui fut à la pointe de la neurophysiologie des années cinquante : les études sur les motoneurones.

Eccles souhaitait comprendre comment l'activité centrale pouvait avoir une influence sur le cycle d'excitabilité du neurone et, en particulier, sur son niveau de polarisation. La polarisation du neurone était alors comprise comme l'objectivation des c.e.s. ou c.i.s.[1] et comme le potentiel de repos du neurone, contrôlable par injection d'un courant à travers la pipette d'enregistrement[2]. Après une interruption de ses recherches sur la moelle,

1. *Cf.* glossaire.

2. Ces problématiques reprenaient des observations extracellulaires unitaires décrivant une décharge spontanée augmentant en fréquence, avec une réduction d'amplitude des potentiels d'action, interprétée comme la polarisation du centre nerveux. L. Tauc démontra ce

Eccles reprit ce thème en 1953 par l'étude de l'invasion antidromique jusqu'au soma du potentiel d'action axonal. Ses résultats suscitèrent de nombreuses discussions sur la nature des compartiments neuronaux objectivés par la technique intracellulaire.

Une première définition des discontinuités neuronales avait été donnée par l'extracellulaire en décomposant les inflexions des potentiels enregistrés et corrélés avec les discontinuités spatiales du neurone. Ainsi, l'article d'Eccles[1] décrivait, dans le motoneurone, un prépotentiel d'amplitude réduite, attribuable à l'invasion du potentiel d'action dans la région non myélinisée de l'axone (segment initial).

Avec l'intracellulaire, le contrôle du potentiel de repos somatique par injection de courant permettait une autre approche. Il était possible de distinguer des compartiments neuronaux en comparant par exemple les seuils de décharge respectifs du segment initial et du soma. Le seuil de décharge du segment initial était inférieur à celui du soma neuronique. Cependant cette approche ne put éviter une grande diversité d'interprétations[2] qui s'affrontèrent dans six publications importantes de 1957[3].

Pour illustrer succinctement cette polyphonie, mentionnons que Franck et Fuortes suggérèrent une zone de transition entre le segment initial et le soma. Paul Fatt voyait dans l'inflexion du potentiel d'action une discontinuité soma-dendrites[4], tandis que, dans les neurones ganglionnaires de l'aplysie, Tauc démontrait une excitabilité moindre du segment axonique proche[5]. Les particularités de certaines préparations semblaient

même effet par l'intracellulaire en polarisant la membrane neuronale : « Étude de l'activité élémentaire des cellules du ganglion abdominal de l'aplysie », *J. Physiol. Paris*, 1955, 47, p. 769-792, fig. 5, p. 775.

1. Il s'agissait du « NM spike » ou « non-myelinated spike », L.G. Brock, J.S. Coombs, J.C. Eccles, *J. Physiol. Lond.*, 1953, 122, p. 429-461, *op. cit.*

2. C.S. Spyropoulos, I. Tasaki, « Nerve excitation and synaptic transmission », *Annu. Rev. Physiol.*, 1960, 22, p. 407-432, p. 419.

3. J.S. Coombs, D.R. Curtis, J.C. Eccles, « The interpretation of spike potential of motoneurones », *J. Physiol. Lond.*, 1957, 139, p. 198-231 ; J.S. Coombs, D.R. Curtis, J.C. Eccles, « The generation of impulses in motoneurones », *J. Physiol.*, 1957, 139, p. 232-249 ; P. Fatt, « Electric potentials occurring around a neurone during its antidromic activation », *J. Neurophysiol.*, 1957, 20, p. 27-60 ; P. Fatt, « Sequence of events in synaptic activation of a motoneurone », *J. Neurophysiol.*, 1957, 20, p. 61-80 ; M.G.F. Fuortes, K. Frank, M.C. Becker, *J. Gen. Physiol.*, 1957, 40, p. 735-752 ; L. Tauc, « Stimulation du soma neuronique de l'aplysie par voie antidromique », *J. Physiol. Paris*, 1957, 49, p. 973-986.

4. P. Fatt, « Electric potentials occurring around a neurone during its antidromic activation », *J. Neurophysiol.*, 1957, 20, p. 27-60, p. 54.

5. L. Tauc, *J. Physiol. Paris*, 1957, 49, p. 973-986, *op. cit.*, p. 985.

influencer ces opinions. Mais on remarque surtout la généralisation d'une analyse spatiale comparative entre des stimulations antidromiques, intrasomatiques ou synaptiques.

La question fondamentale était de savoir si le cycle d'excitabilité neuronal était le même lors d'une stimulation directe ou lors d'un bombardement synaptique. En d'autres termes, le neurone se comportait-il comme une entité fonctionnelle relativement indépendante de son mode de stimulation ? Si tel était le cas, quels paramètres neuronaux étaient indépendants du centre, quels autres étaient susceptibles d'être influencés par lui ? En outre, la question portait sur le site d'initiation du potentiel d'action dans différentes conditions de stimulation. Etait-il fixe ou variable selon l'activité du centre ? Certaines activités synaptiques centrales pouvaient-elles changer ce lieu d'initiation ? Ce dernier n'était-il pas gouverné uniquement par des spécialisations membranaires moléculaires et spatiales intrinsèques ? La forme et le seuil de décharge du segment initial en faisaient par exemple un condensateur électrogène idéal pour un processus général d'initiation d'un potentiel d'action. Le neurone conservait-il ses mécanismes génératifs de biopotentiels lorsqu'il était soumis à des dépolarisations naturelles de ses dendrites par les ppse ? Il s'agissait donc d'évaluer si l'activité du centre pouvait gouverner le neurone et changer son mode de fonctionnement. On note en passant que ces problématiques ne sont pas entièrement résolues et passionnent encore les chercheurs [1].

La comparaison de l'excitation du neurone selon deux modes de stimulation, par invasion antidromique ou par excitations synaptiques, permettait d'étudier le neurone dans deux conditions différentes, respectivement sans ou avec participation du centre. Il y avait donc là un glissement des problématiques neuronales vers la prise en compte des propriétés centrales.

Ces nouvelles questions s'intégraient dans les études extracellulaires et intracellulaires d'Eccles, celles par exemple sur les réflexes monosynaptiques. Dans les deux cas, un ensemble d'afférences limité était stimulé, ce qui garantissait une relative constance des latences. Lorsqu'Araki et Otani reprirent ces études sur la moelle épinière du crapaud, leurs résultats furent plus variables et plus difficiles à interpréter : « [...] les temps de latence des potentiels d'action étaient plus uniformes et la forme du potentiel synaptique plus simple chez le chat, parce que [Eccles *et alii*,

1. Comme la question concernant les sites dendritiques de genèse de potentiels d'action dans certaines conditions particulières.

1952] étudiaient des réflexes monosynaptiques[1] »[2]. Le réflexe monosynaptique de Lloyd conservait donc tous ses avantages dans l'étude intracellulaire du neurone.

Ainsi, la combinaison dans un même laboratoire de voies multiples de recherche entraînait une fécondité unique, permise par une adéquation plus grande entre des questions nouvelles, des problématiques antérieures et une nouvelle technique. Elle autorisait à poser une question qui relevait de problèmes anciens, mais dont la reformulation tirait le meilleur parti des nouvelles possibilités techniques.

C'est dans ce contexte qu'Eccles entreprit l'étude des effets de stimulations antidromiques et synaptiques du neurone. Il s'agissait de comparer certains paramètres des potentiels neuronaux en cherchant à en définir les caractères généraux, ainsi que leurs différences[3]. Au fil des années, les paramètres pris en compte se complexifièrent. C'était anciennement la comparaison des périodes réfractaires. Dans l'article de 1952, ce fut la latence entre la stimulation et le potentiel d'action ; « [...] la période latente de ce potentiel d'action était de 0,6 ms, ce qui est pratiquement la valeur de celle des potentiels synaptiques focaux des racines[4] dorsale et ventrale produits dans les mêmes conditions »[5].

En fait, le neurone répondait de manière comparable à deux types de stimulation, ce qui amenait à privilégier des déterminants neuronaux intrinsèques. Eccles revint sur cette question dans un article de 1955, dans lequel il comparait cette fois le seuil de décharge d'un potentiel d'action obtenu par stimulation antidromique et celui obtenu par la genèse d'un ppse[6]. Il s'agissait alors de reconnaître les corrélations tempo-

1. *Cf.* glossaire.

2. T. Araki, T. Otani, « The electrical activities of single motoneurones in toad's spinal cord, recorded with intracellular electrodes », *Japan J. Physiol.*, 1953, 3, p. 254-267, p. 266.

3. L.G. Brock, J.S. Coombs, J.C. Eccles, « Intracellular recording from antidromically activated motoneurones », *J. Physiol. Lond.*, 1953, 122, p. 429-461. J.S. Coombs, J.C. Eccles, P. Fatt, « Excitatory synaptic action in motoneurones », *J. Physiol. Lond.*, 1955, 130, p. 374-395. A. Arvanitaki, N. Chalazonitis, « Activation du soma géant d'Aplysia par voie orthodrome et par voie antidrome », *Arch. Sci. Phys.*, 10, 1956, p. 95-128. R.D. Keynes, H. Martins-Ferreira, « Membrane potentials in the electroplates of the electric eel », *J. Physiol. Lond.*, 1953, 119, p. 315-351.

4. *Cf.* glossaire.

5. L.G. Brock, J.S. Coombs, J.C. Eccles, « The recording of potentials from motoneurones with an intracellular electrode », *J. Physiol. Lond.*, 1952, 117, p. 431-460, p. 443. Ce type de résultat est bien de ceux qu'Araki et Otani ne pouvaient établir sur leur préparation pour la raison mentionnée.

6. *Ibid.*, p. 381 *sq.*

relles[1] et les liaisons causales possibles par des analyses des seuils de décharge: le ppse précédait le potentiel d'action et l'initiait lorsqu'il atteignait un potentiel limite fixe. Ces interactions fonctionnelles étaient-elles en mesure d'objectiver l'effet de propriétés centrales sur l'électrogenèse du neurone?

L'article d'Arvanitaki de 1956 sur l'aplysie reprit ce thème: «À l'activation hautement supralinéaire (assimilable à une activation directe), qui caractérise l'invasion antidrome du soma d'Aplysia s'oppose la riche gradation de l'activation synaptique orthodrome. Celle-ci soumet la «mosaïque» de la membrane à d'innombrables microactivations anatomiquement localisées, dont procèdent les séquences bioélectriques; potentiels post-synaptiques → réponses somatiques graduées»[2].

Mais quelles étaient les conséquences fonctionnelles sous-jacentes de ces différences? La même année, Franck et Fuortes notèrent une différence de seuil dans le déclenchement du potentiel d'action entre une stimulation directe et orthodromique. «La découverte qu'une excitation produite par un courant appliqué induit une dépolarisation membranaire en moyenne supérieure de 1 mV par rapport à une stimulation synaptique requiert une discussion»[3]. L'explication, émise par les physiologistes extracellulaires, Lloyd, Carlton Hunt[4] et Archibald Keverall McIntyre (1913-2002), attribuait au ppse, outre la faculté d'une dépolarisation membranaire, une excitation d'une autre nature favorisant, par cette mystérieuse action, la genèse du potentiel d'action par abaissement du seuil d'excitation. Le centre semblait pouvoir modifier des paramètres neuronaux paraissant jusqu'alors fixes!

Une première explication tenait donc compte du décalage entre deux seuils de décharge et offrait une nouvelle possibilité d'entrevoir une propriété centrale agissant sur le neurone. Une seconde explication prenait en compte la géométrie du neurone et tirait parti de l'opinion des physiologistes intracellulaires du motoneurone, Araki et Otani, Eccles, Fatt, Frank et Fuortes, pour lesquels le cycle d'excitabilité neuronal se décom-

1. *Ibid.* L'observation des cinétiques rapides permettait de définir l'inflexion entre ppse et potentiel d'action et ainsi le seuil de décharge du second: «Lorsque le ppse est d'amplitude juste suffisante pour produire un potentiel d'action, le potentiel d'action n'apparaît jamais à l'extrémité de la phase montante du ppse», p. 382.

2. A. Arvanitaki, N. Chalazonitis, «Activation du soma géant d'Aplysia par voie orthodrome et par voie antidrome», *Arch. Sci. Phys.*, 10, 1956, p. 95-128, p. 125.

3. K. Frank, M.G.F. Fuortes, «Stimulation of spinal motoneurones with intracellular electrodes», *J. Physiol. Lond.*, 1956, 134, p. 451-470, p. 467.

4. Né en 1918.

posait en deux potentiels (*NM spike* et *SD spike*) que la stimulation soit antidromique ou orthodromique. La similitude de cette décomposition indiquait un site d'initiation unique du potentiel d'action à des stimulations différentes. Cette hypothèse en tête, il était possible d'imaginer que le seuil de décharge du soma pût varier selon la distance entre le point de stimulation (synaptique ou axonal) et le site d'initiation du potentiel d'action[1]. Les premiers modèles de Wilfrid Rall allaient également dans le sens d'une prise en compte plus importante de la géométrie neuronale dans la détermination des seuils d'excitation des compartiments neuronaux[2].

En 1958, Eccles offrit une autre hypothèse : « Il semble que cette différence de seuil remarquable entre les deux régions membranaires d'une cellule ne puisse pas être entièrement expliquée par des facteurs extrinsèques comme une couverture dense de boutons synaptiques sur la membrane somato-dendritique ou les cellules gliales [...] Nous avons donc postulé une différence entre les membranes des deux régions »[3]. De même, dans l'étude de motoneurones lésés au niveau de l'axone, les déficits de transmission observés furent corrélés avec des modifications des membranes postsynaptiques[4].

Dans l'explication, la nature des membranes était une alternative importante à la géométrie du neurone. Cette physiologie intracellulaire privilégia donc, dans un premier style de neurophysiologie cellulaire, des paramètres neuronaux majoritairement intrinsèques, comme fondements d'une mécanique neuronale générale.

Cette vision implicite est lisible dans le vocabulaire choisi. Chez Arvanitaki, « le soma se trouverait doté de mécanismes très subtils de commande », « en d'autres termes, le soma assurerait ses fonctions de commande tout en conservant certaines aires dans un repos relatif, lui permettant d'enregistrer et transmettre des messages synaptiques ulté-

1. *Ibid.*, p. 467.

2. W. Rall, « A statistical theory of monosynaptic input-output relations », *J. Cell. Comp. Physiol.*, 1955, 46, p. 373-411. Voir aussi *The Theoretical Foundations of Dendritic Function*, The Collected Papers of Wilfrid Rall with Commentaries, I. Segev, J. Rinzel, G.M. Shepherd (eds.), Cambridge (Mass.), MIT Press, 1994.

3. J.S. Coombs, D.R. Curtis, J.C. Eccles, « The generation of impulses in motoneurones », *J. Physiol. Lond.*, 1957, 139, p. 232-249, p. 247.

4. J.C. Eccles, B. Libet, R.R. Young, « The behaviour of chromatolysed motoneurones studied by intracellular recording », *J. Physiol. Lond.*, 1958, 143, p. 11-40.

rieurs »[1]. Il faudrait donc connaître « les mécanismes de l'évolution des signes électriques de l'activité du soma »[2] et « la nature et les mécanismes des courants membranaires autogènes »[3].

Entre les cycles d'excitabilité du neurone et du nerf, les séquences de biopotentiels électriques s'ordonnaient dans l'espace de mécanismes spécifiquement neuronaux.

Les articles plus spécifiquement centrés sur les ppse donnèrent également l'occasion de préciser des déterminants neuronaux, mais surtout de considérer, dans le cadre de la théorie chimique de la transmission synaptique, le neurone comme un récepteur et un intégrateur de l'activité du centre. Le centre reprenait le dessus dans les discussions.

C'est par ce type de questionnements que le neurone se trouva replacé dans son réseau d'afférences. On comprit alors comment le centre pouvait influencer un potentiel enregistré dans un neurone. L'intérêt initial pour le ppse, dans son rapport immédiat au neurone, au cours de la genèse du potentiel d'action, portait sur sa cinétique intrinsèque ou lorsque le ppse était associé à un potentiel d'action[4]. Cette cinétique pouvait-elle traduire des propriétés membranaires passives ou des facteurs centraux pré-synaptiques, tel le temps de présence du neurotransmetteur dans la fente synaptique ? En 1955, Eccles reconnaissait que la cinétique du ppse avait une origine duale.

Son changement d'amplitude et de polarité en fonction du potentiel neuronal indiquait certes une dépendance au potentiel postsynaptique. Cependant la cinétique du ppse était indépendante de ce paramètre[5]. En déterminant le temps de relaxation de la membrane somatique, lors de l'injection d'un courant par la micropipette, Franck et Fuortes conclurent : « [...] il est très peu probable que la phase descendante prolongée des

1. A. Arvanitaki, N. Chalazonitis, « Activation du soma géant d'Aplysia par voie orthodrome et par voie antidrome », *Arch. Sci. Phys.*, 10, 1956, p. 95-128, p. 125.

2. A. Arvanitaki, N. Chalazonitis, « Potentiels d'activité du soma neuronique géant (Aplysia) », *Arch. Sci. Physiol.*, 1955, 9, p. 115-144, p. 140.

3. *Ibid.*, p. 140.

4. La comparaison de ces deux situations permettait d'apprécier le seuil de décharge du neurone lors d'une stimulation synaptique. Un intérêt similaire pour le ppsi fut le thème d'un autre article dans lequel Eccles tentait de relier la cinétique de ces potentiels synaptiques à des déterminants neuronaux et de circuit, en discutant son importance fonctionnelle. J.S. Coombs, J.C. Eccles, P. Fatt, « The inhibitory suppression of reflex discharges from motoneurones », *J. Physiol. Lond.*, 1955, 130, p. 396-413.

5. J.S. Coombs, J.C. Eccles, P. Fatt, « Excitatory synaptic action in motoneurones », *J. Physiol. Lond.*, 1955, 130, p. 374-395, p. 391.

potentiels synaptiques soit entièrement due à la constante de temps membranaire du soma du motoneurone »[1]. Il semblait donc que la cinétique du ppse n'était pas déterminée par la membrane postsynaptique, mais dépendait de facteurs centraux présynaptiques.

Dans le modèle du motoneurone envisagé, les contacts synaptiques étaient localisés sur le soma, considéré, d'après les calculs de Rall, comme isopotentiel[2]. Sur des neurones ganglionnaires d'aplysie, Tauc établit ce résultat par l'utilisation dans un gros neurone de deux électrodes, avec une rigueur expérimentale impossible dans le modèle d'Eccles[3]. Dans le cadre du modèle de Rall, Fatt inféra quant à lui que la cause de la cinétique des ppse avait une origine postsynaptique due à la localisation dendritique distale des synapses : « [...] l'addition supplémentaire du potentiel synaptique à la phase tardive du potentiel d'action peut être alors attribuée à une charge se propageant des régions dendritiques distantes jusqu'au soma [...] »[4]. Les nouveaux calculs de Rall justifièrent d'ailleurs cette vue[5]. Dans cette démarche, Fatt reconnaissait encore un déterminant neuronal intrinsèque.

Mais l'affaire était plus complexe. Car la position et la géométrie des dendrites ne pouvaient être prises comme un argument. En effet, dans le réflexe monosynaptique, Curtis et Eccles avaient indiqué, en accord avec des données anatomiques de János Szentágothai (1912-1994)[6], une organisation essentiellement somatique des contacts synaptiques. La localisation distale des synapses n'était donc pas, dans ce cas, un argument valable.

1. K. Frank, M.G.F. Fuortes, « Stimulation of spinal motoneurones with intracellular electrodes », *J. Physiol. Lond.*, 1956, 134, p. 451-470, p. 469.

2. Au même potentiel, quelle que soit la région considérée. Rall arrivait à la même conclusion : « The passive electrotonic response to such a focal current [such as a somatic epsp (ppse)] loses its spatial decrement almost completely by the time the synaptic potential reaches its maximum value », W. Rall, « Electrotonic theory for a spherical neurone », *Proc. Univ. Otago. Med. Sch.*, 1953, 31, p. 14-15.

3. L. Tauc, « Comparaison entre la dissipation des potentiels postsynaptiques et électrotoniques dans le soma neuronique de l'Aplysie », *J. Physiol. Paris*, 1957, 49, p. 162-164. « En conclusion, nous sommes plutôt conduits à penser que tout au moins pour ce type de cellules, l'agent de transmission [le ppse] met un temps notable à se dissiper. Ce temps l'emporte sur celui de la dissipation électrotonique dans les cellules petites ou moyennes [...] », p. 164.

4. P. Fatt, « Sequence of events in synaptic activation of a motoneurone », *J. Neurophysiol.*, 1957, 20, p. 61-80, p. 74.

5. W. Rall, « Membrane potential transients and membrane time constant of motoneurons », *Exp. Neurol.*, 1960, 2, p. 503-532.

6. J. Szentágothai, « The anatomical basis of synaptic transmission of excitation and inhibition in motoneurons », *Acta. Morphol. Acad. Sci. Hung.*, 1958, 8, p. 237-309.

D'autre part, Eccles et Jaeger avaient calculé que la diffusion électrotonique, depuis des sites distaux, était insuffisante pour rendre compte de la lenteur du ppse[1]. On ne pouvait reconnaître, dans la cinétique du ppse, une propriété neuronale. Il s'agissait donc d'une propriété relativement indépendante du neurone lui-même[2].

Dans son évolution, la neurophysiologie cellulaire attribua certaines propriétés non neuronales aux centres nerveux. Un premier paramètre central, mesurable dans un neurone, fut la cinétique du ppse considérée comme une propriété cinétique, centrale et présynaptique, de la libération du neurotransmetteur.

Par de tels raisonnements et modèles géométriques du neurone, on aboutissait à l'idée d'un neurone intégrateur, zone de convergence d'activités synaptiques. La neurophysiologie proposait un concept de neurone basé sur des indices largement objectivés, quantifiés, et localisés dans l'espace. Elle en explicitait la mécanique interne. Le neurone était capable d'émettre un potentiel d'action lorsque à son site d'initiation, le potentiel membranaire atteignait un seuil adéquat par sommation des potentiels synaptiques au potentiel de repos, selon une cinétique déterminée à la fois par la distance des synapses au segment initial et par les types de fibres afférentes. Dans cette nouvelle vision, le neurone était comme un circuit intégré dans celui plus vaste du centre. On pouvait en faire des modèles électroniques[3], comme auparavant on avait pu en faire des modèles

1. J.C. Eccles, J.C. Jaeger, « The relationship between the mode of operation and the dimensions of the junctional regions at synapses and motor end-organs », *Proc. Royal. Soc. B.*, 1957, 148, p. 38-56.

2. D.R. Curtis, J.C. Eccles, « The time course of excitatory and inhibitory synaptic actions », *J. Physiol. Lond.*, 1959, 145, p. 529-546.

3. W. Rall, *J. Cell. Comp. Physiol.*, 1955, 46, p. 373-411, *op. cit.*; W. Rall, « Branching dendritic trees and motoneuron membrane resistivity », *Exp. Neurol.*, 1959, 1, p. 491-527; W. Rall, *Exp. Neurol.*, 1960, 2, p. 503-532, *op. cit.*; W. Rall, J. Rinzel, « Branch input resistance and steady attenuation for input to one branch of a dendritic neuron model », *Biophys. J.*, 1973, 13, p. 648-687; W. Rall, « Distributions of potential in cylindrical coordinates and time constants for a membrane cylinder », *Biophys. J.*, 1969, 9, p. 1509-1541; W. Rall, « Time constants and electrotonic length of membrane cylinders and neurons », *Biophys. J.*, 1969, 9, p. 1483-1508; W. Rall, G.M. Shepherd, « Theoretical reconstruction of field potentials and dendrodendritic synaptic interactions in olfactory bulb », *J. Neurophysiol.*, 1968, 31, p. 884-915; W. Rall, « Distinguishing theoretical synaptic potentials computed for different soma-dendritic distributions of synaptic input », *J. Neurophysiol.*, 1967, 30, p. 1138-1168; W. Rall, R.E. Burke, T.G. Smith, P.G. Nelson, K. Frank, « Dendritic location of synapses and possible mechanisms for the monosynaptic EPSP in motoneurons », *J. Neurophysiol.*, 1967, 30, p. 1169-1193; W. Rall, G.M. Shepherd, T.S. Reese, M.W. Brightman, « Dendrodendritic synaptic pathway for inhibition in the olfactory bulb », *Exp. Neurol.*, 1966, 14, p. 44-56;

logiques[1]. On demeurait cependant dans une vision neuronocentriste. Le centre n'existait pas réellement par lui-même, mais par exclusion du neuronal.

On avait donc disséqué le neurone par des discontinuités temporelles et on l'avait constitué par des propriétés intrinsèques, mais on ne disséquait pas encore systématiquement les spécificités de ses voies afférentes. Dans cette perspective, la recherche de concepts prenait encore le pas sur une « naturalisation » systématique des concepts physiologiques par l'histologie. Dans les articles, on ne s'attardait pas à décrire, ailleurs que dans les descriptions des méthodes, l'organisation des voies stimulées. On ne faisait que des distinctions générales entre diverses voies afférentes hétérosynaptiques. L'organisation des centres n'était pas prise en compte.

Finalement, au cours des années cinquante, les études consacrées aux motoneurones se concentrèrent sur l'influence du centre nerveux sur différents paramètres neuronaux. On conclut que le motoneurone était doté d'un mécanisme électrogène intrinsèque. Et, c'est seulement l'étude détaillée des ppse qui aboutit à l'idée que certains paramètres neuronaux étaient réellement gouvernés par l'activité du centre et par son organisation dans son rapport à l'architecture dendritique du neurone.

Malgré leur complexité, ces discussions en apparence byzantines sont pourtant centrales, parce qu'elles délimitent, sur des question précises, les débats sur l'interprétation du neurone compris à la fois comme une mécanique neuronale restreinte et comme l'élément d'un centre répondant en écho à des stimulations externes ordonnées dans le temps et l'espace. On s'acheminait vers une certaine compréhension de l'indétermination du neurone dans son centre par son isolement fonctionnel essentiel pour sa constitution comme *objet scientifique*.

Les modèles neuronaux chez les invertébrés

Au cours de la décennie 1950, la tradition de la neurophysiologie des invertébrés joua un rôle particulièrement important dans l'essor d'une

W. Rall, « Theory of physiological properties of dendrites », *Annu. N.Y. Acad. Sci.*, 1962, 96, p. 1071-1092; W. Rall, « Electrophysiology of a dendritic neuron model », *Biophys. J.*, 1962, 2, p. 145-167; W. Rall, « Membrane potential transients and membrane time constant of motoneurons », *Exp. Neurol.*, 1960, 2, p. 503-532; W. Rall, *The Theoretical Foundations of Dendritic Function, The Collected Papers of Wilfrid Rall with Commentaries*, *op. cit.*

1. W.S. McCulloch, W. Pitts, « A logical calculus of the ideas immanent in nervous activity », *Bulletin of Mathematical Biophysics*, 1943, 5, p. 115-133; W.S. McCulloch, « Recollection of the many sources of cybernetics », ASC Forum, 1974, 67, p. 2.

neurophysiologie cellulaire. On verra les facteurs impliqués dans cette période de mutation technologique et les principaux résultats méthodologiques et théoriques acquis par ces voies de recherche. Les principaux acteurs furent ceux précédemment mentionnés : Arvanitaki, Bullock et leurs suiveurs.

À l'Institut Marey, ce sont Tauc et Fessard, puis Hersch Gerschenfeld (1925-2004), Eric Kandel, Philippe Ascher et JacSue Kehoe[1] qui, comme Arvanitaki, adoptèrent le modèle de l'aplysie. De son côté, Bullock reçut, dans son laboratoire, Donald M. Maynard, Hagiwara, Carlo A. Terzuolo (1925-1999), puis Akira Watanabe (1943-2000). La culture initiale des physiologistes des invertébrés associait souvent un goût pour l'anatomie comparée, la systématique et une physiologie biophysique réalisée *in vivo* ou sur des organes isolés. Ces traits se retrouvent dans l'école lyonnaise d'Henri Cardot (1886-1942)[2], l'école de Carl Frederick Abel Pantin (1899-1967) à Cambridge[3] et celle de Bullock à Los Angeles.

Avant l'intracellulaire, cette physiologie s'appliquait à des muscles ou des réseaux de nerfs. La fréquence des neurones unipolaires et des synapses axo-axoniques[4] chez les invertébrés favorisait les réseaux d'axones, véritables éléments fonctionnels centraux[5]. Mais avec Bullock, et surtout Arvanitaki, le soma neuronique prit, dans les années quarante, toute son importance avec la démonstration du potentiel somatique gradué intervenant dans les activités rythmiques. De tels potentiels avaient jusqu'alors été uniquement décrits dans des nerfs isolés[6].

1. Eric Kandel (né en 1929), Philippe Ascher (né en 1936) et JacSue Kehoe (née en 1935).

2. Arvanitaki devint neurophysiologiste dans cette école. Pour l'école de Cardot voir C. Bange, R. Bange, « Les recherches physiologiques à la station maritime de biologie de Tamaris (Var) de 1920 à 1950 », dans *Les sciences biologiques et médicales en France 1920-1950*, C. Debru, J. Gayon, J.F. Picard (éds.), Paris, CNRS Éditions, 1994, p. 55-70.

3. C.F.A. Pantin est considéré comme un émule de G. Romanes, G.H. Parker. C.F.A. Pantin, « The nerve net of the Actinozoa. I. Facilitation », *J. Exp. Biol.*, 1935, 12, p. 119-138. C.F.A. Pantin, « The nerve net of the Actinozoa. II. Plan of the nerve net », *J. Exp. Biol.*, 1935 12, p. 139-155. C.F.A. Pantin, « The nerve net of the Actinozoa. III. Polarity and after-discharge », *J. Exp. Biol.*, 1935 12, p. 156-164. C.F.A. Pantin, « The elementary nervous system », *Proc. R. Soc. Lond. B*, 1952, 140, p. 147-168.

4. T.H. Bullock, « The invertebrate neuron junction », *Cold Spring Harb. Symp. Quant. Biol.*, 1952, 17, p. 267-273.

5. Par exemple, T.H. Bullock, « Functional organization of the giant fiber system of Lumbricus », *J. Neurophysiol.*, 1945, 8, p. 55-71.

6. Ce potentiel gradué était un potentiel d'amplitude inférieure au potentiel d'action, mais qui ne pouvait pas seulement s'expliquer par les propriétés passives des membranes. Il

Ce domaine d'étude bénéficia du rôle central des stations maritimes, dans lesquelles les chercheurs pouvaient se rencontrer et collaborer étroitement : Naples (Pantin), Tamaris (Cardot, Arvanitaki, Fessard), Villefranche-sur-mer (Alexandrowicz), Roscoff (Fessard, Feldberg, Nachmansohn, Tauc), Plymouth (Alexandrowicz, Hodgkin, Huxley) ou Woodswhole (Bullock, Kuffler). Dans le contexte des études neuronales, cette approche rassembla également une seconde génération de chercheurs, issus non seulement du domaine des invertébrés (Hagiwara), mais aussi de la biophysique cellulaire végétale (Tauc), de la psychiatrie et de la psychologie (Kandel, Kehoe) et de la neurophysiologie des vertébrés (Kuffler).

Avec les invertébrés, le neurone devenait un objet accessible aux techniques électrophysiologiques intracellulaires. Ce type de modèles rendait possible l'objectivation des concepts de la neurophysiologie cellulaire. En 1955, la parution des quatre études classiques de Kuffler et Eyzaguirre, consacrées au neurone méchanorécepteur du muscle de l'écrevisse, fut l'un des plus grands succès de cette neurophysiologie[1] (fig. 25). Dans son autobiographie, écrite à l'occasion de son Prix Nobel, Kandel cite ces études comme une nouvelle façon de faire de la neurophysiologie, en choisissant un modèle simple et adapté à une question[2] : « J'ai appris des articles de Kuffler un nouveau critère de qualité de la science – l'importance d'avoir une préparation adaptée pour tester les questions posées. Kuffler m'a appris la puissance de la neurobiologie des invertébrés ».

devenait un potentiel dynamique impliqué dans la modulation de l'excitabilité des nerfs. B. Katz, « Experimental evidence for a non-conducted response of nerve to subthreshold stimulation », *Proc. R. Soc. Lond. B. Biol. Sci.*, 1937, 124, p. 244-276. A.L. Hodgkin, « The subthreshold potentials in a crustacean nerve fibre », *Proc. R. Soc. Lond. B. Biol. Sci.*, 1938, 126, p. 247-285. Ce potentiel fut démontré par l'intracellulaire par Tauc. L. Tauc, « Potentiels sous-liminaires dans le soma neuronique de l'Aplysie et de l'Escargot », *J. Physiol. Paris*, 48, p. 715-718.

1. C. Eyzaguirre, S.W. Kuffler, *J. Gen. Physiol.*, 1955, 39, p. 87-119, 121-153 et 155-184.

2. Kandel cite à ce propos Kuffler : « L'avantage le plus considérable de cette préparation est l'accessibilité de tous les composants cellulaires qui peuvent être isolés et observés visuellement. De plus, l'état d'excitation de ces structures peut être contrôlé et gradué en utilisant les mécanismes physiologiques des récepteurs d'étirement de la préparation [...] Les neurones sensoriels des crustacés possèdent des caractéristiques anatomiques nombreuses ressemblant de façon étonnante à beaucoup de neurones du système nerveux central de vertébrés, ce qui est d'un intérêt tout particulier ».

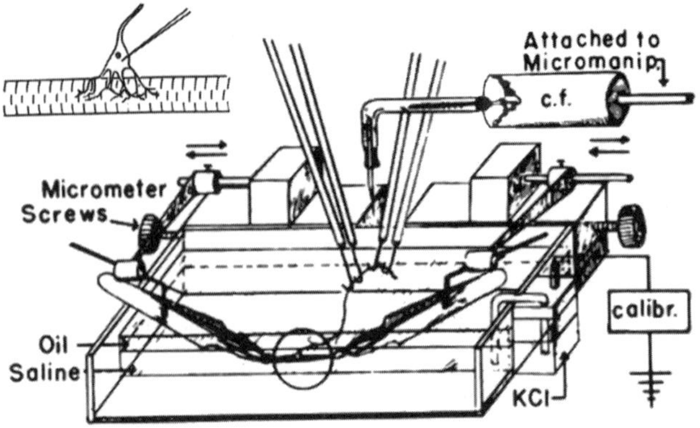

La préparation du muscle, avec un neurone méchanorécepteur à sa surface, est schématisée en haut, à gauche, avec une électrode intracellulaire en place, et se situe au niveau du cercle dans le schéma central. Le nerf du récepteur est tiré par le haut et traverse une surface d'huile isolante avant d'être porté par des électrodes de stimulation et d'enregistrement. La micropipette intracellulaire, représentée non en place dans une cellule, est attachée à un micromanipulateur (en haut, à droite).

Figure 25.
Dispositif expérimental de la préparation du méchanorécepteur du muscle de l'écrevisse.
D'après Eyzaguirre et Kuffler, 1955

Une des forces de cette approche fut sans conteste le développement de préparations spécifiquement adaptées à résoudre une question en suspens. Cette adaptation tenait souvent à une adéquation plus grande entre une mesure et la possibilité de la localiser anatomiquement.

Cependant, dans la majorité des cas, ces préparations furent découvertes et étudiées avant le début des années cinquante. Elles avaient été initialement conçues pour localiser facilement certains concepts physiologiques par des techniques extracellulaires. Le grand nombre d'études morphologiques et les anciennes expérimentations physiologiques avaient déjà atteint dans ce domaine un rare degré de synergie. Quelques exemples permettent d'illustrer ce point et de montrer comment par l'intracellulaire ces préparations acquirent la valeur de nouveaux modèles neurobiologiques.

Lorsqu'Arvanitaki et Tauc prirent, presque simultanément, le soma de divers neurones ganglionnaires d'aplysie (fig. 15) pour s'exercer à l'intracellulaire, ces « gros neurones » avaient déjà suscité un intérêt dès le début des années quarante[1]. En réalité, la taille remarquable de certaines cellules nerveuses, chez diverses espèces de gastéropodes, était connue depuis d'anciennes études anatomiques[2]. En outre, certains somas « assez richement pourvus de pigments brunâtres ou jaunâtres » pouvaient être manipulés *in vivo*, extraits sous microscope[3] et leurs potentiels mesurés par des électrodes extracellulaires. Arvanitaki put alors démontrer que le soma neuronique était le siège d'unc activité nerveuse rythmique présentant des potentiels gradués[4], ce qui mettait fin au concept du neurone présentant seulement une activité binaire tout-ou-rien.

À l'échelle subcellulaire, l'axone géant du calamar, et sa synapse axo-axonique géante à la surface du ganglion étoilé, furent deux modèles de choix, dont le dernier fut utilisé jusqu'à très récemment[5]. Cette synapse permit un accès direct à un compartiment présynaptique, comme cela fut également possible avec l'aplysie chez laquelle on pouvait introduire une électrode dans un neurone présynaptique. Cependant à la synapse du calamar, Hagiwara et Tasaki purent glisser une électrode dans deux compartiments, présynaptique et postsynaptique, et également dans l'espace intersynaptique en y mesurant un potentiel nul[6]. En réalité, cette démarche de localisation des potentiels à l'intérieur d'une synapse avait été

1. A. Arvanitaki, « Contribution à la morphologie du système nerveux des Gastéropodes. Isolement, à l'état vivant, de corps neuroniques », *C.R. Soc. Biol.*, 1941, 135, p. 965-969, p. 967. A. Arvanitaki, « Les caractéristiques de l'activité rythmique ganglionnaire « spontanée » chez l'Aplysie », *C.R. Soc. Biol.*, 1941, 135, p. 1207-1216 ; A. Arvanitaki, « Réponses autonomes ganglionnaires à une polarisation appliquée », *C.R. Soc. Biol.*, 1941, 135, p. 1216-1221.

2. G. Cuvier, *Mémoires pour servir à l'histoire et à l'anatomie des mollusques*, Paris, Deterville, 1817 ; H. Dutrochet, *Recherches anatomiques et physiologiques sur la structure intime des animaux et des végétaux et sur leur motilité*, Paris, Baillière, 1824 ; E.H.S. Forbes, *A history of British mollusca, and their shells*, Londres, Van Voorst, 1853 ; J. Guiart, *Contribution à l'étude des Gastéropodes Opisthobranches et en particulier des Céphalaspides*, Thèse de Sciences, Paris, 1901.

3. A. Arvanitaki, « Contribution à la morphologie du système nerveux des Gastéropodes. Isolement, à l'état vivant, de corps neuroniques », *C.R. Soc. Biol.*, 1941, 135, p. 965-969, p. 967.

4. H. Cardot, A. Arvanitaki, « Données sur les caractéristiques de la réponse électrique du soma neuronique », *Schweitz Med. Wochensch.*, 1941, 12, p. 547-553. De nombreuses données ne furent pas publiées et n'apparurent que dans le mémoire de thèse de Tchou Si Ho. T. Si Ho, *Contribution à l'étude de la physiologie des cellules nerveuses chez l'Aplysie*, Thèse de Sciences, Lyon, Bosc et Riou, 1942.

5. Par les groupes de George Augustine et Rodolfo Llinás.

6. S. Hagiwara, I. Tasaki, « A study on the mechanism of impulse transmission across the giant synapse of the squid », *J. Physiol. Lond.*, 1958, 143, p. 114-137.

initiée, à la fin des années trente, avec les recherches électrophysiologiques de l'anatomiste Young[1], le découvreur de cette synapse géante, et les études ultérieures de Bullock[2]. L'intracellulaire confirmait la cinétique des potentiels d'action recueillis en extracellulaire : « Les allures du potentiel d'action et du potentiel synaptique étaient très comparables à celles rapportées précédemment (Bullock, 1948) à l'aide de macroélectrodes »[3]. Mais avec l'introduction de la technique intracellulaire, il devenait possible de contrôler le potentiel de repos, d'hyperpolariser un compartiment, de mesurer des seuils de décharge, de modifier les contenus ioniques, d'injecter des sondes fluorescentes, puis des anticorps, des bloqueurs pharmacologiques ou plus récemment encore des ARN modifiés. Avec les possibilités d'accéder à l'intériorité des compartiments synaptiques, la synapse géante du calamar devint le modèle paradigmatique de toute synapse, enseigné[4] et repris par de nombreuses équipes de recherche.

À l'échelle subcellulaire encore, la localisation de potentiels gradués dans les dendrites fut rendue possible par le modèle du méchanorécepteur du muscle de l'écrevisse. Mais dans ce cas, la cellule de Mauthner des urodèles et téléostéens fut un meilleur modèle. Connue de longue date des anatomistes, elle fut d'abord étudiée en raison de la grande taille de son axone et de ses dendrites[5]. Le facteur principal d'intérêt des modèles invertébrés fut la taille de certains de leurs éléments, dans la localisation de

1. J.Z. Young, « The functioning of the giant nerve fibres of the squid », *J. Exp. Biol.*, 1938, 15, p. 170-185. J.Z. Young, « Fused neurones and synaptic contacts in the giant nerve fibres of cephalopods », *Phil. Trans. Roy. Soc. B*, 1939, 229, p. 465-503.

2. T.H. Bullock, « Properties of a single synapse in the stellate ganglion of the squid », *J. Neurophysiol.*, 1948, 11, p. 343-364. T.H. Bullock, « Junctional transmission. The invertebrate neuron junction », *Cold Spring Harb. Symp. Quant. Biol.*, 1952, 17, p. 267-273.

3. T.H. Bullock, S. Hagiwara, « Intracellular recording from the giant synapse of the squid », *J. Gen. Physiol.*, 1957, 40, p. 565-577, p. 575.

4. J.M. Arnold, *A Guide to laboratory use of the squid Loligo pealei*, Woods Hole (Mass.), Marine Biological Laboratory, 1974, chap. VI, « The preparation of the squid giant synapse for electrophysiological investigation », p. 55-65.

5. S. Ramón y Cajal, « Sur un noyau spécial du nerf vestibulaire des poissons et des oiseaux », *Trab. Lab. Invest. Biol. Univ. Madrid*, 1908, 6, p. 1-20 ; G.W. Bartelmes, « Mauthner's cell and the nucleus motorius tegmenti », *J. Comp. Neurol.*, 1915, 25, p. 87-128 ; D. Bodian, « The structure of the vertebrate synapse. A study of the axon endings on Mauthner's cell and neighboring centers in goldfish », *J. Comp. Neurol.*, 1937, p. 117-159 ; H.T. Graham, J.L. O'Leary, « Fast central fibers in fish. Properties of Mauthner and Müller fibers of medullospinal system », *J. Neurophysiol.*, 1941, 4, p. 224-242 ; I. Tasaki, S. Hagiwara, A. Watanabe, « Action potentials recorded from inside a Mauthner cell of the catfish », 1954, *op. cit.*

propriétés électrophysiologiques et la quantification rigoureuse de leurs paramètres électrophysiologiques.

Un autre intérêt de ces modèles fut l'étude de petits ensembles neuroniques aux activités coordonnées. Les neurones n'étaient plus seulement étudiés par l'opposition entre des facteurs intrinsèques et des concepts non neuronaux de réseau nerveux. Car chez des organismes simples, l'activité d'un neurone pouvait être comparée avec d'autres activités. Il devenait alors possible d'établir certaines corrélations temporelles étroites entre les activités neuronales et musculaires. Mais ce style de recherche préexistait; il avait été en particulier celui d'Adrian sur le dytique[1], lorsqu'il avait démontré la synchronie des activités des ganglions de la chaîne ventrale avec les mouvements respiratoires. Cependant, l'association de modèles invertébrés à la technique intracellulaire permit cette approche sur un neurone unique *in vivo*, en permettant l'analyse de réseaux neuronaux par des activités globales et unitaires; on pouvait corréler l'activité du réseau avec celle recueillie à l'intérieur d'un neurone donné pour comprendre comment le réseau et ce neurone particulier pouvaient s'influencer l'un l'autre.

Une telle étude fut menée par Hagiwara et Watanabe à Tokyo sur le réflexe du chant de la cigale japonaise[2]. La question était ancienne, l'approche nouvelle. Il s'agissait d'établir une corrélation rigoureuse entre les propriétés rythmiques d'un réseau et le chant de l'insecte. Les deux muscles impliqués se contractent alternativement à 100 Hz. Or, certains neurones intermédiaires avaient une activité rythmique de 200 Hz. Cela suggérait qu'un seul neurone *pacemaker* contrôlait les deux muscles, en alternant phases d'excitation et d'inhibition, pour chacun des deux muscles.

De telles approches intracellulaires permirent, dans les années cinquante, de proposer, chez un invertébré, un mécanisme neuronal de réflexe, selon un modèle impliquant des neurones avec différentes propriétés rythmiques.

Dans ces études, le concept de neurone *pacemaker* devenait central. Il avait été développé par Bullock et Maynard sur d'autres modèles invertébrés avant la technique intracellulaire: les ganglions cardiaques de la limule et du homard. Le ganglion de limule avait été choisi pour localiser

1. E.D. Adrian, « Potential change in the isolated nervous system of Dytiscus marginalis », *J. Physiol. Lond.*, 1931, 72, p. 132-151.

2. *Graptopsaltria nigrofuscata*. S. Hagiwara, A. Watanabe, « Discharges in motoneurons of Cicada », *J. Cell. Comp.*, 1956, 47, p. 415-428.

une rythmogénicité dans un soma neuronique[1]. Celui du homard, ayant la particularité de ne compter que neuf cellules, selon les descriptions de Jerzy Alexandrowicz (1886-1970)[2], fut utilisé par Maynard qui réalisait sa thèse chez Bullock. Il démontra le rôle des propriétés rythmiques de certains neurones dans l'initiation neurogénique de la contraction du cœur[3]. Hagiwara, Bullock et Terzuolo reprirent ce modèle par l'intracellulaire pour distinguer fonctionnellement, parmi les sept neurones, les neurones *pacemakers* et les suiveurs ou *followers*, sous la dépendance des deux petites cellules du ganglion[4]. Dans un ganglion de neuf cellules, un réseau put ainsi être mis en évidence par l'intracellulaire.

Cette problématique fut exactement celle d'une étude de Tauc, dans laquelle il proposait, à partir d'enregistrements de ppse et ppsi, un mécanisme d'activité rythmique neuronale. L'hypothèse envisageait le mécanisme d'une double afférence, l'une excitatrice, l'autre inhibitrice, convergeant sur le neurone enregistré et sur un neurone intermédiaire en contact synaptique avec le premier[5].

Ces nouveaux résultats pouvaient aboutir à une modélisation mathématique permettant de comprendre comment l'excitation et l'inhibition pouvaient interagir dans la genèse de diverses activités rythmiques[6]. Dans ces études, les activités ganglionnaires accédaient à un mode d'explication neuronal par des distinctions fonctionnelles d'éléments neuroniques en interaction.

1. T.H. Bullock, H.S. Burr, L.F. Nims, « Electrical polarization of pacemaker neurons », *J. Neurophysiol.*, 1943, 6, p. 85-96.

2. J.S. Alexandrowicz, « The innervation of the heart of the Crustacea. I. Decapoda », *Q. J. Microscop. Sci.*, 1932, 75, p. 181-249.

3. J.H. Welsh, D.M. Maynard, « Electrical activity of a simple ganglion », *Fed. Proc.*, 1951, 10, p. 145; D.M. Maynard, « Activity in a crustacean ganglion. I. Cardioinhibition and acceleration in Panulirus argus », *Bio. Bull.*, 1953, 104, p. 156-170; D.M. Maynard, « Activity in a crustacean ganglion. II. Pattern and interaction in burst formation », *Bio. Bull.*, 1955, 109, p. 420-436.

4. S. Hagiwara, T.H. Bullock, « Intracellular potentials in pacemaker and integrative neurons of the lobster cardiac ganglion », *J. Cell Comp.*, 1957, 50, p. 25-47; T.H. Bullock, C.A. Terzuolo, « Diverse forms of activity in the somata of spontaneous and integrating ganglion cells », *J. Physiol. Lond.*, 1957, 138, p. 341-364.

5. L. Tauc, « Analyses unitaires d'activités synaptiques chez l'Aplysie révélant la mise en jeu de neurones intermédiaires dans le ganglion abdominal », *J. Physiol. Paris*, 1958, 50, p. 541-544.

6. Ceci fut fait en 1964 seulement à partir des études précédentes. D.H. Perkel, J.H. Schulman, T.H. Bullock, G.P. Moore, J.P. Segundo, « Pacemaker neurons: Effects of regularly spaced synaptic input », *Science*, 1964, 145, p. 61-63.

La technique intracellulaire offrait donc l'avantage incontestable de pouvoir enregistrer des neurones uniques en choisissant précisément leur localisation, leur taille et leur aspect. Pour cette raison, les modèles invertébrés permirent de rechercher d'autres types de distinctions fonctionnelles entre neurones[1]. Il fut possible d'établir certaines corrélations entre les neurones d'un ganglion donné et ses propriétés pharmacologiques ou de décharge[2]. C'est ainsi que certains résultats fondamentaux furent acquis, notamment sur le modèle de l'aplysie (fig. 26). Gerschenfeld et Tauc démontrèrent que, selon les neurones, l'acétylcholine pouvait être excitatrice ou inhibitrice[3]. Les mêmes auteurs, en collaboration avec Philippe Ascher, établirent qu'un neurone pouvait être excité par deux neurotransmetteurs[4]. Ces corrélations culminèrent avec des études pharmacologiques topographiques qui précisaient la localisation des neurones selon leur neuromédiateur, mais aussi la topographie des récepteurs aux neurotransmetteurs excitateurs à l'échelle d'un neurone[5].

Ces distinctions fonctionnelles aboutirent à une synthèse des données électrophysiologiques, anatomiques et pharmacologiques, réalisée dans le cadre d'un concept anatomique ancien : le concept de « neurone identifié ». Certains éléments histologiques d'invertébrés étaient reconnaissables à un même aspect et une même position chez des animaux distincts d'une même espèce. Il était donc possible d'identifier, chez une espèce donnée, des éléments histologiques microscopiques constants, fibres ou somas neuroniques, stables d'un animal à un autre, dans leurs morphologies, propriétés, localisations et relations au système nerveux tout entier. D'un point de vue strictement anatomique, certaines fibres géantes d'invertébrés avaient été

1. Arvanitaki distingua par exemple des neurones rythmiques dont le potentiel était différemment modulé par l'illumination ou les vapeurs de chloroforme. A. Arvanitaki, N. Chalazonitis, « Réactions électriques distinctes de deux neurones définis à un même modificateur », *J. Physiol. Paris*, 50, p. 125-128.

2. A. Arvanitaki, N. Chalazonitis, « Configurations modales de l'activité propre à différents neurones d'un même centre », *J. Physiol. Paris*, 50, p. 122-125.

3. L. Tauc, H.M. Gerschenfeld, « L'acétylcholine comme transmetteur probable de l'excitation synaptique dans le système nerveux central des Mollusques », *J. Physiol. Paris*, 54, p. 416-417 ; H.M. Gerschenfeld, L. Tauc, « Pharmacological specificities of neurones in an elementary central nervous system », *Nature*, 1963, 189, p. 924-925.

4. H.M. Gerschenfeld, P. Ascher, L. Tauc, « Two different excitatory transmitters acting on a single Molluscan neurone », *Nature*, 1967, p. 358-359.

5. H. Levitan, L. Tauc, « Acetylcholine receptors : topographic distribution and pharmacological properties of two receptor types on a single molluscan neurone », *J. Physiol. Lond.*, 1972, 222, p. 537-558.

précocement identifiées comme des éléments morphologiques stables. Sur le plan fonctionnel, Cornelius Wiermsa avait montré la stabilité de l'organisation fonctionnelle de l'innervation des muscles de la patte des décapodes. Cependant, le concept de neurone identifié ne fut généralisé qu'au début des années soixante par Bullock et George Adrian Horridge[1] et rediscuté plus récemment sur un plan théorique[2].

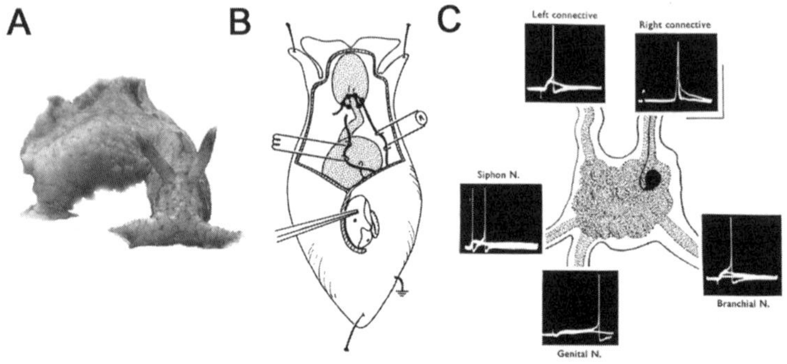

A, aplysie ; B, préparation de l'animal par dissection dorsale permettant l'accès aux chaînes nerveuses pour des enregistrements des activités nerveuses ; C, enregistrements intracellulaires, illustrés pour chacune des voies afférentes stimulées, réalisés dans une cellule géante (en noir) du cadrant supérieur droit du ganglion abdominal.

Figure 26.
Modèle de l'aplysie utilisé pour l'étude des bases neurales de comportements simples.
D'après Kandel et Tauc, 1965

Ce concept fut utilisé dans la synthèse des approches électrophysiologiques, anatomiques et pharmacologiques, dans les travaux réalisés sur l'aplysie et l'escargot par Tauc et Arvanitaki. Comme Bullock l'avouait lui-même, les résultats les plus fondamentaux, acquis pendant les années cinquante sur ces deux modèles, demeurèrent, pendant longtemps, les seuls véritables arguments en faveur de neurones identifiés.

1. Né en 1927. T.H. Bullock, G.A. Horridge, *Structure and Function in the Nervous Systems of Invertebrates*, San Francisco, Freeman, 1965.

2. T.H. Bullock, « Revisiting the concept of identifiable neurons », *Brain Behav. Evol.*, 2000, 55, p. 241-247.

Mis à part deux cellules géantes et quelques catégories de neurones du ganglion viscéral du gastéropode, aplysie, définis par leurs réponses à des agents neurotransmetteurs, ou encore leur propension à générer une activité spontanée, d'autres neurones non géants ne furent reconnus et nommés en tant que neurones constants d'une espèce donnée qu'à la fin des années 1960 et au début des années 1970[1].

Prenons quelques exemples. L'application d'acétylcholine permettait une distinction pharmacologique des neurones de l'aplysie répondant par une dépolarisation (neurones D) ou une hyperpolarisation (neurones H). Mais cette distinction en recouvrait d'autres. La noradrénaline avait un effet inverse en dépolarisant les neurones H et en hyperpolarisant les neurones D, alors que la sérotonine dépolarisait les deux types. La sérotonine permit la distinction des cellules CILDA, présentant une phase d'inhibition prolongée[2]. Or, ces neurones furent également identifiés avec un sous-ensemble de cellules, préalablement dénommé P1, présentant une inhibition hétérosynaptique[3]. La finesse des distinctions tirait peu à peu parti de la localisation précise de chaque neurone et de la séparation entre neurones et interneurones[4]. Ces catégories furent aussi définies les unes par rapport aux autres et aboutirent à décrire, par des schémas neuronaux, certaines voies réflexes par une approche connexioniste qui mettait en relation des ensembles de cellules caractérisées par des propriétés anatomiques, physiologiques et pharmacologiques précises[5]. Ce qui permettait

1. *Ibid.*, p. 5.

2. H.M. Gerschenfeld, L. Tauc, « Certains aspects de la pharmacologie des synapses chez l'Aplysie », *J. Physiol. Paris*, 1964, 56, p. 306-361. H.M. Gerschenfeld, E. Stefani, « An electrophysiological study of 5-hydroxytryptamine receptors of neurones in the molluscan nervous system », *J. Physiol. Lond.*, 1966, 185, p. 684-700.

3. L. Tauc, « Presynaptic inhibition in the abdominal ganglion of Aplysia », *J. Physiol. Lond.*, 1965, p. 282-307.

4. L. Tauc, « Heterosynaptic facilitation as a distinct mechanism in Aplysia », *Nature*, 1967, 214, p. 724-725. G.H. Hughes, L. Tauc, « A direct synaptic connexion between the left and right giant cells in Aplysia », *J. Physiol. Lond.*, 1968, 197, p. 511-527.

5. Il faut toutefois avoir à l'esprit que le concept de neurone identifié comme élément central d'un réseau, dont il peut initier la mise en œuvre dans un mécanisme réflexe, était un concept initialement envisagé par Wiersma dans les années quarante. Cet auteur avait mis en évidence que l'excitation d'un axone géant identifié était suffisante pour initier une réponse de fuite chez l'écrevisse. C.A.G. Wiersma, « Giant nerve fiber system of the Crayfish. A contribution to comparative physiology of synapse », *J. Neurophysiol.*, 1947, 10, p. 23-38; C.A.G. Wiersma, G.M. Hughes, « On the functional anatomy of neuronal units in the abdominal cord of the crayfish, Procambarus clarkii (Girard) », *J. Comp. Neurol.*, 1961, 116, p. 209-228. Plus tard, Wiersma proposa le terme de « neurone de commande » : C.A.G. Wiersma,

ces corrélations, c'était la possibilité de travailler sur une même cellule identifiée, repérable dans un animal et dont on pouvait prédire certaines propriétés pour les corréler avec d'autres.

Il est possible de conclure que les modèles invertébrés permirent de réaliser des mesures en variant les conditions expérimentales et les éléments neuroniques testés, au sein d'une organisation neuronale connue. Ils furent pour ces raisons les premiers modèles permettant l'approche expérimentale complète de la neurophysiologie cellulaire, ou d'une neurobiologie combinant l'électrophysiologie, l'histologie et la pharmacologie, à des neurones considérés en classes distinctes et organisés en circuits. L'interdisciplinarité ainsi constituée se distinguait des autres par le choix d'un type de matériel biologique présentant de réels avantages pour résoudre des questions, elles-mêmes de nature interdisciplinaire. Cette neurophysiologie des invertébrés demeure encore actuellement essentielle pour préciser certains concepts difficiles à étudier autrement, comme celui de circuit neuronal.

DIVERSIFICATION DES APPROCHES CELLULAIRES (1950-1960)

La neurophysiologie cellulaire était donc constituée dès le début des années cinquante par un ensemble impressionnant de remaniements disciplinaires complexes, par la combinaison d'une électrophysiologie, d'une histologie et d'une pharmacologie du neurone, appliquées initialement à des modèles invertébrés, qui s'étendaient progressivement à la neurophysiologie entière, à une neurobiologie, pour fonder au cours des années soixante le programme interdisciplinaire des neurosciences.

Dans ce grand mouvement, et à l'image d'Adrian demandant à Kuffler si les propriétés des cellules ganglionnaires rétiniennes de chat se retrouvaient dans leurs neurones corticaux[1], tous les neurophysiologistes ne

K. Ikeda, « Interneurons commanding swimmeret movements in the crayfish procambarus (Girard) », *Comp. Biochem. Physiol.*, 1964, 12, p. 509-525.

1. « Steve [Kuffler] venait tout juste de présenter ses nouveaux résultats à la réunion de Cambridge. Lord Adrian, le pionnier dans notre connaissance de la signalisation sensorielle que Steve admirait grandement, sans l'avoir jamais rencontré, marchait en sens inverse dans le couloir. Lorsqu'il se trouva devant Steve, il s'arrêta, cogna sa tête, et demanda simplement : sont-elles les mêmes dans le cerveau ? », J. Nicholls, « Stephen W. Kuffler », *Biogr. Mem. Natl. Acad. Sci.*, 1998, 74, p. 193-208.

tardèrent pas à comprendre l'intérêt des approches cellulaires chez les vertébrés.

La remarque d'Adrian allait trouver sa réponse dans les travaux réalisés par David H. Hubel et Torsten N. Wiesel [1], dans le laboratoire de Kuffler, à la fin des années cinquante. Ces travaux leur valurent le Prix Nobel de physiologie ou médecine en 1981.

Dès les années quarante, différents chercheurs, dont Forbes, Lorente de Nó, Svaetichin ou Jasper, s'étaient attachés à mesurer des activités unitaires dans la moelle, les noyaux oculomoteurs ou le cortex. Mais dans les années cinquante, on assiste à un véritable engouement pour l'échelle neuronale prise comme niveau d'explication des phénomènes nerveux, à la fois sur les plans fonctionnel et structural, selon une conception qui caractérise la neurobiologie.

Si certaines approches de cette période bénéficièrent d'avancées techniques indéniables de la biologie générale, comme l'essor de la microscopie électronique ou de l'ultracentrifugation, d'autres semblaient avoir été initiées par un souci théorique, comme le développement des techniques de microélectrodes et des nouveaux amplificateurs électroniques.

Il y eut une diversification des alliances entre différentes techniques à l'échelle du neurone, entre la neurophysiologie unitaire, la pharmacologie et l'histochimie, ou encore entre la microscopie électronique, l'ultracentrifugation et l'électrophysiologie de la neurotransmission chimique. Ces évolutions représentaient un paradigme neuronal qui, loin de reposer entièrement sur des progrès techniques, se développait comme une extension des approches cellulaires à toute structure du système nerveux et tout problème posé antérieurement par la neurophysiologie. Cette marche vers une pluridisciplinarité recherchant une meilleure intégration de ses approches, et apparaissant comme nécessaire à la vie des laboratoires, fut l'une des conditions essentielles du nouvel élan scientifique interdisciplinaire des neurosciences.

Techniques unitaires extracellulaires (1955-1960)

Une condition essentielle de l'efflorescence des voies de recherche pratiquées à l'échelle du neurone fut la possibilité d'enregistrer des cellules uniques, dans diverses structures du système nerveux et dans différentes conditions expérimentales, chez l'animal anesthésié ou vigile. Ceci fut

1. David H. Hubel (né en 1926) et Torsten N. Wiesel (né en 1924).

réalisé grâce à l'essor considérable que prit l'enregistrement extracellulaire unitaire à la fin des années cinquante, en parallèle des études d'enregistrement intracellulaires. L'affinement de la technique extracellulaire peut être considéré comme une évolution naturelle, qui commença au début des années quarante, mais qui fut par la suite favorisée par l'essor d'une neurophysiologie intracellulaire.

Il faut noter d'emblée les différentes raisons théoriques qui amenèrent différents laboratoires à adopter l'enregistrement unitaire extracellulaire, les moyens mis en œuvre et les critères établis *a posteriori* qui décidaient si un enregistrement était ou non unitaire. Ces divers ordres de critères connurent des variations extrêmes, difficiles à décrire, si l'on ne considère pas leurs évolutions chronologiques précoces.

Dans cette analyse, il faut distinguer nettement, selon les groupes de recherche, les choix des techniques et des lieux d'introduction de la microélectrode, selon que l'on souhaitait enregistrer une fibre unique ou un corps neuronique. Il faut également prendre en compte les perspectives théoriques générales.

Dans cette phase initiale de divergence des approches, les cultures locales déterminent une variété de choix méthodologiques, avant que des consensus ne s'imposent. Il faut comprendre en quoi cette radiation régionale de techniques très proches fut nécessaire à l'enregistrement de différents signaux, dont on ne comprit qu'*a posteriori* que certains représentaient des potentiels d'action neuroniques extracellulaires et d'autres des potentiels propagés dans des axones. Comme pour l'enregistrement intracellulaire, la technique extracellulaire définit progressivement les normes de ses divers potentiels détectés. Cette aventure connut un retard significatif par rapport à celle de l'intracellulaire, tant l'extracellulaire peinait encore souvent à localiser sans ambiguïté les potentiels recueillis.

Une première tendance se dessine entre la tradition des micropipettes en verre et celle des microélectrodes métalliques. Au tout début des années cinquante, la micropipette en verre fut la plus fréquemment utilisée. Son origine appartenait à la physiologie cellulaire végétale américaine et son extension aux tissus animaux fut réalisée par Gerard au milieu des années quarante. À partir de 1952, Eccles l'utilisa pour des enregistrements intracellulaires de neurones. Or, on oublie parfois que cette électrode eut une seconde vie parallèle, en servant aux enregistrements unitaires extracellulaires dès les années quarante, avec Forbes, Renshaw et Morison, puis Lloyd et Svaetichin.

Au début des années cinquante, la diffusion de cette approche posa problème à plusieurs laboratoires. Si cette électrode était parfois jugée plus stable que les électrodes métalliques, sa résistance élevée nécessitait la construction d'amplificateurs spécifiques. On essayait de diminuer sa résistivité en l'emplissant de solutions salines, toujours plus concentrées[1]. Une alternative, expérimentée dès 1937 par Svaetichin, consistait à introduire des alliages métalliques à faible température de fusion[2], ou un filament métallique[3]. On se rapprochait peu à peu d'une électrode métallique.

L'aventure des microélectrodes taillées dans un fil de métal rigide était aussi ancienne que celle des pipettes en verre. La technique d'isolement du métal par une gaine de verre, ne laissant dénudée que la pointe conductible, fut elle-même mise au point par les physiologistes végétaux dès 1928[4]. Au cours des années trente, Svaetichin et Granit l'utilisèrent dans l'isolement d'unités rétiniennes. Lloyd l'adopta dans ses études sur la moelle. Le problème particulier était d'obtenir un affûtage très fin de la pointe réalisable par électrolyse[5]. Une électrode pouvait être implantée à demeure sur des animaux chroniques, comme cela fut réalisé par Hubel dès 1957[6]. L'article de Hubel dans la revue *Science* motiva, l'année suivante, celui de Green, dans la revue *Nature*, proposant une technique d'affûtage plus simple à l'acide chlorhydrique[7]. Ces progrès techniques permirent des enregistrements chroniques sur de longues durées – plusieurs semaines, puis plusieurs mois – sur des animaux non anesthésiés[8], permettant ainsi d'enregistrer des neurones chez des animaux vigiles.

Ces tentatives illustrent une diversité d'approches qui semblaient converger. Quelle différence essentielle y avait-il alors entre une pipette de

1. Jusqu'à KCl 3M. W.L. Nastuk, A.L. Hodgkin, « The electrical activity of single muscle fibers », *J. Cell. Comp. Physiol.*, 1950, 35, p. 39-73.

2. G. Svaetichin, « Electrophysiological investigations on single ganglion cells. Part I : Low resistance micro-electrodes », *Acta Physiol. Scand.*, 1951, 24, p. 5-13. Plus tard Dowben et Rose publièrent une méthode plus simple basée sur un alliage gallium-indium : R.B. Dowben, J.E. Rose, « A metal-filled microelectrode », *Science*, 1953, 118, p. 22-24.

3. R.A. Weale, « A new micro-electrode for electrophysiological work », *Nature*, 1951, 167, p. 529-530.

4. C.V. Taylor, D.M. Whittaker, « Potentiometric determinations in the protoplasma and cell-sap of Nitella », *Protoplasma*, 1928, 3, p. 1-6.

5. H. Grundfest, R.W. Sengstaken, W.H. Oettinger, « Stainless steel micro-needle electrodes made by electrolytic pointing », *Rev. Sci. Inst.*, 1950, 21, p. 360-361.

6. D.H. Hubel, « Tungsten microelectrode for recording from single units », *Science*, 1957, p. 549-550.

7. J.D. Green, « A simple microelectrode for recording from the central nervous system », *Nature*, 1958, 182, p. 962.

8. Felix Strumwasser (1934-2007). F. Strumwasser, « Long-term recording from single neurons in brain of unrestrained mammals », *Science*, 1958, 127, p. 469-470.

verre remplie de métal et une électrode métallique isolée par une gaine en verre ? En réalité, les orientations que prirent, d'une part, les utilisateurs de microélectrodes utilisant le métal pour les implantations chroniques profondes, et d'autre part, ceux préférant parfois le verre sur les préparations aiguës, à la suite des progrès des amplificateurs, étaient différentes.

Parmi ces évolutions, la plus significative et la plus chargée de potentialités fut sans conteste la création d'électrodes rigides implantables à demeure chez un animal libre de ses mouvements. On pouvait dès lors étudier à la fois le comportement, la perception, l'action et quelques neurones bien choisis.

Une culture des microélectrodes se développa donc dans des laboratoires très différents, au sein de programmes de recherche variés, en permettant l'affinement et la stabilisation des procédés de fabrication de microélectrodes performantes adaptées à diverses problématiques.

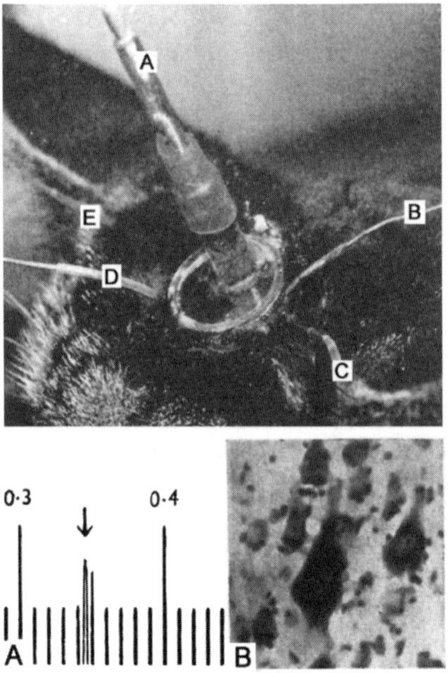

Dispositif expérimental (haut) ; A, porte électrode ; B, électrode de référence implantée dans la matière blanche ; C, électrode d'enregistrement extracellulaire de surface ; D, catheter de perfusion ; cathéter de drainage. Taille relative de l'extrémité de la microélectrode (→) et des grands neurones pyramidaux à la même échelle (bas). Une petite division représente 10 micromètres.

Figure 27.
Chambre d'enregistrement par une microélectrode en verre à travers une fenêtre osseuse pratiquée dans le crâne d'un chat.
D'après Li et Jasper, 1953

Une seconde divergence des approches est nettement perceptible entre les études unitaires majoritairement « nerveuses » avant les années cinquante et l'orientation nettement neuronale qui suivit. Notons d'emblée la différence essentielle entre elles. Est-il nécessaire épistémologiquement de distinguer une mesure unitaire nerveuse d'une mesure neuronale ? Après tout, une série de potentiels propagés dans une fibre ne reflète-t-elle pas l'activité du neurone et donc du soma neuronique ? Cette distinction prend néanmoins sens si l'on considère le paradigme neuronal comme essentiellement localisationniste, non seulement à l'échelle du neurone, mais aussi à celle des centres nerveux. Si les activités de fibres uniques répondaient aux questions de localisation par la distinction d'un axone unique comme un lieu de passage, l'unitaire neuronal indiquait la localisation de genèse de l'activité dans une seule cellule. De même que l'intracellulaire eut d'emblée plus de légitimité pour localiser des potentiels à l'intérieur du neurone, l'extracellulaire neuronal put légitimer, avec une plus grande rigueur, la localisation histologique des activités neuronales enregistrées.

Mais à ce stade, soulignons combien ces deux approches ne furent pas contradictoires, mais bien complémentaires. Pour donner une nouvelle preuve de leur continuité et de leur bonne entente notons que, dans le contexte envisagé, l'unitaire nerveux prit part aux développements techniques des années cinquante [1], qu'il motiva les recherches par ses premiers succès [2] et surtout qu'il créa une littérature abondante notamment dans les domaines de la vision et de l'audition, en définissant souvent les problématiques qui furent d'emblée abordées par l'unitaire neuronal. Plus tardivement, certains groupes de recherche prirent le parti d'enregistrer simultanément des activités unitaires neuronales et nerveuses afin de comparer l'activité d'un neurone à celle de son neurone afférent [3]. Cette ultime évolution faisait entrer l'unitaire nerveux lui-même à l'intérieur du paradigme neuronal.

1. Pour la période la plus contemporaine voir R.A. Weale, *Nature*, 1951, 167, p. 529-530, *op. cit.*

2. E.D. Adrian, G. Moruzzi, « Impulses in the pyramidal tract », *J. Physiol. Lond.*, 1939, 97, p. 153-199 ; WH. Marshall, « Observations on subcortical somatic sensory mechanisms of cats under nembutal anesthesia », *J. Neurophysiol.*, 1941, 4, p. 25-43 ; E.D. Adrian, « Afferent discharges to the cerebral cortex from peripheral sense organs », *J. Physiol. Lond.*, 1941, 100, p. 159-191.

3. D.H. Hubel, « Single unit activity in lateral geniculate body and optic tract of unrestrained cats », *J. Physiol. Lond.*, 1960, 150, p. 91-104.

Si une tendance a été soulignée dans l'évolution entre la microélectrode en verre et celle en métal, ou encore entre l'unitaire nerveux et l'unitaire neuronal, c'est pour laisser entendre des distinctions moins fortes que la terminologie pourrait le laisser croire. S'il ne peut y avoir de continuité lisse entre deux électrodes de matériaux différents, des formes intermédiaires existent. De même, entre l'unitaire nerveux et l'unitaire neuronal, certaines mesures furent également intermédiaires, car les normes du nerveux et du neuronal ne furent pas d'emblée suffisamment précises, mais présentèrent elles-mêmes certaines variations et indéterminations.

La première norme, très fréquemment mentionnée, fut celle d'Adrian enregistrant l'activité d'une fibre unique [1] se présentant sous la forme d'une succession de potentiels d'action d'amplitude constante et de fréquence stable après stimulation. Cette norme était justifiée par l'observation que la dissociation mécanique du nerf, dilacéré jusqu'à l'obtention d'une fibre viable unique, faisait disparaître toute activité si elle était poussée plus avant. C'était là l'honnête norme d'une activité unitaire qui demeure peu différente de celle encore utilisée aujourd'hui, pour des stimulations synaptiques minimales, cherchant à isoler un seul site de libération. Elle fut adoptée très largement pendant la période étudiée [2], puis elle prit des tournures plus pratiques [3] plus ou moins détaillées [4].

1. E.D. Adrian, D.W. Bronk, *J. Physiol. Lond.*, 66, p. 80-101, *op. cit.*

2. Par exemple, D.P.C. Lloyd, 1941, *J. Neurophysiol.*, 4, p. 525-546, *op. cit.*, p. 530 : « Les réponses étaient localisées et relativement uniformes dans leurs amplitudes, assez régulières dans leur fréquence, après un tétanus prolongé dans la voie pyramidale [...] Dans l'ensemble, tous les critères sur lesquels sont basés l'hypothèse de la réponse unitaire (*cf.* Adrian et Bronk, 1928, etc.) sont satisfaits ».

3. V.E. Amassian, *Nature*, 1952, 169, p. 970-971, *op. cit.*, p. 971 : « Nous avons le sentiment qu'un critère minimal pour l'identification et l'analyse d'enregistrements d'unités corticales est la reproductibilité d'une décharge unitaire pendant au moins deux cycles d'excitation, en utilisant un balayage suffisamment rapide pour obtenir une résolution suffisante des potentiels d'action individuels dans les décharges en bouffée de hautes fréquences ».

4. J.E. Rose, V.B. Mountcastle, « Activity of single neurons in the tactile thalamic region of the cat in response to a transient peripheral stimulus », *Bull. Johns Hopkins. Hosp.*, 1954, 94, p. 238-282, p. 247 : « [...] des trains comme ceux illustrés [...] sont en fait des décharges de la *même unité* [...] Nous n'allons mentionner que les caractéristiques des trains qui justifient cette conclusion [...] *premièrement*, les décharges d'un train ne diffèrent pas les unes des autres ; *deuxièmement*, les latences des décharges dans un train sont indépendantes de la latence du premier potentiel [...] ; *troisièmement*, [...] les amplitudes des décharges du train sont étroitement corrélées avec l'amplitude du premier potentiel, [...] ; *quatrièmement*, dans

Mais trouver une norme distinguant le nerveux du neuronal devint rapidement le problème des années cinquante. Il n'y eut pas d'emblée de consensus. En 1960, un article de Hubel faisait une distinction entre un potentiel de neurone thalamique et un potentiel de fibre du nerf optique[1]. Il était devenu clair qu'un potentiel neuronique extracellulaire était l'image inversée d'un potentiel d'action enregistré par une électrode intracellulaire. Ce potentiel devait présenter une première déflexion positive rapide, correspondant à l'entrée du sodium. Hubel réinterpréta les données de Jung et Baumgarten des années cinquante, dans lesquelles les unités nerveuses et neuronales n'étaient pas distinguées[2]. Au cours des années cinquante, les unités présentaient indistinctement une phase initiale négative ou positive, sans que l'on s'en étonnât vraiment[3]. Très tôt, la taille de l'électrode fut incriminée, notamment par Cragg, au sujet des résultats d'Amassian. Une électrode très fine de l'ordre du micromètre pouvait enregistrer un potentiel présentant une cinétique différente selon la sous-région neuronale en contact. Inversement, une électrode d'une dizaine de micromètres pouvait être sensible à plusieurs neurones proches de petite taille. Des études comparatives utilisant des électrodes de tailles et de fabrications différentes permirent progressivement de corréler la forme des potentiels avec les éléments histologiques enregistrés.

Une conclusion de l'approche d'Amassian fut que « les potentiels évoqués, négatifs dans leur phase initiale, enregistrés dans le cortex, pouvaient dériver de branchements de fibres afférentes présynaptiques, de terminaisons ou d'une région du neurone cortical »[4]. Des normes furent ainsi établies, de sorte qu'il devint progressivement possible d'être certain qu'on enregistrait l'activité de neurones uniques dans le cortex, le cervelet ou les structures sous-corticales profondes. Mais les données actuelles ont remis en cause les normes établies alors. Il est probable que souvent les électrodes recueillaient en réalité l'activité de petits ensembles neuronaux

une bouffée spontanée, les décharges constituant le train n'apparaissent jamais indépendamment les unes des autres; *cinquièmement*, [...] les décharges d'un train sont toujours influencées d'une manière comparable ».

1. D.H. Hubel, *J. Physiol. Lond.*, 1960, 150, p. 91-104, *op. cit.*, p. 94.

2. *Ibid.*, p. 101.

3. Par exemple, V.E. Amassian, « Evoked cortical unit activity in the primary cortical receiving areas », *Nature*, 1952, 169, p. 970-971.

4. V.E. Amassian, « Evoked single cortical unit activity in the somatic sensory areas », *Electroencephalogr. Clin. Neurophysiol.*, 1953, 5, p. 415-438, p. 418.

synchrones[1]. Quoiqu'il en soit, l'établissement de normes associées aux potentiels neuronaux unitaires fut un travail essentiel qui aboutit à des consensus méthodologiques. On s'entendait sur ce que devait être une bouffée de potentiels d'action d'un nombre restreint de neurones, qu'elle soit enregistrée dans le thalamus, le cervelet, ou l'hippocampe par une microélectrode extracellulaire.

La neurophysiologie extracellulaire avait atteint un premier stade d'évolution où les consensus permettaient à une communauté de chercheurs de parler d'une même mesure dans diverses régions du cerveau.

Quelles furent les différentes motivations des groupes de recherche dans l'adoption de cette voie ? Les possibilités techniques suffisent parfois à orienter certains chercheurs vers de nouvelles mesures, dans le but de les interpréter par des concepts à la mode. Souvent cependant, le chercheur n'a que l'ambition de reproduire une mesure établie par d'autres et d'en décliner localement certaines variations. L'adoption de l'unitaire neuronal représentait un tel progrès dans l'expérimentation qu'on a pu croire qu'il suffisait d'enregistrer des activités en diverses régions pour faire des découvertes. Cette option fut adoptée par les chercheurs qui enregistrèrent des unités en cherchant à en faire des catégories et remettant souvent à plus tard l'interprétation de la diversité des tracés.

Inversement, l'interprétation neuronale des rythmes lents avait suscité le développement des études unitaires. Un cadre théorique pouvait donc favoriser la création et l'adoption d'une nouvelle approche. C'est à ce mouvement qu'il faut rattacher la motivation de Jasper, Jung et Baumgarten, ou Amassian, pour l'enregistrement d'unités corticales (fig. 27). Pour d'autres, il est surprenant de voir que le choix entre unitaire neuronal et unitaire nerveux fut parfois justifié par des considérations purement techniques. Pour Kuffler, l'unitaire des cellules ganglionnaires de la rétine était plus stable que l'unitaire des fibres du nerf optique[2]. Chez Vernon Mountcastle[3], la fine électrode unitaire offrait l'avantage de moins léser les cellules enregistrées[4]. Pour l'un comme pour l'autre, l'unitaire neuronal n'était pas théoriquement indispensable, ni pour définir les propriétés de champs récepteurs d'unités rétiniennes (Kuffler), ni

1. I. Cohen, R. Miles, 2000, *op. cit.*

2. S.W. Kuffler, « Discharge patterns and functional organization of mammalian retina », *J. Neurophysiol.*, 1953, 16, p. 37-68, p. 40.

3. Né en 1918.

4. J.E. Rose, V.B. Mountcastle, 1954, *op. cit.*, p. 238.

pour cartographier fonctionnellement les aires corticales et les régions thalamiques (Mountcastle).

Cependant, la motivation la plus essentielle fut la possibilité de localiser des unités neuronales, considérées comme des lieux d'interactions de voies nerveuses, des lieux de convergence et de divergence, des lieux de réception d'impulsions ou de genèse de potentiels efférents. À ce courant se rattachent les premiers travaux du milieu des années cinquante de Moruzzi, Mountcastle, Robert Galambos[1], Jerzy Edwin Rose (1909-1992), Green, Buser, Rougeul et Albe-Fessard, sur diverses structures, formation réticulée, thalamus ou cervelet.

Le succès de l'unitaire extracellulaire et son expansion dans tous les champs de la neurophysiologie s'explique par la diversité des domaines où cette technique eut un réel intérêt pratique et théorique. Puis, une nouvelle neurophysiologie, prenant en compte le comportement et la perception de l'animal, se développa par les progrès des électrodes implantées. Une nouvelle ère de caractérisation fonctionnelle des neurones s'ouvrait. Ces approches illustrent combien l'unitaire devint indispensable à une grande partie des domaines de la neurophysiologie. Par son développement, la neurophysiologie des centres nerveux avait conquis, entre 1955 et 1960, un vaste territoire, par un retour à une technique ancienne, dans un champ d'étude plus ouvert où bientôt se côtoyèrent les études de la perception, du mouvement et de phénomènes psychologiques dans le cadre interdisciplinaire nouveau des neurosciences.

La pharmacologie des neurones

L'un des multiples succès de la neurophysiologie fut de redéfinir, à partir du milieu des années cinquante, les possibilités d'étude pharmacologique des neurotransmetteurs à l'échelle cellulaire dans un mouvement interdisciplinaire nouveau associant l'ancienne tradition de la pharmacologie de la neurotransmission aux études électrophysiologiques. Cette approche émergea initialement de trois voies de recherche, la pharmacologie des potentiels dendritiques, celle de la cellule de Renshaw de la moelle épinière (étendue ensuite aux neurones centraux les plus divers) et celle des neurones d'invertébrés. Dans tous les cas, ces études reposaient sur la pharmacologie classique de la neurotransmission établie depuis le

1. Né en 1914.

début du siècle[1] et qui avait su imposer la théorie chimique de la neurotransmission.

À l'origine de cette démarche, la neurophysiologie usait de microélectrodes pour localiser les sites électrogènes et analyser leurs rapports aux activités synaptiques qu'il était possible de manipuler pharmacologiquement. L'association de cette neurophysiologie et de la pharmacologie permit par une approche double de clarifier la nature pharmacologique des potentiels enregistrés et de localiser les sites d'action des drogues.

Dans cette approche, la pharmacologie suscita la formation de nouveaux concepts, comme celui par exemple de « neurone cholinergique ». Parallèlement, la physiologie formulait ses normes pour forger, à partir d'une nouvelle molécule, le concept d'un nouveau neurotransmetteur. Le concept de neurone prit progressivement une place centrale. Au-delà d'une pharmacologie de la neurotransmission, on vit apparaître une pharmacologie neuronale aboutissant finalement à la pharmacologie synaptique actuelle, sans qu'aucune ne remplaçât jamais l'autre.

Dans ce parcours, le niveau neuronal fut donc décisif. Dans la seconde moitié des années cinquante et au cours des années soixante, l'analyse fonctionnelle d'ensembles de neurones releva d'approches pharmacologiques interdisciplinaires en permettant un dialogue entre le concept de centre nerveux et le concept pharmacologique dominant de neurotransmetteur, au sein de la théorie de la neurotransmission chimique, encore largement débattue au tout début des années cinquante[2].

Revenons un instant sur le domaine de recherche sur les dendrites initié dans la sphère de l'électroencéphalographie. Ces recherches adoptèrent précocement l'interprétation pharmacologique. Si ce domaine ne fit pas une grande utilisation du concept de neurone, préférant d'emblée celui d'organisation synaptique, cette approche fut l'une des premières à associer, à l'échelle cellulaire, l'électrophysiologie et la pharmacologie.

Il faut de nouveau insister sur la place centrale occupée par la théorie de la neurotransmission chimique dans l'introduction de l'approche pharmacologique dans les programmes de la neurophysiologie. L'interprétation des potentiels corticaux lents avait suscité, dès le début des années cinquante, de nouvelles mesures par B. Delisle Burns, Chang, Clare,

1. W. Feldberg, « Present views on the mode of action of acetylcholine in the central nervous system », *Phys. Rev.*, 1945, 25, p. 596-642; W. Feldberg, « The role of acetylcholine in the central nervous system », *Brit. Med. Bull.*, 1950, 6, p. 312-321.

2. A. Fessard, J. Posternak. « Mécanismes élémentaires de la transmission synaptique », *J. Physiol.*, 1950, 42, p. 319-446.

Bishop, Dominick P. Purpura et Grundfest. La pharmacologie entra naturellement en scène dans le débat sur la nature de ces potentiels, synaptiques pour Eccles, attribuables aux propriétés intrinsèques des dendrites pour Clare et Bishop[1]. En 1956, un argument pharmacologique, en apparence décisif, vint trancher le débat. L'injection intraveineuse de d-tubocurarine, un analogue synthétique du curare et antagoniste de l'acétylcholine, bloquait de façon réversible les potentiels dendritiques corticaux[2]. Les auteurs de cette observation, Grundfest et Purpura, conclurent, par une analogie entre le neurone central et la jonction neuromusculaire, que le blocage du potentiel cortical indiquait une similitude fonctionnelle entre la membrane dendritique et celle du muscle. Cette conception donnait raison à Eccles qui considérait ce potentiel comme synaptique. En conséquence, le dendrite, activé par excitation synaptique, n'avait plus besoin d'avoir une excitabilité propre. Cette interprétation plaçait le potentiel cortical au même rang que celui de la jonction neuromusculaire. Cela ouvrait la voie à l'interprétation neuropharmacologique du cortex. Le tissu cortical fut alors considéré comme un ensemble de synapses aux propriétés distinctes[3]. Par exemple, l'héparine, considérée comme ayant une action anti-curare, inversait l'effet de la d-tubocurarine qui elle-même facilitait les potentiels corticaux[4]. Ce type d'analyses fut appliqué à diverses structures comme le cortex cérébral ou le cortex cérébelleux[5]. On eut la prétention d'établir et de comparer des organisations synaptiques par une approche pharmacologique grossière qui rappelait la neuronographie[6] de Joannes Gregarius Dusser de Barenne (1885-1940) et Warren Sturgis McCulloch (1899-1969). Les recherches sur les potentiels dendritiques se développèrent

1. J.C. Eccles, *Electroencephalogr. Clin. Neurophysiol.*, 1951, 3, p. 449-464, *op. cit.*; M.H. Clare, G.H. Bishop, *Electroencephalogr. Clin. Neurophysiol.*, 1955, 7, p. 85-98, *op. cit.*

2. H. Grundfest, D.P. Purpura, « Inexcitability of cortical dendrites to electrical stimuli », *Nature*, 1956, 178, p. 416-417.

3. J.P. Reuben, « Harry Grundfest », *Biogr. Mem. Natl. Acad. Sci.*, 1995, 66, p. 151-166 : « l'opinion [...] selon laquelle la complexité du système nerveux central n'est pas due à des propriétés particulières de neurones, mais résulte de la multiplicité des types de neurones et de leurs interconnexions » (p. 155).

4. D.P. Purpura, H. Grundfest, 1956, 19, p. 573-595, *op. cit.*

5. D.P. Purpura, H. Grundfest, « Physiological and pharmacological consequences of different synaptic organizations in cerebral and cerebellar cortex of the cat », *J. Neurophysiol.*, 1957, 20, p. 495-522.

6. C'était une première tentative pour étudier les organisations neuronales des centres nerveux par des applications locales de strychnine qu'on considérait avoir des effets spécifiques sur les centres et les somas neuroniques.

néanmoins en multipliant les substances testées, comme la glycine, l'alanine ou le GABA[1]. Une neuropharmacologie centrale entière fut testée, visant à localiser les effets d'agents et à démontrer en quoi certains pouvaient être considérés comme des neurotransmetteurs. Bien qu'il fut démontré que certaines drogues avaient des actions sur les dendrites, comme par exemple le GABA[2], les mesures électrophysiologiques de cette approche ne permettaient aucune localisation précise des effets observés. La recherche d'une organisation synaptique dans les dendrites par une neuropharmacologie de potentiels corticaux évoqués oubliait le niveau intermédiaire essentiel du neurone qui fit de cette approche une impasse.

Au cours des mêmes années, Eccles s'intéressa, dans son approche classique de microphysiologie des réflexes de la moelle épinière, à la pharmacologie d'une certaine synapse. Dans cette aventure, il faudra montrer en quoi la prise en compte du niveau neuronal fut essentielle. Cette synapse centrale établie entre des fibres récurrentes des motoneurones et des interneurones (cellules de Renshaw) fut la première dont on put déterminer sans ambiguïté la nature du neurotransmetteur. Pour ce faire, il fallait disposer du répertoire pharmacologique nécessaire pour démontrer, pour un neurotransmetteur donné, 1) la similitude des effets produits respectivement par la stimulation de la libération du neurotransmetteur et l'injection de cette même substance dans le sang, 2) un antagonisme du neurotransmetteur, et 3) un effet facilitant des bloquants de l'enzyme de dégradation (ou de recapture) du neurotransmetteur. Au début des années cinquante, des résultats clairs ne pouvaient être obtenus que par l'injection intra-artérielle de substances agissant sur une synapse cholinergique[3].

Or, en 1954, Eccles, Fatt et le Japonais Kyozo Koketsu purent démontrer que l'acétylcholine était le neurotransmetteur d'une synapse établie entre les collatérales des motoneurones et la cellule de Renshaw[4].

1. Acide gamma-amino butyrique.

2. D.P. Purpura, M. Girado, H. Grundfest, « Selective blockade of excitatory synapses in the cat brain by gamma-aminobutyric acid », *Science*, 1957, 125, p. 1200-1202.

3. La technique fut empruntée à Holmstedt et Skoglund. B. Holmstedt, C.R. Skoglund, « The action on spinal reflexes of dimethyl-amido-ethoxy-phosphoryl cyanide, "Tabun", a cholinesterase inhibitor », *Acta Physiol. Scand.*, 1953, 29, suppl. 106, p. 410-427.

4. J.C. Eccles, P. Fatt, K. Koketsu, « Cholinergic and inhibitory synapses in a central nervous pathway », *Aust. J. Science*, 1953, 16, p. 50-54; J.C. Eccles, P. Fatt, K. Koketsu, « Cholinergic and inhibitory synapses in a pathway from motor-axon collaterals to motoneurones », *J. Physiol. Lond.*, 1954, 126, p. 524-562.

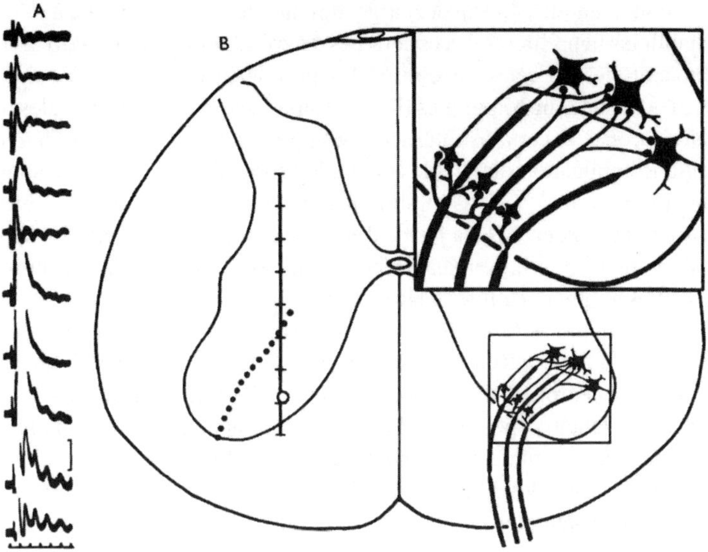

A, potentiels recueillis à différentes profondeurs indiquées dans le schéma (B), à travers la corne antérieure du segment VII de la moelle épinière d'un chat, lors de la stimulation de la racine ventrale de ce segment. L'échelle de temps est en ms, la barre indique 0,5 mV. B, positions d'enregistrement des tracés montrés en (A) ; l'interaction indique l'inversion des potentiels des cellules de Renshaw.

Figure 28.
Mise en évidence des cellules de Renshaw.
D'après Eccles, Fatt et Koketsu, 1954

Ce résultat fut acquis par la vérification, à l'aide de l'intracellulaire, d'une hypothèse issue de résultats antérieurs obtenus par Renshaw à l'aide de l'extracellulaire[1]. Cette hypothèse relevait d'un style de recherche développé par Lloyd dans l'étude de l'organisation fonctionnelle neuronale de la moelle. Même si c'est Renshaw qui démontra qu'une stimulation

1. La racine ventrale de la moelle contient les axones des motoneurones. Or, la stimulation de cette racine ne déterminait pas seulement une excitation antidromique dans les motoneurones, mais également une inhibition, interprétable par une activation d'interneurones excités en retour par des collatérales des motoneurones. B. Renshaw, « Influence of discharge of motoneurons upon excitation of neighbouring motoneurons », *J. Neurophysiol.*, 1941, 4, p. 167-183.

des racines ventrales faisait décharger des interneurones [1], il revint à Eccles d'établir les liens directs de ces activités avec l'inhibition observée dans les motoneurones [2]. Eccles en corréla les propriétés électrophysiologiques avec les données histologiques (liens synaptiques entre les collatérales des motoneurones et certains interneurones de la moelle) [3]. Cette découverte était une application directe des nouvelles possibilités de l'intracellulaire pour mesurer des ppsi. L'inhibition induite par l'activation des interneurones prenait en effet la forme d'une hyperpolarisation, supprimée par la strychnine, et représentant le ppsi d'un sous-groupe d'interneurones qu'Eccles nomma « cellules de Renshaw » [4].

Eccles dépassa le cadre d'une analyse purement synaptique de la moelle, en élargissant la signification fonctionnelle d'un ppsi à un type identifié de neurone dans la moelle d'un vertébré. Il n'y avait pas seulement là une tentative pour refonder le style développé en extracellulaire par Lloyd. Eccles, comme à son habitude, ne négligea pas de prendre en compte aussi bien les synapses que les neurones en jeu. Cette attitude lui permit d'interpréter localement, selon une idée initiale de Fatt [5], le principe de Dale (un neurone libère un même neurotransmetteur à l'ensemble de ses terminaisons [6]). Ce principe appliqué aux motoneurones avait pour conséquence que toutes leurs terminaisons, qu'elles aboutissent aux muscles ou par des collatérales aux cellules de Renshaw, devaient être également cholinergiques. Selon ce principe, Eccles découvrit une synapse cholinergique centrale localisée dans la moelle épinière [7]. Les effets du répertoire cholinergique, le curare et la dihydro-β-érythroïdine pour les bloquants, l'ésérine et le tétraéthylpyrophosphate pour les inhibiteurs de l'acétylcholinestérase, et l'acétylcholine, confirmèrent l'hypothèse [8]. Cette approche ne fut possible que par la possibilité d'utiliser ces agents par

1. B. Renshaw, *J. Neurophysiol.*, 1946, 9, p. 191-204.

2. Les cellules de Renshaw inhibent les motoneurones par une boucle de rétroaction.

3. J.C. Eccles *et alii*, 1954, *op. cit.*

4. *Ibid.*, p. 533.

5. « Paul Fatt eut cette idée magnifique : “Et bien, si l'acétylcholine est libérée à l'extrémité, elle doit être libérée à cette petite terminaison” », d'après une interview de D. Curtis réalisée par l'*Australian Academy of Science* en 1993 par Max Blythe (*Medical Sciences Video-archive of the Royal College of Physicians* et Oxford Brookes University, UK). Une version éditée a été mise en ligne : http//www.science.org.au/scientists/curtis.htm.

6. H.H. Dale, « Pharmacology and nerve endings », *Proc. R. Soc. Med.*, 1934, 28, p. 319-332.

7. La moelle épinière fait partie du système nerveux central.

8. J.C. Eccles *et alii*, 1954, *op. cit.*

injection dans le sang, car aucun autre mode d'accès n'était possible. Cependant, la d-tubocurarine, la prostigmine, la succinylcholine, et dans une certaine mesure l'acétylcholine[1], étaient sans effet, laissant supposer une faible pénétration de ces agents dans la moelle.

Ces observations déterminèrent une série de travaux par un jeune chercheur du laboratoire d'Eccles, David Roderick Curtis[2], visant à mettre au point un procédé ingénieux d'application locale de drogues, à l'échelle d'un neurone.

Le contexte des études sur la cellule de Renshaw favorisa l'orientation neuronale que prit la pharmacologie des réflexes. Même si seuls quelques composés justifiaient une application topique, cette méthode s'avéra nécessaire pour tester n'importe quelle nouvelle substance sur un neurone. En réalité, l'absence d'effet de certaines drogues après injection dans le sang constituait de véritables anomalies de la transmission cholinergique, neuromusculaire et ganglionnaire, qui remettaient en cause le modèle même de la cellule de Renshaw.

Pour cette raison, Curtis s'intéressa, à la suite d'Eccles, et avec sa fille Rosamond M. Eccles aux moyens d'accès des drogues aux neurones, c'est-à-dire au contournement de la barrière hématoencéphalique, mais aussi d'une barrière de diffusion à l'échelle neuronale expliquant la lenteur d'action de certaines drogues par rapport à celle de l'acétylcholine libérée synaptiquement[3]. L'enjeu était de pouvoir pratiquer la pharmacologie, non seulement sur des réflexes isolés[4], mais sur des neurones précis[5]. Les normes de la microphysiologie et de la pharmacologie s'associèrent ainsi. Par exemple, l'identification en aveugle de la cellule de Renshaw nécessitait à la fois la genèse d'un train de potentiels d'action à la stimulation de la racine ventrale et la sensibilité à la dihydro-β-érythroïdine des activités spontanées.

1. J.C. Eccles, R.M. Eccles, P. Fatt, « Pharmacological investigations on a central synapse operated by acetylcholine », *J. Physiol. Lond.*, 1956, 131, p. 154-169. Eccles invoquait le fait que ces composés ioniques n'étaient pas liposolubles selon les données de Schweitzer, Stedman, Wright, *ibid.*, p. 166.

2. Né en 1927.

3. J.C. Eccles, R.M. Eccles, P. Fatt, 1956, 131, p. 154-169, *op. cit.*

4. D.R. Curtis, J.C. Eccles, R.M. Eccles, « Pharmacological studies on spinal reflexes », *J. Physiol. Lond.*, 1957, 136, p. 420-434.

5. D.R. Curtis, R.M. Eccles, « The excitation of Renshaw cells by pharmacological agents applied electrophoretically », *J. Physiol. Lond.*, 1958, 141, p. 435-445.

Les inventions techniques de Curtis tirèrent profit de la technique d'iontophorèse développée par Katz[1] à Londres et William L. Nastuk à New-York[2]. Cette technique reposait sur l'utilisation d'une solution aqueuse d'une drogue sous forme ionisée, introduite dans une micro-électrode en verre. Il était possible de contrôler la rétention et la diffusion de la substance par des variations de courant dans la micropipette. Cette technique fut associée à l'électrode à doubles canaux, en verre thêta (fig. 21), utilisée par Fatt chez Eccles, puis à des ensembles coaxiaux de cinq à sept micropipettes, dont chacune contenait une drogue différente, celle en position axiale étant utilisée pour l'enregistrement unitaire extra-cellulaire du neurone. En démontrant les effets non observables par injection artérielle des drogues sur la cellule de Renshaw, cette technique démontrait la possibilité de réaliser la pharmacologie d'un neurone particulier sans limitation[3]. L'orientation nouvelle que prit cette voie de recherche était évidente. Il devenait possible de rechercher dans le cerveau d'autres neurones sensibles à l'acétylcholine, de tester la nature cholinergique de la neurotransmission impliquée dans leur excitation synaptique et donc d'étudier le rôle de l'acétylcholine comme neurotransmetteur central.

Cette pharmacologie centrale devint neuronale par la nécessité de rechercher et de localiser des entités physiologiques élémentaires pharmacologiquement distinctes. Ces unités fonctionnelles se divisaient initialement en deux groupes, les neurones sensibles à l'acétylcholine et les neurones cholinergiques (libérant de l'acétylcholine). Il devenait important de savoir si ces deux groupes étaient localement connectés synaptiquement, selon la diversité des régions cérébrales, et si le neurotransmetteur impliqué était toujours l'acétylcholine. C'est ainsi que la neurophysiologie des centres nerveux réussit à s'adjoindre une approche pharmacologique.

Mais il faut discuter les problèmes méthodologiques que posèrent ces recherches et comment celles sur l'acétylcholine aboutirent à de nombreux résultats négatifs.

Curtis et Kresimir Krnjević[4] cherchèrent à identifier par iontophorèse[5] des neurones corticaux sensibles à l'acétylcholine[1]. C'est à partir de 1961

1. J. Del Castillo, B. Katz, « On the localization of acetylcholine receptors », *J. Physiol. Lond.*, 1955, 128, p. 157-181. J. Del Castillo, B. Katz, « A study of curare action with an electrical micro-method », *Proc. R. Soc. Lond. B. Biol Sci*, 1957, 146, p. 339-356.

2. Interview de D. Curtis citée.

3. D.R. Curtis, R.M. Eccles, « The effect of diffusional barriers upon the pharmacology of cells within the central nervous system », *J. Physiol. Lond.*, 1958, 141, p. 446-463.

4. Né en 1927.

5. *Cf.* glossaire.

que Krnjević rapporta quelques résultats préliminaires[2]. Mais comme le nota Curtis, la pharmacologie des effets observés ne cadrait pas avec celles de la cellule de Renshaw et de la jonction neuromusculaire[3]. D'autre part, l'acétylcholine augmentait la fréquence de décharge des neurones thalamiques, après un délai très lent de quatre secondes[4]. Ce résultat fut retrouvé pour d'autres neurones[5]. La question était donc ouverte: ou l'acétylcholine n'était pas le neurotransmetteur endogène, ou les récepteurs à l'acétylcholine différaient beaucoup selon les neurones[6]. Les deux hypothèses étaient toutes deux justes, même si elles étaient considérées comme alternatives, car on ne concevait alors pas que des récepteurs à l'acétylcholine puissent exister en dehors des zones non-synaptiques!

Dans cette polémique, le cervelet devint une structure utile, car la simplicité de son organisation synaptique permettait de distinguer différents types de neurones connectés synaptiquement, dont les uns présen-

1. Dans le système visuel, Jung, Spehlman et Kapp avaient également localisé des neurones sensibles à l'acétylcholine. Référence dans D.R. Curtis, R. Davis, « The excitation of lateral geniculate neurones by quaternary ammonium derivatives », *J. Physiol. Lond.*, 1963, 165, p. 62-82.

2. K. Krnjević, J.W. Phillis, « Sensitivity of cortical neurones to acetylcholine », *Experientia*, 1961, 17, p. 469; K. Krnjević, J.W. Phillis, « Excitation of Betz cells by acetylcholine », *Experientia*, 1962, 18, p. 170-171.

3. D.R. Curtis, P. Andersen, « Acetylcholine : a central transmitter ? », *Nature*, 1962, 195, p. 1105-1106.

4. D.R. Curtis, R. Davis, « Pharmacological studies upon neurones of the lateral geniculate nucleus of the cat », *Br. J. Pharmacol. Chemother.*, 1962, 18, p. 217-246.

5. K. Krnjević, J.W. Phillis, « Iontophoretic studies of neurones in the mammalian cerebral cortex », *J. Physiol. Lond.*, 1963, 165, p. 274-304; K. Krnjević, J.F. Mitchell, J.C. Szerb, « Determination of iontophoretic release of acetylcholine from micropipettes », *J. Physiol. Lond.*, 1963, 165, p. 421-436; K. Krnjević, J.W. Phillis, « Acetylcholine-sensitive cells in the cerebral cortex », *J. Physiol. Lond.*, 1963, 166, p. 296-327; K. Krnjević, J.W. Phillis, « Pharmacological properties of acetylcholine-sensitive cells in the cerebral cortex », *J. Physiol. Lond.*, 1963, 166, p. 328-350; K. Krnjević, D.W. Straughan, « The release of acetylcholine from the denervated rat diaphragm », *J. Physiol. Lond.*, 1964, 170, p. 371-378.

6. Les recherches sur les cellules de Betz du cortex moteur (K. Krnjević, J.W. Phillis, « Excitation of Betz cells by acetylcholine », *Experientia*, 1962, 18, p. 170-171) montrèrent finalement une sensibilité à l'atropine des effets de l'acétylcholine (K. Krnjević, J.W. Phillis, « Pharmacological properties of acetylcholine-sensitive cells in the cerebral cortex », *J. Physiol. Lond.*, 1963, 166, p. 328-350). La distinction entre effets nicotinique et muscarinique de Dale (H.H. Dale, *J. Pharmacol.*, 1914, 6, p. 147) prenait dans le cortex toute son importance. Des neurones pouvaient avoir une sensibilité de type muscarinique à l'acétylcholine sans impliquer une neurotransmission cholinergique.

taient une sensibilité à l'acétylcholine, comme la cellule de Purkinje[1], tandis que d'autres, comme les cellules en grain, étaient supposés cholinergiques en raison de la présence d'acétylcholinestérase dans leurs soma et axone[2]. Curtis posait ainsi le problème: « [...] il ne serait pas déraisonnable de considérer que l'acétylcholine puisse être excitatrice pour les cellules de Purkinje [...] Le transmetteur synaptique aux synapses entre les terminaisons des fibres parallèles et les dendrites des cellules de Purkinje pourrait être l'acétylcholine »[3].

L'étude de Curtis devançait de quelques années seulement le grand programme d'Eccles qui allait établir une organisation synaptique du cervelet par des études systématiques par microélectrodes[4]. Mais à ce stade, le but de Curtis était de corréler les propriétés pharmacologiques des unités enregistrées avec leur type cellulaire déterminé par le degré d'enfoncement de l'électrode.

La belle idée de Curtis rencontra de multiples problèmes. Catherine Hebb démontra que la présence d'acétylcholinestérase n'était pas un critère suffisant pour qu'un neurone soit défini comme cholinergique et considéré comme libérant de l'acétylcholine à l'ensemble de ses terminaisons[5]. D'autre part, de même que pour les neurones corticaux et thalamiques, l'acétylcholine avait sur les cellules de Purkinje une action lente et retardée[6]. Ces neurones ne partageaient donc pas la même sensibilité à l'acétylcholine que les cellules de Renshaw. L'idée d'une neurotransmission cholinergique entre cellules en grain et cellules de Purkinje fut donc abandonnée. Cette voie de recherche se poursuivit au cours des années soixante[7], en cherchant d'autres candidats à une transmission choli-

1. J.M. Crawford, D.R. Curtis, P.E. Voorhoeve, V.J. Wilson, « Excitation of cerebellar neurones by acetylcholine », *Nature*, 1963, 200, p. 579-580.

2. G.B. Koelle, « The Histochemical localization of cholinesterases in the central nervous system of the rat », *J. Comp. Neurol.*, 1954, 100, p. 211-235.

3. J.M. Crawford, D.R. Curtis, P.E. Voorhoeve, V.J. Wilson, *Nature*, 1963, 200, p. 579-580. L'hypothèse était fausse.

4. J.C. Eccles, M. Ito, J. Szentagothai, *The cerebellum as a neuronal machine*, Springer, Berlin, 1967.

5. C. Hebb, « Cholinergic neurons in vertebrates », *Nature*, 192, p. 527-528. La présence de cholineacétylase était considérée comme un meilleur critère, mais sa localisation histochimique n'était pas possible.

6. J.M. Crawford, D.R. Curtis, P.E. Voorhoeve, V.J. Wilson, 1963, *Nature*, 1963, 200, p. 579-580, *op. cit.*

7. L. Austin, J.W. Phillis, R.P. Steele, « The distribution of cholinesterase in cat cerebellar cortex », *Experientia*, 1964, 20, p. 218-219; I. McCance, J.W. Phillis, « The action of acetylcholine on cells in cat cerebellar cortex », *Experientia*, 1964, 20, p. 217-218;

nergique, notamment entre certaines fibres moussues et les cellules en grain. Finalement, Curtis en vint à critiquer beaucoup d'études proposant une neurotransmission cholinergique centrale sur la base de critères aussi bien électrophysiologiques que biochimiques[1]. L'hypothèse du rôle de l'acétylcholine comme neurotransmetteur cérébral nécessita pour son développement, au cours des années soixante, une lente convergence d'arguments provenant de techniques complémentaires[2].

L'histoire des neurones sensibles à l'acétylcholine illustre la complexité des problèmes étudiés, insoupçonnée initialement. La pharmacologie des systèmes de neurones centraux butait sur l'impossibilité de localiser les effets mis en évidence. Une confusion s'était établie entre la neurotransmission rapide et les effets neuromodulateurs lents, présynaptiques et postsynaptiques, de nombreuses substances, sur une grande diversité de neurones. On en venait à imaginer des récepteurs aux propriétés nouvelles, des fibres indétectables par l'électrophysiologie, des substances exerçant des effets indirects sur d'autres neurones, ou interférant avec les mécanismes de libération, bref de multiples objets factices. Là encore, la mesure électrophysiologique manquait de précision pour distinguer les sites d'action des drogues. La fréquence moyenne de décharge d'un neurone était une mesure trop imprécise. D'autre part, la technique même d'iontophorèse subit de nombreuses critiques portant sur l'indétermination des concentrations libérées, la diffusion non contrôlée des substances vers d'autres éléments des circuits[3]. En 1969, le jugement de Curtis *a posteriori* semblait d'une étrange lucidité : « [...] il n'a pas été possible de déterminer si l'action d'une substance administrée par iontophorèse est localisée à

I. McCance, J.W. Phillis, « Discharge patterns of elements in cat cerebellar cortex, and their responses to iontophoretically applied drugs », *Nature*, 1964, 204, p. 844-846 ; J.W. Phillis, « Cholinergic mechanisms in the cerebellum », *Br. Med. Bull.*, 1965, 21, p. 26-29 ; D.R. Curtis, J.M. Crawford, « Acetylcholine sensitivity of cerebellar neurones », *Nature*, 1965, 206, p. 516-517 ; J.M. Crawford, D.R. Curtis, P.E. Voorhoeve, V.J. Wilson, « Acetylcholine sensitivity of cerebellar neurones in the cat », *J. Physiol. Lond.*, 1966, 186, p. 139-165.

1. Curtis combattit par exemple l'idée d'une transmission cholinergique dans le thalamus : D.R. Curtis, R. Davis, « The excitation of lateral geniculate neurones by quaternary ammonium derivatives », *J. Physiol. Lond.*, 1963, 165, p. 62-82.

2. C. Hebb, « CNS at the cellular level : identity of transmitter agents », *Annu. Rev. Physiol.*, 1970, 32, p. 165-192, p. 167-172.

3. G.C. Salmoiraghi, F.E. Bloom, « Pharmacology of individual neurons », *Science*, 1964, 144, p. 493-499 ; G.C. Salmoiraghi, F.E. Bloom, « Pharmacology of central synapses », *Annu. Rev. Pharmacol.*, 1965, 10, p. 213-234.

certaines synapses précises, ou si elle est réduite à des régions synaptiques de neurones centraux »[1].

Ces tentatives expérimentales témoignent des difficultés de constitution d'une neuropharmacologie à l'échelle neuronale. En principe, la pharmacologie de la neurotransmission pouvait proposer des outils pharmacologiques et ses concepts aux études neurophysiologiques, mais ce champ d'interdisciplinarité buta sur les difficultés à localiser les effets des drogues par la technique extracellulaire classique et le dogme trop prégnant de la neurotransmission cholinergique conçue comme générale. Cette approche ne pouvait réellement aboutir que par l'utilisation de la technique intracellulaire et une meilleure connaissance de la pharmacologie synaptique.

Les aventures du glutamate et du GABA

L'épopée des pharmacologies neuronales centrales du GABA et du glutamate pourrait n'être qu'une autre illustration de ces problèmes méthodologiques. Mais l'histoire du GABA illustrera une avancée clé de la neuropharmacologie cellulaire par l'étude des pharmacologies synaptiques centrales sur des systèmes neuronaux invertébrés et la iontophorèse finalement appliquée avec succès dans les cerveaux de vertébrés.

Les études initialement modestes réalisées sur des invertébrés aboutirent à des données essentielles publiées dans la revue *Nature*. Leur succès tint surtout à la possibilité de localiser des actions pharmacologiques à certaines synapses et à la mise en évidence des neurotransmetteurs impliqués.

Il ne s'agira pas ici de refaire l'éloge des modèles invertébrés, mais de démontrer leur impact sur l'essor de la pharmacologie neuronale, dont certaines voies avaient finalement abouti à une certaine désillusion. De nombreux travaux, dont certains de Curtis, remettaient en effet finalement sérieusement en cause une fonction de neurotransmetteur pour diverses substances. Certains acides aminés, dérivés du glutamate et du GABA, étaient finalement considérés comme exerçant des actions non spécifiques, selon l'argument que ces substances avaient un effet sur des neurones innervés par des fibres cholinergiques[2]. De telles actions sur un neurone

1. D.R. Curtis, J.M. Crawford, « Central synaptic transmission-microelectrophoretic studies », *Annu. Rev. Pharmacol.*, 1969, 9, p. 209-240, p. 209.

2. D.R. Curtis, J.W. Phillis, « Gamma-Amino-n-butyric acid and spinal synaptic transmission », *Nature*, 1958, 182, p. 323 ; D.R. Curtis, J.W. Phillis, J.C. Watkins, « Chemical

« cholinergique »[1] ne pouvaient être ni synaptiques, ni spécifiques. Des études intracellulaires sur les motoneurones vinrent renforcer cette interprétation, en montrant que le glutamate induisait une dépolarisation selon un mécanisme vraisemblablement non synaptique et commun aux cellules de Renshaw et autres interneurones de la moelle[2]. Jeff C. Watkins, un ancien collaborateur chimiste de Curtis dès 1958[3], a récemment décrit comment ce dernier envoya une note à la revue *Nature* sur le rôle du glutamate comme neurotransmetteur central et changea d'opinion subitement en retirant l'article après avoir testé le glutamate sur la cellule de Renshaw sensible à l'acétylcholine[4]. Watkins a recensé les obstacles s'opposant à la reconnaissance du glutamate comme un neurotransmetteur central alors qu'il en est en réalité le principal[5]. Son action sur un grand nombre de neurones sous ses formes D et L trahissait un manque de spécificité, à la fois neuronale et stéréochimique. Sur un plan expérimental, il ne fut pas possible de démontrer un système de dégradation ou de recapture. Aussi, les potentiels d'inversion des potentiels synaptiques et ceux induits par le glutamate différaient. Ce qui demeure étonnant, c'est le premier doute de Curtis pour faire du glutamate un neurotransmetteur qui porta sur son action sur les cellules de Renshaw. Pourtant, l'argument de deux innervations différentes coexistant sur un même neurone avait été employé ailleurs[6]. Mais, paradoxalement, c'est la facilité à tester des substances sur de nombreux neurones et le caractère général de la transmission glutamatergique qui devinrent deux obstacles inattendus pour

excitation of spinal neurones », *Nature*, 1959, 183, p. 611-612, « [les acides glutamique et aspartique] peuvent exciter les neurones activés normalement synaptiquement par différents neurotransmetteurs. Ces observations suggèrent que l'acide glutamique et l'acide aspartique ont un effet excitateur non spécifique sur certains neurones spinaux [...] », *op. cit.*, p. 612.

1. Un neurone cholinergique c'est-à-dire présentant, selon les normes d'alors, une sensibilité quelconque à l'acétylcholine.

2. D.R. Curtis, J.W. Phillis, J.C. Watkins, « The chemical excitation of spinal neurones by certain acidic amino acids », *J. Physiol. Lond.*, 1960, 150, p. 656-682.

3. Watkins était chimiste. Eccles le fit entrer dans l'équipe de Curtis pour développer les études sur les neurotransmetteurs ; voir K. Krnjević, « From cAMP to adenosine : an illuminating shift of focus », *Neurol. Res.*, 2005, 27, p. 129-136.

4. D.R. Curtis, J.W. Phillis, J.C. Watkins, « Chemical excitation of spinal neurones », *Nature*, 1959, 183, p. 611-612. Le revirement de Curtis est décrit dans J.C. Watkins, D.E. Jane, « The glutamate story », *Br. J. Pharmacol.*, 2006, 147, suppl. 1, S100-S108.

5. J.C. Watkins, « L-glutamate as a central neurotransmitter : looking back », *Biochem. Soc. Trans.*, 2000, 28, p. 297-309.

6. D.R. Curtis, R. Davis, *J. Physiol. Lond.*, 1963, 165, p. 62-82, *op. cit.*, p. 77.

reconnaître au glutamate un rôle de neurotransmetteur. Comme conclut Watkins : « Cette vue trop prudente a prévalu pendant les dix-huit années suivantes ».

L'aventure du GABA présente des caractères similaires, mais les arguments en faveur d'un rôle de neurotransmetteur abondaient. En particulier des données biochimiques et l'analyse des potentiels dendritiques [1] confortaient cette hypothèse. Les résultats sur les invertébrés, qu'on analysera dans un second temps, apportaient des résultats très convaincants. L'équipe de Curtis se mit alors à envisager un rôle central pour le GABA, mais les conclusions furent similaires à celles obtenues pour le glutamate. Une action identique sur plusieurs neurones étudiés en intracellulaire laissait supposer un mécanisme de diminution non synaptique de l'excitabilité neuronale [2]. Un argument supplémentaire fut que le GABA et le glutamate avaient des effets se compensant mutuellement; un mécanisme commun non spécifique paraissait plus plausible [3]. Tout cela suffit

1. J.D. Robinson, *Mechanisms of synaptic transmission. Bridging the gaps (1890-1990)*, Oxford, Oxford UP, 2001 ; pour les recherches sur le GABA, voir p. 129-132; pour les recherches sur le glutamate, voir p. 132-133; voir aussi J.C. Dupont, *Histoire de la Neurotransmission*, *op. cit.*, p. 232-235. En particulier les travaux des années 1956-1958 avaient apporté de nouveaux résultats importants sur la présence de GABA dans les extraits de cerveau (A. Bazemore, K.A. Elliott, E. Florey, « Factor I and gamma-aminobutyric acid », *Nature*, 1956, 178, p. 1052-1053) et sur des effets inhibiteurs sur le cortex (D.P. Purpura, M. Girado, H. Grundfest, « Central synaptic effects of omega-guanidino acids and amino acid derivatives », *Science*, 1958, 127, p. 1179-1181 ; D.P. Purpura, M. Girado, H. Grundfest, « Selective blockade of excitatory synapses in the cat brain by gamma-aminobutyric acid », *Science*, 1957, 125, p. 1200-1202). Cette aventure avait débuté par l'invitation de Ernst et Elizabeth Florey en 1953 dans le laboratoire d'Allan Elliot. Les Florey, aidés par l'expertise électrophysiologique de Hugh McLennan montrèrent un effet inhibiteur du facteur I. Ce fut une chimiste de chez Merck, Alva Bazemore, qui identifia en 1956 le facteur comme étant du GABA. Iwama et Jasper montrèrent également son effet inhibiteur sur le cortex; voir D.B. Tower, « Allan Elliott on his 80th birthday », *Neurochem. Res.*, 1984, 9, p. 285-289; N.M. Gelder, « Monday morning with KAC Elliott : Concepts of synaptic transmission », *Neurochem. Res.*, 1984, 9, p. 429-443; H.H. Jasper, « The Saga of K.A.C. Elliott and GABA », *Neurochem. Res.*, 1984, 9, p. 449-460 ; J.H. Quastel, « K.A.C. Elliott », *Neurochem. Res.*, 1984, 9, p. 461-463.

2. D.R. Curtis, J.W. Phillis, « Gamma-Amino-n-butyric acid and spinal synaptic transmission », *Nature*, 1958, 182, p. 323. D.R. Curtis, J.W. Phillis, J.C. Watkins, The depression of spinal neurones by gamma-amino-n-butyric acid and beta-alanine », *J. Physiol. Lond.*, 1959, 146, p. 185-203. D.R. Curtis, J.C. Watkins, « Analogues of glutamic and gamma-amino-n-butyric acids having potent actions on mammalian neurones », *Nature*, 1961, 191, p. 1010-1011.

3. D.R. Curtis, J.W. Phillis, J.C. Watkins, 1959, *J. Physiol. Lond.*, 1959, 146, p. 185-203, *op. cit.*, p. 201.

pour faire écrire à Curtis dans une note à la revue *Nature* : « [...] le mécanisme d'action du GABA diffère de celui des transmetteurs inhibiteurs des mammifères »[1]. Ce qu'entendait ici Curtis, c'est qu'une substance inhibitrice devait induire, selon les résultats d'Eccles, un ppsi. Or, le GABA augmentait la conductance membranaire sans changement de potentiel de repos. L'idée d'un *shunt*[2] (d'un court-circuit) était présente[3]. Mais pour Curtis, il devait accompagner, et non pas remplacer, l'hyperpolarisation. Il y avait là un problème de norme de l'inhibition, alors basée sur le modèle trop exclusif du motoneurone. Enfin, Curtis démontra que plusieurs analogues du GABA et du glutamate avaient des effets notoires, ce qui indiquait là encore que ces molécules n'avaient pas d'action spécifique sur les neurones[4].

En revanche, depuis 1957, certaines études réalisées sur des invertébrés avaient apporté des résultats importants en faveur d'un rôle spécifique du GABA, grâce en particulier aux études initiales de Kuffler sur le neurone récepteur de tension des muscles de divers crustacés[5] (fig. 25). Les résultats indiquaient clairement, pour le GABA et la neurotransmission inhibitrice, une similarité d'action, c'est-à-dire une même inhibition du potentiel sensoriel et un même mécanisme ionique impliquant les ions potassiques[6]. Kuffler n'osa pourtant pas proposer un rôle de neurotransmetteur, car un argument contraire était basé sur l'observation que certains neurones récepteurs, sensibles au GABA, ne présentaient pas de synapses inhibitrices à l'examen histologique. De manière identique au raisonnement de Curtis, il n'était pas concevable que des récepteurs considérés comme synaptiques puissent conférer des propriétés non synaptiques, ce qui relevait d'une catégorisation dichotomique fréquente des concepts.

C'est alors que la puissance des modèles invertébrés permit de prendre une autre voie associant l'analyse chimique. Les électrophysiologistes comprenaient la nécessité d'une alliance avec les chimistes. Eccles avait embauché Watkins. Kuffler exploita de son côté à la fois les techniques de

1. D.R. Curtis, J.C. Watkins, *Nature*, 1961, 191, *op. cit.*, p. 1010.

2. Un « shunt » est une inhibition par augmentation de la conductance membranaire sans changement de potentiel de repos de la cellule.

3. D.R. Curtis, J.W. Phillis, J.C. Watkins, *J. Physiol. Lond.*, 1959, 146, *op. cit.*, p. 200.

4. D.R. Curtis, J.C. Watkins, *Nature*, 1961, 191, p. 1010-1011, *op. cit.*

5. C. Edwards, S.W. Kuffler, « Inhibitory mechanisms of gamma-aminobutyric acid on an isolated nerve cell », *Fed. Proc.*, 1957, 16, p. 34.

6. S.W. Kuffler, C. Edwards, « Mechanism of gamma-aminobutyric acid (GABA) action and its relation to synaptic inhibition », *J. Neurophysiol.*, 1958, 21, p. 589-610.

dosage chimique et la possibilité de disséquer les organes d'invertébrés pour détecter du GABA dans des fragments d'axones isolés à grand-peine en nombre suffisant[1]. Une biochimie régionale des fibres motrices et inhibitrices montra que seules ces dernières contenaient de grandes quantités de GABA. Enfin, un mécanisme de dégradation du GABA, norme essentielle de tout neurotransmetteur, fut mis en évidence[2].

C'est sur une autre préparation, les neurones géants d'aplysie, que Tauc et Gerschenfeld purent identifier, par des analyses électrophysiologiques analogues à celles de Kuffler, l'implication d'un neurotransmetteur dans un ppsi rapide. Il s'agissait ici de l'acétylcholine, inhibiteur sur certains neurones[3]. Kehoe montra, quelques années plus tard, une composante plus lente de cette inhibition impliquant l'acétylcholine et un mécanisme ionique différent[4]. Le succès de ces études reposait sur la possibilité de réaliser des études intracellulaires avec des substitutions ioniques, par stimulation de différentes voies synaptiques de neurones identifiés dans le but d'isoler certains mécanismes inhibiteurs précis.

1. Les techniques furent utilisées initialement sur le muscle : E.A. Kravitz, D.D. Potter, N.M. Van Gelder, « Gamma-aminobutyric acid and other blocking substances extracted from crab muscle », *Nature*, 1962, 194, p. 382-383. Mais cet article rapporte déjà des données sur les nerfs périphériques du crabe et les ganglions du homard. Ces études furent poursuivies à l'aide de dissections plus fines : J. Dudel, R. Gryder, A. Kaji, S.W. Kuffler, D.D. Potter, « Gamma-aminobutyric acid and other blocking compounds in crustacea. I », *J. Neurophysiol.*, 1963, 26, p. 721-728 ; E.A. Kravitz, S.W. Kuffler, D.D. Potter, N.M. Vangelder, « Gamma-aminobutyric acid and other blocking compounds in crustacea. II », *J. Neurophysiol.*, 1963, 26, p. 729-738 ; E.A. Kravitz, S.W. Kuffler, D.D. Potter, « Gamma-aminobutyric acid and other blocking compounds in crustacea. III », *J. Neurophysiol.*, 1963, 26, p. 739-751. Ces études furent complémentées par la suite par la mise en évidence de libération de GABA par des fibres : M. Otsuka, E.A. Kravitz, D.D. Potter, « Physiological and chemical architecture of a lobster ganglion with particular reference to gamma-aminobutyrate and glutamate », *J. Neurophysiol.*, 1967, 30, p. 725-752 ; L.L. Iversen, E.A. Kravitz, M. Otsuka, « Release of gamma-aminobutyric acid (GABA) from lobster inhibitory neurones », *J. Physiol. Lond.*, 1967, 188, 21P-22P ; M. Otsuka, L.L. Iversen, Z.W. Hall, E.A. Kravitz, « Release of gamma-aminobutyric acid from inhibitory nerves of lobster », *Proc. Natl. Acad. Sci.*, 1966, 56, p. 1110-1115.

2. C. Edwards, S.W. Kuffler, « The blocking effect of gamma-aminobutyric acid (GABA) and the action of related compounds on single nerve cells », *J. Neurochem.*, 1959, 4, p. 19-30.

3. H.M. Gerschenfeld, L. Tauc, *Nature*, 1963, 189, p. 924-925, *op. cit.*

4. J. Kehoe, « Pharmacological characteristics and ionic bases of a 2 component postsynaptic inhibition », *Nature*, 1967, 215, p. 1503-1505.

Il ne s'agissait pas tant d'une dissection pharmacologique des neurotransmetteurs, que d'une pharmacologie de l'organisation synaptique d'un circuit disséqué jusque dans ses mécanismes ioniques élémentaires. Les nombreuses revues de la fin des années cinquante et du début des années soixante rendirent souvent hommage à ces études. Mais comme souvent encore, de telles études réalisées sur des modèles invertébrés souffrirent de n'influencer qu'insuffisamment les recherches sur des modèles vertébrés. L'espoir formulé par Kuffler de contribuer à changer le cours des recherches sur les neurotransmetteurs par d'autres modèles ne fut qu'en partie réalisé [1].

Ces travaux suscitèrent néanmoins l'attention de quelques physiologistes qui souhaitaient reconsidérer un rôle de neurotransmetteur central pour le GABA. À partir de 1964, les études d'iontophorèse du GABA démontrèrent des inhibitions marquées dans plusieurs structures centrales [2]. Krnjević utilisa une électrode d'enregistrement intracellulaire jointe à une électrode d'iontophorèse, à une distance d'une centaine de micromètres, pour tester différents neurones corticaux [3]. L'application de l'électrode intracellulaire qui permettait de changer les concentrations intracellulaires d'ions chlorure, en utilisant notamment une solution de nitrate de

1. « Il était clair, dit Kuffler, que la simplicité anatomique des crustacés serait également utile pour les études chimiques. De plus, nous espérions que ces résultats auraient des applications bien au-delà du système nerveux des crustacés. », J. Dudel, R. Gryder, A. Kaji, S.W. Kuffler, D.D. Potter, 1926, *J. Neurophysiol.*, 1963, 26, p. 721-728, *op. cit.*, p. 721.

2. Une étude préliminaire souvent citée fut réalisée par Kunihiko Obata, un chercheur travaillant avec Masao Ito sur l'inhibition monosynaptique des neurones de Deiters par les cellules de Purkinje du cervelet. K. Obata, « Pharmacological study on postsynaptic inhibition of Deiters' neurones », *Abstr. XXIII Int. Physiol. Congr. Tokyo*, 1965, p. 406. Elle fut suivie de nombreuses autres dont K. Obata, M. Ito, R. Ochi, N. Sato, « Pharmacological properties of the postsynaptic inhibition by Purkinje cell axons and the action of gamma-aminobutyric acid on Deiters'neurones », *Exp. Brain Res*, 1967, 4, p. 43-57. K. Obata, « Gamma-aminobutyric acid in Purkinje cells and motoneurones », *Experientia*, 1969, 25, p. 1283.

3. Une illustration de cette association d'électrodes figure dans K. Krnjević, S. Schwartz, « The action of β-aminobutyric acid on cortical neurones », *Exp. Brain Res.*, 1967, 3, p. 320-336, p. 322 ; voir aussi, K. Krnjević, M. Randic, D.W. Straughan, « Cortical inhibition », *Nature*, 1964, 28, 201, p. 1294 ; K. Krnjević, M. Randic, D.W. Straughan, « An inhibitory process in the cerebral cortex », *J. Physiol. Lond.*, 1966, 184, p. 16-48 ; K. Krnjević, M. Randic, D.W. Straughan, « Nature of a cortical inhibitory process », *J. Physiol. Lond.*, 1966, 184, p. 49-77 ; K. Krnjević, M. Randic, D.W. Straughan, « Pharmacology of cortical inhibition », *J. Physiol. Lond.*, 1966, 184, p. 78-105 ; K. Krnjević, S. Schwartz, « Is β-aminobutyric acid an inhibitory transmitter ? », *Nature*, 1966, 211, p. 1372-1374 ; J.J. Dreifuss, K. Krnjević, « Cortical inhibition and β-aminobutyric acid », *Exp. Brain Res.*, 1969, 9, p. 137-154.

potassium, permit de mettre en évidence des ppsi centraux rapides[1] et de remettre en piste l'hypothèse du GABA comme neurotransmetteur inhibiteur central[2].

La réhabilitation centrale du GABA indique combien la pharmacologie neuronale dépendait d'un contrôle rigoureux de paramètres physiologiques spatialement localisés. Ce que l'électrophysiologie des invertébrés pratiquait depuis le début des années cinquante fut réalisé dans le cortex au prix d'adaptations techniques spécifiques dont la nécessité ne fut révélée qu'après de nombreux échecs. Toutes ces évolutions indiquent de manière évidente que la pharmacologie des neurotransmetteurs se positionna rapidement, mais non sans difficulté, à l'échelle neuronale, par la multiplication technique des microélectrodes d'enregistrement, de stimulation et d'iontophorèse, ainsi que par leurs multiples associations.

L'histoire du GABA démontre l'utilité de l'alliance entre différents modèles expérimentaux au sein d'une même discipline et parfois dans des domaines de recherche très proches. S'il est difficile de parler ici d'interdisciplinarité, les résistances à accepter les données issues d'un modèle animal pour un autre suggèrent que les échanges heuristiques entre modèles ont réellement valeur de transmission interdisciplinaire. Souvent une communauté de chercheurs travaillant sur un même modèle animal se considère investie d'une mission pour développer ce qu'elle conçoit comme une sous-discipline à part entière.

Au-delà du choix des modèles animaux, la neuropharmacologie cellulaire devait trouver d'autres alliances et tisser d'autres liens avec des disciplines voisines. Car l'adoption des deux concepts clés de neurone et de neurotransmetteur nécessitait la prise en compte d'autres résultats, d'autres modes d'objectivation pour leur donner plus de substance. La biochimie régionale, l'histochimie enzymatique, la microscopie électronique et l'ultracentrifugation furent bientôt mises à contribution. Dès le début des années soixante, on discutait ensemble les résultats issus de ces différentes techniques sous-tendant autant de disciplines distinctes. Cette orientation semblait s'imposer à une neurophysiologie des neurotransmetteurs conçue comme l'un des plus solides piliers des neurosciences.

1. Des ppsi centraux lents avaient été mis en évidence dès le début des années cinquante par P. Buser et D. Albe-Fessard.

2. C. Hebb, *Annu. Rev. Physiol.*, 1970, 32, p. 165-192, *op. cit.*

Études régionales des neurotransmetteurs

L'établissement d'une neuropharmacologie cellulaire posait la question de l'étude des répartitions des neurotransmetteurs dans les neurones et synapses en corrélation avec les structures histologiques. Cette approche topographique avait permis la distinction pharmacologique classique des systèmes nerveux végétatifs[1]. À présent, on était en mesure d'étudier les répartitions des neurotransmetteurs non seulement à l'échelle des structures cérébrales (approche régionale), mais aussi à celle du neurone, voire au niveau subcellulaire. Ces voies parallèles de recherche constituaient des approches complémentaires[2] qui nécessitaient chacune des adaptations techniques spécifiques.

Deux exigences étaient requises pour l'approche régionale des neurotransmetteurs à l'échelle des grandes structures du système nerveux : la précision des localisations des échantillons recueillis et la sensibilité des dosages. Préciser les lieux exacts des extraits analysés nécessitait une technique de dosage suffisamment précise pour tester de petits volumes (ou présentant des concentrations faibles).

Avec Wilhelm Feldberg (1900-1993), ce style d'étude avait été appliqué aux répartitions des sensibilités pharmacologiques particulières, comme par exemple celles de certains réflexes à l'acétylcholine. Ces recherches étaient subordonnées à la localisation de la stimulation spécifique d'un nerf dont le résultat avait un certain profil pharmacologique. Dans une étape ultérieure, Feldberg chercha à localiser le lieu d'accumulation des substances libérées, mais toutes les structures réceptrices n'étaient pas favorables à cette approche. Par exemple, la démonstration de la libération d'acétylcholine fut plus aisée dans la glande surrénale ou dans

1. *Cf.* par exemple, A.D. Nozdrachev. « John Newport Langley and His Construction of the Autonomic (Vegetative) Nervous System », *Journal of Evolutionary Biochemistry and Physiology*, 2002, 38, p. 537-546.

2. Citons à ce propos les plans de deux revues de 1966 : I. Introduction, II. General aspects, III. Physiological significance of brain dopamine, A. Occurence and regional distribution, B. Cellular localization, C. Subcellular distribution, D. Metabolism and turnover; O. Hornykiewicz, « Dopamine (3-hydroxytyramine) and brain function », *Pharmacol. Review*, 1966, 18, p. 925-964; I. Introduction, II. Distribution, A. Gross anatomical distribution, B. Systems of norepinephrine neurons, C. Intraneuronal localization; J. Glowinski, R.J. Baldesserani, « Metabolism of norepinephrine in the central nervous system », *Pharmacol. Rev.*, 1966, 18, p. 1201-1238.

un ganglion qu'aux synapses formées sur un muscle squelettique[1], car la dilution qu'imposait la perfusion d'une solution saline sur la surface entière d'un muscle, pour recueillir une quantité suffisante d'acétylcholine, rendait la mesure impraticable. La précision des études régionales ne pouvait être atteinte qu'au prix d'améliorations de la sensibilité des dosages. C'est seulement dans les années soixante-dix que le dosage chimique de l'acétylcholine atteignit la sensibilité requise[2]. Dès les années quarante, des tests enzymatiques suffisamment précis avaient été mis au point pour mesurer l'activité de synthèse[3] et de dégradation de l'acétylcholine[4] sur de petits échantillons[5].

L'étude de Feldberg et Marthe Louise Vogt (1903–2003) de 1948 est souvent citée comme la première étude régionale précise de neurones synthétisant un neurotransmetteur particulier [6]. Le succès de l'étude dut beaucoup au choix du test employé, le dosage de l'activité cholineacétylase, bien que la validité de ce choix ne soit établie qu'au cours des années cinquante[7]. Pour l'interprétation des résultats, les auteurs définirent des normes considérées aujourd'hui comme correctes, par exemple la définition d'un neurone cholinergique par sa capacité à produire l'acétylcholine tout au long de son axone. Dans cette étude, il ne s'agissait pas seulement de démontrer la présence d'une activité enzymatique dans diverses parties d'un cerveau disséqué, mais d'interpréter ce type de résultat par le concept de neurone cholinergique. Ainsi, la présence d'une activité dans la substance blanche indiquait un faisceau de fibres cholinergiques d'autant plus important que l'activité mesurée était intense. Dans la substance grise, l'activité pouvait être localisée dans les neurones cholinergiques, dans les fibres présynaptiques, ou les deux. La sensibilité des neurones à l'acétylcholine indiquait des contacts avec des fibres cholinergiques[8].

1. Voir les références des travaux de Feldberg et de Gaddum ; en particulier : H.H. Dale, W. Feldberg, M. Vogt, « Release of acetylcholine at voluntary motor endings », *J. Physiol. Lond.*, 1936, 86, p. 353-380, p. 354.

2. Cette sensibilité fut alors de l'ordre de celle des anciens tests biologiques basés sur la contraction d'un muscle isolé de sangsue.

3. C'est-à-dire l'activité de la choline acétylase.

4. C'est-à-dire l'activité de l'acétylcholinestérase.

5. Voir les références dans W. Feldberg, M. Vogt, « Acetylcholine synthesis in different regions of the central nervous system », *J. Physiol. Lond.*, 1948, 107, p. 372-381, p. 372.

6. *Ibid.*

7. Il fut démontré que l'autre mesure possible, celle de l'activité acétylcholinestérase, n'était en réalité pas spécifique des neurones cholinergiques.

8. *Ibid.*, p. 377.

Figure 29.
Colloque en l'honneur de Sir Edgar Adrian à Cambridge en 1964 : A, Edgar Adrian ; J, Herbert Jasper ; G, Ragnar Granit ; D, Hallowell Davis ; AF, Denise Albe-Fessard ; Ku, Steve Kuffler ; Ju, Richard Jung ; L, Yves Laporte ; K, Bernard Katz ; F, Alfred Fessard ; E, John Eccles ; H, Alan Hodgkin.

Cette première étude régionale fut une avancée conceptuelle importante. Elle était cependant basée sur l'idée fausse d'un rôle primordial de l'acétylcholine dans le cerveau. Cette vue aboutit naturellement à une belle et simpliste dichotomie.

> Si nos hypothèses basées sur la distribution de l'enzyme de synthèse de l'acétylcholine du système nerveux sont justes, i.e. que les neurones cholinergiques constituent seulement une fraction des neurones centraux, qu'au long d'une voie se succèdent aussi bien des neurones cholinergiques que des neurones non cholinergiques, et que de plus la même cellule puisse être connectée à des terminaisons de neurones cholinergiques et non cholinergiques, alors il n'est pas surprenant que les efforts pour démontrer un rôle de l'acétylcholine dans les transmissions synaptiques du système nerveux central par des stimulations électriques, et d'autres méthodes, aient donné lieu à des résultats contradictoires [1].

Cette distinction simpliste entre neurones cholinergiques et non-cholinergiques prête aujourd'hui à sourire. Cette attitude indique néanmoins clairement que, dès les premières tentatives de régionalisation des transmetteurs, un concept de neurone considéré dans le cadre de la neurotransmission devenait indispensable pour toute interprétation des localisations de neurotransmetteurs centraux. Cependant, cette approche ne fut pas possible pour les autres neurotransmetteurs étudiés par Vogt dans les années suivantes; l'essor d'autres techniques était nécessaire. Ce n'est qu'au cours des années 1954-1956 que l'approche régionale put être appliquée aux amines, à la noradrénaline, à l'adrénaline, à la substance P et à la sérotonine [2]. Ici, l'occlusion apparente d'autres neurones, par le concept de neurone cholinergique, reflétait non seulement la trop grande importance accordée au modèle de la jonction neuromusculaire, mais aussi des difficultés techniques réelles.

À la fin des années cinquante, ce type d'approche évolua dans deux directions. Soit on cherchait à préciser des localisations plus fines par inspection microscopique d'activités enzymatiques (l'histochimie, voir *infra*), soit on préférait l'échelle des structures nerveuses par l'analyse

1. W. Feldberg, M. Vogt, « Acetylcholine synthesis in different regions of the central nervous system », *J. Physiol. Lond.*, 1948, 107, *op. cit.*, p. 380.

2. M. Vogt, « The concentration of sympathin in different parts of the central nervous system under normal conditions and after the administration of drugs », *J. Physiol. Lond.*, 1954, 123, p. 451-481; M.K. Paasonen, M. Vogt, « The effect of drugs on the amounts of substance P and 5-hydroxytryptamine in mammalian brain », *J. Physiol. Lond.*, 1956, 131, p. 617-626.

biochimique des métabolites issus de neurotransmetteurs radiomarqués. Cette dernière approche fut utilisée pour la noradrénaline tritiée[1] et la dopamine marquée au carbone ^{14}C par Julius Axelrod (1912-2004) et Jacques Glowinski[2], dès le début des années soixante. Il était possible d'étudier les aspects régionaux et dynamiques de la synthèse et du stockage de ces neurotransmetteurs par des microdissections et dosages des échantillons recueillis dans diverses régions cérébrales. Elles furent ensuite réalisées par des techniques plus précises, par l'utilisation de tranches de cerveau[3], ou par perfusion locale de volumes restreints d'une région par la technique de la canule *push-pull*[4]. Ainsi, ces deux directions de recherche convergeaient-elles toutes deux vers des localisations dynamiques à l'échelle sub-cellulaire. La neuropharmacologie cellulaire s'était constituée à la croisée de différentes approches techniques en délimitant sa sphère propre de compétence. Elle proposait désormais de définir des types de neurones selon les neurotransmetteurs libérés et détectés par une description fonctionnelle de circuits neuronaux particuliers, comme autant de voies utilisant un neurotransmetteur particulier.

1. Axelrod avait d'abord travaillé avec l'adrénaline marquée : J. Axelrod, J. Weil-Malherbe, R. Tomchick, « The physiological disposition of H3-epinephrine and its metabolite metanephrine », *J. Pharmacol. Exp. Ther.*, 1959, 127, p. 251-256. Puis sur la noradrénaline tritiée : J. Axelrod, L.G. Whitby, G. Hertting, « Effect of psychotropic drugs on the uptake of H3-norepinephrine by tissues », *Science*, 1961, 133, p. 383-384 ; L.G. Whitby, J. Axelrod, H. Weil-Malherbe, « The fate of H3-norepinephrine in animals », *J. Pharmacol. Exp. Ther.*, 1961, 132, p. 193-201 ; G. Hertting, J. Axelrod, R.W. Patrick, « Actions of cocaine and tyramine on the uptake and release of H3-norepinephrine in the heart », *Biochem. Pharmacol.*, 1961, 8, p. 246-248 ; G. Hertting, J. Axelrod, L.G. Whitby, « Effect of drugs on the uptake and metabolism of H3-norepinephrine », *J. Pharmacol. Exp. Ther.*, 1961, 134, p. 146-153 ; J. Axelrod, G. Hertting, R.W. Patrick, « Inhibition of H3-norepinephrine release by monoamine oxidase inhibitors », *J. Pharmacol. Exp. Ther.*, 1961, 134, p. 325-328.

2. Né en 1936. J. Glowinski, G. Milhaud, « Métabolisme de la dopamine-14C dans le cerveau du rat. Étude du mode d'administration », *C.R. Acad. Sci.*, 1962, 255, p. 203-205. À partir de 1964, J. Glowinski débuta ses études avec la noradrénaline tritiée d'abord dans le laboratoire d'Axelrod.

3. Les tranches de cerveau furent utilisées avant les années cinquante en biochimie, puis dans les années cinquante en association avec des composés radiomarqués. Ce fut Henry McIlwain qui consacra le plus de travaux aux préparations de tranches vivantes de cerveau en montrant la validité de ce modèle pour l'électrophysiologie ; voir G.L. Collingridge, « The brain slice preparation : a tribute to the pioneer Henry McIlwain », *J. Neurosci. Methods*, 1995, 59, p. 5-9.

4. J.H. Gaddum, « Push-pull cannulae », *J. Physiol. Lond.*, 1960, 1-2P.

L'histochimie neuronale

L'histochimie conçue comme une approche chimique de l'histologie microscopique n'apparut qu'à la fin du XIXe siècle avec les progrès conjoints de la biochimie et des techniques histologiques [1]. Comme pour la neuropharmacologie cellulaire, certains remaniements dans les combinaisons de techniques aboutissaient fréquemment à définir de nouvelles disciplines dont les problèmes spécifiques ne tardaient pas à s'adapter aux nouvelles possibilités de recherche. C'est ainsi que l'histochimie des années trente eut pour tâche de localiser à l'échelle cellulaire des colorations utilisées précédemment sur des tissus et qui en révélaient des propriétés physiologiques, ou certains constituants chimiques [2].

Cette approche régionale, topographique et qualitative n'était pas réalisée par des dosages d'échantillons, mais par des marquages sélectifs visualisés par microscopie. Il s'agissait là d'une neurochimie anatomique. Une batterie gigantesque de techniques permit la visualisation sélective, à l'échelle subcellulaire, d'acides aminés, d'acides nucléiques, du glycogène, de l'acide ascorbique, de glycoprotéines, de mucopolysaccharides, de lipides ou d'activités enzymatiques diverses [3].

Les techniques de ce champ interdisciplinaire encore peu différencié furent développées jusqu'à la Seconde Guerre mondiale, faisant naître un intérêt grandissant chez quelques anatomistes, chimistes et pathologistes. En 1948, une conférence de l'*International Academy of Pathology*, au Jefferson Medical College à Philadelphie, fut consacrée aux méthodes chimiques de la morphologie. Lors d'une réunion de la *Biological Stain Commission* de 1949 germa l'idée d'une société d'histochimie, l'*Histochemical Society*, qui tint sa première réunion en 1950 [4]. Une autre

1. Selon Frey, « L'histochimie est une application spéciale de la zoochimie et de la chimie physiologique à l'étude des tissus qui forment le corps humain ». Mais vers 1870, l'histologie devenant définitivement microscopique, un nouveau rôle est assigné à l'histochimie, « L'histochimie repose sur l'observation des rapports anatomiques des tissus : elle doit être le complément indispensable de l'histologie », H. Frey, *Traité d'histologie et d'histochimie*, Paris, Savy, 1871.

2. Les localisations tissulaires du bleu de Prusse à la surface acide de la muqueuse gastrique par Claude Bernard en sont un exemple. Pour cette première histochimie, voir A.G. Everson Pearse, « A review of modern methods in Histochemistry », *J. Clin. Pathol.*, 1951, 4, p. 1-36.

3. *Ibid.*

4. R.D. Lillie, « A history of the Histochemical society, its origin and development, with lists of past and present officers and members », *J. Histochem. Cytochem.*, 1962, 10, p. 123-136.

société, la *Society for Histochemistry*, se forma en 1952 à l'Institut de Pathologie de l'Université de Marburg[1]. Diverses communautés, dont la cohésion était assurée par des interdisciplinarités locales entre histologie et chimie, étaient constituées en parallèle, à la frontière entre l'anatomie, la chimie et la pathologie.

À l'instar des recherches sur la vision, au cours des années trente, l'histochimie des années cinquante constitua un pôle attracteur puissant par la diversité de ses méthodes et leurs possibilités presque infinies pour l'analyse des structures et fonctions biologiques. Un grand nombre de revues consacrées à ce domaine témoigne d'un tel foisonnement[2]. Le remarquable développement des techniques de marquage cytologique représenta, au cours des années cinquante, un aspect important dans la diversification des approches de physiologie cellulaire.

Que pouvait proposer cette histochimie[3] au concept de neurone cholinergique de Feldberg[4]? L'acte fondateur de l'histochimie du système nerveux fut la publication, en 1948, de deux techniques de marquage de l'activité acétylcholinestérase par George Gomori (1904-1957)[5] de l'Université de Chicago et George Koelle (1919-1997)[6] du *Wilmer Ophtalmological Institute* au *Johns Hopkins Hospital*. Leurs travaux bénéficièrent de recherches sur les gaz anticholinestérasiques menées dans un cadre militaire. C'était le sujet initial de George Koelle, avant qu'il ne rejoigne le laboratoire de Jonas Stein Friedenwald (1897-1955)[7], où Koelle inventa sa célèbre méthode. Ses multiples modifications en firent l'une des plus

1. W. Gössner, « A brief history of the Society for Histochemistry : its founders, its mission and the first 50 years », *Histochem. Cell Biol.*, 2002, 118, p. 91-94.

2. Mentionnons *Progress in Histochemistry and Cytochemistry, Journal of Histochemistry and Cytochemistry, Histochemistry, Histochemie, Histochemical Journal, Acta Histochemica, Basic and Applied Histochemistry, European Journal of Basic and Applied Histochemistry, European Journal of Histochemistry, Folia Histochemica et Cytobiologica, The Histochemical Journal, Histochemistry and Cell Biology, etc.*

3. Cette histochimie permettait l'étude des répartitions cellulaires de constituants biochimiques sur des tranches fixées ou la localisation d'activités enzymatiques sur tissus également fixés. Il était possible de visualiser des phosphatases, des phosphamidases, des péroxydases, des cytochromes oxydases, des lipases ou encore des estérases.

4. W. Feldberg, M. Vogt, *J. Physiol. Lond.*, 1948, 107, p. 372-381, *op. cit.*

5. Voir R.D. Lillie, « George Gomori 1904-1957 », *J. Histochem. Cytochem.*, 1957, 5, p. 203 ; G. Gomori, « Histochemical demonstration of sites of choline esterase activity », *Proc. Soc. Exp. Biol. Med.*, 1948, 68, p. 354-358.

6. G.B. Koelle, J.S. Friedenwald, « A Histochemical method for localizing cholinesterase activity », *Proc. Soc. Exp. Biol. NY*, 1949, 70, p. 617-622.

7. Friedenwald était un ophtalmologiste pionnier de l'histochimie enzymatique.

utilisées en neurohistochimie. On pouvait dès lors regrouper les neurones, ayant ou pas cette activité, en catégories qui ne correspondaient pas à celles des neurones cholinergiques et non-cholinergiques. On comprit que la cholinergie ne dépendait pas seulement de l'acétylcholinestérase, car la technique de Koelle colorait de façon ubiquitaire le cerveau de certaines espèces. Aucune méthode n'était disponible pour le marquage de la cholineacétylase, le procédé particulier de Koelle n'étant pas généralisable à d'autres enzymes.

Ainsi, la primauté de certains concepts, comme celui de neurone cholinergique, imposé par les seules méthodes disponibles, fut cause de nombreuses erreurs[1].

La technique histochimique qui révolutionna le plus profondément les localisations de neurotransmetteurs fut sans conteste l'histofluorescence. Contrairement à la technique générale récente de l'immunofluorescence basée sur des anticorps dont les cibles peuvent être variées à l'infini, l'histofluorescence tirait parti de composés fluorescents obtenus à partir d'amines endogènes. L'école suédoise joua dans cette aventure un rôle capital, très souvent commenté ; il semble utile néanmoins de revenir sur sa découverte et sa portée.

Comme pour nombre d'avancées techniques importantes, l'amélioration d'une méthode était intimement associée à une problématique arrivant à maturité et justifiant des efforts particuliers. Dans le cas de l'histofluorescence, il ne s'agissait pas seulement de la découverte d'une nouvelle réaction chimique à partir d'un neurotransmetteur, mais de l'adaptation d'une réaction connue à des procédures spéciales de fixation des coupes de tissus. Comme pour la découverte de la réaction de Golgi, la combinaison des deux procédés fut nécessaire ; elle permit d'obtenir une fluorescence à partir de la noradrénaline dont la seule nouveauté résidait dans sa grande intensité.

Mais cette avancée de l'histofluorescence, qu'on pourrait comparer à la découverte fortuite par Golgi de sa réaction noire, représentait la possibilité nouvelle de localiser un neurotransmetteur à l'intérieur d'un neurone, hors du cadre classique et dogmatique de la « cholinergie ».

Dès lors, la noradrénaline prit plus que jamais place parmi les neurotransmetteurs. Un ensemble de neurones, conçu comme un véritable

1. Au cours des années cinquante, d'autres activités enzymatiques purent être mises en évidence dans les tissus nerveux comme la déhydrogénase succinique ou la monoamine oxydase.

système aminergique, pouvait être cartographié[1]. Avec la technique de Koelle, la neurohistochimie n'était pas parvenue à définir un véritable système neuronal cholinergique. Mais l'histofluorescence fut la première véritable technique de neurohistochimie fonctionnelle à l'échelle du neurone, par laquelle les catégories de neurones eurent une véritable valeur physiologique. Cette neurohistochimie neuronale fit du concept de neurone, non plus seulement un objet abstrait dans les régions du cerveau peu accessibles à l'électrophysiologie, mais une catégorie plus réelle déclinable à l'intérieur du cadre théorique de la neurotransmission.

Cette épopée de la neuropharmacologie cellulaire est suffisamment importante pour nécessiter une enquête dont le rôle sera de préciser les conditions de la découverte de l'histofluorescence.

C'est en 1934 que la réaction fluorescente des monoamines fut décrite par John Henry Gaddum (1900-1965) et Heinz Otto Schild (1906-1984), au *National Institute for Medical Research* de Londres. Une fluorescence verte, spécifique d'une réaction chimique avec l'adrénaline, fut observée en milieu basique oxygéné, par excitation lumineuse dans l'ultraviolet[2]. Cette réaction fut utilisée en 1955, à l'échelle cellulaire, par Olavi Eino Eränkö (1924-1984), dans le Département d'Anatomie de l'Université d'Helsinki.

Dans le but d'obtenir une fixation légère, Eränkö exposa du tissu de médullosurrénale à des vapeurs de formaldéhyde et mit en évidence par ce procédé nouvellement testé une fraction de cellules fluorescentes. Or, ces cellules se révélèrent contenir de l'adrénaline[3]. Cette distinction histo-

1. J. Glowinski, « The mapping of the central aminergic pathways », *Brain Res. Bull.*, 1999, 50, p. 369.

2. Cette découverte est citée dans la conférence Nobel d'Otto Loewi (1936) : « Après un renseignement donné par Paget, Gaddum et Schild (1934) réalisèrent des recherches sur la signification d'une fluorescence verte visible en lumière ultraviolette qui suggérait la présence d'adrénaline, d'oxygène et d'une base. Ils remarquèrent que la réaction était largement spécifique de l'adrénaline. Je pouvais ainsi montrer que l'extrait cardiaque, mais aussi une solution perfusant un cœur, montrait cette réaction, après une période de stimulation du cœur soutenue. Je considérai alors que cela prouvait que la substance *sympathicus* était bien l'adrénaline ». La référence citée est J.H. Gaddum, H. Schild, *J. Physiol. Lond.*, 1934, 80, 9P. La spécificité pour l'adrénaline a été démontrée par Loewi en 1936 ; O. Loewi, *Pflüg. Arch. ges. Physiol.*, 1936, 237, p. 504.

3. O. Eränkö, « Distribution of fluorescing islets, adrenaline and noradrenaline in the adrenal medulla of the cat », *Acta Endocrinol.*, 1955, 18, p. 180-188. O. Eränkö, « Distribution of fluorescing islets, adrenaline and noradrenaline in the adrenal medulla of the hamster », *Acta Endocrinol.*, 1955, 18, p. 174-179.

chimique d'un type cellulaire avait été un thème abordé par ce même auteur par l'histochimie enzymatique des phosphatases acides[1]. Mais ce nouveau procédé, reproduit et étudié *in vitro*, paraissait prometteur pour étudier la neurotransmission[2]. Une vapeur de formaldéhyde semblait réagir spécifiquement avec l'adrénaline pour former un composé très fluorescent.

C'est en réalité à l'école suédoise représentée par Ulf von Euler (1906-1983) que revint la véritable découverte de l'histofluorescence[3], c'est-à-dire l'exploitation de cette réaction pour révéler la présence d'une molécule fluorescente dans les détails structuraux d'un neurone. Élève de Dale, devenu professeur de physiologie à l'Institut Karolinski, von Euler chercha à valider pendant de longues années son hypothèse de la neurotransmission noradrénergique[4]. Il s'intéressa au stockage et à la localisation de la noradrénaline[5]. Mais les seuls arguments pharmacologiques et physiologiques n'étaient pas suffisants. Il fallait localiser le neurotransmetteur dans des neurones, voire dans des régions neuronales par la neurohistochimie.

Cette approche se développa en Suède. Elle était d'autant plus attendue que, dès 1953, le fractionnement par ultracentrifugation avait permis à Hugh Blaschko (1900-1993), au Département de Pharmacologie de l'Université d'Oxford, et à Nils-Åke Hillarp (1916-1965), au Département d'Histologie de l'Université de Lund, de démontrer la présence de noradrénaline dans de gros granules intracellulaires *a priori* faciles à localiser en histochimie[6].

1. O. Eränkö, « Histochemical evidence of intense phosphatase activity in the hypothalamic magnocellular nuclei of the rat », *Acta Physiol. Scand.*, 1951, 24, p. 1-6. O. Eränkö, « Histochemical evidence of the presence of acid-phosphatase-positive and -negative cell islets in the adrenal medulla of the rat », *Nature*, 1951, 168, p. 250-251.

2. O. Eränkö, « Distribution of Adrenaline and Noradrenaline in the Adrenal Medulla », *Nature*, 1955, 175, p. 88-89; O. Eränkö, « Adrenaline and Noradrenaline in Adrenal Autografts », *Nature*, 1956, 178, p. 603; O. Eränkö, « Distribution of Adrenaline and Noradrenaline in the Hen Adrenal Gland », *Nature*, 1957, 179, p. 417-418.

3. En 1971 von Euler partagea le Prix Nobel de physiologie ou médecine avec Sir Bernard Katz et Julius Axelrod. Euler participa à la découverte de nombreuses molécules comme la substance P, les prostaglandines, la pipéridine et la noradrénaline.

4. Neurotransmission utilisant la noradrénaline comme neurotransmetteur.

5. L. Stjärne, « Ulf von Euler », *The Physiologist*, 1983, 26, p. 282-283.

6. N.A. Hillarp, S. Lagerstedt, B. Nilson, « The isolation of a granular fraction from the suprarenal medulla, containing the sympathomimetic catechol amines », *Acta Physiol. Scand.*, 1953, 29, p. 251-263. H. Blaschko, A.D. Welch, « Localization of adrenaline in cytoplasmic particles of the bovine adrenal medulla », *Arch. Exp. Pathol. Pharmak.*, 1953, 219, p. 17-22.

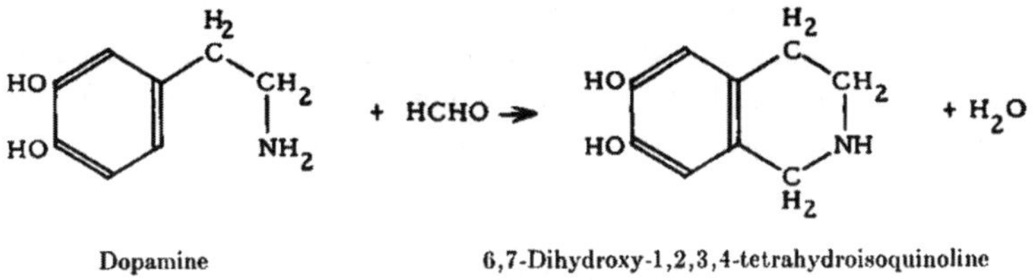

Figure 30.
Réaction permettant de produire un composé fluorescent à partir de la dopamine contenue dans les tissus en présence de vapeur de formaldéhyde.
D'après B. Falck, N.A. Hillarp, G. Thieme, A. Torp, 1962

Or, Hillarp était un partisan de l'histochimie classique. Parallèlement à Eränkö, il avait comme lui démontré, dans la médullosurrénale, la présence de cellules contenant de l'adrénaline ou de la noradrénaline, par des réactions oxydatives donnant des pigments noirs insolubles[1]. Deux facteurs amenèrent Hillarp à mieux contrôler les conditions de la réaction d'Eränkö pour augmenter la fluorescence de son produit. Non seulement Hillarp connaissait Eränkö, mais il s'intéressait à la méthode de dosage par fluorescence de la tryptamine, mise au point par Bernard Brodiez (1909-1978) au Laboratoire de pharmacologie clinique du NIH[2].

La réaction d'Eränkö ne fonctionnait que sur la médullosurrénale[3], mais Hillarp parvint à l'optimiser et obtint une formidable fluorescence dans les tissus contenant de la noradrénaline[4] ! L'histofluorescence était née.

1. N.A. Hillarp, T.B. Hokfelt, « Evidence of adrenaline and noradrenaline in separate adrenal medullary cells », *Acta Physiol. Scand.*, 1953, 30, p. 55-68. Hillarp semble aussi avoir utilisé la méthode d'Eränkö pour rendre les cellules à adrenaline fluorescentes. Richard Burack, communication personnelle sur la liste de diffusion *histneur*, 2000.

2. *Ibid.*

3. A. Carlsson, « A half-century of neurotransmitter research : impact on neurology and psychiatry », Nobel lecture, *Biosci. Rep.*, 2001, 21, p. 691-710, p. 697. L'étude en question est de A. Carlsson, B. Falck, N.A. Hillarp, G. Thieme, A. Torp, « A new Histochemical method for visualization of tissue catechol amines », *Med. Exp. Int. J. Exp. Med.*, 1961, 4, p. 123-125. Hillarp collaborait à cette époque avec Arvid Carlsson qu'il suivit à Göteborg.

4. B. Falck, N.A. Hillarp, G. Thieme, A. Torp, « Fluorescence of catecholamines and related compounds condensed with formaldehyde », *J. Histochem. Cytochem.*, 1962, 10, p. 348-354. Le facteur essentiel fut d'utiliser des coupes réalisées à froid (freezed-dried specimens). A. Carlsson, B. Falck, N.A. Hillarp, « Cellular localization of brain monoamines »,

Les résultats furent spectaculaires : « Ce fut fantastique, lorsque nous vîmes notre premier neurone émettant une fluorescence très brillante, due à son contenu en noradrénaline. Nous commençâmes à rêver à tous les champs que nous devrions […] ouvrir en neurobiologie »[1].

Pour Arvid Carlsson[2], collaborateur de Hillarp :

> […] la réaction fonctionna de façon remarquable, permettant ainsi la visualisation de la noradrénaline dans les nerfs adrénergiques, et la sérotonine, dans les mastocytes par microscopie à fluorescence. Cela nous amena, continue Carlsson, à établir une collaboration très active entre notre Département de Pharmacologie de Göteborg et celui d'origine d'Hillarp, le Département d'Histologie de Lund, puis, après son départ pour la chaire d'histologie de l'Institut Karolinska en 1963, avec un groupe très enthousiaste de jeunes étudiants de son nouveau département[3].

Ces recherches eurent un retentissement considérable dans le monde entier. Elles furent exploitées rapidement, notamment par Annica Birgitta Dahlström[4] et Kjell Fuxe, pour cartographier les systèmes aminergiques[5].

La constitution histochimique du neurone permettait de révéler des populations de neurones synthétisant un même neurotransmetteur et ouvrait la porte à de nouvelles corrélations entre la structure des réseaux ainsi révélés et leurs activités étudiées par l'électrophysiologie.

Acta Physiol. Scand., 1962, 56, suppl. 196, p. 1-28 ; voir B. Falck, N.A. Hillarp, G. Thieme, A. Torp, « Shining monamines illuminate own function – a citation classic commentary on fluorescence of catecholamines and related compounds condensed with formaldehyde », *Life Sci.*, 1991, 48, p. 1.

1. *Ibid.*

2. Carlsson (né en 1923) obtint le Prix Nobel de physiologie ou médecine en 2000.

3. A. Carlsson, *Biosci. Rep.*, 2001, 21, p. 691-710, p. 697-698.

4. Née en 1941. S. Tuček, « Neurochemistry with microscopes : homage to Annica Dahlstrom », *Neurochem. Res.*, 1997, 22, p. 909-910.

5. A. Dahlström, K. Fuxe, « Evidence for the existence of monoamine containing neurons in the central nervous system. I. Demonstration of monoamines in the cell bodies of brain stem neurons », *Acta Physiol. Scand.*, 1964, 62 (suppl. 232), p. 1-55 ; A. Dahlström, K. Fuxe, L. Olson, U. Ungerstedt, « Ascending systems of catecholamine neurons from the lower brain stem », *Acta Physiol. Scand.*, 1965, 62, p. 485-486 ; K. Fuxe, « Evidence for the existence of monoamine neurons in the central nervous system. III. The monoamine nerve terminal », *Z. Zellforsch. Mikrosk. Anat.*, 1965, 65, p. 573-596 ; K. Fuxe, « Evidence for the existence of monoamine neurons in the central nervous system. IV. Distribution of monoamine

En effet, l'histoire de la neurohistochimie des années cinquante et du début des années soixante indique une coopération entre anatomistes, physiologistes et chimistes. Il faut insister sur la place centrale du concept de neurotransmetteur, notamment au sein de l'école suédoise, dans cette volonté de démontrer le caractère de neurotransmetteur de la noradrénaline dans le système nerveux central.

C'est l'union des développements techniques de l'histochimie et de la thématique de la neurotransmission qui aboutit à prolonger les recherches de l'histochimie régionale à l'échelle du neurone. Pour la première fois, la neurohistochimie cellulaire se rapprochait de la physiologie en définissant des systèmes de neurones libérant un transmetteur spécifique, selon des territoires et des trajets nerveux cartographiés. Au concept quelque peu théorique de neurone cholinergique, s'ajoutait le concept de système neuronal aminergique. Cette histochimie fonctionnelle du système nerveux créa des catégories mixtes de systèmes neuronaux, à la fois anatomiques et physiologiques, s'agençant selon une organisation qu'il revenait à la physiologie d'étudier fonctionnellement.

Ainsi le rapprochement entre plusieurs disciplines permit-il de créer un champ de recherche autonome entièrement renouvelé par des développements techniques particuliers et spectaculaires.

Nouvelles méthodes physiques appliquées au neurone

Le cadre théorique de la neurotransmission chimique, mais surtout sa dimension polémique au sortir de la Seconde Guerre mondiale, a suscité une diversification d'approches techniques en neurophysiologie par la neuropharmacologie, la neurohistochimie et une véritable explosion technologique autour du neurone [1].

Par exemple, les différentes approches constitutives du neurone, outre celles étudiées jusque-là, comportaient des tentatives d'isolement des constituants neuronaux par des méthodes physiques. Ce domaine fut particulièrement marqué par deux technologies, la microscopie électronique et l'ultracentrifugation différentielle. Et les programmes de recherche consacrés à l'emploi de ces techniques sur le neurone furent étroitement liés.

nerve terminals in the central nervous system », *Acta Physiol. Scand.*, 1965, 64, suppl. 247, p. 37-121.

1. J.C. Dupont, *Histoire de la Neurotransmission*, *op. cit.*, p. 145-148 : « La fécondité des polémiques », p. 150-152 : « L'explosion des technologies ».

Il est inutile de justifier combien ces deux technologies révolutionnèrent l'ensemble de la biologie. Toutefois, il faut comprendre que l'émergence corrélative d'une biologie cellulaire permit de prendre le neurone et ses constituants comme objets d'étude par des manipulations directes. Cependant, une question d'ordre historique domine. Comment et pourquoi ces nouvelles approches se concentrèrent-elles rapidement sur le thème de la neurotransmission chimique, et lui apportèrent-elles certains arguments décisifs ?

Les études régionales à l'échelle de la cellule aboutirent à un renouvellement du neurone comme objet scientifique, par la description d'une dynamique de la synthèse, du stockage, de la libération, de la dégradation et de la recapture des neurotransmetteurs par des compartiments cellulaires spécifiques. Le neurone devenait une véritable cellule vivante, et non plus seulement l'objet de clichés de microscopie, l'objet-mort d'une biologie cellulaire, ou l'objet théorique de la neurophysiologie. Il fut alors possible de représenter la répartition de ses constituants cellulaires et ses nouveaux mécanismes internes.

Dans cette aventure, l'essor de la microscopie électronique joua un rôle fondamental en permettant de dévoiler les structures subcellulaires impliquées dans les dynamiques intraneuronales. Deux jeunes chercheurs américains, James David Robertson (1923-1995) et Sanford Louis Palay (1918-2002) s'attachèrent, au sortir de la guerre, à visualiser des neurones au moyen de ce nouvel instrument. La suprématie technologique des deux centres qui les accueillirent – le MIT et l'Institut Rockefeller – était une condition essentielle au succès de leurs recherches. Après des études médicales, Robertson se forma chez Francis Otto Schmitt (1903-1995), au MIT, qui développait non seulement la microscopie électronique, mais aussi la diffraction aux rayons X, et la microscopie en lumière polarisée[1]. Également de formation médicale, Palay avait entamé des recherches en anatomie à l'Université de Yale, mais dut attendre la fin de la guerre pour rejoindre Albert Claude (1899-1983) à l'Institut Rockefeller en 1948. Depuis le début des années quarante, Claude étudiait avec un immense succès la biochimie régionale des pigments de la chaîne respiratoire et leur

1. Dans ce laboratoire, de nombreuses avancées techniques furent réalisées, comme l'utilisation de métaux lourds ou la réalisation de coupes ultra-fines par un couteau en verre pour la microscopie électronique. Voir G. Adelman, B. Smith, « Francis Otto Schmitt : November 23, 1903-October 3, 1995 », *Biogr. Mem. Natl. Acad. Sci.*, 1998, 75, p. 343-354.

localisation par ultracentrifugation différentielle dans les mitochondries. L'étude du neurone entrait donc dans l'ère d'une biologie cellulaire entièrement renouvelée.

Après le retour de Claude en Belgique à la fin des années quarante, ce programme se prolongea par les recherches sur les lysosomes [1] de Christian de Duve [2]. Le laboratoire était alors dirigé par Keith Porter (1912-1996) et George Palade [3], tous deux impliqués dans plusieurs améliorations techniques importantes de la microscopie électronique [4]. Cet extraordinaire milieu scientifique de biologie cellulaire, berceau d'un nouveau neurone, fut récompensé par le Prix Nobel de physiologie ou médecine attribué conjointement à Claude, de Duve et Palade en 1974.

À l'instar de l'histochimie, l'étude des compartiments cellulaires par microscopie électronique et ultracentrifugation fut d'une pertinence surprenante dans la confirmation de la théorie de la neurotransmission chimique.

Selon une conception cellulaire et dans le cadre d'une théorie dite vésiculaire, la libération du neurotransmetteur était réalisée par exocytose. Une théorie associée, la théorie quantique, développée par les électrophysiologistes, voyait dans l'exocytose un mode de libération discret (quantique) de molécules de neurotransmetteur par paquets (quanta), détectables par la mesure de courants synaptiques d'amplitude unitaire et constante. Le rapprochement de la théorie vésiculaire et de la théorie quantique de la neurotransmission indique l'impact capital qu'eut la biologie cellulaire des années cinquante dans la redéfinition du concept de neurone en tant que machinerie cellulaire étroitement associée à sa fonction de neurotransmission à ses terminaisons synaptiques.

Les résultats de Robertson et Palay furent publiés au début des années cinquante. La thèse de Roberston, achevée en 1952, exposait de nombreuses observations sur les synapses symétriques et asymétriques du système nerveux d'invertébrés. Ce travail portait également sur la structure des gaines de myéline [5]. De son côté, Palay avait d'abord étudié avec Claude les chromosomes géants des glandes salivaires de drosophile. Il

1. Compartiments cellulaires alors caractérisés par leurs hydrolases.

2. Né en 1917.

3. Né en 1912.

4. Palade a inventé le tampon véronal au tétroxyde d'osmium.

5. J.D. Robertson, *Ultrastructure of an invertebrate synapse*, Ph.D. Thesis, Massachusetts Institute of Technology Library, 1952.

n'étudia le système nerveux qu'à partir de 1952, en collaboration avec Palade, lorsqu'il revint à l'Institut Rockefeller, suite à une éclipse de trois années. La diversité initiale de ses études indique son désir d'appliquer la microscopie électronique à de nombreux sujets. Cette dispersion s'explique aussi par certaines limitations techniques surmontées par le choix de matériels biologiques particuliers. De nombreux procédés devaient encore être développés. Palay élabora une technique de fixation des neurones par injection d'acide osmique dans le quatrième ventricule du rat. Dès lors, une étude exhaustive pouvait être réalisée sur l'ensemble du système nerveux [1].

Cette étude intitulée « The fine structure of neurons » reprenait la célèbre formule de la *Croonian Lecture* de Ramón y Cajal de 1894 : « La fine structure des centres nerveux » [2]. Or, il y avait là beaucoup plus qu'une simple allusion, comme en témoigne la première phrase de l'article de Palay : « Dans la cytologie spéciale du neurone, quatre problèmes principaux ont persisté depuis la fin du XIXe siècle ». L'article de Palay se proposait de les résoudre. En effet, si la microscopie électronique était en mesure de répertorier, dans le neurone, les membranes, vésicules, mitochondries et lysosomes récemment découverts, mais finalement communs à tout type cellulaire, elle pouvait tenter de répondre aux problématiques en suspens concernant les structures spécifiquement neuronales. Car l'incertitude des réponses proposées par la microscopie optique reposait sur un manque de pouvoir résolutif des instruments et la suspicion d'artefacts, en laissant souvent un doute.

L'avancée de la microscopie électronique trancha les débats au cas par cas, en montrant parfois la justesse de certaines idées non démontrées (théorie du neurone) ou l'existence de structures que ces mêmes idées condamnaient (les réseaux nerveux), mais qui n'étaient pas des artefacts [3].

1. S.L. Palay, G. Palade, « The fine structure of neurons », *J. Biophys. Biochem. Cytol.*, 1955, 1, p. 69-88.

2. S. Ramón y Cajal, « La fine structure des centres nerveux : the Croonian Lecture », *Proc. Roy. Soc. Lond.*, 1894, 55, p. 443-468.

3. En effet, si la démonstration de la contiguïté des neurones était acquise, certains réseaux nerveux furent visualisés par la microscopie électronique. Dans le même ordre d'idée, le corps de Nissl n'était pas, comme on put le penser, un précipité artefactuel, mais un agrégat de réticulum endoplasmique. Quant aux gaines de myéline, les résultats de Robertson donnaient raison à Louis Ranvier.

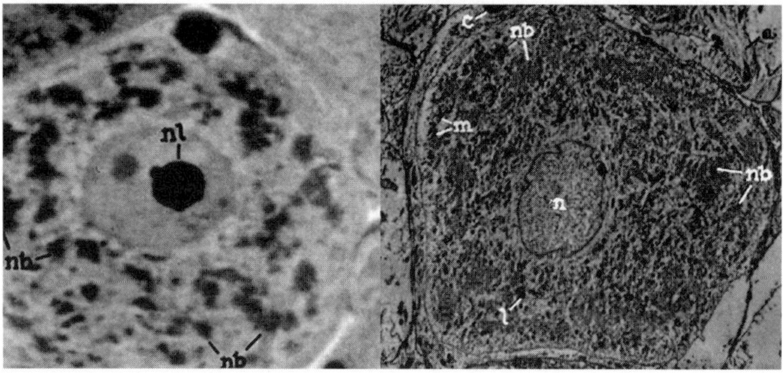

Corps de Nissl (nb), nucléole (nl), noyau (n), mitochondrie (m), gouttelette de lipide (l), un axone (a). Grossissement x 2400 et x 4600 respectivement.

Figure 31.
Micrographies en microscopie optique (gauche) et électronique (droite).
D'après Palay et Palade, 1955

Une microscopie des structures internes du neurone devenait possible (fig. 31) avec notamment la description des synapses et de la fente synaptique. Ces résultats constituaient une avancée dans la démonstration directe de la théorie du neurone, suscitant, jusque vers les années soixante, maintes oppositions dans certains milieux ostensiblement réticularistes, du moins pour certains territoires nerveux périphériques[1]. Mais ce débat devenait secondaire et c'est la nature de la neurotransmission qui finalement intéressait la communauté la plus grande.

Entre 1954 et 1955, Palay d'une part[2], ainsi qu'Henry Stanley Bennett (1889-1972) et Eduardo De Robertis (1913-1988) d'autre part[3], avaient chacun publié un article sur ce que l'on nomme aujourd'hui les « vésicules synaptiques »[4] (fig. 32). Mais l'observation simple de granules, dans une synapse, ne constituait pas une preuve de leur fonction. Dans ces problèmes, l'approche de Claude et de Duve, sur d'autres organites, avait

1. Communication personnelle de Constantino Sotelo au sujet de la faculté de médecine parisienne dans les années cinquante.

2. S.L. Palay, G.E. Palade, « Electron microscopic observations of interneuronal and neuromuscular synapses », *Anat. Rec.*, 1954, 118, p. 335-336.

3. E.D.P. De Robertis, H.S. Bennett, « Some features of the submicroscopic morphology of synapses in frog and earthworm », *J. Biophys. Biochem.*, 1955, 1, p. 47-58.

4. W.A. Wells, « The discovery of synaptic vesicles », *J. Cell. Biol.*, 2005, 168, p. 12-13.

établi certaines normes : la fonction d'une vésicule cellulaire devait être déterminée par son isolement physique et l'étude de ses contenus et de ses activités enzymatiques.

Que dire alors d'un simple cliché microscopique ? Certains granules avaient en effet déjà été vus par Fritiof Stig Sjöstrand[1], Humberto Fernández-Morán (1924-1999), Bennett ou Young[2]. Bennett et De Robertis avertirent : « [...] les interprétations que nous faisons de nos clichés ne peuvent être considérées autrement que comme des hypothèses »[3]. Cependant, les groupes de Hillarp et de Blashko venaient de publier, cette même année, l'isolement par ultracentrifugation de granules de cellules de la médullosurrénale. Ces compartiments contenaient bien un neurotransmetteur, la noradrénaline[4]. L'hypothèse d'une neurotransmission chimique, avec le neurotransmetteur à l'intérieur des vésicules, fut donc timidement formulée : « Il y a donc des arguments dans la littérature qui suggèrent que deux substances actives aux synapses sont associées à des particules ou des gouttelettes visqueuses, comme celles rencontrées dans la cellule. Il n'est pas déraisonnable de spéculer que des substances actives de ce genre puissent être associées, dans certaines conditions, avec des particules ou des granules, ou encore des vésicules de taille submicroscopique »[5].

La prudence des anatomistes, probablement inspirée par l'usage d'une technologie très récente, laissa le champ libre au physiologiste Bernard Katz (1911-2003) pour formuler l'*hypothèse vésiculaire de la neurotransmission*. Katz imagina une corrélation entre la nature quantique des courants synaptiques miniatures, démontrée en 1954, et la présence de vésicules dans les synapses. Cette théorie fut acceptée par Palay dès 1956[6] ; elle émanait d'une discipline constituée qui confortait les observations de la microscopie électronique du neurone pratiquée par de jeunes

1. Né en 1912.

2. Voir les références dans E.D.P. De Robertis, H.S. Bennett, 1955, *op. cit.*

3. E.D.P. De Robertis, H.S. Bennett, *J. Biophys. Biochem.*, 1955, 1, p. 47-58, *op. cit.*, p. 48.

4. N.A. Hillarp, S. Lagerstedt, B. Nilson, « The isolation of a granular fraction from the suprarenal medulla, containing the sympathomimetic catechol amines », *Acta Physiol. Scand.*, 1953, 29, p. 251-263 ; H. Blaschko, A.D. Welch, « Localization of adrenaline in cytoplasmic particles of the bovine adrenal medulla », *Arch. Exp. Path. Pharmak.*, 1953, 219, p. 17-22.

5. E.D.P. De Robertis, H.S. Bennett, *J. Biophys. Biochem.*, 1955, 1, p. 47-58, *op. cit.*, p. 55.

6. S.L. Palay, « Synapses in the central nervous system », *J. Biophys. Biochem. Cytol.*, 1956, 2, suppl. 4, p. 193-202.

chercheurs n'ayant pas atteint, semble-t-il, l'âge légal pour la spéculation, ni même pour participer aux grands colloques.

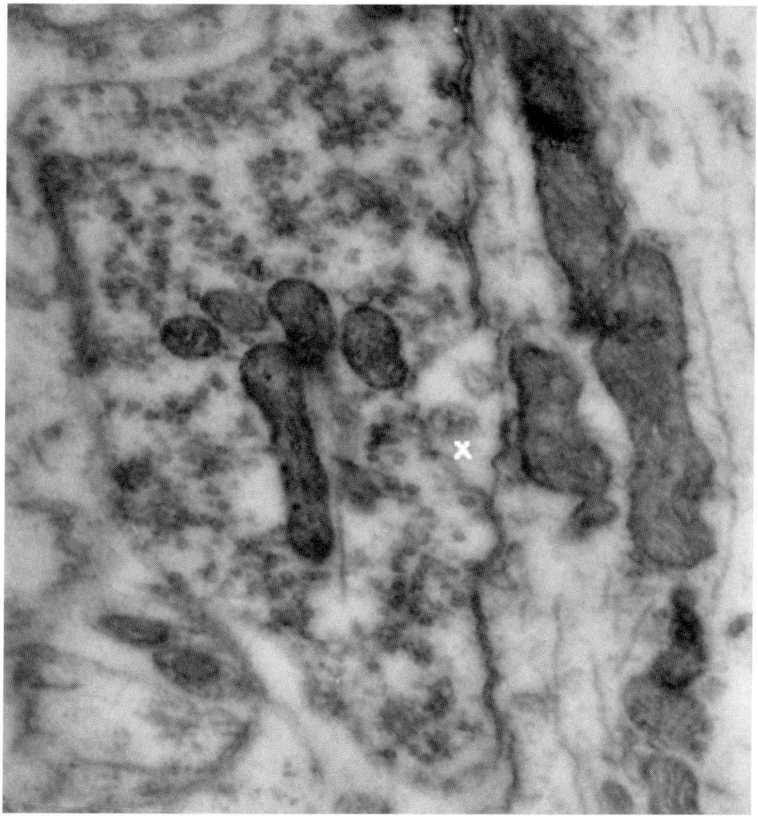

Le dendrite, à droite, contient des mitochondries et du réticulum endoplasmique. L'axone, à gauche, contient des mitochondries et de très nombreuses vésicules synaptiques. Dans la région notée x, l'espace intrasynaptique est élargi et laisse place à deux fibres gliales entre l'axone et le dendrite.

Figure 32.
Micrographie d'une synapse axo-dendritique.
D'après Palay, 1956

Cependant, il semblait clair que la théorie vésiculaire de Katz n'était pas suffisante pour établir que la vésicule synaptique était véritablement un organite essentiel dans la neurotransmission[1]. De même, on ne pouvait savoir si l'exocytose était un mécanisme fondamental de libération. L'ultracentrifugation était nécessaire pour démontrer la présence d'un neurotransmetteur dans les vésicules et sa disparition dans celles-ci après une stimulation synaptique prolongée.

Au cours des années cinquante, George Hall Hogeboom (1913-1956), Walter Carl Schneider et Palade avaient poursuivi, après Claude, des travaux d'ultracentrifugation[2]. Mais l'application de ces techniques au cerveau fut le fait de Victor Percy Whittaker[3], biochimiste formé à Oxford et spécialiste du métabolisme de l'acétylcholine, travaillant au laboratoire de Catherine Hebb à Brabaham. À partir de 1958, son projet fut d'isoler des fractions de particules subcellulaires cérébrales, différentes des mitochondries[4], et contenant le neurotransmetteur central le mieux connu, l'acétylcholine[5]. L'année suivante, Whittaker isola une fraction enrichie en particules contenant de l'acétylcholine. Mais leur vitesse de sédimentation n'était pas en accord avec la taille des vésicules synaptiques. Expliquant ce dilemme à George Gray (1924-1999), spécialiste de microscopie électronique des synapses corticales, Whittaker accepta l'idée qu'il avait isolé des «*pinched-off nerve endings*», c'est-à-dire des terminaisons nerveuses détachées[6], qu'il nomma plus tard « synaptosomes »[7].

1. Voir J.G. Barbara, T. Galli, «Fallait-il ignorer l'hypothèse non-vésiculaire de la neurotransmission ? », *Lettre des Neurosciences*, 2006, 30, p. 3-6.

2. G.H. Hogeboom, W.C. Schneider, G.E. Palade, « Cytochemical studies of mammalian tissues », *J. Biol. Chem.*, 1948, 172, p. 619-635; G.E. Palade, « A small particulate component of the cytoplasm », *J. Biophys. Biochem. Cytol.*, 1955, 1, p. 59-68; G.H. Hogeboom, « Fractionation of cell components of animal tissues », *Meth. Enzymol.*, 1955, 1, p. 16-19.

3. Né en 1919.

4. V.P. Whittaker, «The nature of bound acetylcholine», *Biochem. J.*, 1958, 68, 21P; C.O. Hebb, V.P. Whittaker, « Intracellular distributions of acetylcholine and choline acetylase », *J. Physiol. Lond.*, 1958, 142, p. 187-196; V.P. Whittaker, « The isolation and characterization of acetylcholine-containing particles from brain », *Biochem. J.*, 1959, 72, p. 694-706.

5. Catherine Hebb avait réalisé de nombreux travaux sur l'histochimie cérébrale de l'acétylcholine.

6. E.G. Gray, V.P. Whittaker, «The isolation of nerve endings from brain : an electron-microscopic study of cell fragments derived by homogenization and centrifugation », *J. Anat.*, 1962, 96, p. 79-88; voir E.G. Gray, V.P. Whittaker, « Citation Classic », *Life Sci.*, 1981, 1, p. 13.

7. *Cf.* glossaire. V.P. Whittaker, I.A. Michaelson, R.J. Kirkland, «The separation of synaptic vesicles from nerve-ending particles ("synaptosomes") », *Biochem. J.*, 1964, 90, p. 293-303.

La polémique qui s'ensuivit se poursuivit presque jusqu'à nos jours, entre les partisans et les adversaires de la théorie vésiculaire de la neurotransmission[1]. Partisan de la théorie, Whittaker démontra la disparition d'une population vésiculaire lors de fortes stimulations synaptiques. Parmi les adversaires de cette théorie, Maurice Israël considérait les vésicules comme de simples organites de stockage du neurotransmetteur[2]. Ce programme avait atteint les limites des méthodes d'ultracentrifugation. Les études associant l'histologie à la physiologie étaient également arrivées à une impasse méthodologique dans l'étude de phénomènes beaucoup trop rapides pour établir des corrélations significatives entre la dynamique d'éléments subcellulaires et la cinétique de la neurotransmission.

Quoiqu'il en soit, l'application au neurone de la microscopie électronique et de l'ultracentrifugation indique combien leur combinaison fut nécessaire pour discuter les théories associant les aspects structuraux et fonctionnels de la transmission synaptique.

Le scénario de libération du neurotransmetteur par exocytose rassembla, sur une même question, anatomistes, physiologistes et biochimistes. Au début des années cinquante, une biologie du neurone était devenue une phénoménotechnique neuronale complexe capable d'isoler des sous-parties du neurone, par une caractérisation biochimique et par révélation microscopique de l'architecture cellulaire. Cette constitution physique du neurone reposait sur une pluridisciplinarité efficace.

Sur le plan théorique, cette cohésion de techniques complémentaires fut permise par la biologie cellulaire des années cinquante appliquée au thème unificateur de la neurotransmission chimique. Cette biologie permit de localiser à l'intérieur du neurone les mouvements d'un neurotransmetteur et ses zones de réception, en ordonnant dans un même espace les données de chaque discipline, constituant ainsi un lieu d'interaction entre chacune d'elles. La diversification des approches neuronales multiples, dont la biologie cellulaire fut une étape essentielle, forgea une nouvelle dimension du neurone par l'objectivation de ses parties et de leur dynamique. Le neurone était devenu un *objet scientifique* en tant que système dynamique d'éléments objectivés par des observations, des mesures et des isolements physiques coordonnés.

1. Sur cette polémique, avec en particulier Maurice Israël, voir J.G. Barbara, T. Galli, *Lettre des Neurosciences*, 2006, *op. cit.*, 30, p. 3-6.

2. *Ibid.*

Un nouvel objet scientifique

La constitution moderne du neurone jusqu'à l'essor des neurosciences au cours des années soixante est faite d'aventures spectaculaires et de recombinaisons des voies de recherches, disciplines et sous-disciplines, au gré d'appariements nouveaux de techniques et de migrations de concepts par une dynamique des disciplines en constante évolution.

Un premier bilan doit être réalisé, non pas celui des processus de convergence et de divergence disciplinaires, mais celui des étapes de constitution du neurone comme *objet scientifique* [1].

Toutes les voies de recherche mentionnées n'avaient en fait qu'une seule visée, celle de comprendre l'organisation du tissu nerveux et ses propriétés à diverses échelles, y compris la plus intégrée où se loge l'esprit. Dès lors que l'élément nerveux devient cellule, une cellule à voie de sortie unique à partir d'impulsions entrantes multiples, faites de myriades d'impulsions synaptiques, objets de computations dans diverses régions dendritiques, toute science du neurone vise à isoler de façons multiples ses structures et fonctionnements locaux, à lui attribuer des fonctions et ainsi à rendre compte de son statut d'élément du système nerveux comme principe d'explication général de tout phénomène psychique.

La coloration de Golgi n'était finalement qu'une technique permettant d'extraire la forme du neurone d'une gangue qu'on souhaitait transparente. Quel beau contraste que ces silhouettes noires sur un fond diaphane.

Mais sur un plan fonctionnel, l'étude du neurone posait constamment des problèmes. Certaines voies de recherche, comme le réflexe monosynaptique et l'étude des motoneurones, réussirent à décrire certaines propriétés intrinsèques, par lequel le neurone s'autonomisait comme objet scientifique. Dès lors il pouvait être l'objet particulier d'une science et le lieu de mesures constituant fonctionnellement ses parties, mais aussi ses mécanismes intimes.

Une nouvelle étape fut franchie lorsque des mesures directes purent être réalisées par les instruments de disciplines voisines, la biophysique cellulaire végétale et la physiologie membranaire de l'axone géant. Cette période eut son apogée avec l'enregistrement intracellulaire dans un neurone *in situ* en fonctionnement. Les potentiels recueillis permettaient d'objectiver des propriétés intrinsèques et des propriétés synaptiques dépendant du réseau environnant.

1. *Cf.* dernière partie.

Ainsi, le neurone était l'objet d'un nouveau réalisme donnant lieu à l'élaboration de modèles, d'abord analogiques, puis basés exclusivement sur des mesures directes. Le neurone accédait à une première forme de description mathématique.

À ce stade, le neurone n'avait pas encore de valeur générale, car son étude était encore basée sur des modèles particuliers. Il n'était étudié que dans certains contextes, dans lesquels il était fonctionnellement isolé par des procédés encore artificiels. Enfin, on ne connaissait que son fonctionnement d'ensemble, mais aucun détail concernant ses mécanismes internes.

Ces développements du neurone comme objet scientifique furent réalisés par d'étonnants champs d'interdisciplinarité. Le couplage des études extracellulaires et intracellulaires, en particulier sur des modèles invertébrés, permit de comprendre le mécanisme neuronal [1] et son rôle dans le déclenchement d'une activité de réseau.

C'est également par la pharmacologie des neurones, l'étude de leurs contenus enzymatiques, de leurs neurotransmetteurs qu'il fut possible de penser le neurone comme l'élément de voies nerveuses particulières, définies entièrement par des propriétés biochimiques et cellulaires (comme les voies dopaminergique et noradrénergique). Non seulement ces approches définissaient de nouvelles composantes essentielles de l'objet scientifique, mais elles constituaient également de nouvelles catégories permettant de décrire des organisations de voies nerveuses. C'était là l'une des forces de cet objet scientifique puisqu'il organisait les connaissances autour de lui, à des échelles supérieures, aussi bien qu'inférieures, en constituant une sorte de *nœud* dans les systèmes d'explications fonctionnelles aux différents niveaux d'organisation du système nerveux.

Enfin, ces stratégies de recherche furent complémentées par des analyses physiques des constituants internes du neurone, et l'on découvrit par la microscopie électronique et l'ultracentrifugation, les corps de Nissl, les vésicules synaptiques, et le réticulum endoplasmique surabondant qui éclairaient les fonctionnements internes du neurone, aussi bien que certaines de ses propriétés. La découverte des vésicules permit par exemple d'établir une théorie de libération vésiculaire des neurotransmetteurs et de comprendre les modalités de sa libération quantique.

L'ensemble de ces recherches encore très actuelles ne constitue cependant qu'une description finalement assez sommaire des principales

1. Ses capacités à recevoir, intégrer, et transmettre des impulsions par une décharge de potentiels d'action.

étapes de constitution du neurone comme objet scientifique et beaucoup d'autres développements sont apparus à la fin du XXe siècle, en particulier avec l'invention de la technique du *patch-clamp*, et par la découverte et l'isolement de nombreux constituants protéiques par la biologie moléculaire. Le neurone est actuellement un objet scientifique dont on comprend toujours mieux la dynamique interne, comme par exemple les phénomènes de rétropropagation [1] des potentiels d'action du soma jusqu'aux dendrites, les mouvements de récepteurs aux neurotransmetteurs aux zones synaptiques et extrasynaptiques, ou les rôles de ces mécanismes dans la plasticité des synapses.

Nous aboutissons à l'image d'un neurone constitué comme objet scientifique, à l'aube des neurosciences, par une multiplicité de voies de recherche qui n'en décrivaient chacune que certains aspects particuliers. L'analyse en a expliqué la genèse, mais aussi ce qu'il est en réalité dans l'esprit de ceux qui l'étudient.

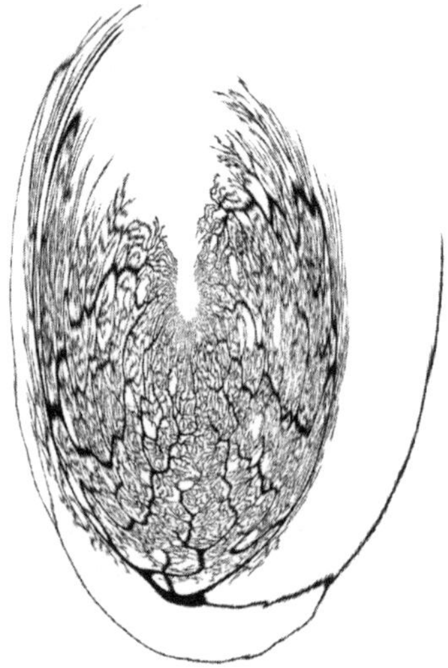

1. *Cf.* glossaire.

CHAPITRE IV

STYLES DE RECHERCHE, MODES D'OBJECTIVATION, HOMOLOGIES

L'étude de la constitution du neurone doit à présent être engagée sur un plan plus profondément épistémologique. Les pages qui suivent rassemblent les conclusions établies dans trois directions principales : l'une concernant les relations disciplinaires, la dynamique des disciplines, des sous-disciplines et les questions touchant aux diverses formes que prend l'interdisciplinarité au XXe siècle dans la redéfinition des voies de recherche à la fois par divergence et par convergence ; une autre portant sur la notion de style de recherche utilisée pour décrire les convergences de programmes de recherche au sein d'une même discipline ; enfin la troisième s'applique à la définition du concept d'objet scientifique qui clôt la réflexion épistémologique sur la constitution du neurone au XXe siècle.

LA CONSTITUTION DU NEURONE ENTRE DISCIPLINES

Cas d'interactions entre deux disciplines au XIXe siècle

Les liens multiples qui unissent l'histologie et la physiologie ont tenu une place centrale dans la constitution du neurone depuis la fin du XIXe siècle, et ce tout au long du XXe siècle. Dans quelle mesure le concept de neurone appartenait-il initialement seulement à l'histologie et quelle était la nature de ses relations avec la physiologie dans la phase précoce de son élaboration ? Pour ces deux questions, certaines relations polarisées de l'histologie vers la physiologie ont dû être privilégiées. Le concept de neurone est apparu essentiellement histologique dans ses premiers modes d'objectivation. L'objectivation de Deiters, celle des neurones en coupes, et celle utilisant la méthode de Golgi, ne requièrent aucune connaissance physiologique et procèdent d'une rationalité anatomique autonome. Mais une tentation, un désir et, finalement l'expression d'une légitimité des histologistes pour la spéculation physiologique, se sont manifestés chez Deiters, Ramón y Cajal, Golgi ou encore Ranvier. Cette évolution semble traduire une liberté plus grande dans l'interprétation fonctionnelle des circuits histologiques empruntés par l'influx nerveux que ne le permettait un ensemble de descriptions anatomiques complètes des structures nerveuses. L'avancée de toute connaissance anatomique a toujours vocation à proposer des fonctionnements possibles, superposés aux schémas de structures, au prix de vives polémiques suscitées par la confrontation avec les données physiologiques. C'est ainsi que la liberté prise par certains histologistes français, comme Mathias Duval, pour créer une histophysiologie fonctionnelle outrepassant ses droits dans la spéculation théorique a agacé plusieurs générations de physiologistes qui n'avaient pas encore les moyens de réfuter expérimentalement de telles conceptions.

Cette première conclusion d'une autonomie de l'histologie dans l'élaboration du concept de neurone doit être nuancée par l'importance qu'eut la physiologie dans certains milieux universitaires. Cette discipline alla jusqu'à susciter certains travaux histologiques consacrés aux cellules nerveuses et aux neurones. Le rôle de la physiologie a pu ainsi être mentionné dans l'élaboration des travaux de Louis Ranvier et par l'influence de George Romanes sur l'histologiste Sharpey-Schäfer.

Une seconde analyse a valorisé les relations polarisées de la physiologie vers l'histologie, et pas seulement lors de la réception de l'histologie du neurone par les physiologistes de la fin du XIXe siècle. Ces relations concernent également certaines recherches physiologiques antérieures, en liaison étroite avec l'histologie, comme celles menées par des histologistes tels Ranvier ou Waller. Certains physiologistes ou histologistes-physiologistes semblent avoir eu un réel intérêt pour les concepts de *cellule nerveuse* ou pour celui de *neurone*. Les travaux de Waller, Ranvier et Vulpian en ont fourni des exemples. Dans tous les cas, ces chercheurs ont pu mettre à profit une association des deux approches expérimentales. Il a été possible de mettre en perspective le début de carrière de Sherrington et son intérêt histologique intimement lié à la physiologie nerveuse. Les discussions entre Sherrington et Ramón y Cajal au sujet des synapses et de la loi de polarisation dynamique du neurone témoignent de ce rapprochement de l'histologie et de la physiologie dans les discussions sur le concept de neurone.

Qu'est-ce qu'une discipline ?

L'enquête historique aboutit à une double conclusion, l'autonomie relative des deux disciplines (histologie et physiologie) et la valeur heuristique de leur rapprochement sur un objet commun : le neurone. Ces analyses permettent à présent de préciser ce qu'on entend par discipline.

L'introduction du concept de discipline en épistémologie et philosophie des sciences est relativement récente. Elle fut favorisée par des approches sociologiques au début des années quatre-vingt, par exemple par Rudolph Stichweh[1] et David Cahan[2]. La dimension sociale des disciplines est évidente et offre un choix presque infini de problématiques concernant leur diversité historique à la fois dans le domaine de la recherche et celui de l'enseignement[3]. Selon Stichweh, le terme *disciplina* renvoie au Moyen Âge, à la mise en forme d'une connaissance préférentiellement destinée à l'enseignement[4]. Une discipline s'organise comme un système de communications entre experts, enseignants et étudiants, créant ainsi une communauté de spécialistes. La professionnalisation des disciplines et la mise en place de lieux d'échange, colloques et journaux engendrent un certain dynamisme dans le choix des objets de recherche. Pour le XXe siècle, Stichweh parle d'un système de disciplines scientifiques caractérisé par des échanges multiples et des relations fortes allant parfois jusqu'à des recombinaisons entre disciplines et à la création de nouvelles par des jeux de pouvoir et de domination.

Ces aspects sociologiques qui permettent de décrire les interactions entre disciplines et sous-disciplines constituées sont-ils réellement utiles pour les définir ? Une discipline ne doit-elle pas plutôt être définie par son objet ?

1. R. Stichweh, *Zur Entstehung des modernen Systems wissenschaftlicher Disziplinen*, Frankfurt am Main, Suhrkamp, 1984.

2. D. Cahan, « The institutional revolution in German physics, 1865-1914 », *Historical Studies in the Physical Sciences*, 1985, 15, p. 1-65 ; D. Cahan, *An Institute for an Empire : The Physikalich-technische Reichsanstalt 1871-1918*, Cambridge, Cambridge UP, 1989.

3. Voir par exemple, *Knowledges : historical and critical studies in disciplinarity*, E. Messer-Davidow, D. Sylvan, D.R. Shumway (eds.), Charlottesville-London, University of Virginia Press, 1993 ; M.J. Nye, *From Chemical Philosophy to Theoretical Chemistry Dynamics of Matter and Dynamics of Disciplines, 1800-1950*, Berkeley (CA), University of California Press, 1994 ; *History and the Disciplines : the reclassification of knowledge in early modern Europe*, D.R. Kelley (ed.), Rochester (NY), The University of Rochester Press, 1997.

4. R. Stichweh, « Scientific Disciplines, History of », dans *International Encyclopedia of the Social and Behavioral Sciences*, N.J. Smelser and P.B. Baltes (eds.), Oxford, Elsevier Science, 2001, p. 13727-13731.

Pierre Bourdieu refuse de définir un champ scientifique par son objet, car ce n'est pas, pour lui, un ordre des choses dans un monde empirique qui constitue de façon autonome un champ scientifique, mais un ensemble de pratiques qui articulent aux objets des méthodes, des conceptions théoriques, des constructions sociales lesquelles organisent l'action [1]. Le sociologue met l'accent sur des aspects concrets de la vie scientifique en préférant mettre en scène des pratiques et des conflits entre groupes humains identifiés plutôt qu'entre des entités plus abstraites décrivant des approches scientifiques ou des champs de recherche plus ou moins constitués. Dans cet esprit, on ne dira pas qu'un champ scientifique est constitué par le rassemblement de champs de recherche, mais plutôt que des actions locales sont à l'œuvre chez des individus engagés dans des pratiques communes. Une telle perspective est proche de notre parti pris *a priori* de toujours localiser géographiquement les laboratoires pris en compte, d'en identifier les chercheurs et les sous-disciplines concernées, ainsi que les rares acteurs à l'œuvre dans des démarches à la fois locales et décisives, pour en définir les styles de recherche et leurs modes d'objectivation spécifiques. Car, ainsi que l'avait souligné Gilles-Gaston Granger en mettant en exergue de son *Essai d'une philosophie du style* [2] une citation de la *Métaphysique* d'Aristote, « toute pratique et toute production portent sur l'individuel » [3].

En cherchant à comprendre sur quoi s'établit la spécificité du champ scientifique dans son ensemble, Pierre Bourdieu a insisté sur son autonomie dans la société. Elle semble dépendre d'un mode d'organisation interne où le chercheur est évalué par ses pairs et concurrents, sans que des contraintes économiques ou politiques n'agissent trop fortement. Bien que cette autonomie soit remise en question actuellement par certains contextes politiques et économiques, elle n'en demeure pas moins à nos yeux un trait saillant et une condition nécessaire de l'activité scientifique.

À l'échelle des disciplines, l'autonomie de l'une face à une autre, celle de l'histologie vis-à-vis de la physiologie, peut-elle être un point de départ pour une analyse de leurs spécificités et pour celle de leurs constitutions internes ? L'histoire de l'histologie et celle de la physiologie du neurone indiquent en effet une certaine autonomie de ces deux champs de

1. P. Bourdieu, « La spécificité du champ scientifique et les conditions sociales du progrès de la raison », *Sociologies et Sociétés*, 1975, 7, p. 91-118.

2. G.-G. Granger, *Essai d'une philosophie du style*, Paris, Colin, 1968.

3. Cité dans H. Benis Sinaceur, « Styles et contenus formels chez Gilles Gaston Granger », à paraître dans *Hommage à Gilles-Gaston Granger*, Paris, Hermann, 2010.

recherche; Ramón y Cajal avait refusé de montrer ses lames histologiques à ses collègues physiologistes d'Oxford, car les normes scientifiques étaient élaborées à l'intérieur de communautés relativement restreintes et étanches aux autres[1]. Cependant, cette autonomie des pratiques scientifiques ne représente qu'un aspect des champs scientifiques et des disciplines.

Pour poursuivre l'analyse, examinons *L'archéologie du savoir* de Michel Foucault[2], particulièrement dans son interrogation: « Qu'est-ce donc que *la* médecine, *la* grammaire, *l'*économie politique? »[3]. À l'instar de Bourdieu, Foucault exclut d'emblée de définir ces disciplines par leur objet. Mais sa réflexion s'écarte en réalité de la notion de discipline par un chemin parallèle qui aboutit à son concept de *formation discursive*. Il s'agit d'un ensemble cohérent d'assertions qui dépendent de mêmes conditions d'existence. À ce stade, Foucault ne sait pas si l'individualisation des formations discursives lui permettra ou non de redéfinir les disciplines. Ce qui importe, c'est d'établir les conditions d'existence des objets au-delà des choses décrites. Foucault découple les mots et les choses, parce que les premiers, désignant les objets, ont non seulement un rôle dans leur description, mais également dans leur constitution même, d'une manière qui se renouvelle sans cesse. Ce qui compte en définitive, ce n'est pas tant l'objet lui-même dans son rapport aux choses, que son mode de constitution tel qu'il a été défini par Georges Canguilhem. C'est pourquoi l'objet ne doit pas lui-même définir une formation discursive. D'ailleurs, il ne le peut pas vraiment, car selon Foucault, objets et formations discursives ne sont pas bijectifs; un même objet peut être celui de formations discursives hétérogènes, et une même formation discursive peut aboutir à des objets multiples.

Foucault parvient finalement à cette conclusion: « On avait cherché l'unité du discours du côté des objets eux-mêmes, de leur distribution, du jeu de leurs différences, de leur proximité ou de leur éloignement – bref du côté de ce qui est donné au sujet parlant: et on est renvoyé finalement à une mise en relations qui caractérise la pratique discursive elle-même; et on découvre ainsi non pas une configuration ou une forme, mais un ensemble de règles qui sont immanentes à une pratique et la définissent dans sa spécificité »[4].

1. Les coupes épaisses requises par la technique de Golgi et les nombreux artefacts de cristallisation associés constituaient de véritables obstacles pour qu'un physiologiste ou un histologiste, n'ayant jamais expérimenté cette technique durablement, la prenne véritablement au sérieux.

2. M. Foucault, *L'archéologie du savoir*, *op. cit.*

3. *Ibid.*, p. 45, italique de l'auteur.

4. *Ibid.*, p. 63.

Or, cette conclusion permet de redéfinir une discipline comme un ensemble de pratiques gouvernées par des règles, des « règles de formation » établies par des relations primaires entre techniques, pratiques, institutions, normes sociales, ou encore des systèmes de relations secondaires ou réflexives[1], caractérisant « le discours lui-même en tant que pratique »[2]. Dans cette nouvelle approche, Foucault insiste sur le rôle du discours comme élément constitutif d'une formation discursive : « Certes, les discours sont faits de signes ; mais ce qu'ils font, c'est plus que d'utiliser ces signes pour désigner des choses. C'est ce plus qui les rend irréductibles à la langue et à la parole. C'est ce "plus" qu'il faut faire apparaître et qu'il faut décrire »[3].

Si l'autonomie des disciplines comporte des exceptions, c'est-à-dire des liens remarquables établis par certaines personnalités, leur autonomie repose donc, non pas tant sur des objets – la fibre, la cellule nerveuse ou le neurone –, mais sur leurs modes de constitution, c'est-à-dire leurs modes d'existence. C'est ainsi que nous avons défini des relations primaires entre une mesure et un objet – comme une période réfractaire lente objectivant le neurone – et des relations secondaires établies par des concepts de constitution. Nous avons précisé les règles de constitution des objets en précisant l'autonomie et l'irréductibilité de leurs modes d'objectivation.

Cependant, contrairement à celles Michel Foucault, nos règles de formation ne sont pas seulement issues des discours, même si certaines ont été recherchées dans l'analyse du langage. Nos règles procèdent surtout de mises en relation entre mesures et objets (relations primaires), ainsi qu'entre indices (fonctions de plusieurs mesures) et objets (relations secondaires) en insistant, à l'instar de Bourdieu, sur des pratiques. Mais le critère de Foucault semble convenir : « On dira donc qu'une formation discursive se définit (au moins quant à ses objets) si on peut établir un pareil ensemble ; si on peut montrer comment n'importe quel objet du discours en question y trouve son lieu et sa loi d'apparition ; si on peut montrer qu'il peut donner naissance simultanément ou successivement à des objets qui s'excluent[4], sans qu'il ait lui-même à se modifier »[5].

L'extension de cette réflexion est nécessaire dans le domaine de la science expérimentale par l'introduction d'objets matériels et de leurs rela-

1. *Ibid.*, p. 62.
2. *Ibid.*, p. 63.
3. *Ibid.*, p. 67.
4. C'est pour nous, par exemple, la dichotomie de la fibre et du neurone.
5. *Ibid.*, p. 60.

tions quantitatives, à l'image de la phénoménotechnique bachelardienne à l'œuvre dans la constitution expérimentale des objets scientifiques.

Une discipline doit donc se définir de façon interne comme un jeu de modes de constitution d'objets et de procédés d'objectivation autonomes impliquant des ensembles de procédés, instruments et techniques, ainsi qu'une rationalité basée sur des concepts formalisés dans l'expérience et des concepts de constitution qui ne sont que des pratiques de mise en relation constitutives des objets. Une telle définition propose un virage vers une épistémologie basée en grande partie sur les pratiques scientifiques, dans leurs liens avec les concepts et les objets, mais qui prend également en compte leur dimension sociale, c'est-à-dire leurs conditions d'existence dans les communautés scientifiques.

Une telle définition ne peut prétendre rendre compte de la différenciation des disciplines au XXe siècle. Il ne faudrait d'ailleurs pas lui donner un champ d'application trop large. Au contraire, isoler une discipline par l'autonomie de ses modes d'objectivation, c'est finalement opérer un certain type de partition dans les objectivations possibles, techniquement et rationnellement, à une époque donnée. Or, le critère d'autonomie de ces objectivations exige que cette partition soit relativement lâche et différencie des champs scientifiques aussi fondamentalement différents que la physiologie, l'histologie, la psychologie ou encore la psychiatrie. Ce critère distinguant des disciplines ne saurait prévaloir pour des différenciations disciplinaires autres que celles précoces du XIXe siècle; d'autres critères sont requis pour décrire les procédés d'individualisation ultérieurs des sous-disciplines à partir du XXe siècle.

Les interactions entre disciplines au XIXe siècle

Si une discipline peut se définir de façon autonome, elle ne peut être entièrement isolée des autres. En dehors de ses propres modes d'objectivation, la plupart de ses éléments se retrouvent à divers degrés dans d'autres disciplines. On peut imaginer des concepts communs, des éléments de rationalité identiques permis par l'homologie de concepts de constitution. Certains procédés et instruments, journaux et colloques peuvent également donner lieu à des échanges.

Pourquoi ces échanges sont-ils possibles? Les interactions entre disciplines reposent sur l'identité de certains objets d'étude et sur l'homologie de certains modes de constitution. Foucault avait noté qu'un objet pouvait être partagé par plusieurs formations discursives. Le neurone en est un très bon exemple. Très peu de physiologistes ont réellement contesté la théorie du neurone et le neurone fut finalement accepté comme un objet physiologique, jusque dans la psychologie.

La prise en compte du neurone, non pas seulement comme concept, mais comme l'objet de deux disciplines, témoigne de l'émergence d'une rationalité commune, c'est-à-dire d'une réelle interdisciplinarité. Les rapprochements disciplinaires aboutissent à créer des champs communs de réflexion reposant sur l'homologie des objectivations. Les réflexions communes sur le neurone de Sherrington et de Ramón y Cajal en sont une illustration remarquable. Par exemple, la polarisation du neurone pouvait être constituée par les exigences de fermeture des circuits histologiques traversés par l'influx nerveux, aussi bien que par une propagation unidirectionnelle d'influx dans un faisceau nerveux relayé dans un centre, imaginé par un physiologiste. L'homologie de ces modes de constitution aboutit à l'acceptation de la polarisation dynamique du neurone de Ramón y Cajal par Sherrington, sa rectification par l'énonciation du concept de synapse par ce dernier et la reconnaissance en retour du premier d'une localisation de cette polarisation entre neurones, c'est-à-dire aux synapses.

De telles convergences disciplinaires sur des concepts et objets communs sont donc possibles. Mais elles ne doivent pas cacher la majorité des situations où histologistes et physiologistes demeurent isolés dans leur rationalité, même s'ils s'essaient dans l'isolement à des disciplines voisines. Ramón y Cajal avait par exemple critiqué le manque de rigueur de l'histologie du physiologiste Vulpian. L'histophysiologiste Duval illustre, quant à lui, la dérive d'une approche anatomique trop sûre d'elle-même. Enfin, les travaux physiologiques d'Albert Dastre, et ceux plus tardifs de son élève, Louis Lapicque, témoignent des méfaits d'une physiologie émancipée de l'anatomie.

Il faut cependant insister sur la valeur heuristique des approches qui tiennent compte de deux disciplines. En accord avec Bourdieu, le concept de neurone n'est pas constitué par la rencontre de deux disciplines, mais par celle de quelques rares scientifiques (Ramón y Cajal, Sherrington, Romanes, Schäffer, Ranvier, Bert, Waller) qui ont su allier deux approches pour atteindre une rationalité dépassant celle plus limitée de leur discipline d'origine. Le mode d'interaction privilégié de deux disciplines semble être la création d'une troisième rationalité intelligible par quelques rares savants capables de se comprendre et de créer ensemble ; car l'objectif de toute science est d'aboutir à forger des objets qui dépassent les limites de leur champ propre de constitution.

L'interdisciplinarité au XXe siècle

Au XIXe siècle, on assiste à l'élaboration de premières formes d'interdisciplinarité qui reposent sur des échanges de conceptions théoriques entre disciplines qui demeurent autonomes. Cependant, les rapprochements ne sont pas seulement conçus comme des extensions d'une discipline vers l'autre, à l'instar d'une discipline comme l'histologie qui souhaite, par l'histophysiologie, inclure une dimension fonctionnelle et spéculative dans l'interprétation des variations dynamiques des structures anatomiques en fonction des conditions d'expériences.

Par opposition à ce qui semble plutôt une multidisciplinarité, une interdisciplinarité émerge et naît des relations établies entre Sherrington et Ramón y Cajal par leurs discussions sur des concepts communs (polarisation dynamique et synapse). Un des arguments en faveur d'une interdisciplinarité réelle est la possibilité pour chaque discipline (histologie et physiologie) de rectifier un concept qui appartient désormais autant à l'une qu'à l'autre. Les arguments en faveur d'une propriété mise en évidence par un mode particulier d'objectivation font écho dans l'autre discipline et permettent une réévaluation de cette propriété par d'autres modes d'objectivation. Une troisième rationalité est ainsi créée par des relations établies entre des concepts définis à la frontière de deux disciplines et qui ne dépendent plus seulement d'un mode d'objectivation particulier.

Les physiologies britanniques de Sherrington et d'Adrian constituent deux nouvelles formes d'interdisciplinarité; elles reposent sur cette troisième rationalité à l'œuvre dans les discussions entre Sherrington et Ramón y Cajal. Mais ici, l'une des deux disciplines, la physiologie, opère une nouvelle synthèse entre, d'une part, l'anatomie et la physiologie et, d'autre part, entre ses différentes sous-disciplines que sont les physiologies des muscles, des centres nerveux et des nerfs. Ce travail d'unification est formalisé par des modèles qui élaborent cette rationalité intermédiaire, de manière qualitative et quantitative. L'interdisciplinarité n'est plus un terrain d'entente et de discussions entre disciplines, mais devient opératoire dans une discipline particulière, propose des modèles et élabore de nouveaux modes de constitution. C'est à l'intérieur d'une telle *disciplinarité interdisciplinaire* que le neurone a pu devenir l'objet central de la physiologie du système nerveux et transformer la physiologie des nerfs en une *neurophysiologie*.

La neurophysiologie a rapidement éclaté en plusieurs sous-disciplines en fonction des préparations biologiques utilisées et selon qu'on favorisait l'étude des activités centrales ou de réflexes bien délimités. Mais elle a toujours réussi à maintenir une certaine interdisciplinarité en raison des compétences multiples de ses chercheurs entre plusieurs sous-disciplines. Certains chercheurs cultivaient également un goût pour des disciplines plus distantes comme la physiologie végétale qui offrait des modèles cellulaires intéressants pour la neurophysiologie. De sorte que les disciplines qui furent à même, non seulement de discuter de concepts communs, mais d'échanger des techniques et des concepts de constitution provenaient d'horizons multiples de la physiologie entendue au sens large. Ces mouvements d'échanges multiples et complexes entre un grand nombre de disciplines ouvrent des champs d'interdisciplinarité évidents, mais peuvent être plus précisément décrits par le terme de *transdisciplinarité*.

La transdisciplinarité est constituée d'échanges disciplinaires synchroniques entre sous-disciplines proches qui peuvent établir des transferts aussi bien sur les plans théorique que pratique. L'étude de la transdisciplinarité réalisée autour de la biophysique américaine dans le domaine vaste de la physiologie cellulaire a montré que certains cadres théoriques larges la favorisaient. Dans le cas étudié, l'idée centrale fut que l'échelle cellulaire représentait davantage qu'un simple niveau parmi d'autres d'organisation du vivant, mais un seuil pertinent où certains concepts essentiels prenaient un sens nouveau (par exemple les concepts d'échange ionique et d'information). D'autre part, certaines idées générales pouvaient assurer une certaine cohésion entre disciplines, comme par exemple l'assurance que tous les tissus vivants étaient le siège de propriétés d'excitabilité reposant sur des flux ioniques à travers des membranes.

Un autre caractère de la transdisciplinarité est qu'elle n'est pas polarisée, qu'elle chemine d'une discipline à l'autre en raison d'heuristiques qui surgissent ici ou là, de manière souvent imprévisible, pour aboutir à une science qui dépasse toutes les disciplines originellement à l'œuvre. Une conséquence en est que le plus grand bénéfice d'un certain fil de transdisciplinarité ne se manifeste pas toujours là où on l'attend et utilise des avancées réalisées dans d'autres lieux disciplinaires (l'enregistrement intracellulaire prend un intérêt particulier dans la neurophysiologie).

Enfin, ces mouvements transdisciplinaires peuvent placer sur le devant de la scène, à un moment donné, une discipline périphérique à un certain objet (comme la physiologie corticale par rapport au neurone) et qui néanmoins pourra en renouveler ou compléter des concepts importants (excitabilité dendritique) parfois négligés par les disciplines plus directement impliquées dans son étude (l'axonologie, la neurophysiologie cellulaire).

Une autre forme d'interaction disciplinaire surgit dans certaines disciplines lorsque subitement des résultats nouveaux remettent à l'honneur des résultats anciens, ou inversement contredisent certaines données depuis longtemps établies. Cette *interdisciplinarité diachronique* peut être déstabilisante et néanmoins enrichissante, que le domaine ancien de recherche soit médiatement ou immédiatement antécédent. Des exemples en sont donnés par les discussions suscitées entre les neurophysiologies intracellulaire et extracellulaire, ainsi que par celles relatives aux données de l'histologie de la fin du XIXe siècle au moment des premiers résultats de la microscopie électronique appliquée au neurone dans les années cinquante.

Enfin, l'interdisciplinarité et la transdisciplinarité peuvent aboutir, à l'inverse des mouvements divergents naturels de spécialisation des sous-disciplines, à des mouvements convergents, des fusions entre sous-disciplines, qu'elles soient associées par une tension épistémologique particulière, ou par une complémentarité des approches dans le souci de construire un objet scientifique commun.

Par exemple, la neurophysiologie constitua une sous-discipline qui ouvrait un véritable champ interdisciplinaire en maintenant au long-terme un dialogue entre la neurophysiologie du neurone isolé et la physiologie des centres nerveux. Un tel domaine de discussion était en réalité un dialogue interdisciplinaire et transdisciplinaire qui dépassait le cadre des seules disciplines en présence. De sorte que ces sous-disciplines ne faisaient que reformuler à une frontière des débats anciens avec des termes nouveaux. Ces disciplines-frontières sont généralement fondées à leur origine par des enjeux interdisciplinaires féconds et ardus, destinés à faire avancer ensemble différents champs de recherche, même si certains débats de fond – comme la distinction du neurone et de son centre sur le plan des fonctionnements et des fonctions – ne sont pas résolus. Mais ces tensions insurmontables sont le moteur qui rend nécessaires ces rapprochements entre disciplines et constituent en réalité des pôles inséparables d'une même voie de recherche.

Enfin la transdisciplinarité peut également survenir entre sous-disciplines complémentaires dans la constitution d'un même objet scientifique. Tel fut le cas dans la neurophysiologie des modèles invertébrés lorsque la neuropharmacologie et la neurochimie furent mises à contribution plus facilement qu'ailleurs, en s'associant avec les études électrophysiologiques. Plus largement, l'étude du neurone à partir des années soixante repose désormais sur la combinaison de la neuropharmacologie, l'électrophysiologie, l'histochimie, la biophysique, et, au pôle opposé, la psychologie, l'étude de l'action et du comportement, auxquelles s'est plus récemment adjointe la biologie moléculaire.

LES STYLES DE RECHERCHE

Style de la physiologie nerveuse britannique

Quelles furent les voies de recherche qui ont amené la physiologie britannique à accepter le concept de neurone, mais surtout à le prendre comme objet d'étude ? Différentes hypothèses ont été testées en comparant les contextes au Royaume-Uni et en France. Le refus de considérer le soma neuronique comme un déterminant physiologique important est-il français ? Peut-on parler d'une physiologie britannique du neurone ? Le nouveau réductionnisme biologique d'influence allemande a-t-il un rôle plus fort en France, dans le refus de considérer l'anatomie comme une science annexe de la physiologie ? Peut-on définir un style britannique spécifique de physiologie ?

Il a fallu en général répondre par la négative à ces interrogations. Le propos doit être cependant nuancé ; mais, ce qui semble clair, c'est qu'il existe des styles de physiologie nerveuse en France et au Royaume-Uni qui reposent sur une diversité de liens entre l'anatomie et l'histologie. Des styles ont été identifiés en France comme le style de l'école d'Albert Dastre, mais aussi le style de Sherrington à Oxford, et celui de l'école de Lucas-Adrian à Cambridge. Il a semblé intéressant de tenter d'expliquer les contextes de leurs genèses. C'était là une manière de comprendre quelques-uns des facteurs par lesquels le neurone accédait à l'objectivation physiologique au Royaume-Uni, entre 1900 et 1930, selon deux voies de recherche à l'origine opposées.

Le contexte français se caractérise par le refus général de prendre en compte le niveau cellulaire dans les nouvelles approches physiologiques.

Ce parti pris repose sur la critique, assez générale chez les physiologistes de tous pays au XIXe siècle, d'attribuer un rôle physiologique au soma neuronique. Le contexte institutionnel français favorise une telle position, car les liens se distendent entre la physiologie et une anatomie puissante, notamment en Sorbonne. D'autre part, la nouvelle physiologie expérimentale, née au Collège de France, s'émancipe de la Société de Biologie. Un courant réductionniste allemand est alors considéré comme une alternative majeure. Albert Dastre est sensible au développement du concept d'énergie en biologie[1], à la chimie physiologique et à la physiologie physique. Les carrières des physiologistes français illustrent ce tournant. Nombre d'entre eux commencent par l'étude de réflexes, mais ce sont là presque des exercices de style laissés progressivement aux facultés

1. A. Dastre, *La vie et la mort*, *op. cit.*

de médecine. Dastre, Richet, Lapicque se tournent vers des approches physico-chimiques. Dans l'école de Dastre, le refus de l'anatomie est revendiqué explicitement, ce qui confirme le désaccord entre Bernard et Ranvier au sujet du déterminisme anatomique. Pour Ranvier, la reconnaissance d'un élément anatomique et de sa fonction locale (comme le soutien pour le tissu conjonctif, ou la contractilité des fibres musculaires) aide à préciser la fonction d'un organe. Pour Bernard, la fonction doit être définie préalablement sans *a priori* et rapportée secondairement à l'anatomie. Chez Dastre et Lapicque, les propriétés physiologiques relèvent de la matière vivante, de sa nature intime, non de sa forme. Lapicque, qui a démontré une corrélation entre le diamètre d'une fibre et la vitesse de conduction de l'influx, renie finalement cette découverte en refusant un tel déterminisme anatomique.

Ce contexte général n'a rien de spécifiquement français. Il a favorisé l'essor de l'école de Lucas à Oxford, de la biochimie de Hopkins et des conceptions physiologiques de Burdon-Sanderson à Cambridge. La confiance en l'anatomie recule partout, même semble-t-il dans les sciences de l'évolution[1]. Un contexte 1900 se dessine dans la biologie où une approche physico-chimique gagne du terrain sur les approches anatomiques plus classiques, avec la fin d'un paradigme structural, et l'essor d'une orientation physiologique plus analytique dans les travaux de Pavlov et Sherrington[2].

Entre les carrières fondamentales de ces deux hommes, notons un point de convergence et un point de divergence. Si leurs travaux procèdent d'un certain éloignement entre la physiologie et les études descriptives, ceux de Sherrington proposent une voie originale de physiologie topographique des réflexes, alors que ceux de Pavlov se fondent sur une adéquation des données anatomiques à la physiologie par leur plus grande abstraction. D'autre part, s'il est possible d'exclure les objets anatomiques d'une approche purement physico-chimique, les approches analytiques de Pavlov et de Sherrington s'établissent sur des objets anatomiques et physiologiques homologues et reposent encore largement sur les schémas de structure de l'anatomie[3].

1. L.K. Nyhart, « Learning from history: morphology's challenges in Germany ca. 1900 », *J. Morphol.*, 2002, 252, p. 2-14.

2. A. Garland, *Life Science in the 20th Century*, New York, Wiley, 1975.

3. Précisons que la physiologie Sherringtonienne de la moelle épinière était incomparablement plus tournée vers l'anatomie que les modèles pavloviens du cortex, en réalité assez éloignés de l'anatomie.

Il existe un contraste saisissant entre l'école de Dastre qui refuse d'associer même timidement l'histologie à ses recherches, et la physiologie britannique très favorable à l'expansion de la théorie cellulaire et à la prise en compte du niveau cellulaire dans toutes les branches de la biologie. Cette jeune école de physiologie entretient des rapports plus cordiaux avec les zoologistes, dans le cadre de la théorie de l'évolution. D'autre part, les tensions entre la physiologie et l'anatomie sont moins fortes. Même le biochimiste Hopkins utilise l'image de la cellule comme une petite éponge imbibée d'enzymes. Les métaphores célèbres de Sherrington d'ensembles de neurones décrits comme des scintillements d'étoiles illustrent d'une nouvelle manière cet attachement au concept de cellule.

Il a fallu comprendre comment ce concept, et celui de neurone, furent intégrés dans les approches analytiques de Sherrington et d'Adrian. Les programmes de ces deux physiologistes sont en réalité initialement divergents, l'un reposant sur un concept de centre nerveux dont la spécificité est décrite en terme de paramètres lents et neuronaux, l'autre envisageant préalablement l'explication des propriétés complexes des centres par celles des nerfs. Ces deux approches ont néanmoins deux points communs, leur liaison avec la physiologie musculaire et leur style analytique topographique. Ce style de recherche réalise des décompositions opératoires de l'espace en partitions abstraites jusqu'à un élément (fibre musculaire, fibre nerveuse, réflexe élémentaire, unité motrice, ...); ces partitions sont objectivées par des mesures physiologiques et des concepts de constitution qui créent de nouveaux objets considérés comme homologues d'unités anatomiques élémentaires souvent abstraites.

Non, Adrian n'isole pas un élément nerveux par une dissection fine jusqu'à une fibre unique qu'il enregistre. L'unité de la fibre isolée n'est pas anatomique. Adrian étudie un nerf disséqué jusqu'à isolement d'un nombre restreint de fibres, puis enregistre les activités jusqu'à ce qu'elles deviennent les plus simples possibles, sans superposition de potentiels. Il a ainsi défini *a posteriori* une norme de l'unitaire et un concept analytique d'*activité d'une fibre unique*. En réalité, Adrian attend ce moment où une activité simple objective la survie d'une fibre unique, après la mort une à une des autres, ce qui rend compte de cette simplification du signal. Mais dans cette conception, la fibre unique, qu'Adrian pense enregistrer, est bien *homologue* d'une fibre unique qu'il peut observer au microscope sans possibilité de la maintenir en vie dans ces conditions. Un physiologiste, contemporain d'Adrian ou actuel, ne fait pas toujours cette distinction, tellement cette homologie lui semble naturelle, presque corrélative de son style de raisonnement.

Selon une approche analytique similaire, Sherrington objective des propriétés de centre par des concepts de physiologie musculaire (la période réfractaire ou la facilitation). Il localise ces propriétés dans les centres nerveux et propose un modèle d'interaction entre, d'une part, des ensembles de fibres nerveuses et, d'autre part, des neurones (convergence, sommation). Les concepts utilisés ne sont ni vraiment anatomiques, ni vraiment physiologiques : ce sont des concepts décrits par des mesures physiologiques qui renvoient à des structures anatomiques.

Le style de l'école de Lucas-Adrian, quant à lui, part d'une analyse de la propriété tout-ou-rien de la contraction musculaire qu'Adrian étend dans un second temps à l'influx dans une fibre nerveuse unique. Le concept de physiologie musculaire de la période réfractaire est appliqué à la fibre nerveuse. Ce n'est que par les études *in vivo*, nécessaires aux études unitaires, qu'Adrian peut proposer la période réfractaire en tant que propriété du corps neuronique.

Deux voies de recherche opposées ont pu être identifiées, qui finalement convergent dans leurs méthodes et l'importance accordée au neurone dans la localisation de propriétés centrales et nerveuses. Mais il s'agit de deux voies d'objectivation du neurone établies par deux styles de recherche qui comportent aussi des différences majeures. Alors que le style de recherche de Sherrington repose sur une instrumentation classique et un réel courage dans la création d'homologies audacieuses entre données anatomiques et mesures physiologiques par des concepts analytiques (unité motrice, frange sous-liminaire[1] de motoneurones), celui de Lucas-Adrian est essentiellement basé sur l'élaboration d'un instrument unique, l'électromètre de Lippmann, dont le signal est amplifié par une diode thermoïonique, et la mise au point de procédés de dissociation par dissection et d'analyse temporelle des signaux. Cependant, une même relation entre différents types de mesures physiologiques et un même objet analytique et théorique (le neurone) favorisent une convergence scientifique qui permet des collaborations au-delà des tensions académiques entre Oxford et Cambridge.

1. *Cf.* glossaire.

Styles nationaux de recherche

La comparaison des contextes français et britannique pose la question épistémologique largement débattue des styles nationaux. Nos analyses indiquent qu'il est délicat de vouloir identifier des spécificités nationales dans les orientations générales d'une science. À l'échelle plus locale d'une voie de recherche, comme la physiologie nerveuse, encore peu diversifiée dans ses approches au début du XXe siècle, il semble permis de distinguer des orientations spécifiques et certains styles de recherche. Mais s'agit-il de styles nationaux ou de simples différences d'écoles ? Jonathan Harwood et Mary Jo Nye ont réussi, semble-t-il, à dégager des styles nationaux à l'échelle de disciplines en voie de constitution à la fin du XIXe siècle et jusqu'au premier tiers du XXe siècle[1]. Il faut insister sur la pluralité de définitions du terme « style ». On insiste tantôt sur la valeur relative attribuée à un concept dans un style donné, sur l'énonciation de normes, de certaines hypothèses, certaines habitudes de travail collectif, ou encore sur les liens privilégiés entre deux disciplines. Cette notion de style est principalement opératoire dans la comparaison d'approches scientifiques distinctes. Le style semble être défini *a posteriori* pour mettre l'accent sur ce qui distingue essentiellement certaines voies de recherche. Cette approche ne semble pas critiquable et c'est ainsi qu'on a procédé dans l'analyse des approches physiologiques prenant en compte ou pas le concept de neurone. Mais lorsqu'on a finalement isolé un style de recherche qui semble identifier une école, n'est-il pas artificiel d'y voir un style national ?

L'historiographie de cette notion indique qu'on a souvent insisté sur les différences nationales des contextes institutionnels, les habitudes de recherche et parfois sur la psychologie même des chercheurs. On semble être en droit de circonscrire un style national lorsqu'il paraît être expliqué par certains facteurs sociologiques spécifiques d'une nation. Il est aisé de comprendre comment la prise en compte de facteurs nationaux dans l'organisation des cursus universitaires et la mise en place d'institutions de

1. J. Harwood, « National styles in science, Genetics in Germany and the United States between the World Wars », *Isis*, 1987, 78, p. 390-414 ; J. Harwood, « *Styles of Scientific Thought : The German Genetics Community, 1900-1933* », Chicago, University of Chicago Press, 1993 ; M.J. Nye, « National styles ? French and English chemistry in the nineteenth and early twentieth centuries », *Osiris*, 1993, 8, p. 30-49 ; N. Reingold, « The peculiarities of the Americans or Are there national styles in the sciences ? », *Sci. Context*, 1991, 4, p. 347-366 ; C. Borck, « Between local cultures and national styles : units of analysis in the history of electroencephalography », *C.R. Acad. Sci. Biol.*, 2006, 329, p. 450-459.

recherche peuvent être pertinentes, comme tout facteur dépendant directement de décisions politiques de niveau national. Le développement à différentes vitesses des disciplines et des techniques entre nations est également un type de facteur qu'on peut prendre en compte jusqu'aux périodes les plus récentes.

Dans cette perspective, si le contexte français des liens entre physiologie et anatomie n'apparaît pas spécifique, les relations entre une jeune physiologie britannique et les sciences anatomiques dans leur ensemble (microscopie, zoologie, embryologie descriptive) semblent l'être davantage. Qu'il faille invoquer les relations entre les physiologistes et la théorie de l'évolution, la formation initiale des physiologistes en anatomie et pathologie ou la faible spécialisation des cursus en physiologie est difficile à démêler. On ne peut que reconnaître un ensemble de facteurs convergents plus ou moins liés à un cadre national qu'on ne rencontre pas, semble-t-il, ailleurs en Europe, à un même degré.

Mais entre un contexte spécifique britannique et un style national de physiologie, l'écart demeure grand. Aussi par prudence, peut-on seulement évoquer un style britannique de physiologie à l'abri du refus radical des déterminismes anatomiques, tel qu'on l'a vu se constituer en France. Cette notion de style national ne mène finalement pas très loin; il faut chercher ailleurs pour comprendre et rendre compte des styles plus personnels de Sherrington et d'Adrian. Reconnaissons néanmoins que si la notion de style national n'est pas nécessaire pour inciter à comparer des contextes nationaux larges, son rejet engage à écarter des hypothèses faciles dans l'explication de styles plus locaux. Cependant, l'attention qu'on peut lui prêter permet de prendre en compte certains déterminants nationaux particuliers des styles qu'il convient de définir autrement.

Styles de recherche

Les analyses consacrées aux travaux de Sherrington et de Lucas-Adrian permettent de définir ce qu'on peut entendre par un « style de recherche », les moyens de les étudier et les raisons de les différencier.

Il a d'abord fallu comprendre l'émergence des voies de recherche en physiologie qui ont permis de considérer le neurone comme objet d'étude. Le concept de style doit donc représenter un modèle qui puisse s'appliquer, à une échelle locale, au travail individuel du chercheur sans qu'il soit nécessaire de l'envisager comme spécifique d'un seul laboratoire particulier. On attend d'un style qu'il soit personnel, qu'il soit celui d'un ou de quelques chercheurs isolés ou à la tête d'un groupe de recherche, à l'instar de la manière envisagée dans les analyses de G.-G. Granger. Il se distingue des styles de raisonnement de Crombie ou Hacking qui se veulent essentiellement impersonnels. Hacking définit un style comme une sorte de canon d'objectivité quelque peu hors du temps. Dans notre démarche, les catégorisations de ces deux auteurs peuvent préciser de grands types de styles dont les plus célèbres servent de repères. Les assertions générales de la philosophie des styles, un domaine de la philosophie des sciences consacré aux styles d'objectivité, fournissent une sorte de grammaire des styles [1] à laquelle l'historien trouve à la fois des exemples et des exceptions. Mais il faut rechercher des critères de distinction plus fins et plus opératoires.

Notre analyse des disciplines au XIXe siècle suggère un mode de définition des styles s'appuyant sur différents types de relations entretenues avec d'autres. Dans ce cas, distinguons un niveau de style de recherche local d'un groupe de recherche et celui d'une discipline autonome définie par ses modes d'objectivation. Cette description à deux niveaux peut être rapprochée des conceptions de Ludwik Fleck (1896-1961) sur le style de pensée (*Denkstil*) émergeant d'une pensée plus générale (*Denkkollectiv*) qui s'applique à un domaine plus local. Les *Denkkollectiv* de Fleck sont par essence incommensurables. Nous avons pour notre part insisté sur l'irréductibilité des modes d'objectivation des disciplines. Le *Denkstil* est un style local de pensée, invisible, non questionné, auquel les chercheurs adhèrent sans sourciller et qui impose une contrainte implicite [2]. Ces concepts de Fleck, redécouverts par Thomas Kuhn, ont été repris par une tradition d'épistémologistes, et plus récemment par Harwood [3], Gaudillière [4] ou Borck. Une tendance actuelle est d'insister sur les pratiques de la science [5], aussi a-t-on fait remarquer que le

1. G.-G. Granger, 1968, *op. cit.*

2. Ce caractère contraignant se comprend mieux si l'on sait que Fleck pensait aussi, pour établir cette conception, au laboratoire de pathologie dans lequel il travaillait dans le camp de Buchenwald. C. Borck, « Message in a bottle from "the crisis of reality". On Ludwik Fleck's interventions for an open epistemology », *Studies in History and Philosophy of Biological and Biomedical Sciences*, 2004, 35, p. 447-464. Mais pour Fleck, la communauté des chercheurs est vue comme une démocratie dans laquelle la contrainte est plutôt interne, constitutive de la démarche.

3. J. Harwood, « Ludwik Fleck and the Sociology of Knowledge », *Social Studies of Science*, 1986, 16, p. 173-187.

4. J.P. Gaudillière, « Genesis and development of a biomedical object : styles of thought, styles of work and the history of sex steroids », *Studies in History and Philosophy of Biological and Biomedical Sciences*, 2004, 35, p. 525-543.

5. C'est également notre parti pris dans ce travail. Nous avons également tenté cette approche dans les études du cerveau au XVIIIe siècle ; J.G. Barbara, « Diversité et évolutions

Denkstil de Fleck inclut les procédés expérimentaux et qu'on pourrait accentuer cette prise en compte par un concept d'*Arbeitstil*[1].

La conception abstraite de Fleck peut être critiquée tant les organisations sociales n'y sont pas prises en compte. Les échelles des concepts ne sont pas déterminées; de sorte qu'il appartient à l'historien de proposer son propre schéma. Le style de pensée peut être défini à l'échelle d'une discipline, comme le fait parfois Fleck, ou à l'échelle d'une école de recherche.

La même question se pose au sujet des styles de recherche. Entre style de pensée et style de recherche, c'est là presque uniquement une question de terminologie. Hacking préfère pour sa part le terme de style de raisonnement. Par l'expression style de recherche, on veut insister sur le fait qu'un style n'est pas la manière d'une certaine rationalité, mais une méthodologie opératoire traitant des données d'expérimentation *in concreto*. Un style de recherche, c'est avant tout un ensemble de modes d'objectivation réalisé par des instruments, des mesures, des concepts de constitution, des concepts, des objets plus ou moins objectivés, ou en cours d'objectivation selon des voies nouvelles. Il y a une place dans ce schéma pour la préférence d'un instrument, un type de mesure et d'analyse, un objet scientifique. Si le style de raisonnement insiste sur les manières d'atteindre l'objectivité, le style de recherche insiste sur les procédés locaux d'objectivation. L'un, très stable dans le temps, relève d'un mode de rationalité réalisé dans l'expérience, l'autre d'une pratique de laboratoire locale, rationnelle et sans cesse renouvelée.

Mais à quelle échelle définir un style de recherche? Gerald Lynn Geison (1943–2001) a apporté sa réponse : « Il n'est pas surprenant que des styles scientifiques différents soient discernables dans de petites unités locales. Car comme Holmes l'a montré ailleurs, « les influences personnelles et les styles ont un effet maximal sur des personnes travaillant à proximité les unes des autres »[2]; « de même, ce qui est crucial au style de

des pratiques chirurgicales, anatomiques et physiologiques du cerveau au XVIIIe siècle », dans C. Cherici et J.C. Duponts (éds.), *Les querelles du cerveau*, Paris, Vuibert, 2008.

1. J.P. Gaudillière, *Studies in History and Philosophy of Biological and Biomedical Sciences*, 2004, *op. cit.*

2. F.L. Holmes, *The formation of the Munich school of Metabolism, in The Investigative Enterprise : Experimental Physiology in Nineteenth-Century Medicine*, W. Coleman and F.L. Holmes (eds.), Berkeley-Los Angeles, University of California Press, 1988, p. 179-182, citation p. 180, cité dans G.L. Geison, 1993, *op. cit.*

certaines écoles de recherche, – et qui en fait leur véritable identité – ce sont des techniques, instruments et matériels qui leur sont spécifiques »[1].

La question de l'échelle des styles de recherche revient à choisir un concept analytique qui rende compte à la fois d'une unité d'organisation sociale de la science et de sa pratique, de la même façon qu'un physiologiste forge un concept analytique d'une donnée anatomique pour l'objectiver par une mesure. La question est de trouver une discontinuité dans l'organisation matérielle et fonctionnelle de la recherche scientifique rendant compte d'une certaine indépendance.

C'est ainsi qu'apparaît pertinente l'idée de Geison de considérer l'école de recherche comme une entité analytique et descriptive que Nye a voulu élargir par le concept d'école comprenant aussi les laboratoires essaimés alentour[2]. Le concept d'école prend d'ailleurs sa pleine valeur lorsqu'on discute de polémiques, de rapprochements et de consensus.

Dans un régime moins perturbé, il n'est pas utile de prendre en considération l'entière étendue d'une école, d'en considérer tous les élèves, mais davantage de considérer en détail ses travaux les plus représentatifs. Joseph Rouse fait le même choix de travailler à l'échelle du laboratoire : « Le laboratoire semble finalement être le lieu de construction du caractère empirique de la science par les pratiques locales et spécifiques des expérimentateurs. La connaissance qui en résulte n'est pas étendue en dehors du laboratoire par la généralisation de lois universelles instanciables ailleurs, mais par l'adaptation locale de pratiques situées dans de nouveaux contextes précis »[3].

À ce stade, l'historiographie des styles de raisonnement (de Fleck à Hacking) laisse le champ libre pour l'interprétation, notamment pour l'analyse des styles de recherche. À un certain seuil, l'analyse des contextes sociaux et celle des cultures locales des écoles ne suffisent plus. Il faut dès lors entrer dans l'analyse *interne* des régimes d'objectivation de chaque style de recherche pour le définir.

1. G.L. Geison, « Research schools and new directions in the historiography of science », *Osiris*, 1993, 8, p. 227-238.

2. M.J. Nye, *Osiris*, 1993, 8, p. 30-49, *op. cit.*

3. J. Rouse, « Knowledge and power : toward a political philosophy of science », Ithaca-New York, Cornell UP, 1987, cité dans J. Golinski, « The theory of practice and the practice of theory : Sociological approaches in the history of science », *Isis*, 1990, 81, p. 492-505, p. 495.

Définition interne du concept de style de recherche

L'analyse des styles de recherche doit comprendre leurs aspects théoriques et pratiques qui favorisent l'étude de leurs genèses, essors, évolutions, généalogies et redéploiements en fonction des interactions entre disciplines. L'étude des styles repose donc avant tout sur les procédés d'objectivation sous leurs aspects matériels, mais aussi formels, c'est-à-dire en tant que réseaux de significations réalisées par des mesures et concepts qui prennent sens en se référant à l'*objet scientifique*[1].

Des analyses comparatives sont très utiles et opératoires à condition que les styles mis ainsi en parallèle soient suffisamment proches pour garantir l'homologie des différents modes d'objectivation. Il semble en effet très difficile de définir précisément un style en référence unique à un modèle abstrait quel qu'il soit. Il paraît possible d'atteindre un degré suffisant de justesse et de précision dans l'analyse locale d'un style en le comparant à des styles proches pour en démultiplier les points de comparaison et les catégories d'analyse. Notre intuition du bénéfice d'une telle approche comparative nous rapproche aussi des analyses antérieures de Granger[2].

Toute analyse comparative doit s'établir sur une partition des éléments des styles de recherche, comme des ensembles d'éléments externes (les relations entre l'auteur d'un style et certaines disciplines, ses liens avec une communauté d'ingénieurs, etc.), d'éléments théoriques internes (concepts favorisés, hypothèses, etc.), d'éléments pratiques (ensembles de procédés techniques), et d'éléments pratiques internes (l'instrument principal, la préparation biologique, la mesure, l'analyse de la mesure, le modèle analytique associé, etc.).

La période étudiée doit être *bornée*, ce qui a été fait en choisissant la période 1905-1933 pour le style de Sherrington et celui de Lucas-Adrian. Cette période se justifie aisément. Pour Sherrington, c'est la période entre la publication de *The Integrative Action of the Nervous System* (1906) et *Reflex activity of the spinal cord* (1932). Pour Lucas et Adrian, c'est la période entre les travaux de Lucas sur la contraction musculaire tout-ou-rien (1905) et les études sur les fibres unitaires d'Adrian (1926-1933).

L'étude d'un style se fonde sur sa mise en place au cours d'une période donnée et son homogénéité, bien qu'il soit toujours en évolution au-delà. La stabilité n'est pas dans le style, mais dans sa rationalité la plus objective,

1. H. Benis Sinaceur, *op. cit.*
2. *Ibid.*

dans certains types de résultats qui prennent une apparence homogène au long terme, laissant croire qu'ils résultent de mêmes processus génétiques.

Puisqu'un style de recherche évolue dans le temps, il faut étudier quels en sont les premiers éléments spécifiques. S'agit-il de la prise en compte initiale d'un concept clé dans l'explication, de l'adoption ou de la création d'un instrument, ou d'une hypothèse sur un certain type de résultat attendu ? L'analyse du style Lucas-Adrian indique la complexité de son ontologie, des rapports sophistiqués entre conceptions théoriques et la création d'instruments. Les deux paraissent plutôt inextricablement mêlés. Cependant, une combinaison singulière d'aspects pratiques et théoriques peut être repérée à l'origine.

C'est par exemple un ensemble d'éléments qui se coordonnent dans la constitution de nouveaux modes d'objectivation aboutissant à de nouveaux résultats, concepts de constitution et modèles. Ils ne représentent pas à ce stade une rupture. Celle-ci se dessine plutôt par une vaste réorganisation à plus long terme des objets constitués d'une manière nouvelle. On ne peut donc parler de « science normale », parce que les instruments, les concepts de constitution, et l'architecture interne des modes d'objectivation évoluent chaque jour. *Ce qui compte désormais, ce sont les configurations de relations établies entre les objets scientifiques, les concepts et les choses réelles ; c'est l'architecture opératoire du mode d'objectivation d'un style de recherche ; ce sont les procédés de constitution des objets.*

Notre concept de style est fondé sur les possibilités d'étude de l'histoire des sciences de la signification des mesures et des concepts dérivés de l'histoire individuelle des processus matériels d'objectivation des objets scientifiques. Ce concept de style est donc théoriquement proche de celui de Gilles-Gaston Granger qui se focalise sur des ensembles de significations individuelles vécues, sur leurs conditions d'existence, sur les pratiques associées dans ce travail d'émergence de significations objectives intégrant les significations individuelles, en tenant compte de la pluralité des lieux de constitution. Dans cette perspective, nous rejoignons l'intérêt que porte Hourya Benis Sinaceur à ce concept de style de recherche dans l'analyse de l'activité scientifique comme *création*[1].

1. H. Benis Sinaceur, *op. cit.*

LE CONCEPT D'OBJET SCIENTIFIQUE

La problématique aboutit au thème de l'histoire des sciences consacré à l'essence et à l'ontologie des objets scientifiques. Mais il n'a pas été question d'attaquer le problème d'emblée du côté philosophique, en prenant une quelconque position sur la réalité des objets scientifiques et sur l'identification d'un objet scientifique à une entité naturelle. Ces questions n'ont été abordées qu'après l'analyse épistémologique.

Objet scientifique

Depuis quelques décennies, certains épistémologistes suivent cette démarche; certains travaux ont été récemment rassemblés par Lorraine Daston dans l'ouvrage *Biographies of scientific objects*[1]. La tendance présente est de prendre mieux en compte les instruments et les techniques, ainsi que les contextes locaux de la science[2]. Cette démarche renouvelle l'ancienne perspective marxiste, dont celle d'Althusser, sur la constitution des objets scientifiques[3]. Dans cette perspective, il fallait s'attendre à retrouver certaines des conclusions classiques de ce thème, qu'il fallait confronter à un objet constitué au XXe siècle. La notion actuelle d'objet scientifique semble basée sur la constitution d'objets théoriques, dans différents contextes épistémiques, par des interactions complexes avec les réalités empiriques. L'objet scientifique est créé par les instruments particuliers d'une science, à partir de ses objets d'étude. Il naît d'une certaine stabilité de phénomènes observés et évolue par recombinaison, hybridation et différenciation, à partir d'autres objets antérieurs. Mais un objet ne se maintient que grâce aux liens qu'il tisse avec les phénomènes expérimentaux qui lui confèrent la propriété de générer résultats et explications scientifiques.

1. L. Daston (ed.), *Biographies of scientific objects*, Chicago, University of Chicago Press, 2000.

2. Dans la perspective générale des ouvrages tels que : G. Bachelard, *Le nouvel esprit scientifique*, Paris, PUF, 1934; G. Bachelard, *La formation de l'esprit scientifique*, Paris, Vrin, 1938 ; G. Bachelard, *La philosophie du non*, Paris, PUF, 1940; G. Bachelard, *Le rationalisme appliqué*, Paris, PUF, 1949; mais aussi, T. Kuhn, *The Structure of Scientific Revolutions*, Chicago, University of Chicago Press, 1962, N.R. Hanson, *Patterns of Scientific Discovery*, Cambridge, Cambridge UP, 1958, et, plus récemment, I. Hacking, *Representing and Intervening*, Cambridge, Cambridge UP, 1983.

3. K. Bayertz, On the problem of the constitution of scientific objects, *Revolutionary world*, 1973, 34-35, p. 14-22.

Le concept d'objet scientifique peut également être étendu aux objets mathématiques dans la perspective de constitution des objets de G.-G. Granger, mais également par les approches plus récentes, attentives aux interactions entre domaines mathématiques, aux pratiques et aux analyses épistémologiques de leurs modes de constitution[1].

Nous retrouvons là quelques-uns des thèmes abordés par l'analyse des objets scientifiques dans la philosophie antiréaliste de John Dewey[2]: « Mon identification des objets scientifiques avec des relations, et non avec des sortes de choses non-relationnelles, m'engage dans une conception de "non-réalité" des objets scientifiques »[3].

Dans un autre contexte philosophique, cette problématique est également le cadre du programme *History of Scientific Objects*[4]. L'un de ses axes porte sur le rôle de la coalescence de phénomènes empiriques et l'analyse des facteurs impliqués dans l'émergence de nouveaux objets scientifiques. C'était aussi pour nous, lorsqu'on a commencé ce travail en 2003, une problématique essentielle pour toute analyse de la science au XXe siècle. Il fallait expliquer pourquoi la fibre nerveuse disparaît presque complètement et comment le neurone s'impose comme nouvel objet scientifique.

Il fallait prendre en compte l'évolution des techniques, les changements dans les objets d'étude et la constitution de nouvelles entités théoriques plus favorables pour expliquer les résultats nouveaux et les mesures plus précises. C'était le procédé complexe de constitution d'un

1. M.-J. Durand-Richard, introduction de l'ouvrage *L'analogie dans la démarche scientifique. Perspective historique*, Paris, L'Harmattan, 2008. C. Ehrhardt, *Évariste Galois et la théorie des groupes. Fortune et réélaborations (1811-1910)*, thèse de doctorat, École des Hautes Études en Sciences sociales, 2007; Frédéric Brechenmacher, *Histoire du théorème de Jordan de la décomposition matricielle (1870-1930). Formes de représentations et méthodes de décompositions*, thèse de doctorat, École des Hautes Études en Sciences sociales, Paris, 2006. Nous remercions M.-J. Durand-Richard pour l'indication de ces références.

2. J. Ratner, « Scientific Objects and Empirical Things », *The Journal of Philosophy*, 1935, 32, p. 393-408. W.M. Sibley, « The Pragmatic "Theory of Scientific Objects" », *The Philosophical Review*, 1948, 57, p. 248-259. C.E.M. Joad, « Physical Objects and Scientific Objects », *Mind*, New Series, 1931, 40, p. 49-72. G. Kennedy, « Science and the Transformation of Common Sense: The Basic Problem of Dewey's Philosophy », *The Journal of Philosophy*, 1954, 51, p. 313-325.

3. P.A. Schilpp (ed.), *The philosophy of John Dewey*, Evanston (Ill.), Northwestern University, 1939, p. 535; cité dans W.M. Sibley, *The Philosophical Review*, 1948, 57, p. 251.

4. Il s'agit d'un programme organisé par Lorraine Daston, Jürgen Renn et Hans-Jörg Rheinberger.

objet scientifique qu'on souhaitait analyser. Mais notre objet est d'une complexité unique; ses procédés d'objectivation ont rassemblé une pluralité d'approches et de très importantes communautés de chercheurs, dans des contextes très différents (biochimie, biophysique, anatomie, électrophysiologie). Il avait une dimension particulière, puisqu'il relevait de plusieurs sciences et de leurs interactions multiples.

Ces dimensions du neurone relèvent d'un *objet scientifique* au sens de Dewey et de l'épistémologie contemporaine, c'est-à-dire en tant que réseau complexe de relations tissées entre mesures, phénomènes, concepts au sein d'une expérimentation réalisée sur des objets réels. *Nul autre objet scientifique ne semblait être plus complexe que le neurone, ni nécessiter autant de savoirs et savoir-faire multiples.*

Il pouvait sembler que l'essence de l'objet scientifique avait quelque chose à voir avec les interactions entre disciplines et les relations entre modes d'objectivation. C'est pourquoi une enquête longue et détaillée a été menée dans les principaux milieux de constitution du neurone[1]. Il fallait comprendre comment chaque cadre expérimental avait pu constituer un objet partiel, avec l'intention sous-jacente de démontrer les facteurs d'articulation de ces objets en un même *objet scientifique*. L'intuition émergeait qu'un objet scientifique devait avoir un peu de la complexité du vivant et que l'organisation des communautés scientifiques à l'œuvre devait présenter un certain parallélisme avec sa structure; aussi pouvions-nous distinguer des physiologistes de la fibre nerveuse, d'autres des somas neuroniques ou des physiologistes des dendrites.

Ces analyses devaient aboutir à une définition du concept d'*objet scientifique* rendant compte de son ontologie. De plus, ces questions semblaient avoir une valeur projective, puisqu'on espérait pouvoir comprendre la mise à l'écart progressive du neurone en tant qu'objet scientifique dominant et son remplacement possible au XXIe siècle par un autre qu'il fallait définir.

Les analyses ont mené tout droit à une question finale, générale dans ce type d'approche. La recension par Peter Machamer et Abel Franco de *Biographies of scientific objects* l'explicite clairement: «La "*voie*

1. L'exhaustivité n'a pas été atteinte. On est conscient d'avoir privilégié la neurophysiologie, sous-estimé des domaines de la neuroanatomie et omis consciemment la psychologie, la psychiatrie et la neurologie qui nous ont paru des champs de constitution secondaires du concept de neurone au XXe siècle que nous avons depuis étudiés dans des articles (2010).

moyenne"[1] que les biographies d'objets ouvrent entre le relativisme et le réalisme attend toujours une "ontologie qui soit vraie pour des objets historiques et réels à un moment donné"[2]. Cette tâche métaphysique et épistémique n'est pas encore éclaircie »[3]. Comment un objet scientifique peut-il représenter le *réel* et en même temps être un objet *historique* ?

Sans prendre un parti philosophique initial, l'explication sociale de la science a été prise en compte dans l'analyse des relations entre communautés scientifiques, entre disciplines et dans l'examen des polémiques[4]. Une position déflationniste du réalisme des objets scientifiques semblait acceptable : chaque contexte constitue seulement une facette du neurone, considéré comme une entité théorique, par une objectivation très partielle (comme une coloration ou la mesure indirecte d'un courant électrique), puis le fait accéder à une sorte de réalisme par la cohérence des démarches, leurs convergences et leurs hybridations. La reconnaissance d'*homologies* aboutit progressivement à la constitution d'un objet qui ne dépend plus directement d'aucune discipline exclusive. Notre enquête a permis de rechercher où pouvait se loger un réalisme qui constitue une conclusion à notre travail et qui parait être une dimension essentielle et constitutive de l'*objet scientifique*.

Culture épistémique

Le concept de culture épistémique doit être éclairci pour préciser les dimensions locales des lieux initiaux de constitution des objets scientifiques.

Le début des années quarante est marqué par une première individualisation des styles de recherche de la neurophysiologie des centres nerveux[5]. Ces styles se dissocient en deux types, selon deux aspects

1. À la manière d'un Bruno Latour dans sa comparaison de la constitution des objets scientifiques au sein des laboratoires avec la constitution de l'objectivité légale du Conseil d'État. B. Latour, « On the partial existence of existing and nonexisting objects », dans *Biographies of scientific objects*, *op. cit.*, p. 252.

2. L. Daston, *Biographies of scientific objects*, *op. cit.*, p. 14.

3. P. Machamer, A Franco, « Reviewed Work : Biographies of Scientific Objects », *Isis*, 2001, 92, p. 773-774.

4. B. Latour, « Scientific Objects and Legal Objectivity », dans *Law, Anthropology and the Constitution of the Social : Making Persons and Things*, A. Pottage and M. Mondy (eds.), Cambridge (Mass.), Cambridge UP, 2004, p. 73-113.

5. Par exemple le style de recherche de Lloyd basé sur l'étude de réflexes monosynaptiques ou celui de Renshaw sur l'organisation fonctionnelle des interneurones de la moelle épinière.

possibles d'une même physiologie, dont le premier étudie le neurone comme un objet isolé et le second comme l'élément d'un circuit central.

Puis, dans le contexte de l'immédiat après-guerre, de nouvelles voies d'objectivation du neurone apparaissent, par la multiplication des nouvelles techniques. Ce qu'il a fallu expliquer, c'est pourquoi et comment ces techniques ont pu s'appliquer au neurone, c'est-à-dire s'établir dans la neurophysiologie à l'échelle cellulaire. Un ensemble de facteurs sociaux et scientifiques très convergents ont rendu possible, au cours des années quarante, la constitution d'une neurophysiologie cellulaire. L'après-guerre constitue une période où les technologies de la biologie en général s'appliquent désormais à cette échelle. Ce sont surtout, pour nous, les développements de l'histochimie, de la microscopie électronique et de l'ultracentrifugation. Pourquoi et comment ces techniques furent-elles appliquées au neurone dans des contextes variés ? L'image d'ensemble, c'est celle d'une formidable convergence, requérant plusieurs niveaux dans l'explication, des communautés scientifiques, des techniques et des cadres théoriques, vers un pôle unique : le neurone. Il a fallu comprendre ce qui a permis cette concentration de moyens et d'intérêts sur un objet *unique*, fonctionnant comme un pôle attracteur des recherches et un champ interdisciplinaire.

Le rôle de la biophysique cellulaire américaine et son contexte des années vingt ont été fondateurs. Ses travaux ont d'abord porté sur des algues unicellulaires (Osterhout), puis sur l'axone géant du calamar. Cette physiologie de l'axone a abouti à une physiologie membranaire établie dans le cadre théorique des concepts de Bernstein. C'est dans ce contexte que la micropipette en verre est inventée. Elle permet, au tout début des années cinquante, de réaliser des enregistrements intracellulaires de neurones.

Cette culture épistémique fondatrice d'une biophysique cellulaire n'a pas pu être prise en compte avant guerre pour des raisons techniques et un manque d'audace de certains chercheurs. Elle crée un contexte particulièrement fécond pour le développement de l'enregistrement intracellulaire des neurones par ses premiers développements techniques, par les cadres théoriques qu'elle adopte et diffuse, ainsi que par ses premiers modèles ioniques des membranes excitables.

Les implications du développement de la nouvelle technique d'enregistrement intracellulaire du neurone ont été analysées. Il ne s'agit pas seulement d'une application technologique à un autre type cellulaire. Appliquée au neurone, cette technique crée de nouveaux modes d'objectivation du neurone et des centres nerveux par les mesures des potentiels d'actions, potentiels d'équilibre des ions, *afterpotentials*, ppse, ppsi, etc.

Disons-le nettement, cette technique électrophysiologique révèle ici, mieux que sur n'importe quel autre type cellulaire, son rôle central dans la compréhension d'une physiologie, celle du système nerveux. Les potentiels membranaires d'une cellule musculaire ou d'une cellule endocrine sont certes des paramètres importants des cascades internes de signalisation, mais les potentiels locaux des neurones, dans la complexité des arbres dendritiques et des territoires axoniques, sont les corrélats d'un ensemble de paramètres physiologiques coordonnés et déterminants dans toute fonction du cerveau et du système nerveux entier.

Cette voie de recherche permet une synthèse avec la neurophysiologie extracellulaire et la physiologie membranaire de l'axone géant du calamar. Pour la première fois, on dispose d'un modèle complet du neurone, le « neurone 1952 », présenté au CSHL par Eccles, qui se fonde encore largement sur un ensemble d'analogies entre le neurone et la fibre nerveuse. Si Eccles maîtrisait beaucoup de domaines techniques et disposait des moyens nécessaires pour réaliser cette avancée, il possédait surtout une culture épistémique large et la conviction, non seulement d'une analogie, mais d'une homologie entre les propriétés de la fibre nerveuse et celles du soma neuronique. Cette homologie n'est pas revendiquée, mais elle est essentielle. C'est sur elle que repose l'audace et la motivation d'Eccles à développer l'intracellulaire, et c'est elle qui semble être le facteur interne essentiel de son rationalisme, de sa vision unitaire d'une neurophysiologie cellulaire.

Le neurone ne se constitue non plus seulement par des mesures, mais par des modèles rigoureux et spécifiques à l'intérieur de cultures épistémiques larges et ouvertes qui permettent l'interdisciplinarité et la rendent opératoire dans les échanges techniques et théoriques dans lequel l'*objet scientifique* se constitue en un réseau complexe et *ouvert* qui imprègne l'ensemble de ses champs disciplinaires.

Radiation[1] *des modes d'objectivation du neurone*

L'étude des développements locaux de la neurophysiologie doit être étendue à d'autres milieux. La communauté des électroencéphalographistes a permis l'essor d'une neurophysiologie et d'une neuropharmacologie des dendrites objectivés par des potentiels corticaux de surface. Leurs

1. Nous parlons de « radiation » de façon métaphorique, en référence au sens donné dans la théorie de l'évolution, pour décrire une phase d'explosion de nouvelles études par des techniques variées autour d'un même *objet*, le neurone.

interprétations ont été vivement critiquées par certains axonologistes. Sur un plan épistémologique, un mécanisme d'occlusion de concepts traduisait cette horreur apparente chez eux pour concevoir les dendrites comme des éléments neuronaux excitables, doués d'une propriété de conduction bidirectionnelle, deux propriétés alors considérées comme spécifiques de la fibre nerveuse.

Le milieu des électroencéphalographistes favorise l'idée d'une continuité des propriétés électriques dans le neurone et remet en cause les discontinuités fonctionnelles établies à l'échelle du neurone par la neurophysiologie cellulaire. En d'autres termes, les axonologistes conçoivent la fibre nerveuse et les dendrites comme hétérogènes, alors qu'un Chang ou un Bishop misent sur l'homologie des membranes excitables de ces deux régions neuronales. Là encore, l'homologie est une vision qui permet, dans certains cas, d'anticiper les progrès de la neurophysiologie et favorise l'association des potentiels corticaux et de la pharmacologie de la neurotransmission.

Mais l'homologie ne peut être une recette générale pour fonder toute vérité scientifique. Si l'on ne discute pas en détail des erreurs qu'elle a pu engendrer, c'est qu'on souhaite surtout insister sur ses conséquences positives dans l'essor fructueux de nouvelles voies de recherche. Mais il n'a pas été inutile de montrer que la pharmacologie des potentiels dendritiques avait été finalement une impasse, certaines de ses interprétations étant fausses. Il est néanmoins utile d'insister sur les convergences entre voies de recherche reposant sur des homologies pensées, mais souvent non explicitées, qui fondent une certaine vision unitaire parfois inconsciente des propriétés des *objets scientifiques*.

Dans d'autres milieux encore, d'anciennes approches des années cinquante et soixante, comme l'histochimie et la pharmacologie, se concentrent à l'échelle du neurone. Elles se combinent à la neurophysiologie cellulaire, encore synonyme d'électrophysiologie. La découverte de l'histofluorescence est une étape importante dans la description des centres nerveux à l'échelle subcellulaire, par la mise en évidence de fibres et de leurs varicosités contenant un certain neurotransmetteur. Ces approches bénéficient du cadre théorique de la neurotransmission chimique qui assure une cohésion d'ensemble des concepts et des questions. L'histochimie, la neuropharmacologie et la neurophysiologie s'assignent comme visée la mise en évidence d'ensembles de neurones libérant un même neuromédiateur et l'analyse de leur fonction.

C'est également dans ce cadre théorique que l'ultracentrifugation et la microscopie électronique se combinent à l'échelle subcellulaire dans la mise en évidence des vésicules synaptiques selon deux modes d'objectivation.

Il y a donc convergence des possibilités d'études nouvelles du neurone sur les plans technique et conceptuel. Les cadres théoriques jouent un rôle essentiel dans ces convergences, comme l'indiquent la théorie de Bernstein et celle de la neurotransmission chimique. Pour les physiologistes, la théorie de Bernstein représente un territoire neutre, un ensemble de paramètres objectifs et des procédés d'analyse et d'interprétation des courants ioniques et de leurs potentiels associés. Elle est opératoire et considérée juste *a priori* par les physiologistes qui l'utilisent comme fondement d'une comparaison objective des propriétés des membranes excitables de l'axone et du corps neuronique. De ce fait, la théorie constitue une base pour mettre à l'épreuve l'idée d'une homologie des propriétés entre objets scientifiques distincts, mais elle n'est ni vraiment choisie, ni critiquée ou rejetée. Elle est avant tout un mode de comparaison; son caractère vrai ou faux, en suspens, est testé en parallèle des travaux en cours. De fait, elle justifie et permet l'étude des homologies entre objets scientifiques dont on peut encore douter.

La théorie de la neurotransmission chimique formule de son côté une série d'hypothèses sur les modes de libération des neurotransmetteurs. Certains objets conditionnels hypothétiques, comme les vésicules synaptiques, sont décrits. Ils sous-tendent certaines convergences en proposant des objets théoriques tenus pour réels. Différentes objectivations de ces mêmes objets revendiquent l'homologie des objets ainsi créés, comme les vésicules synaptiques par les contours des granules révélés par microscopie électronique et les fractions obtenues par ultracentrifugation et contenant des neurotransmetteurs. À un certain stade, la convergence peut être justifiée lorsqu'on démontre expérimentalement que ces objets relèvent d'un *objet scientifique* commun : la vésicule synaptique contenant le neurotransmetteur. Dans cette situation, la théorie permet de créer un *objet conditionnel* et favorise ses objectivations par différents modes appelés ou non à converger. La théorie de la neurotransmission chimique a ainsi permis une convergence de la neurophysiologie de la libération quantique des neurotransmetteurs (électrophysiologie), avec la microscopie électronique des vésicules synaptiques et leur dynamique par exocytose, ainsi qu'avec l'ultracentrifugation des vésicules (analyse chimique des neurotransmetteurs, des voies de synthèse, de capture, de dégradation et de recyclage). L'objet « vésicule synaptique », objet conditionnel, objet tenu pour réel ou supposé, objectivé de multiples façons, devient l'objet unique des convergences et des interactions entre modes d'objectivation.

Mais cet objet est d'abord l'*ob*-jet de différentes approches scientifiques, un même objet d'étude mis en avant de diverses manières, avant de devenir un objet scientifique constitué, dont la valeur dépasse les cadres locaux des modes d'objectivation particuliers. *L'objet scientifique n'atteint son réalisme qu'en devenant progressivement indépendant de ses divers modes d'objectivation particuliers.*

Cultures épistémiques et explication sociale

Certaines différences de culture épistémique sont parfois en jeu dans les polémiques. Le refus de Davis d'une excitabilité dendritique et de la réalité même du rythme de Berger, la volonté tenace de Lucas et de Gasser pour expliquer les propriétés des centres nerveux par celles de nerfs, la préférence de Gasser et Lorente de Nó de prendre en compte les réseaux nerveux dans l'explication des centres nerveux, le parti pris de Sherrington d'intégrer le concept de neurone à sa physiologie, celui de Lucas de s'en tenir aux propriétés de nerfs en sont des exemples. Les choix de ces physiologistes sont déterminés *a priori* par l'enseignement d'une école ou de partis pris quelconques. Ces facteurs sociologiques appartiennent à des cultures épistémiques qui entrent en compte dans l'explication sociale.

De tels *a priori* ont parfois une dimension essentiellement irrationnelle qui relève de l'anxiété ou de la fascination pour certaines idées ou de certaines prégnances esthétiques, voire poétiques. Maints observateurs ont insisté sur la psychologie complexe de Lorente de Nó, sa conception pour le moins étrange de la gaine de myéline des fibres nerveuses comme une sorte de liquide isolant, capable d'écoulement et pouvant former des structures pseudo-cristallines liquides, précédemment décrites par Jean Nageotte (1866-1948) au Collège de France[1]. Les positions très rétrogrades de Lorente de Nó sur le rôle des somas neuroniques et son « réticularisme fonctionnel » caricatural des années trente relèvent d'une fascination esthétique pour les réseaux enchevêtrés de fibrilles. Tout chercheur sait combien il doit lutter constamment contre certains affects qui lui font parfois considérer telle approche ou telle autre comme dangereuse, mauvaise ou miraculeuse. Comment ne pas voir dans les positions de Lorente de Nó le prix d'un attachement trop fort au travail de son maître Ramón y Cajal ? Comment ne pas expliquer ainsi les dérives et les défauts psychologiques

1. C. Sotelo, communication personnelle au sujet de Lorente de Nó. J. Nageotte, *L'Organisation de la matière dans ses rapports avec la vie*, Paris, Alcan, 1922 ; J. Nageotte, *Morphologie des gels lipoïdes, myéline, cristaux liquides, vacuoles*, Paris, Hermann, 1937.

de plus grandes communautés, voire de peuples entiers, autrement que par des sortes de représentations enflées d'événements passés glorieux ou catastrophiques, particulièrement apparents dans les modes de gouvernance, par des identifications à certains personnages qui persistent de façon anachronique sous des régimes radicalement différents, à des échelles parfois ridiculement locales. C'est dans cette perspective générale que l'idée d'occlusion de concepts a été proposée pour décrire l'importance exclusive accordée à l'axone dans le groupe des axonologistes et pour rendre compte de la négligence d'autres concepts, comme le soma et les dendrites. La *philosophie du non* de Bachelard semble ici justifiée; il faut s'éloigner de ses conceptions premières trop familières, ancrées dans une certaine culture, pour ne pas en rester prisonnier. La *philosophie du oui* serait celle d'un Golgi demeurant au stade de sa fascination première pour les réseaux.

Cependant, sur ce point, Fleck revendique l'importance du rôle de l'idée initiale comme source de nouveauté. L'émotion n'est-elle pas à la base de toute sensation de neuf, de toute intuition du chercheur? La rationalité de l'émotion instantanée n'existe pas plus que celle de la fidélité à l'émotion première. Le temps compte dans ces affaires. Aucune généralisation conceptuelle quelconque ne peut entièrement s'abstraire d'une certaine organisation du temps.

Introduire la dimension temporelle et l'historicité de la rationalité scientifique parait nécessaire. Hacking s'est appuyé sur le philosophe Bernard Williams pour montrer l'intérêt d'un concept de véracité qui tienne compte de l'exactitude d'une assertion, mais également de la sincérité de son auteur à un *moment donné*[1]. Certaines pages de Gasser ou l'attaque d'Eccles contre Lloyd indiquent que ces auteurs instituent une « vérité », à un moment choisi, par un arsenal de procédés rhétoriques, dans le but de dominer leurs adversaires; ils façonnent une vérité apparente, une véracité bien ficelée. Il ne s'agit pas ici de savoir si Eccles ou Gasser proposent des assertions vraies; il faut davantage saisir cette dynamique d'un discours imposé dans un lieu, une période, dans une certaine culture épistémique.

Au-delà de l'explication sociale qui pose la question de savoir pourquoi un auteur affirme à un moment donné une certaine vérité, l'épistémologie souhaite souvent débattre, à plus long terme, entre vrai et faux. L'analyse des polémiques révèle que vrai et faux sont souvent si intimement mêlés

1. Cours du Collège de France du 31 janvier 2006 : « Véracité » ; B. Williams, *Truth and truthfulness: An Essay in Genealogy*, Princeton, Princeton UP, 2002, trad. fr. *Vérité et véracité : Essai de généalogie*, Paris, Gallimard, 2006.

qu'ils se dissolvent l'un dans l'autre. Le vainqueur semble alors plutôt être celui qui arrive à poursuivre sa route, tandis que le perdant doit arrêter son programme de recherche[1]. L'historien doit parfois renoncer à départager d'anciennes conceptions locales et l'histoire des sciences conçue comme une discipline essentiellement historique ne peut donc pas toujours être jugée.

Sur quelle base une approche scientifique peut-elle être jugée? La comparaison avec la science actuelle n'est pas toujours valable car, d'une part, on ne peut pas toujours comparer une conception ancienne à nos conceptions actuelles, ni, comme on l'a souvent dit, départager le vrai du faux de certaines situations; d'autre part, parce que la science actuelle n'a pas toujours une réponse définitive et objective à la question posée.

Une conception scientifique contenant une certaine véracité pourrait se définir par sa construction continue en liaison permanente avec les nouvelles données de la science, alors qu'une conception fausse abandonne la partie, ou se perd dans une multitude d'hypothèses *ad hoc*, sans qu'on puisse démontrer sa valeur fausse à ce *moment précis*[2]. C'est par exemple le cas de la théorie de la transmission nerveuse de Lapicque; il regrette vers 1950 qu'on juge ses conceptions généralement fausses, alors qu'il pense avoir été en mesure de répondre à l'ensemble des critiques qui lui ont été adressées par l'école de Cambridge. Il semble que seule la véracité dans sa dimension historique ait une réelle dimension épistémologique, alors que la réfutation de certaines conceptions peut nécessiter un temps très long, parfois tellement long, qu'elles sont alors jugées fausses, à un moment où l'on n'est plus en mesure de voir ce qu'elles contenaient de vrai[3].

Sans aller plus loin à ce stade dans l'analyse, retenons trois points : 1) le concept de culture épistémique doit être pris en compte dans la construction sociale de la véracité, 2) la prise en compte de la temporalité des approches scientifiques peut indiquer certains critères de vérité, 3) l'explication sociale ne suffit pas. Comment peut-on dès lors définir si une théorie ou une nouvelle voie de recherche repose sur des hypothèses et des asser-

1. Lloyd doit abandonner la partie sur la recherche de discontinuités fonctionnelles dans le neurone (jonction axone-soma, etc.), car la technique intracellulaire s'impose par ses possibilités de mieux justifier la localisation neuronale de ses mesures.

2. Voir pour une polémique encore actuelle, J.G. Barbara, T. Galli, « Fallait-il ignorer l'hypothèse non-vésiculaire de la neurotransmission ? », *Lettre des Neurosciences*, 2006, 30, p. 3-6.

3. La théorie des couleurs dans la médecine du Moyen Âge est jugée totalement fausse, alors que la vue de la couleur rouge produit bien, on l'a appris récemment, un certain réchauffement du corps.

tions vraies? Quels facteurs l'historien doit-il privilégier? De quels facteurs le philosophe devrait-il tenir compte? Quels sont ceux dont le scientifique devrait s'inspirer avant de proposer sa réponse selon des critères scientifiques personnels?

Quel réalisme? Convergences et homologies

Les cultures épistémiques rendent compte de la constitution de nouvelles approches dans l'étude du neurone, dans différents milieux, par la combinaison de certains outils et l'adéquation de cadres théoriques partagés entre différents chercheurs.

Certaines voies ont été, pour un temps au moins, des impasses, comme la pharmacologie des potentiels dendritiques, ou encore l'étude des neurotransmetteurs par iontophorèse à l'échelle cellulaire. Les données accumulées ont paru contradictoires, ou bien elles ont soulevé, à un certain stade, bien plus de questions que de réponses. Mais d'autres voies ont abouti à la convergence des recherches, à l'introduction de nouveaux objets, à la formulation et la résolution de nouveaux types de questions. De tels succès ont formé la base de nouvelles sous-disciplines. La convergence des voies de recherche, la création de nouvelles sous-disciplines, bref les possibilités d'hybridation, d'interdisciplinarité et de transdisciplinarité pourraient être des signes d'orientations scientifiques fondées sur des connaissances *vraies*.

Les critères de convergence des voies de recherche doivent-ils être retenus? Différents modèles philosophiques tentent de rendre compte de la vérité d'assertions ou de théories scientifiques par des constructions sociales convergentes, la prise en compte des caractères essentiels de l'expérimentation (la création des phénomènes), par une marche progressive vers la vérité et le succès d'une démarche (réalisme structural ou constructiviste, réalisme expérimental, réalisme convergent). Il n'est pas ici question de discuter du meilleur modèle qui puisse rendre compte de notre enquête[1]. Il s'agit plutôt de définir quels facteurs semblent essentiels pour une telle approche.

Une voie de recherche devient féconde et parvient à ancrer son style de recherche dans des valeurs tenues à long terme pour vraies, si elle est une

1. Ce travail est celui de philosophes tel Larry Laudan, « Explaining the Success of Science: Beyond Epistemic Realism and Relativism », dans *Science and Reality: Recent Work in the Philosophy of Science*, G. Gutting *et alii* (eds.), Notre Dame, Notre Dame Press, 1984, p. 83-105.

voie convergente selon deux critères : 1) un critère social de convergence des efforts humains, des techniques, etc. au long terme ; 2) un critère interne de convergence des concepts à l'intérieur d'un même cadre théorique.

Le critère de convergence est d'ailleurs souvent un critère essentiel de la preuve en biologie. Un exemple classique montre que la coloration de Golgi ne fut acceptée que lorsqu'un autre colorant, le bleu de méthylène, révéla une même coloration des neurones. Deux objectivations différentes (deux procédés chimiques) et convergentes (un même profil de coloration) furent un facteur de vérité conçu comme une norme ; cette valeur est fondée en réalité sur l'indépendance du mode d'objectivation par rapport à l'objet étudié (le neurone).

Au sujet du critère social de convergence, Peter Galison a formé le concept de « *trading zone* », comme un contexte local, défini par sa fonction épistémologique, c'est-à-dire la possibilité d'une négociation entre deux cultures épistémiques qui créent un langage commun, en coopérant sur un programme qui n'impose pas à chaque communauté de rompre ni avec ses questions initiales, ni avec ses objets de recherche[1]. L'intérêt du concept de *trading zone* n'est pas manifeste dans notre étude. Une troisième voie semble préférable, entre un constructivisme et un réalisme ; Rouse a d'ailleurs noté qu'une telle approche pouvait chercher à rompre avec la dichotomie établie entre le contexte d'une science et son contenu[2].

La *trading zone* peut être utile pour décrire l'essor d'une *Big Science*, de programmes de recherche pilotés par de grands organismes, mettant en relation des communautés constituées, hiérarchisées, devant travailler ensemble à un objectif commun. Mais généralement, la science procède plus largement à l'échelle locale. Ce ne sont pas des zones d'échanges qui importent, mais souvent une seule personne dans son laboratoire. Bourdieu avait insisté sur ce point ; ce ne sont pas des disciplines qui échangent, mais toujours quelques rares individus. De sorte qu'il n'y a pas réellement place pour un rôle essentiel de la négociation, mais davantage pour la synthèse, la recombinaison entre approches différentes dans des cultures épistémiques larges et ouvertes. Alors que la négociation semble impliquer des compromis entre deux parties placées au même niveau, nous croyons davantage à des effets d'imprégnation d'un domaine scientifique par un autre, le premier ouvrant une perspective dans le second.

1. P. Galison, *Image and logic : A material culture of microphysics*, Chicago, The University of Chicago Press, 1997.

2. J. Rouse, « What are cultural studies of scientific knowledge ? », *Configurations*, 1993, 1, p. 1-22.

Whittaker isole des fragments synaptiques (synaptosomes) par ultracentrifugation sur lesquels il étudie la localisation et la dynamique des neurotransmetteurs. Il ne comprend réellement ce qu'il fait, et la portée de son procédé, qu'après la rencontre avec le microscopiste Gray. Ce dernier examine par microscopie électronique les fragments membranaires dissociés. Il réalise que ces membranes sont homologues des synapses qu'il visualise quotidiennement sur des coupes de tissu cortical fixé. L'homologie du synaptosome et de la synapse objectivée par la morphologie repose sur la rencontre de deux spécialistes, chacun presque unique au monde ! Il n'y a nul besoin de négociation. Il y a reconnaissance d'une similitude visuelle et conceptuelle à la base de toute intuition, une sorte de convergence de l'attention qui prend un nouveau sens. C'est par l'homologie de leurs objets de recherche et de leurs modèles respectifs que les rationalités de Whittaker et Gray se coordonnent. Le langage commun préexistait depuis longtemps; c'était la synapse de Sherrington. Point ici de zone de négociation, mais une rencontre entre deux hommes, deux techniques, deux modes d'objectivation et l'homologie de deux objets fondée sur l'intuition d'un *réel unitaire*, l'*objet scientifique*.

Le maître mot est bien *l'homologie*, celle par exemple entre deux objets scientifiques (axone-soma), ou l'homologie entre deux objectivations (synaptosomes et clichés de microscopie électronique de synapses). Dans les deux cas, elle est d'abord supposée, puis mise à l'épreuve lentement par une démarche scientifique laborieuse. Ce sont ces homologies qui justifient les synthèses, les recombinaisons et les mariages entre voies de recherche. C'est le critère essentiel de rationalité relevé.

L'homologie ne peut être tenue *a priori* pour vraie. Elle est initialement une intuition, elle recèle une certaine véracité à un moment donné, et le plus souvent une valeur de vérité inconnue. Elle peut être définie de deux façons : 1) comme le principe des convergences entre modes d'objectivation légitimant des ensembles communs et croissants d'assertions, 2) comme référence commune à un même objet tenu pour réel, objectivés par des modes d'objectivation partiels et complémentaires. Ce sont en fait deux définitions identiques, si le réel est tenu comme la limite des convergences des objectivations multiples.

Une justification d'un réalisme épistémologique paraît pouvoir être basée sur l'idée d'une convergence des modes d'objectivation, de recombinaisons de sous-disciplines fondées sur des homologies d'objets constitués à partir d'un même réel, imparfaitement connu. La valeur de vérité ne serait pas liée à un contenu de savoir, à la multiplication des procédés de recherche, mais à l'homologie des objets constitués, véritable fondement de la spécialisation et du dialogue des sous-disciplines. Une approche scientifique vraie serait définie par le développement coordonné de pratiques scientifiques de différentes sous-disciplines sur une base commune, fondée sur un ensemble d'homologies démontrées expérimentalement. La science biologique actuelle semble avoir adopté ce parti, par l'effacement apparent des sous-disciplines, et la nécessité très actuelle d'établir les résultats principaux des études par la coalescence de techniques diverses pour atteindre les meilleurs niveaux de publication, et créer par convergence de nouveaux objets scientifiques, structuralement et fonctionnellement, par la prise en compte de différents niveaux d'organisation. Il y a là semble-t-il matière à une philosophie du pluralisme scientifique, à une interdisciplinarité dépassée, un encouragement à la mutualisation des moyens scientifiques, mais sûrement pas à une politique.

Un réalisme scientifique des entités ?

La conception d'*objet scientifique* défendue ici présente certains points communs avec le réalisme scientifique des entités développé par certains auteurs, particulièrement Hacking[1]. Une entité ou un objet scientifique serait réel, et non pas simplement un terme ou un concept, dès lors qu'il serait manipulable par la science dans la maîtrise de certains phénomènes dans lequel il intervient directement. Cette conception présente des avantages pour décrire ce que sont, pour les chercheurs, les objets scientifiques.

En premier lieu, cette conception permet de décrire des objets relativement indépendants des théories. Leur observation directe n'est pas nécessaire; la manipulation des électrons remplace leur visualisation par des instruments à venir.

Cependant, cette conception a reçu des critiques dont quelques-unes peuvent être prises en compte pour montrer en quoi le concept d'objet scientifique présenté ici possède des bénéfices supplémentaires sur les conceptions antérieures.

La possibilité de manipulation ne semble pas un critère adéquat, car certains objets scientifiques sont observables ou simplement objectivables, sans aucune possibilité de les manipuler, à l'instar d'objets astronomiques

1. I. Hacking, « Experimentation and Scientific Realism », *Philosophical Topics*, 1982, 13, p. 71-87.

lointains [1]. Ce qui compte en réalité, ce n'est pas la manipulation de l'objet réel par l'expérimentateur, mais l'appréhension du système dans lequel il se trouve pour réaliser les mesures nécessaires à la création de l'objet scientifique par l'entrecroisement de modes d'objectivation. L'objet scientifique est manipulé, en ce sens qu'il est façonné de manière multiple. Mais l'objet réel demeure lointain et parfois non directement manipulable. Même s'il l'est souvent indéniablement, comme lorsqu'on injecte un indicateur de calcium dans un neurone vivant, la manipulation scientifique concerne surtout les phénomènes avec lesquels il est associé. La vérité d'un phénomène, c'est sa possibilité de le réaliser, de l'empêcher, de l'exacerber ou de le diminuer, bref de le manipuler en jouant sur ses conditions d'existence. La manipulation de l'objet réel qui serait garante de processus cognitifs nouveaux de perception doit être remplacée par un ensemble d'objectivations de l'objet qui parfois impliquent des manipulations directes et parfois la manipulation des conditions rendant possibles les phénomènes où il intervient.

Une seconde objection forte du réalisme des entités concerne la possibilité de manipuler des objets, indépendamment des théories, mais qui sont en réalité des objets illusoires. C'est une critique du rejet de la distinction entre objet théorique et objet réel. C'est aussi un refus de l'idée qu'une science qui aurait réussi à manipuler un objet serait obligatoirement fondée. L'histoire du neurone indique de multiples exemples d'objets théoriques non encore objectivés, d'objets illusoires observés en microscopie et n'ayant aucune sorte de réalité physiologique, même s'ils sont manipulables en changeant leurs modes de fixation histologique et d'observation. La distinction entre *objets théoriques possibles* et *objets scientifiques* est donc fondamentale. Un objet théorique est souvent un objet partiellement objectivé, et seulement d'une seule façon, par une seule discipline. Un objet scientifique, c'est un objet placé à la croisée d'un grand nombre de modes d'objectivation différents, dont la surface commune est précisément l'objet scientifique. Un objet scientifique n'est vrai que s'il représente l'unique interdépendance de ses modes d'objectivation particuliers.

1. Hacking a aussi mentionné que certains objets sont réels si l'on parvient à construire des machines et des instruments qui les utilisent. Mais ce critère est encore plus restrictif. S'il concerne l'électron, le XXe siècle a par contre réalisé peu de machines avec des neurones. Mais c'est pourtant là une perspective du XXIe siècle ! On construit des robots qui apprennent à se déplacer grâce à des neurones vivants en culture, connectés à distance à des capteurs reliés aux membres du robot, qui tiennent lieu de mini-cerveau.

Le critère de convergence demeure essentiel et implique celle des théories. Mais l'objet scientifique demeure éloigné des théories et ne dépend que de modes d'objectivation qui ont une certaine autonomie par rapport à celles-ci. Le neurone se constitue alors que la théorie du neurone est continuellement bouleversée ! C'est le processus même de la constitution de l'objet scientifique qui nécessite l'ajustement des théories. Les homologies et les convergences concernent donc d'abord certains aspects particuliers des objets scientifiques et non pas des théories constituées [1].

Le réalisme des objets scientifiques repose donc pour nous sur les possibilités d'objectiver un même objet de façon multiple et coordonnée, par la reconnaissance d'homologies dans ses modes d'objectivation et par l'émergence d'un objet scientifique singulier, unique, manipulable comme outil de pensée, présentant une certaine cohérence et permettant au scientifique de penser par expériences fictives.

Concept d'objet scientifique

Il est temps à présent de clarifier le concept d'objet scientifique. Le terme d'objet a été employé dans des sens variés, parfois comme simple objet de recherche et objet d'une discipline, comme un objet supposé ou encore comme un objet construit, produit d'un mode d'objectivation en référence à un objet réel plus ou moins connu.

Le premier sens peut être entendu comme un sens vernaculaire, mais il peut prendre une dimension épistémologique [2]. Le neurone est progressivement pris comme objet de la physiologie dans certains milieux, par des décisions multiples, soit, parce qu'en tant que concept histologique, il devenait intéressant dans un type d'explication de réflexe (Sherrington), soit parce qu'il était soudainement perçu comme le lieu d'un nouvel indice physiologique et comme l'attribut anatomique d'un procédé de constitution physiologique (Adrian et le concept de période réfractaire). Dans ces différentes situations, la création d'un objet scientifique est le résultat de la perméabilité d'un domaine scientifique par un autre, d'une interdisciplinarité dans laquelle l'objet d'une discipline est soumis à un mode nouveau d'objectivation. Mais en remontant dans le temps, le concept de neurone

1. Hacking a aussi utilisé le critère classique de convergence des techniques pour objectiver un même objet ; c'est là, pour le neurone, un critère essentiel au XIXe siècle, souligné à plusieurs reprises.

2. L. Daston, « What Can Be a Scientific Object ? Reflections on Monsters and Meteors », *Bulletin of the American Academy of Arts and Sciences*, 1998, 52, p. 35-50.

des histologistes est lui-même un nouvel objet qui appartient au monde des cellules par une pénétration de la théorie cellulaire dans l'anatomie du système nerveux. De sorte que, dans la généalogie des objets scientifiques, les relations interdisciplinaires sont essentielles à la création de nouveaux objets dans des domaines scientifiques distants.

Les deux sens suivants doivent être précisés, notamment dans leurs rapports, l'objet scientifique (constitué) et l'objet scientifique hypothétique, conçu comme une part du réel. Il semble peu utile d'insister sur l'objet réel qu'on cherche à connaître, qui demeure plus ou moins connu, puisque nous ne savons jamais entièrement à quelle distance on se tient de lui. Le neurone est un monde dont nous ne connaissons qu'une infime partie des mécanismes. Certains de ses concepts n'ont pas encore reçu d'objectivation satisfaisante[1].

L'objet scientifique est un objet historiquement constitué dans des cadres expérimentaux distincts. Si une objectivation différente procède de chaque cadre expérimental, comment se constitue l'*unité* de l'objet scientifique ? Il faut reconnaître que deux descriptions d'un même objet d'étude peuvent être largement irréductibles. L'unité de l'objet scientifique procède aussi par élimination de certains cadres expérimentaux hétérogènes, et plus généralement par des instanciations différentes, mais homogènes, d'un même objet. Cette adéquation des descriptions est-elle maintenue dans le cas de descriptions de natures différentes, par exemple fonctionnelles et morphologiques, des objets scientifiques ? La description de ces objets et de leurs ensembles demeure une entreprise locale et essentiellement homogène. Une valeur de vérité est accordée aux entreprises de recherche convergentes qui légitiment l'homologie. Quelle est alors l'essence de l'objet scientifique ? Il apparaît comme un ensemble de corrélations entre propriétés structurales, fonctionnelles, objectivées dans l'expérience. L'objet scientifique n'est que le résultat de la récapitulation des corrélations de mesures avec d'autres par tous les moyens instrumentaux disponibles et repose sur des ensembles de faits d'expérience mis en relation. Il devient l'ensemble des représentations partielles, réunies par nos capacités cognitives, d'un réel difficilement accessible complètement et qui demeure distinct par la part d'inconnu qui subsiste. Il n'y a pas lieu d'y distinguer la phénoménotechnique dont il relève de ses formes de représentation, puisque l'essence de toute connaissance scientifique est d'établir une

1. Par exemple, le concept de « *tag* » des synapses, *i.e.* le marquage d'une synapse par une activité physiologique induisant son renforcement ultérieur par une autre moins spécifique, impliquant une nouvelle synthèse de protéines.

osmose entre ce qui est dit, pensé et réalisé dans l'expérience[1]. De même qu'un archéologue peut trouver à chaque instant un fragment d'os ou de métal, aussi infime soit-il, qui remette en cause l'ensemble de ses conceptions, le chercheur est conscient que sa connaissance est celle d'un présent bien instable, mais par lequel il peut prétendre à quelques croyances fondées et hypothèses à un moment donné, dans la continuité permanente des convictions des communautés scientifiques en interaction[2].

Cette position classique est proche de la psychologie même du chercheur, dont dépend toute référence formelle au réel. Il ne semble pas cependant nécessaire de faire mention d'un objet réel pour décrire la science et son évolution; il suffit de mentionner les objets d'étude et les objets scientifiques partiels qui se coordonnent, car ce sont là en réalité les seuls objets que le chercheur connaisse. Attribuer trop précocement une valeur de vérité absolue à un objet reviendrait *de facto* à le situer dans un lieu d'où il serait difficile de le déloger et où il serait tout aussi difficile de faire s'y côtoyer d'autres objets. La valeur accordée à la fibre nerveuse a rendu pour certains difficile de concevoir d'autres éléments neuroniques aptes à propager une excitation; accorder toute sa valeur de vérité au neurone a contribué à en faire le concept central du XXe siècle, alors que d'autres voies se dessinent aujourd'hui.

Ces réflexions suggèrent l'intérêt de prendre en considération les concepts de convergence et d'homologie pour décrire les voies de recherche, leurs évolutions, leurs succès, leurs développements et parfois leurs échecs. L'explication constructiviste n'est pas suffisante; une valeur de vérité scientifique peut se fonder sur la convergence et l'homologie des objectivations. Ces analyses sont pertinentes à l'échelle des laboratoires, en prenant en compte les pratiques scientifiques, en tenant compte du rôle central des théories dans les convergences des voies de recherche. Ce qui en résulte, c'est un concept d'objet scientifique dont la pleine réalisation à travers ses différents champs de constitution le fait accéder à une sorte de réalisme. Mais l'objet scientifique n'en demeure pas moins un outil de pensée et d'action unifié en interaction avec le monde. Un neurone particulier bien vivant que je peux voir et rendre présent par microscopie à l'intérieur d'un cerveau vivant n'existe en réalité que parce que je sais

1. Voir aussi à ce sujet: M. Lynch, « Discipline and the Material Form of Images: An Analysis of Scientific Visibility », *Social Studies of Science*, 1985, 15, p. 7-66.

2. Les recherches récentes sur le réchauffement climatique illustrent cette légitimité que la société peut accorder aux communautés scientifiques internationales. Au début des années 2000, la leçon pour le politique a parfois tardé à venir.

distinguer et percevoir des ensembles de continuités et de discontinuités matérielles dont la forme et l'activité l'objectivent en tant qu'*objet scientifique*.

De l'utilité des objets scientifiques

À quoi sert le neurone 1952 ?

Une première phase de constitution du neurone comme objet scientifique s'élabore, au cours des années cinquante, par un ensemble de nouvelles techniques et de sous-disciplines associant, chacune à leur manière, la biophysique, la biochimie, l'électrophysiologie et l'anatomie.

Quel intérêt a-t-il alors suscité auprès des scientifiques ? L'histoire des recherches réalisées à l'Institut Marey a montré comment le concept de neurone 1952 a été très vite adopté dans le domaine de la neurophysiologie des centres des poissons électriques. La mise au point de la technique intracellulaire, corrélative du concept de neurone 1952, ne relevait pas seulement d'une prouesse technique, mais permettait d'intégrer ce concept aux problématiques antérieures [1], tout en maintenant d'autres types d'explication. La technique fut également adoptée pour l'étude de structures centrales de vertébrés (cortex, hippocampe, cervelet). Toutefois le maintien de problématiques fonctionnelles ambiantes (relations fonctionnelles entre aires cérébrales, études fonctionnelles du thalamus) ne nécessitait pas la nouvelle technique et, pour la majorité des chercheurs, cette école retourna à la technique extracellulaire, alors que la technique intracellulaire se maintint sur les modèles invertébrés et quelques études sur les poissons électriques.

Un même abandon relatif de la technique intracellulaire, et du neurone 1952, a été noté dans d'autres équipes, au même moment et, semble-t-il, pour les mêmes raisons. En même temps, la technique extracellulaire unitaire prenait une grande importance, car on comprenait que les études fonctionnelles devaient être réalisées sur des animaux libres de leurs mouvements. Dans ce contexte, le neurone 1952 n'était plus réellement indispensable à une neurophysiologie des centres nerveux qui se tournait dès lors vers un nouveau mode d'objectivation des centres et des neurones, l'objectivation fonctionnelle, l'objectivation d'un centre nerveux ou d'un

1. Par exemple, la recherche d'un module élémentaire de l'appareil électrique de torpille ou l'étude des propagations de potentiels.

neurone unique non seulement par ses liaisons fonctionnelles avec d'autres centres ou neurones, mais surtout par son implication dans une fonction du système nerveux définie à l'échelle de l'organisme.

Ce qui importait alors, c'était une approche unitaire extracellulaire qui permettait de corréler l'activité d'un seul neurone avec une fonction déterminée. On entre dans une phase d'objectivation fonctionnelle d'un neurone unique. Le neurone n'est plus une mécanique électrogène complexe et locale. Il devient un moyen d'étudier, en un endroit précis, l'activité d'un réseau corrélée avec une fonction définie. Ce nouveau style de recherche procède de deux mouvements synchrones. L'un cherche à préciser la fonction d'un neurone isolé, replacé ensuite dans le contexte plus large de son centre nerveux, tandis qu'un autre précise la fonction d'un centre nerveux et cherche alors à en isoler les éléments neuronaux. Dans ces approches, l'objectivation fonctionnelle fait davantage du neurone le lieu d'une activité locale de réseau. Cependant, entre la fonction et le neurone, bien des niveaux intermédiaires devront progressivement être pris en compte.

Le neurone 1952 demeure toutefois utile pour une neurophysiologie des organisations synaptiques cherchant à préciser, non les fonctions des circuits, mais leurs mécanismes internes. C'est ainsi que Granit et Eccles reprennent leur ancien thème de recherche sur la moelle épinière et en affinent le style. Les études sur le cervelet du groupe d'Eccles permettent de préciser comment on peut décrire intégralement une structure par ses circuits, ses types de neurones, ses variétés de synapses et toutes les interactions fonctionnelles que l'électrophysiologie peut mettre en évidence. Ce style de recherche est alors appliqué à l'hippocampe ou à la formation réticulée.

Après les années cinquante, on distingue les études fonctionnelles des centres nerveux qui prennent en compte le neurone comme objet scientifique (organisations neuronales et synaptiques) et les études des fonctions du système nerveux qui instaurent une nouvelle objectivation fonctionnelle du neurone en cherchant à tisser des liens entre l'activité d'un neurone, d'un réseau, d'une structure, à des échelles croissantes, et des fonctions déterminées du système nerveux. La convergence de ces recherches demeure un objectif difficile pour le XXIe siècle dans lequel un modèle de neurone 1952 reformulé par la technique du *patch-clamp* demeure incontournable.

Un objet scientifique n'est donc pas l'indispensable outil de toute science. Bien qu'il puisse se révéler central et incontournable dans un domaine scientifique, il peut susciter ailleurs des mouvements de ressac entre intérêt et désintérêt, avant de réunir autour de lui de vastes champs interdisciplinaires. Mais ces adhésions ne sont parfois que des futurs lointains, des présents productifs ou des passés oubliés. Si un objet scientifique accède à un réalisme, cela ne l'empêche pas d'exister dans la science uniquement à l'intérieur de certaines problématiques particulières. Des réflexions et des recherches équivalentes peuvent être réalisées de manières multiples par d'autres objets scientifiques. Un même phénomène physique peut être étudié par des mesures de courants, potentiels, ou champs magnétiques, alors qu'une activité cérébrale peut être identifiée à l'enregistrement d'un neurone, d'un axone, ou d'un réseau. *L'objet scientifique est donc avant tout un point de vue*. Car les objets scientifiques ne sont pas des partitions non recouvrantes du réel, mais ils s'emboîtent les uns dans les autres et se superposent.

L'utilité du neurone comme objet scientifique

Pendant la période 1952-1970, le neurone est devenu un objet scientifique à la fois autonome et l'élément central pour comprendre les mécanismes et les fonctions de tout circuit nerveux.

C'est en ce sens qu'on souhaite parler d'un *paradigme neuronal* au XXe siècle. Un parallélisme se dessine avec cette longue période où la fibre nerveuse fut l'objet central de toute anatomie et de toute physiologie au XIXe siècle et précédemment.

Les continuités de ces paradigmes sont multiples, continuité des techniques, continuité des préparations biologiques, continuité des cadres théoriques. Ils se rencontrent parfois simultanément dans un même laboratoire. C'est pourquoi notre terminologie ne peut être rapprochée d'aucune façon de celle de Kuhn. À l'échelle locale, aucune révolution ne se dessine. D'ailleurs, à partir d'un certain stade, l'activité d'un soma et celle de son axone sont considérées comme équivalentes. En réalité, la dichotomie soma-fibre n'a plus réellement lieu d'être, comme l'avait noté en son temps Fulgence Raymond (1844-1910), dans le cadre de la neurologie, au tournant du XXe siècle[1]. C'était une manière historiquement située de séparer des objets neuroniques, les écoles et les instruments. C'était la mise en évidence chez certains auteurs d'un refus de considérer une homologie qu'il a fallu retrouver ensuite. Les notions de paradigmes nerveux et neuronal renvoient à des recherches qui privilégient tantôt les nerfs, les fibres ou les somas neuroniques, bref des *objets scientifiques* particuliers.

1. J.G. Barbara. « Relations médecine-sciences dans l'individualisation des maladies du système nerveux à la Salpêtrière à la fin du XIXe siècle », *Revue d'Histoire des Sciences*, à paraître.

Il n'a pas été question jusqu'à présent des développements plus récents de la constitution du neurone après les années soixante-dix. Il est possible néanmoins de préciser rapidement que l'objectivation fonctionnelle du neurone, telle qu'elle est pratiquée aujourd'hui, relève de stratégies qui ont été par exemple employées dans les recherches sur les *cellules de lieu* de l'hippocampe ou les neurones miroirs. Au cours des années quatre-vingt et quatre-vingt-dix, de nouvelles technologies, comme le *patch-clamp*, l'imagerie cellulaire et les biotechnologies moléculaires ont renouvelé la constitution du neurone comme objet scientifique central et indispensable à toute explication neurobiologique. Ce champ de recherche est vaste, mais il ne semble pas que les questions essentielles aient beaucoup changé. On a surtout mieux compris le rôle actif des dendrites, la rétropropagation des potentiels d'action, leur rôle dans la détection d'activités coïncidentes. Les analyses se sont progressivement installées à l'échelle moléculaire par les mesures d'activités unitaires de canaux ioniques et par la manipulation biotechnologique de n'importe quelle protéine neuronale. Le modèle classique de la synapse s'est trouvé profondément remanié avec la découverte de nouveaux mécanismes comme la communication rétrograde[1] et les colibérations de neurotransmetteurs. Toutes ces analyses, encore en cours, permettent d'étendre la description de la dynamique moléculaire des neurones, la complexité de leurs mécanismes élémentaires et la diversité neuronale des centres nerveux. Si les questions demeurent stables, ces travaux forment un ensemble de résultats qui ont révisé radicalement, depuis plusieurs décennies, l'ancienne théorie du neurone[2]. Ils sont l'essence même du neurone conçu comme un objet vivant, dynamique, un *objet scientifique* qui constitue pour le chercheur un ensemble de représentations lui permettant de penser par expériences fictives, et de ne réaliser que celles dont il estime ne pas connaître l'issue. *L'objet scientifique devient son propre mode de constitution et contient ses propres conditions d'existences*. Il forme dès lors un lien indissoluble, cher

1. De l'élément postsynaptique à l'élément présynaptique. Par exemple, celle impliquant des cannabinoïdes endogènes.

2. T.H. Bullock, « Neuron doctrine and electrophysiology », *Science*, 1959, 129, p. 997-1002; T.H. Bullock, M.V.L. Bennett, D. Johnston, R. Josephson, E. Marder, R. Douglas Fields, « The neuron doctrine, redux », *Science*, 2005, 5749, p. 791-793; R.W. Guillery, « Observations of synaptic structures : origins of the neuron doctrine and its current status », *Phil. Trans. R. Soc. B.*, 2005, 360, p. 1281-1307.

à Georges Canguilhem, entre la vie de la connaissance et la connaissance de la vie[1].

La mort programmée du concept de neurone?

Le paradigme neuronal demeure encore en plein développement, mais le neurone fut surtout le concept essentiel de la neurophysiologie du XXe siècle. Certes, sa constitution comme objet autonome a encore un bel avenir, avec toutes les sophistications des nouveaux outils – microscopie biphotonique, pinces laser, suivi de la dynamique de récepteurs, etc. C'est son ordre moléculaire local qui s'ouvre à nous, la synapse devenant l'objet d'une nouvelle biophysique qui voudrait la rendre vivante. Mais ce qui compte à présent, c'est aussi la définition des circuits de neurones.

Parmi les objets scientifiques étudiés, sont apparus la fibre nerveuse, le centre nerveux, le circuit nerveux, la fibre musculaire, le neurone. Chez Haller, Claude Bernard et Vulpian, le musculaire est *non*-nerveux : l'irritabilité du muscle est maintenue après section du nerf; le curare n'abolit pas la contraction musculaire par stimulation directe. Chez Sherrington, Adrian et Eccles, le neuronal est *non*-nerveux. Chez Gasser et Lorente de Nó, le central relève du circuit nerveux. Chez Adrian, Hartline et Granit, le neuronal est un circuit. Si l'on distingue à présent le musculaire, le nerveux, le central du neuronal, le circuit nerveux demeure souvent mêlé au neuronal. Cette dynamique d'objets n'est donc pas terminée et prévoit d'étonnants retournements.

Ce qu'on souhaite savoir, c'est ce qu'est un *réseau*, une unité de fonctionnement dans une région déterminée du cerveau. Sur ce thème, la neurophysiologie des invertébrés garde une longueur d'avance. Les analyses fonctionnelles de réseaux y sont plus nombreuses et détaillées. Il est possible de travailler sur des réseaux de neurones identifiés et des sous-réseaux. On comprend dès lors que la notion de réseau ne soit pas simplement anatomique, mais que la participation d'un neurone donné à un réseau puisse varier, qu'un neurone puisse participer à un sous-réseau ou un autre selon l'état général du système. Il semble que le concept de réseau sera repris au XXIe siècle[2] et qu'il sera objectivé selon au moins deux

1. J.G. Barbara, « L'étude du vivant chez Georges Canguilhem : des concepts aux objets biologiques », dans A. Fagot-Largeault, C. Debru, M. Morange (éds.), *Philosophie et médecine. En hommage à Georges Canguilhem*, Paris, Vrin, 2008.

2. Le concept de réseau est déjà présent dans de nombreux ouvrages du XIXe siècle, aussi bien en philosophie, psychologie que physiologie. Comme nous l'a fait remarqué Claude Debru, Descartes parle déjà de « resueil ». « Concevez sa superficie [du cerveau, du côté des

grands types d'approches, l'une allant du neurone au réseau qui tendra à éclaircir la participation de certains neurones à un réseau particulier, et une autre allant du réseau au neurone, par laquelle on définira par imagerie, ou par un ensemble de microcapteurs, des réseaux de plus en plus restreints, jusqu'à l'activité de neurones individuels. On peut imaginer idéalement qu'on pourra un jour mesurer, de manière non invasive dans un organisme, l'activité d'un réseau spécifique participant à une fonction donnée par la description des activités de ses neurones individuels les plus significatifs. Ce qu'il reste à faire en réalité, c'est combler le fossé qui demeure entre l'activité d'un neurone unique et les activations de sous-aires qu'on pense pouvoir caractériser par imagerie cérébrale rapide sur des régions de plus en plus fines.

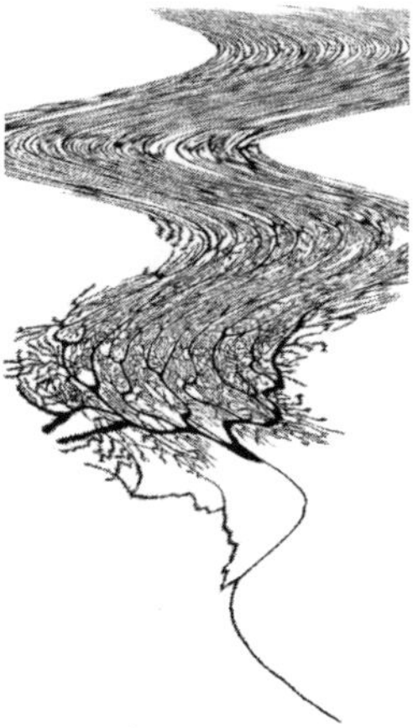

ventricules], comme un reseuil ou lacis assez épais », R. Descartes, *Traité de l'homme*, dans Descartes, *Œuvres et lettres*, Paris, Gallimard, 1937.

POSTFACE

Il a été question de l'évolution des objets scientifiques, des procédés d'enregistrement, des terminologies (nerveux – neuro – neuronal) et des concepts choisis dans l'explication des phénomènes physiologiques du système nerveux. La problématique des objets scientifiques et de leurs procédés de constitution a obligé à adopter certains concepts épistémologiques, culture épistémique, discipline, sous-discipline, style de recherche, mode d'objectivation, concept de constitution, convergence, homologie. En cherchant à comprendre comment la science parvenait à créer des objets scientifiques d'abord hypothétiques, puis accédant à un réalisme, parfois incompréhensible pour nombre de non-scientifiques, quelques idées ont été soulignées. Il n'est pas toujours besoin de fonder un réalisme sur l'adéquation stricte des objets scientifiques à des objets réels, même si cela est légitime pour des objets scientifiques constitués permettant une saisie du réel, la perception d'entités matérielles particulières et l'action scientifique et technique. En deçà d'un tel réalisme, les démarches locales de la science s'établissent sur des objets d'étude qui tissent un même lien avec une part du réel. C'est dans une région éloignée du savoir que convergent pourtant les recherches. Cette limite de l'esprit scientifique demeure une fin où s'échafaude néanmoins cette configuration de la science qui garantit notre connaissance par des homologies entre certains objets étudiés et créés.

Ce sont ces homologies qui permettent des recombinaisons des modes d'objectivation. Leurs associations dans des cultures épistémiques variées permettent la création de sous-disciplines dans des cadres théoriques qui renforcent leur cohésion, même s'ils ne sont pas entièrement légitimes. Ces processus évolutifs de la science ne peuvent aboutir, c'est-à-dire se rapprocher d'un mode de description unique, que si un même *objet scientifique* identifie, décrit et résume de manière coordonnée une part du réel qui s'autonomise ainsi dans notre représentation du monde. Un objet ainsi constitué garantit en retour la cohésion des progrès techniques, l'homogénéité des recherches, les migrations de concepts entre domaines scientifiques, tout en maintenant une dynamique dans l'explication des phénomènes.

Mais c'est là un processus qui a un début et une fin. Un objet scientifique aussi utile soit-il, comme l'ont été en leur temps le nerf et la fibre nerveuse, cesse d'occuper le devant de la scène dès lors qu'un autre apparaît mieux placé pour répondre aux nouvelles questions et interpréter les phénomènes créés par de nouveaux instruments. Mais les objets scientifiques ne se succèdent pas, car ils ne meurent jamais vraiment. C'est seulement leur processus de constitution qui ne progresse plus à un certain stade. L'émergence d'un nouvel objet ne crée pas une sorte de révolution, tellement les continuités de tous ordres avec les anciens sont nombreuses. Ces révolutions sont des effets de surface qui apparaissent par un regard éloigné et oblique, créant une sorte d'illusion d'autant plus agréable qu'elle segmente une complexité qu'on voudrait ne pas avoir à appréhender. Ce qui compte, c'est de comprendre l'émergence des nouveaux objets scientifiques, comment ils se coordonnent, comment ils s'associent dans l'explication et vers quels nouveaux chemins de la science ils nous emmènent.

GLOSSAIRE

Antidromique : 1) se dit d'une conduction ou d'une invasion de l'influx nerveux de l'axone au soma neuronique et du soma neuronique aux dendrites. S'oppose à la conduction orthodromique ; 2) se dit d'une stimulation ou d'une impulsion exercée sur un neurone par l'excitation électrique de son axone. Le potentiel d'action généré se propage alors de façon antidromique jusqu'au soma neuronique et généralement jusqu'aux dendrites.

ADP : *afterdepolarisation*, potentiel lent dépolarisant se développant à la suite d'un potentiel d'action.

AHP : *afterhyperpolarisation*, potentiel lent hyperpolarisant se développant à la suite d'un potentiel d'action.

Axonologie : domaine de recherche consacré à l'étude des activités de fibres nerveuses par l'oscillographie cathodique. Ce programme a été défini par le groupe des axonologistes rassemblés à l'initiative d'Alexander Forbes et Ralph Gerard[1]. Le plus âgé d'entre eux, Joseph Erlanger, avait publié avec Herbert Gasser, dans les années vingt, les premières études biologiques d'oscillographie cathodique. L'immense retentissement de ces recherches, tenant à la description et à la distinction fonctionnelle minutieuses de fibres nerveuses élémentaires selon leurs diamètres, valut aux deux hommes le Prix Nobel de physiologie ou médecine de 1944.

c.e.s. : *central excitatory state*, état d'excitation central défini par Charles Sherrington pour expliquer les concepts de facilitation et d'occlusion entre les activités de deux voies nerveuses.

Champ récepteur : le champ récepteur d'un neurone de la rétine ou du cortex visuel est la portion rétinienne qui lui est connectée par un réseau nerveux et dont l'illumination détermine son activité électrique.

1. L.H. Marshall, « The fecundity of aggregates : the axonologists at Washington University, 1922-1942 », *Perspect. Biol. Med.*, 1983, 26, p. 613-636.

Chronaxie : concept créé par Louis Lapicque fondé sur une mesure de temps caractéristique de l'excitabilité d'un tissu. C'est la durée minimale d'une excitation efficace d'intensité double de l'intensité minimale liminaire de longue durée (rhéobase).

c.i.s. : *central inhibitory state*, état central d'inhibition défini par Charles Sherrington.

Concepts de constitution : ensemble de concepts utilisés pour définir dans des contextes scientifiques particuliers un même concept par des modes d'objectivation différents. Par exemple, le concept de centre nerveux est constitué par les concepts de centre actif, de centre trophique, de convergence, d'occlusion, de facilitation, etc.

Cycle d'excitabilité : expression désignant dans la neurophysiologie des années vingt à quarante les phases successives de l'excitation des nerfs, des neurones et de tout élément excitable correspondant à des phases de dépolarisation lente et sous-liminaire et des phases de décharge rapide (potentiel d'action).

État d'excitation ou état d'inhibition central : voir c.e.s. ou c.i.s. respectivement.

Facilitation : une facilitation survient lors de la stimulation de deux voies nerveuses si la stimulation d'une voie (induisant une contraction) rend plus efficace une suivante. En fonction de son intensité, la première stimulation peut déterminer une facilitation ou une occlusion (absence de réponse) de la seconde voie nerveuse.

Fonction de paramètre : fonction de plusieurs mesures physiologiques permettant l'objectivation physiologique d'entités anatomiques. Une fonction peut définir un concept de constitution. Plusieurs concepts de constitution sont formés par le rapport I_1/I_2 des réponses musculaires d'une première stimulation nerveuse I_1 et d'une seconde I_2. Par exemple, le concept de facilitation est défini par $I_1/I_2 > 1$. Une facilitation survient lorsque les deux stimulations sont rapprochées de quelques dizaines de millisecondes et sont d'intensités moyennes.

Fonction de relation : fonction par laquelle est formulé un certain type de rapport entre deux entités anatomiques ou deux mesures physiologiques : fonction de continuité anatomique, fonction de continuité physiologique, fonction de contiguïté anatomique. Ces fonctions sont utilisées pour constituer des objets. Le neurone des histologistes est constitué par la fonction de continuité d'une coloration entre les dendrites, un corps neuronique et un axone. Le rapport de continuité physiologique du neurone décrit la continuité dans la transmission de l'excitation. Les fonctions de continuité fonctionnelle et de contiguïté anatomique entre neurones établissent le concept de synapse. Ces fonctions peuvent aussi définir des concepts de constitution comme la convergence et la divergence de fibres nerveuses à l'entrée et à la sortie d'un centre nerveux.

Frange sous-liminaire : ensemble de motoneurones excités de façon sous-liminaire par stimulation d'une racine dorsale de la moelle épinière.

Fuseaux neuromusculaires: organes microscopiques situés en grand nombre à l'intérieur des muscles, constitués de fibres musculaires modifiées, sensibles à l'étirement du muscle. Ces organes sont innervés par des fibres sensitives qui envoient un signal d'étirement du muscle à la moelle épinière, permettant un rétrocontrôle de la contraction musculaire induite par les motoneurones de la moelle épinière.

Galvanomètre : appareil de mesure de courant comme les galvanomètres à corde et les galvanomètres à cadre mobile.

Iontophorèse: technique d'application locale d'un agent pharmacologique à l'échelle cellulaire utilisant une solution aqueuse d'une substance sous forme ionisée, introduite dans une microélectrode en verre. La rétention et l'éjection de la substance sont contrôlées par des variations de courant appliquées à l'intérieur de la micropipette.

Isochronisme: conception de Louis Lapicque selon laquelle la transmission de l'excitation entre deux éléments excitables (neurone-neurone ou nerf-muscle) nécessite l'accord, c'est-à-dire l'identité des chronaxies (voir ce terme) de chacun des deux éléments.

Mode d'objectivation: ensemble de pratiques mises en œuvre dans un milieu scientifique donné pour objectiver un objet d'étude, en général un élément anatomique, ou n'importe quel concept. Le mode d'objectivation est caractérisé par des ensembles de concepts de constitution qui fonctionnent à l'intérieur de cadres expérimentaux particuliers selon un mode de constitution. Un mode d'objectivation caractérise un style de recherche et se définit également par ses procédures pratiques, la réduction expérimentale de ses préparations et les procédés de collectes et d'enregistrement de données (données spatiales, mesures de courants, etc.).

Myographie: technique d'enregistrement graphique des variations de l'activité d'un muscle. Un appareil myographique est constitué d'un capteur de tension du muscle relié à un ressort dont les mouvements sont inscrits sur un cylindre enduit de noir de fumée. La décomposition myographique des réflexes est l'étude des phases temporelles des contractions musculaires pour chacune des voies nerveuses testées et l'étude de leurs interactions.

Occlusion : une occlusion survient lors de la stimulation de deux voies nerveuses, si la stimulation d'une voie induit une contraction et empêche la stimulation consécutive de la seconde d'en déclencher une additionnelle. La stimulation de la première voie occlut l'autre. Cette occlusion est expliquée par l'établissement d'une période réfractaire dans un ensemble de motoneurones impliqués dans les réactions musculaires de chacune des deux voies nerveuses. En fonction de son intensité, la première stimulation peut déterminer une facilitation ou une occlusion dans la seconde voie nerveuse.

Occlusion de concepts : l'occlusion d'un concept apparaît lorsqu'une trop grande attention portée à un premier concept, ou sa survalorisation, survient au détriment d'un second.

Patch-clamp : technique d'enregistrement des courants cellulaires globaux ou d'activités élémentaires de canaux ioniques par une micropipette ayant accès à l'intérieur d'un neurone entier (configuration cellule entière) ou simplement apposée à la surface d'un petit fragment membranaire (patch). Les mesures de courant sont généralement effectuées en potentiel imposé, maintenu constant par un circuit électronique feedback (clamp).

Période réfractaire : période suivant un potentiel d'action d'un élément nerveux au cours de laquelle une seconde stimulation est inefficace pour en déclencher un second. Une période peut être établie dans un nerf isolé, ou dans un neurone. Il s'agit en réalité d'une propriété des canaux sodiques sensibles au potentiel des membranes excitables. Au début du XXe siècle, on distingue des périodes réfractaires dans l'axone et dans le soma neuronique en fonction de leurs différentes durées.

ppse : potentiel postsynaptique excitateur.

ppsi : potentiel postsynaptique inhibiteur.

Racines (de la moelle épinière) : les racines spinales de la moelle épinière sont les entrées nerveuses sensitives (racines dorsales ou postérieures) et sorties motrices (racines ventrales ou antérieures) en relation avec chaque segment de moelle épinière, *i.e.* chaque niveau vertébral. Les « racines » désignent en fait la base des nerfs sensitif et moteur au niveau de chaque vertèbre.

Réflexe monosynaptique : réflexe impliquant des voies nerveuses à un seul relais synaptique. Un exemple classique de tel réflexe est le réflexe myotatique dans lequel la contraction réflexe d'un muscle est déclenchée par son propre étirement.

Rétropropagation : propagation antidromique de l'influx nerveux.

Rhéobase : intensité minimale d'un courant excitant de longue durée qui permet d'atteindre le seuil d'excitation d'un tissu nerveux ou musculaire.

Rythme alpha : rythme cérébral lent d'une fréquence de 8-12 Hz découvert par Hans Berger (1929) qu'il est possible d'enregistrer à la surface du scalp. Il se manifeste typiquement lorsque le sujet est dans un état de somnolence, d'inattention ou lorsqu'il essaie simplement de ne penser à rien. Il disparaît lors de n'importe quelle tâche (comme un calcul mental ou une attention visuelle) ou même à la simple intention d'une tâche future.

Sous-liminaire : sous le seuil de déclenchement du potentiel d'action.

Synaptosomes : éléments postsynaptiques isolés physiquement par homogénéisation de tissu nerveux et séparation physique par ultracentrifugation.

BIBLIOGRAPHIE

Sources primaires

ADRIAN E.D., LUCAS K., « On the summation of the propagated disturbance in nerve and muscle », *J. Physiol. Lond.*, 1912, 44, p. 68-124.

– « The all-or-none principle in nerve », *J. Physiol. Lond.*, 1914, 47, p. 460-474.

– « The impulses produced by sensory nerve-endings. Part 1 », *J. Physiol. Lond.*, 1926, 61, p. 49-72.

– « The impulses produced by sensory nerve-endings. Part 2 », *J. Physiol. Lond.*, 1926, 61, p. 151-171.

– « The impulses produced by sensory nerve-endings. Part 3 », *J. Physiol. Lond.*, 1926, 61, p. 465-483.

– « The impulses produced by sensory nerve-endings. Part 4 », *J. Physiol. Lond.*, 1926, 62, p. 33-51.

— et MATTHEWS R., « The action of light on the eye. Part 1. The discharge of impulses in the optic nerve and its relation to the electric changes in the retina », *J. Physiol. Lond.*, 1927, 63, p. 378-414.

— et MATTHEWS R., « The action of light on the eye. Part 2. The processes involved in retinal excitation », *J. Physiol. Lond.*, 1927, 64, p. 279-301.

— et MATTHEWS R., « The action of light on the eye : Part 3. The interaction of retinal neurones », *J. Physiol. Lond.*, 1928, 65, p. 273-298.

— et BRONK D.W., « The discharge of impulses in motor nerve fibres. Part 1 », *J. Physiol. Lond.*, 1928, 66, p. 80-101.

– *The basis of sensation, The Action of Sense Organs*, Christophers, London, 1928.

— et BUYTENDIJK F.J.J., « Potential changes in the isolated brain stem of the goldfish », *J. Physiol. London*, 1931, 71, p. 121-134.

– *The Mechanism of Nervous Action*, Philadelphia, University of Pennsylvania Press, 1932.

ALBE-FESSARD D., « Caractères et organisation de la décharge des poissons électriques », *Arch. Sci. Physiol.*, 1950, 4, p. 299-334, p. 413-434; 1951, 5, p. 45-73, p. 197-206; 6, p. 105-124.

— et CHAGAS C., « Étude de la sommation à la jonction nerf-électroplaque chez le Gymnote (Electrophorus electricus) », *J. Physiol. Paris*, 1950, 46, p. 823-840.

— et BUSER P., « Réception intracellulaire de l'activité d'un neurone des lobes électriques de Torpedo marmorata », *J. Physiol. Paris*, 1952, 235, p. 1688-1690.

— et BUSER P., « Étude des réponses neuroniques à l'aide de microélectrodes intrasomatiques », *Rev. Neurol.*, 1952, 87, p. 455.

ARAKI T., OTANI T., « The electrical activities of single motoneurones in toad's spinal cord, recorded with intracellular electrodes », *Japan J. Physiol.*, 1953, 3, p. 254-267.

— et OTANI T., « Response of single motoneurons to direct stimulation in toad's spinal cord », *J. Neurophysiol.*, 1955, 18, p. 472-485.

ARDUINI A., MORUZZI G., « Action of reticular substance of the encephalic trunk on induced waves and potentials of recruitment of the olfactory bulb », *Rev. Neurol.*, 1951, 21, p. 360-361.

— et MORUZZI G., « Action of the reticular substances of the brain stem on thalamic and athalamic synchronization of neurons of the olfactory bulb », *Boll. Soc. Ital. Biol. Sper.*, 1951, 27, p. 107-108.

ARVANITAKI A., FESSARD A., « Tendance au synchronisme des réponses de deux unités pulsantes voisines », *C.R. Soc. Biol.*, 1936, 122, p. 552-555.

– « Contribution à la morphologie du système nerveux des Gastéropodes. Isolement, à l'état vivant, de corps neuroniques », *C.R. Soc. Biol.*, 1941, 135, p. 965-969.

AUGER D., FESSARD A., « Actions du curare, de l'atropine et de l'ésérine sur le prisme électrogène de la Torpille », *C.R. Soc. Biol.*, 1941, 135, p. 76-78.

— et FESSARD A., « Isochronisme des potentiels d'action du nerf de Torpille et de son effecteur », *C.R. Acad. Sci.*, 1932, 194, p. 392-394.

AXELROD J., HERTTING G., PATRICK R.W., « Inhibition of H3-norepinephrine release by monoamine oxidase inhibitors », *J. Pharmacol. Exp. Ther.*, 1961, 134, p. 325-328.

— et WEIL-MALHERBE J., TOMCHICK R., « The physiological disposition of H3-epinephrine and its metabolite metanephrine », *J. Pharmacol. Exp. Ther.*, 1959, 127, p. 251-256.

BACHELARD G., *Formation de l'esprit scientifique*, Paris, Vrin, 1938, rééd. 1999.

– *Le Nouvel Esprit Scientifique*, Paris, Vrin, 1934.

BERDAL H., *Nouveaux éléments d'histologie normale*, Paris, Maloine, 1899.

BERNARD C., *Introduction à l'étude de la médecine expérimentale*, Paris, PUF, 1966.

– *Leçons sur la physiologie et la pathologie du système nerveux*, Paris, Baillière, 1858.

BERNSTEIN J., « Untersuchungen zur Thermodynamik der bioelektrischen Ströme. I. (Erster Teil) », *Pflügers Arch. Ges. Physiol.*, 1902, 92, p. 521-562.

BOIS-REYMOND E. (du), SACHS C., *Untersuchungen am Zitteraal Gymnotus electricus*, Leipzig, Veit, 1881.

– *Gesammelte Abhandlungen zur allgemeinen Muskel und Nervenphysik*, Leipzig, Veit, 1874.

BROCK L.G., COOMBS J.S, ECCLES J.C., « The recording of potentials from motoneurones with an intracellular electrode », *J. Physiol. Lond.*, 1952, 117, p. 431-460.

BROOKHART J.M., MORUZZI G., SNIDER R.S., « Spike discharges of single units in the cerebellar cortex », *J. Neurophysiol.*, 1950, 13, p. 465-486.

BULLOCK T.H., BURR H.S., NIMS L.F., « Electrical polarization of pacemaker neurons », *J. Neurophysiol.*, 1943, 6, p. 85-97.

– « Functional organization of the giant fiber system of Lumbricus », *J. Neurophysiol.*, 1945, 8, p. 55-71.

– « Properties of a single synapse in the stellate ganglion of the squid », *J. Neurophysiol.*, 1948, 11, p. 343-364.

– « The invertebrate neuron junction », *Cold Spring Harb. Symp. Quant. Biol.*, 1952, 17, p. 267-273.

BUSER P., ALBE-FESSARD D., « Premiers résultats d'une analyse de l'activité électrique du cortex cérébral du Chat par microélectrodes intracellulaires », *C.R. Acad. Sci.*, 1953, 236, p. 1197-1199.

— et ROUGEUL A., « La réponse électrique du cervelet de Pigeon à la stimulation de la voie optique et son analyse par microélectrodes », *J. Physiol. Paris*, 1954, 46, p. 287-291.

— et ROUGEUL A., « Réception intracellulaire au niveau des cellules pyramidales de la corne d'Ammon du Chat », *J. Physiol. Paris*, 1955, 47, p. 121-123.

– « Étude de l'activité électrique du lobe optique des Vertébrés inférieurs », *J. Physiol. Paris*, 1956, 48, p. 49-71.

— et ALBE-FESSARD D., « Explorations intracellulaires au niveau du cortex sensorimoteur », dans *Microphysiologie comparée des Éléments excitables*, Colloques Internationaux du CNRS (Paris, Gif-sur-Yvette, Juillet 1955), Paris, CNRS, 1957.

CANGUILHEM G., *La connaissance de la vie*, Paris, Vrin, 2e éd. 1985, 2009.

– *La formation du concept de réflexe aux XVIIe et XVIIIe siècles*, Paris, Vrin, 1977.

CHANG H.T., LLOYD D.P.C., « Afferent fibers in muscle nerves », *J. Neurophysiol.*, 1948, 11, p. 199-207.

– « Cortical and spinal neurons, cortical neurons with particular reference to the apical dendrites », *Cold Spring Harb. Symp. Quant. Biol.*, 1952, 17, p. 189-202.

– « Dendritic potential of cortical neurons produced by direct electrical stimulation of the cerebral cortex », *J. Neurophysiol.*, 1951, 14, p. 1-20.

– « Cortical response to stimulation of medullary pyramid in rabbit », *J. Neurophysiol.*, 1955, 18, p. 333-352.

COLE K.S., CURTIS H.J., « Electric impedance of nerve and muscle », *Cold Spring Harb. Symp. Quant. Biol.*, 1936, 4, p. 73-89.

— et CURTIS H.J., « Electric impedance of Nitella during activity », *J. Gen. Physiol.*, 1938, 22, p. 37-64.

— et HODGKIN A.L., « Membrane and protoplasm resistance in the squid giant axon », *J. Gen. Physiol.*, 1939, 22, p. 671-687.

– « Dynamic electrical characteristics of the squid axon membrane », *Arch. Sci. Physiol.*, 1949, 3, p. 253-258.

COMBS C.M., « Electro-anatomical study of cerebellar localization; stimulation of various afferents », *J. Neurophysiol.*, 1954, 17, p. 123-143.

COOMBS J.S., ECCLES J.C., FATT P., « The electrical properties of the motoneurone membrane », *J. Physiol. Lond.*, 1955, 130, p. 291-325.

— et ECCLES J.C., FATT P., « The specific ionic conductance and the ionic movement across the motoneuronal membrane that produce the inhibitory post-synaptic potential », *J. Physiol. Lond.*, 1955, 130, p. 326-373.

— et ECCLES J.C., FATT P., « Excitatory synaptic action in motoneurones », *J. Physiol. Lond.*, 1955, 130, p. 374-395.

— et ECCLES J.C., FATT P., « The inhibitory suppression of reflex discharges from motoneurones », *J. Physiol. Lond.*, 1955, 130, p. 396-413.

— et CURTIS D.R., ECCLES J.C., « The interpretation of spike potential of motoneurones », *J. Physiol. Lond.*, 1957, 139, p. 198-231.

CURTIS D.R., ECCLES J.C., ECCLES R.M., « Pharmacological studies on spinal reflexes », *J. Physiol. Lond.*, 1957, 136, p. 420-434.

— et PHILLIS J.W., « Gamma-Amino-n-butyric acid and spinal synaptic transmission », *Nature*, 1958, 182, p. 323.

— et ECCLES R.M., « The excitation of Renshaw cells by pharmacological agents applied electrophoretically », *J. Physiol. Lond.*, 1958, 141, p. 435-445.

— et ECCLES R.M., « The effect of diffusional barriers upon the pharmacology of cells within the central nervous system », *J. Physiol. Lond.*, 1958, 141, p. 446-463.

CUVIER G., *Mémoires pour servir à l'histoire et à l'anatomie des mollusques*, Paris, Deterville, 1817.

DAHLSTRÖM A., FUXE K., « Evidence for the existence of monoamine containing neurons in the central nervous system. I. Demonstration of monoamines in the cell bodies of brain stem neurons », *Acta. Physiol. Scand.*, 1964, 62 (suppl. 232), p. 1-55.

— et FUXE K., OLSON L., UNGERSTEDT U., « Ascending systems of catecholamine neurons from the lower brain stem », *Acta. Physiol. Scand.*, 1965, 62, p. 485-486.

DALE H.H., « Pharmacology and nerve endings », *Proc. R. Soc. Med.*, 1934, 28, p. 319-332.

— et FELDBERG W., VOGT M., « Release of acetylcholine at voluntary motor endings », *J. Physiol. Lond.*, 1936, 86, p. 353-380.

DANIEL P.M., WHITTERIDGE D., « The representation of the visual field on the calcarine cortex in baboons and monkeys », *J. Physiol. Lond.*, 1959, 148, 33P.

DASTRE A., MORAT J.P., « Du rôle tonique et inhibitoire des ganglions sympathiques, et de leur rapport avec les nerfs vaso-moteurs », *C.R. Acad. Sci.*, 1883, 27, p. 446.

– « Sur un nouveau réflexe moteur très localisé », *C.R. Soc. Biol.*, 1886.
– « Du rôle physiologique de la chaîne sympathique, à propos des recherches de Langley, de Dickinson et de O. Langendurff », *Archives de physiologie*, 1892, 4, p. 170.
– *Physique biologique. Osmose. Tonométrie. Cryoscopie*, Paris, Masson, 1901.
– *La vie et la mort*, Paris, Flammarion, 1902.
DAVIS H.H., DERBYSHIRE A.J., « The action potentials of the auditory nerve », *Am. J. Physiol.*, 1935, 112, p. 476-504.
DEFELIPE J., JONES E.G., *Cajal on the cerebral cortex. An annotated translation of the complete writings*, Oxford, Oxford UP, 1988.
— et JONES E.G., *Cajal's Degeneration and Regeneration of the Nervous System*, Oxford, Oxford UP, 1991.
DEITERS O., *Untersuchungen über Gehirn und Rückenmark des Menschen und der Säugetiere*, Brunchweig, Vieweg, 1865.
DEL CASTILLO J., KATZ B., « On the localization of acetylcholine receptors », *J. Physiol. Lond.*, 1955, 128, p. 157-181.
— et KATZ B., « A study of curare action with an electrical micro-method », *Proc. R. Soc. Lond. B. Biol. Sci. A*, 1957, 146, p. 339-356.
DENNY BROWN D.E., SHERRINGTON C.S., « Sub-liminal fringe in spinal flexion », *J. Physiol. Lond.*, 1928, 66, p. 175.
DURUP G., FESSARD A., « L'électro-encéphalogramme de l'homme », *Année Psychologique*, 1935, 36, p. 1-35.
DUTROCHET H., *Recherches anatomiques et physiologiques sur la structure intime des animaux et des végétaux et sur leur motilité*, Paris, Baillière, 1824.
DUVAL M., « Hypothèses sur la physiologie des centres nerveux; théorie histologique du sommeil », *C.R. Soc. Biol.*, 1872, 24, p. 74-77.
– *Structure et usages de la rétine*, Thèse pour le concours de l'agrégation, Paris, Baillière, 1872.
– *Précis d'histologie*, Paris, Masson, 1900.
ECCLES J.C., GRANIT R., « Crossed extensor reflexes and their interaction », *J. Physiol. Lond.*, 1929, 67, p. 97-118.
— et SHERRINGTON C.S., « Reflex summation in the ipsilateral spinal flexion reflex », *J. Physiol. Lond.*, 1930, 69, p. 1-28.
— et COOPER S., « The isometric responses of mammalian muscles », *J. Physiol. Lond.*, 1930, 69, p. 377-385.
– « Action potentials from the superior cervical ganglion », *J. Physiol. Lond.*, 1933, 80, p. 23-24P.
– « Synaptic transmission through a sympathetic ganglion », *J. Physiol. Lond.*, 1934, 81, p. 8-9P.
– « Inhibition in the superior cervical ganglion », *J. Physiol. Lond.*, 1934, 82, p. 25-26P.
– « After-discharge from the superior cervical ganglion », *J. Physiol. Lond.*, 1935, 84, p. 50-52P.

– « Actions of antidromic impulses on ganglions cells », *J. Physiol. Lond.*, 1935, 85, p. 32-34P.
– « The action potential of the superior cervical ganglion », *J. Physiol. Lond.*, 1935, 85, p. 179-206.
– « Facilitation and inhibition in the superior cervical ganglion », *J. Physiol. Lond.*, 1935, 85, p. 207-238.
– « Slow potential waves in the superior cervical ganglion », *J. Physiol. Lond.*, 1935, 85, p. 464-501.
– « The action of preganglionic impulses on ganglion cells », *J. Physiol. Lond.*, 1936, 87, p. 81P.
– « The actions of antidromic impulses on ganglion cells », *J. Physiol. Lond.*, 1936, 88, p. 1-39.
– « Potentials from the superior cervical ganglion », *J. Physiol. Lond.*, 1937, 89, p. 41-43P.
– « The discharge of impulses from ganglion cells », *J. Physiol. Lond.*, 1937, 91, p. 1-22.
– « Anticholinesterases and the rate of decay of the synaptic transmitter in the superior cervical ganglion », *J. Physiol. Lond.*, 1938, 94, p. 6-7P.
– « The spinal cord and reflex action », *Ann. Rev. Physiol.*, 1939, 1, p. 363-384.
– « Synaptic potentials and transmission in sympathetic ganglion », *J. Physiol. Lond.*, 1943, 101, p. 465-483.
– « The nature of synaptic transmission in a sympathetic ganglion », *J. Physiol. Lond.*, 1944, 103, p. 27-53.
– « Conduction and synaptic transmission in the nervous system », *Ann. Rev. Physiol.*, 1948, 10, p. 93-116.
– « The responses of motoneurones », *Br. Med. Bull.*, 1950, 6, p. 304-311.
– « Interpretation of action potentials evoked in the cerebral cortex », *Electroencephalogr. Clin. Neurophysiol.*, 1951, 3, p. 449-464.
– « The electrophysiological properties of the motoneurone », *Cold Spring Harb. Symp. Quant. Biol.*, 1952, 17, p. 175-183.
— et FATT P., KOKETSU K., « Cholinergic and inhibitory synapses in a central nervous pathway », *Aust. J. Sci.*, 1953, 16, p. 50-54.
— et FATT P., LANDGREN S., WINSBURY G.J., « Spinal cord potentials generated by volleys in the large muscle afferents », *J. Physiol. Lond.*, 1954, 125, p. 590-606.
— et FATT P., KOKETSU K., « Cholinergic and inhibitory synapses in a pathway from motor-axon collaterals to motoneurones », *J. Physiol. Lond.*, 1954, 126, p. 524-562.
— et ECCLES R.M., FATT P., « Pharmacological investigations on a central synapse operated by acetylcholine », *J. Physiol. Lond.*, 1956, 131, p. 154-169.
– *The physiology of nerve cells*, Baltimore, The Johns Hopkins Press, 1957.
— et COOMBS J.S., FATT P., « Propriétés électriques de la membrane de surface d'un motoneurone », dans *Microphysiologie comparée des éléments excitables*, Colloques Internationaux du CNRS, 1957, 67, p. 73-90.

— et COOMBS J.S., FATT P., « Nature du potentiel post-synaptique inhibiteur », dans *Microphysiologie comparée des éléments excitables*, Colloques Internationaux du CNRS, 1957, 67, p. 281-297.
— et JAEGER J.C., « The relationship between the mode of operation and the dimensions of the junctional regions at synapses and motor end-organs », *Proc. Royal Soc. B.*, 1957, 148, p. 38-56.
— et ECCLES R.M., LUNDBERG A., « Synaptic actions on motoneurones in relation to the two components of the group I muscle afferent volley », *J. Physiol. Lond.*, 1957, 136, p. 527-546.
- ECCLES R.M., LUNDBERG A., « The convergence of monosynaptic excitatory afferents onto many species of alpha-motoneurones », *J. Physiol. Lond.*, 1957, 137, p. 22-50.
- « The generation of impulses by nerve cells », *Aust. J. Sci.*, 1957, 19, p. 161-168.
— et ECCLES R.M., LUNDBERG A., « The action potentials of the alpha motoneurones supplying fast and slow muscles », *J. Physiol. Lond.*, 1958, 142, p. 275-291.
— et CURTIS D.R., LUNDBERG A., « Intracellular recording from cells in Clarke's column », *Acta. Physiol. Scand.*, 1958, 43, p. 303-314.
— et LIBET B., YOUNG R.R., « The behaviour of chromatolysed motoneurones studied by intracellular recording », *J. Physiol. Lond.*, 1958, 143, p. 11-40.
— et LLINÁS R., SASAKI K., « The inhibitory interneurones within the cerebellar cortex », *Exp. Brain Res.*, 1966, 1, p. 1-16.
— et LLINÁS R., SASAKI K., « Parallel fibre stimulation and the responses induced thereby in the Purkinje cells of the cerebellum », *Exp. Brain Res.*, 1966, 1, p. 17-39.
— et LLINÁS R., SASAKI K., « The mossy fibre-granule cell relay of the cerebellum and its inhibitory control by Golgi cells », *Exp. Brain Res.*, 1966, 1, p. 82-101.
— et LLINÁS R., SASAKI K., « Intracellularly recorded responses of the cerebellar Purkinje cells », *Exp. Brain Res.*, 1966, 1, p. 161-183.
ERÄNKÖ O., « Histochemical evidence of the presence of acid-phosphatase-positive and -negative cell islets in the adrenal medulla of the rat », *Nature*, 1951, 168, p. 250-251.
- « Distribution of Adrenaline and Noradrenaline in the Adrenal Medulla », *Nature*, 1955, 175, p. 88-89.
- « Adrenaline and Noradrenaline in Adrenal Autografts », *Nature*, 1956, 178, p. 603.
- « Distribution of Adrenaline and Noradrenaline in the Hen Adrenal Gland », *Nature*, 1957, 179, p. 417-418.
EYZAGUIRRE C., KUFFLER S.W., « Processes of excitation in the dendrites and in the soma of single isolated sensory nerve cells of the lobster and crayfish », *J. Gen. Physiol.*, 1955, 39, p. 87-119.
— et KUFFLER S.W., « Further study of soma, dendrite, and axon excitation in single neurons », *J. Gen. Physiol.*, 1955, 39, p. 121-153.

FALCK B., HILLARP N.A., THIEME G., TORP A., « Fluorescence of catecholamines and related compounds condensed with formaldehyde », *J. Histochem. Cytochem.*, 1962, 10, p. 348-354.
— et HILLARP N.A., THIEME G., TORP A., « Shining monamines illuminate own function – a citation classic commentary on fluorescence of catecholamines and related compounds condensed with formaldehyde », *Life Sci.*, 1991, 48, p. 1.
FATT P., KATZ B., « Some observation of biological noise », *Nature*, 1950, 166, p. 597-598.
— et KATZ B., « An analysis of the end-plate potential recorded with an intracellular electrode », *J. Physiol. Lond.*, 1951, 115, p. 320-370.
– « Electric potentials occurring around a neurone during its antidromic activation », *J. Neurophysiol.*, 1957, 20, p. 27-60.
– « Sequence of event in synaptic activation of a motoneurone », *J. Neurophysiol.*, 1957, 20, p. 61-80.
FELDBERG W., FESSARD A., NACHMANSOHN D., « The cholinergic nature of the nervous supply to the electric organ of the Torpedo (Torpedo marmorata) », *J. Physiol. Lond.*, 1940, 97, p. 3-5P.
— et FESSARD A., « The cholinergic nature of the nerves to the electric organ of the Torpedo (Torpedo Marmorata) », *J. Physiol. Lond.*, 1942, 101, p. 200-216.
– « Present views on the mode of action of acetylcholine in the central nervous system », *Phys. Rev.*, 1945, 25, p. 596-642.
— et VOGT M., « Acetylcholine synthesis in different regions of the central nervous system », *J. Physiol. Lond.*, 1948, 107, p. 372-381.
– « The role of acetylcholine in the central nervous system », *Brit. Med. Bull.*, 1950, 6, p. 312-321.
FESSARD A., *Propriétés rythmiques de la matière vivante*, Partie I, Paris, Hermann, 1936.
– *Propriétés rythmiques de la matière vivante*, Partie II, Paris, Hermann, 1936.
— et SZABO T., « Sur l'organisation anatomo-fonctionnelle des lobes électriques de la Torpille », *J. Physiol. Paris*, 1953, 45, p. 115-117.
— et TAUC L., « Capacité, résistance et variations actives d'impédance d'un soma neuronique », *J. Physiol. Paris*, 1956, 48, p. 541-544.
— et TAUC L., « Effets de répétition sur l'amplitude des potentiels postsynaptiques d'un soma neuronique », *J. Physiol. Paris*, 1958, 50, p. 277-281.
– « Electrophysiologie », Paris, *Encyclopaedia Universalis*, 1970.
FOSTER M., *A text book of physiology*, 5e éd. Londres-New York, MacMillan and Co., 1888.
FRANÇOIS-FRANCK C.E., « Effets réflexes de la ligature d'un pneumogastrique sur le cœur, après la section du pneumogastrique opposé », *C.R. Acad. Sci.*, 1880, 90, p. 753-754.
– « Analyse par la méthode graphique des mouvements provoqués par les excitations du cerveau », *C.R. Acad. Sci.*, 1880, 90, p. 1126-1128.

FRANK K., FUORTES M.G.F., « Stimulation of spinal motoneurones with intracellular electrodes », *J. Physiol. Lond.*, 1956, 134, p. 451-470.

GASSER H.S., NEWCOMER H.S., « Physiological action currents in the phrenic nerve. An application of the thermionic vacuum tube to nerve physiology », *Am. J. Physiol.*, 1921, 57, p. 1-26.

— et ERLANGER J., « A study of the action currents of nerve with the cathode ray oscillograph », *Am. J. Physiol.*, 1922, 62, p. 496-524.

— et HILL A.V., « The dynamics of muscular contraction », *Proc. R. Soc. Ser. B.*, 1924, 96, p. 398-437.

— et ERLANGER J., BISHOP G.H., « The compound nature of the action current in nerve as disclosed by the cathode ray oscillograph », *Am. J. Physiol.*, 1924, 70, p. 624-666.

— et ERLANGER J., « The nature of conduction of an impulse in the relatively refractory period », *Am. J. Physiol.*, 1925, 73, p. 613-635.

— et LAPIQUE L., DESOILLE A., « Relation entre le degré d'hétérogénéité des nerfs, la complexité de leur courant d'action », *C.R. Seances Soc. Biol.*, 1925, 92, p. 9-10.

— et ERLANGER J., BISHOP G.H., « On the conduction of the action potential wave through the dorsal root ganglion », *Proc. Soc. Exp. Biol. Med.*, 1925, 23, p. 372.

— et DALE H.H., « The pharmacology of denervated mammalian muscle. I. The nature of the substances producing contracture », *J. Pharmacol. Exp. Ther.*, 1926, 29, p. 53-67.

— et DALE H.H., « The pharmacology of denervated mammalian muscle. II. Some phenomena of antagonism, and the formation of lactic acid in chemical contracture », *J. Pharmacol. Exp. Ther.*, 1926, 28, p. 287-315.

GERSCHENFELD H.M., TAUC L., « Pharmacological specificities of neurones in an elementary central nervous system », *Nature*, 1963, 189, p. 924-925.

— et TAUC L., « Certains aspects de la pharmacologie des synapses chez l'Aplysie », *J. Physiol. Paris*, 1964, 56, p. 306-361.

— et STEFANI E., « An electrophysiological study of 5-hydroxytryptamine receptors of neurones in the molluscan nervous system », *J. Physiol. Lond.*, 1966, 185, p. 684-700.

— et ASCHER P., TAUC L., « Two different excitatory transmitters acting on a single Molluscan neurone », *Nature*, 1967, p. 358-359.

GLOWINSKI J., MILHAUD G., « Métabolisme de la dopamine-14C dans le cerveau du Rat. Étude du mode d'administration », *C.R. Acad. Sci.*, 1962, 255, p. 203-205.

— et BALDESSERANI R.J., « Metabolism of norepinephrine in the central nervous system », *Pharmacol. Rev.*, 1966, 18, p. 1201-1238.

GOLDSTEIN K., *La Structure de l'organisme*, Paris, Gallimard, 1983 ; éd. originale, *Der Aufbau des Organismus*, The Hague, Martinus Nijhoff, 1934.

GRANIT R., HELME T., « Changes in retinal excitability due to polarization and some observations on the relation between the processes in retina and nerve », *J. Neurophysiol.*, 1939, 2, p. 556-565.

– « Comparative studies on the peripheral and central retina. I. On interaction between distinct areas in the human eye », *Am. J. Physiol.*, 1930, 94, p. 41-50.

— et THERMAN P.O., « Excitation and inhibition in the retina and in the optic nerve », *J. Physiol. Lond.*, 1935, 83, p. 359-381.

— et THERMAN P.O., « The "slow potentials" associated with excitation and inhibition », *J. Physiol. Lond.*, 1938, 93, p. 9-11P.

— et SVAETICHIN G., « Principles and techniques of the electrophysiological analysis of color reception with the aid of microelectrodes », *Upsala Lakaref Forh*, 1939, 65, p. 161-177.

– « The colour receptors of the mammalian retina », *J. Neurophysiol.*, 1945, 8, p. 195-210.

– *Sensory Mechanisms of the retina*, London, Oxford UP, 1947.

– « Neural polarization of the retinal elements, as revealed by polarization », *J. Neurophysiol.*, 1948, 11, p. 239-251.

– « The mammalian colour modulators », *J. Neurophysiol.*, 1948, 11, p. 253-259.

– « Physiology of vision », *Annu. Rev. Physiol.*, 1950, 12, p. 485-502.

— et STRÖM G., « Autogenic modulation of excitability of single ventral horn cells », *J. Physiol. Lond.*, 1951, 14, p. 113-132.

HAGIWARA S., BULLOCK T.H., « Intracellular potentials in pacemaker and integrative neurons of the lobster cardiac ganglion », *J. Cell. Comp.*, 1957, 50, p. 25-47.

— et TASAKI I., « A study on the mechanism of impulse transmission across the giant synapse of the squid », *J. Physiol. Lond.*, 1958, 143, p. 114-137.

— et SAITO N., « Voltage-current relations in nerve cell membrane of onchidium verruculatum », *J. Physiol. Lond.*, 1959, 148, p. 161-179.

HARTLINE H., « Influence of light of very low intensity on phototropic reactions of animals », *J. Gen. Physiol.*, 1923, 6, p. 137-152.

— et GRAHAM C.H., « Nerves impulses from single receptors in the eye », *J. Cell Comp. Physiol.*, 1930, 1, p. 277-295.

— et GRAHAM C., « Nerve impulses from single receptors in the eye of Limulus », *Proc. Soc. Exp. Biol. Med.*, 1932, 29, p. 613-615.

– « Impulses in single optic nerve fibres of the vertebrate retina », *Am. J. Physiol.*, 1935, 113, p. 59-60P.

– « The response of single sense cells to light of different wave lengths », *J. Gen. Physiol.*, 1935, 18, p. 917-931.

– « The response of single optic nerve fibers of the vertebrate eye to illumination of the retina », *Am. J. Physiol.*, 1938, 121, p. 400-415.

HILLARP N.A., LAGERSTEDT S., NILSON B., « The isolation of a granular fraction from the suprarenal medulla, containing the sympathomimetic catechol amines », *Acta. Physiol. Scand.*, 1953, 29, p. 251-263.

— et HOKFELT T.B., « Evidence of adrenaline and noradrenaline in separate adrenal medullary cells », *Acta. Physiol. Scand.*, 1953, 30, p. 55-68.

HOAGLAND H., « Some pacemaker aspects of rythmic activity in the nervous system », *Cold Spring Harb. Symp. Quant. Biol.*, 1936, 4, p. 267-284.

HODGKIN A.L., *The electrical basis of nervous conduction*, Fellowship dissertation, Cambridge, Library of Trinity College, 1936.
– « A local electric response in crustacean nerve », *J. Physiol. Lond.*, 1937, 91, p. 5-6P.
– « Evidence for electrical transmission in nerve. Part I », *J. Physiol. Lond.*, 1937, 90, p. 183-210.
– « Evidence for electrical transmission in nerve. Part II », *J. Physiol. Lond.*, 1937, 90, p. 211-232.
– « The subthreshold potentials in a crustacean nerve fibre », *Proc. Roy. Soc. Lond. B. Biol. Sci.*, 1938, 126, p. 247-285.
— et HUXLEY A.F., « Action potential recorded from inside a nerve fiber », *Nature*, 1939, 144, p. 710-711.
— et HUXLEY A.F., « Resting and action potentials in single nerve fibres », *J. Physiol. Lond.*, 1945, 104, p. 176-195.
— et HUXLEY A., KATZ B., « Measurements of current-voltage relations in the membrane of the giant axon of Loligo », *J. Physiol. Lond.*, 1952, 116, p. 424-448.
— et HUXLEY A., « Currents carried by sodium and potassium ions through the membrane of the giant axon of Loligo », *J. Physiol. Lond.*, 1952, 116, p. 449-472.
— et HUXLEY A., « The components of membrane conductance in the giant axon of Loligo », *J. Physiol. Lond.*, 1952, 116, p. 473-496.
HUBEL D.H., « Tungsten microelectrode for recording from single units », *Science*, 1957, p. 549-550.
– « Single unit activity in striate cortex of unrestrained cats », *J. Physiol. Lond.*, 1959, 147, p. 226-238.
– « Single unit activity in lateral geniculate body and optic tract of unrestrained cats », *J. Physiol. Lond.*, 1960, 150, p. 91-104.
— et WIESEL T.N., « Receptive fields, binocular interaction and functional architecture in the cat's visual cortex », *J. Physiol. Lond.*, 1962, 160, p. 106-154.
HUXLEY A.L., HODGKIN A.F., « Measurement of Current-Voltage Relations in the Membrane of the Giant Axon of Loligo », *J. Physiol. Lond.*, 1952, 1, p. 424-448.
JASPER H.H., CARMICHAEL L., « Electrical potentials from the intact brain », *Science*, 1935, 81, p. 51-53.
– « Cortical excitatory state and synchronism in the control of bioelectric autonomous rythms », *Cold Spring Harb. Symp. Quant. Biol.*, 1936, 4, p. 320-338.
– « Charting the sea of brain waves », *Science*, 1948, 108, p. 433-437.
JOUVET M., « Aspects électroencéphalographiques de l'habituation dans la réaction d'éveil », *J. Physiol. Paris*, 1959, 51, p. 489-490.
JUNG R., « Neuronal discharge », *Electroencephalogr. Clin. Neurophysiol.*, 1953, Supp. 4, p. 57-71.

KANDEL E.R., SPENCER W.A., BRINDLEY F.J. Jr., « Electrophysiology of hippocampal neurons. I. Sequential invasion and synaptic organization », *J. Neurophysiol.*, 1961, 24, p. 225-242.

— et SPENCER W.A., « Electrophysiology of hippocampal neurons. II. After-potentials and repetitive firing », *J. Neurophysiol.*, 1961, 24, p. 243-259.

— et TAUC L., « Mechanism of prolonged heterosynaptic facilitation », *Nature*, 1964, 202, p. 145-147.

— et TAUC L., « Heterosynaptic facilitation in neurones of the abdominal ganglion of Aplysia depilans », *J. Physiol. Lond.*, 1965, 181, p. 1-27.

KATZ B., « Experimental evidence for a non-conducted response of nerve to subthreshold stimulation », *Proc. R. Soc. Lond. B. Biol. Sci.*, 1937, 124, p. 244-276.

– « Microphysiology of the neuro-muscular junction. The chemoreceptor function of the motor end-plate », *Bull. Johns Hopk. Hosp.*, 1958, 102, p. 296-312.

KEHOE J., « Pharmacological characteristics and ionic bases of a 2 component postsynaptic inhibition », *Nature*, 1967, 215, p. 1503-1505.

KEYNES R.D., MARTINS-FERREIRA H., « Resting and action potentials in the electric organ », *J. Physiol. Lond.*, 1952, 116, p. 26-27.

KOELLE G.B., FRIEDENWALD J.S., « A histochemical method for localizing cholinestarse activity », *Proc. Soc. Exp. Biol. N.Y.*, 1949, 70, p. 617-622.

– « The histochemical localization of cholinesterases in the central nervous system of the rat », *J. Comp. Neurol.*, 1954, 100, p. 211-235.

KÖLLIKER A. (von), *Éléments d'histologie humaine*, 2ᵉ éd. Paris, Masson, 1868.

KRNJEVIĆ K., PHILLIS J.W., « Sensitivity of cortical neurones to acetylcholine », *Experientia* 1961, 17, p. 469.

— et PHILLIS J.W., « Excitation of Betz cells by acetylcholine », *Experientia*, 1962, 18, p. 170-171.

— et PHILLIS J.W., « Iontophoretic studies of neurones in the mammalian cerebral cortex », *J. Physiol. Lond.*, 1963, 165, p. 274-304.

KUFFLER S.W., EYZAGUIRRE C., « Synaptic inhibition in an isolated nerve cell », *J. Gen. Physiol.*, 1955, 39, p. 155-184.

– « Book Review », *J. Neurophysiol.*, 1957, 20, p. 549.

— et EDWARDS C., « Mechanism of gamma aminobutyric acid (GABA) action and its relation to synaptic inhibition », *J. Neurophysiol.*, 1958, 21, p. 589-610.

KUHN T., *The Structure of Scientific Revolutions*, Chicago, University of Chicago Press, 1962.

KUPFERMANN I., WEISS K.R., « The concept of command neurons », *Behav. Brain Sci.*, 1978, 1, p. 3-39.

LAGET P., MAMO H., MACLEOD P., « New data on the origin of the anti-dromic reflex of sensory fibers (Toennies' reflex) », *C.R. Seances Soc. Biol. Fil.*, 1957, 151, p. 2106-2109.

LANGLEY J.N., DICKINSON W.L., « On the local paralysis of peripheral ganglia », *Proc. Roy. Soc. Lond.*, 1890, 46, p. 426.

LAPICQUE C., *L'optique de l'œil et la vision des contours*, Paris, Thèse d'état en Sciences physiques, 1938.
LAPICQUE L., « Principe pour une théorie du fonctionnement nerveux élémentaire », *Revue générale des sciences pures et appliquées*, 1910, 21, p. 103-117.
— et LAPICQUE M., LEGENDRE R., « Sur les altérations de la gaine de myéline produites par divers poisons nerveux », *C.R. Acad. Sci.*, 1914, 158, p. 1592.
– « Sur la théorie de l'addition latente », *C.R. Acad. Sci.*, 1924, 179, p. 77-79.
– *L'orientation actuelle des sciences*, Paris, Alcan, 1930.
– *La machine nerveuse*, Paris, Flammarion, 1943.
LAPORTE Y., LLOYD D.P.C., « Nature and significance of the reflex connections established by large afferent fibers of muscle origin », *Am. J. Physiol.*, 1952, 169, p. 609-621.
LI C.L., JASPER H.H., « Microelectrode studies of the electrical activity of the cerebral cortex in the cat », *J. Physiol. Lond.*, 1953, 121, p. 117-140.
LILLIE R.S., *Protoplasmic action and nervous action*, Chicago, Chicago UP, 1923.
LING G., GERARD R.W., « The normal membrane potential of frog sartorius fibers », *J. Cell. Comp. Physiol.*, 1949, 34, p. 383-396.
— et GERARD R.W., « Effect of temperature on the membrane potential of frog muscle fibers », *J. Cell. Comp. Physiol.*, 1949, 34, p. 407-412.
— et GERARD R.W., « The membrane potentials and metabolism of muscle fibers », *J. Cell. Comp. Physiol.*, 1949, 34, p. 413-438.
LLOYD D.P.C., « The excitation of motoneurons by descending fibers of the ventral columns », *Am. J. Physiol.*, 1940, 129, p. 407.
– « Activity in neurons of the bulbospinal correlation system », *J. Neurophysiol.*, 1941, 4, p. 115-134.
– « The spinal mechanism of the pyramidal system in cats », *J. Neurophysiol.*, 1941, 4, p. 525-546.
– « Mediation of descending long spinal reflex activity », *J. Neurophysiol.*, 1942, 5, p. 435-458.
LUCAS K., « On the gradation of activity in a skeletal muscle-fibre », *J. Physiol. Lond.*, 1905, 33, p. 125-137.
– « On the conducted disturbance in muscle », *J. Physiol. Lond.*, 1906, 34, p. 51-83.
– « On the optimal electric stimulus of normal and curarised muscle », *J. Physiol. Lond.*, 1906, 34, p. 372-390.
– « On the optimal electric stimuli of muscle and nerve », *J. Physiol. Lond.*, 1907, 35, p. 103-114.
– « The analysis of complex excitable tissues by response to electrical currents of short duration », *J. Physiol. Lond.*, 1907, 35, p. 310-331.
– « The excitable substances of amphibian muscle », *J. Physiol. Lond.*, 1908, 36, p. 113-135.
– « On the rate of variation of the exciting current as a factor in electric excitation », *J. Physiol. Lond.*, 1908, 36, p. 253-274.

– « The “all-or-none” contraction of the amphibian skeletal muscle fibre », *J. Physiol. Lond.*, 1909, 38, p. 113-133.

MAGENDIE F., « Études sur les fonctions des racines des nerfs rachidiens », *Journal de physiologie expérimentale*, 1822, p. 276-279.

– « Études sur les fonctions des racines des nerfs rachidiens », *Journal de physiologie expérimentale*, 1822, p. 366-371.

MAREY E.J., « De l’uniformité du travail du cœur, lorsque cet organe n’est soumis à aucune influence nerveuse extérieure », *C.R. Acad. Sci.*, 1873, 77, p. 367-446.

– « Des mouvements que produit le cœur lorsqu’il est soumis à des excitations artificielles », *C.R. Acad. Sci.*, 1876, 82, p. 408-411.

– « Inscription photographique des indications de l’électromètre de Lippmann », *C.R. Acad. Sci.*, 1876, 83, p. 278-280.

MARSHALL W.H., « Observations on subcortical somatic sensory mechanisms of cats under nembutal anesthesia », *J. Neurophysiol.*, 1941, 4, p. 25-43.

— et WOOLSEY C.N., BARD P., « Observations on cortical somatic sensory mechanisms of cat and monkey », *J. Neurophysiol.*, 1941, 4, p. 1-24.

MASLAND R.H., « The fundamental plan of the retina », *Nature Neurosci.*, 2001, 4, p. 877-886.

MATTHEWS B.H.C., BARRON D.H., « Dorsal root reflexes », *J. Physiol. Lond.*, 1938, 94, p. 26-27P.

McCULLOCH W.S., PITTS W., « A logical calculus of the ideas immanent in nervous activity », *Bulletin of Mathematical Biophysics*, 1943, 5, p. 115-133.

– « Recollection of the many sources of cybernetics », *ASC Forum*, 1974, 67, p. 2.

MORAT J.P., « Cellule nerveuse et système nerveux », *Revue générale des sciences pures et appliquées*, 1900, 11, p. 720.

— et DOYON M., *Traité de physiologie*, t. II, *Fonctions d’innervation*, Paris, Masson, 1902.

– « La loi de Magendie ; le temps physiologique », *Revue générale des sciences pures et appliquées*, 1909, 20, p. 669.

MORUZZI G., MAGOUN H.W., « Brain Stem Reticular Formation and Activation of the EEG », *Electroencephalogr. Clin. Neurophysiol.*, 1949, 1, p. 455-473.

– « The physiological properties of the brain stem reticular system », dans *Brain mechanisms and consciousness*, E.D. Adrian, F. Bremer, H.H. Jasper (eds.), Oxford, Blackwell, 1954.

OSTERHOUT W.J.V., DAMON E.B., JACQUES A.G., « Dissimilarity of inner and outer protoplasmic surfaces in Valonia », *J. Gen. Physiol.*, 1927, 11, p. 193-205.

— et HARRIS E.S., « The concentration effect in Nitella », *J. Gen. Physiol.*, 1929, 12, p. 761-781.

– « Physiological studies of single plant cells », *Biol. Rev. Cambridge Philos. Soc.*, 1931, 6, p. 369-411.

OVERTON E., « Beiträge zur allgemeinen Muskel- und Nervenphysiologie II. Über die Unentbehrlichkeit von Natrium- (oder Lithium-) Ionen für den Contractionsact des Muskels », *Pflügers Arch. Ges. Physiol.*, 1902, 92, p. 346-386.

PALADE G.E., « A small particulate component of the cytoplasm », *J. Biophys Biochem. Cytol.*, 1955, 1, p. 59-68.

PALAY S.L. et PALADE G.E., « Electron microscopic observations of interneuronal and neuromuscular synapses », *Anat. Rec.*, 1954, 118, p. 335-336.

— et PALADE G.E., « The fine structure of neurons », *J. Biophys. Biochem. Cytol.*, 1955, 1, p. 69-88.

– « Synapses in the central nervous system », *J. Biophys. Biochem. Cytol.*, 1956, 2 (4, Suppl), p. 193-202.

PRENANT A., « Les théories du système nerveux », *Revue générale des sciences pures et appliquées*, 11, p. 13.

– « Les théories du système nerveux », *Revue générale des sciences pures et appliquées*, 11, p. 69.

QUERTON L., « Le sommeil hibernal et les modifications des neurones cérébraux », *Travaux du laboratoire de l'Institut Solvay*, t. II, fasc. I., Bruxelles, 1898.

RABAUD E., MONPILLARD F., *Atlas d'histologie normale*, Paris, Carré et Naud, 1900.

RALL W., « Electrotonic theory for a spherical neurone », *Proc. Univ. Otago med. Sch.*, 1953, 31, p. 14-15.

– « A statistical theory of monosynaptic input-output relations », *J. Cell. Comp. Physiol.*, 1955, 46, p. 373-411.

– « Membrane time constant of motoneurons », *Science*, 1957, 126, p. 454.

– « Membrane potential transients and membrane time constant of motoneurons », *Exp. Neurol.*, 1960, 2, p. 503-532.

RAMÓN Y CAJAL S., « La fine structure des centres nerveux : the Croonian Lecture », *Proc. Roy. Soc. Lond.*, 1894, 55, p. 443-468.

– « Sur un noyau spécial du nerf vestibulaire des poissons et des oiseaux », *Trab. Lab. Invest. Biol. Univ. Madrid*, 1908, 6, p. 1-20.

– *Histologie du Système Nerveux de l'Homme et des Vertébrés*, Paris, Maloine, 1911.

– *Les problèmes histophysiologiques de la rétine. La rétine des Vertébrés*, t. II-3, XIV Concilium ophtalmogicum, Madrid, Blass, 1933.

RANCK J.B. Jr, « Studies on single neurons in dorsal hippocampal formation and septum in unrestrained rats », *Exp. Neurol.*, 1973, 41, p. 461-531.

RANVIER L., *Traité technique d'histologie*, Paris, Savy, 1875.

RENSHAW B., FORBES A., DRURY C., « Electrical activity recorded with micro-electrodes from the hippocampus », *Am. J. Physiol.*, 1938, 123, p. 169-170.

— et FORBES A., MORISON B.R., « Activity of isocortex and hippocampus : electrical studies with micro-electrodes », *J. Neurophysiol.*, 1940, 3, p. 74-105.

– « Activity in the simplest spinal reflex pathways », *J. Neurophysiol.*, 1940, 3, p. 373-387.

– « Influence of discharge of motoneurons upon excitation of neighbouring motoneurons », *J. Neurophysiol.*, 1941, 4, p. 167-183.

RICHET C., BROCA A., « Période réfractaire dans les centres nerveux », *C.R. Acad. Sci.*, 1896, 124, p. 96-99.

RIJLANT P., « L'oscillogramme cathodique continu des phénomènes physiologiques », *Arch. Int. Physiol.*, 1932, p. 326-338.

SHERRINGTON C.S., « Double (Antidrome) Conduction in the Central Nervous System », *Proc. Roy. Soc. Lond.*, 1897, 61, p. 243-246.

– *The integrative action of the nervous system*, London, Constable, 1906, rééd. New Haven, Yale UP, 1947.

SI HO T., *Contribution à l'étude de la physiologie des cellules nerveuses chez l'Aplysie*, Thèse de Sciences, Lyon, Bosc et Riou, 1942.

SOURY J., *L'Amiboïsme des cellules nerveuses, critique des théories édifiées sur cette doctrine*, Paris, C. Naud, 1901.

SVAETICHIN G., « Electrophysiological investigations on single ganglion cells. Part I : Low resistance micro-electrodes », *Acta. Physiol. Scand.*, 1951, 24, p. 5-13.

– « Electrophysiological investigations on single ganglion cells. Part II : A combination of microscopes and micromanipulators for electrophysiological investigations on single cells », *Acta. Physiol. Scand.*, 1951, 24, p. 15-22.

– « Electrophysiological investigations on single ganglion cells. Part III : Analysis of action potentials from single spinal ganglion cells », *Acta. Physiol. Scand.*, 1951, 24, p. 23-57.

SZENTAGOTHAI J., « The anatomical basis of synaptic transmission of excitation and inhibition in motoneurons », *Acta Morphol. Acad. Sci. Hung.*, 1958, 8, p. 237-309.

TASAKI I., HAGIWARA S., WATANABE A., « Action potentials recorded from inside a Mauthner cell of the catfish », *J. Physiol. Lond.*, 1954, 4, p. 79-90.

— et POLLEY E.H., ORREGO F., « Action potentials from individual elements in cat geniculate and striate cortex », *J. Neurophysiol.*, 1954, 17, p. 454-474.

TAUC L., « Réponse de la cellule nerveuse du ganglion abdominal de Aplysia depilans à la stimulation directe intracellulaire », *C.R. Acad. Sci.*, 1954, 239, p. 1537-1538.

– « Étude de l'activité élémentaire des cellules du ganglion abdominal de l'aplysie », *J. Physiol. Paris*, 1955, 47, p. 769-792.

– « Potentiels sous-liminaires dans le soma neuronique de l'Aplysie et de l'Escargot », *J. Physiol. Paris*, 1956, 48, p. 715-718.

– « Les divers modes d'activité du soma neuronique ganglionnaire de l'Aplysie et de l'escargot », dans *Microphysiologie comparée des Éléments excitables*, Colloques Internationaux du CNRS (Paris, Gif-sur-Yvette, Juillet 1955), Paris, CNRS, 1957.

– « Comparaison entre la dissipation des potentiels postsynaptiques et électrotoniques dans le soma neuronique de l'Aplysie », *J. Physiol. Paris*, 1957, 49, p. 162-164.

– « Stimulation du soma neuronique de l'Aplysie par voie antidromique », *J. Physiol. Paris*, 1957, 49, p. 973-986.

– « Analyses unitaires d'activités synaptiques chez l'Aplysie révélant la mise en jeu de neurones intermédiaires dans le ganglion abdominal », *J. Physiol. Paris*, 1958, 50, p. 541-544.

— et GERSCHENFELD H.M., « L'acétylcholine comme transmetteur probable de l'excitation synaptique dans le système nerveux central des Mollusques », *J. Physiol. Paris*, 1962, 54, p. 416-417.

WALDEYER H., « Ueber einige neuere Forschungen im Gebiete der Anatomie des Centralnervensystems », *Deutsche medicinische Wochenschrift*, Berlin, 1891.

WALLER A., « Minute Structure of the Papillae and Nerves of the Tongue of the Frog and Toad », *Phil. Trans. Roy. Soc. Lond.*, 1849, 139, p. 139-149.

WALLS G.L., « The problem of visual direction », *Am. J. Optom.*, 1951, 28, p. 55-83, p. 115-146, p. 173-212.

WEISS G., « Influence d'une légère traction sur l'excitabilité du nerf », *C.R. Acad. Sci.*, 1899, 128, p. 453-455.

– « Réflexions sur le système nerveux. Lettre de M. le Dr G. Weiss », *Revue générale des sciences pures et appliquées*, 1900, 11, p. 227.

– « Excitation électrique produite par deux ondes inverses l'une de l'autre », *C.R. Acad. Sci.*, 1901, 133, p. 249-251

WHITTAKER V.P., « The nature of bound acetylcholine », *Biochem. J.*, 1958, 68, p. 21P.

– « The isolation and characterization of acetylcholine-containing particles from brain », *Biochem. J.*, 1959, 72, p. 694-706.

— et MICHAELSON I.A., KIRKLAND R.J., « The separation of synaptic vesicles from nerve-ending particles ("synaptosomes") », *Biochem. J.*, 1964, 90, p. 293-303.

YOUNG J.Z., « Structure of nerve fibers and synapses in some invertebrates », *Cold Spring Harb. Symp. Quant. Biol.*, 1936, 4, p. 1-6.

– « The functionning of the giant nerve fibres of the squid », *J. Exp. Biol.*, 1938, 15, p. 170-185.

– « Fused neurones and synaptic contacts in the giant nerve fibres of cephalopods », *Phil. Trans. Roy. Soc. B.*, 1939, 229, p. 465-503.

Sources secondaires

BARBARA J.G., « L'Institut Marey, 1947-1978 », *Lettre des Neurosciences*, 2004, 27, p. 3-5.

– « La neurophysiologie et la neurohistologie du neurone en France (1955-1975) dans le contexte international », *Cahiers d'histoire et de philosophie des sciences*, Numéro hors-série, 2004, SFHST, p. 173-178.

– « Les étranglements annulaires de Louis Ranvier (1871) », *Lettre des Neurosciences*, 2005, 28, p. 3-4.

– « Les heures sombres de la neurophysiologie à Paris (1909-1939) », *Lettre des Neurosciences*, 2005, 29, p. 3-4.

— et GALLI T., « Fallait-il ignorer l'hypothèse non-vésiculaire de la neurotransmission ? », *Lettre des Neurosciences*, 2006, 30, p. 3-6.

– « Louis Ranvier (1835-1922) : the contribution of microscopy to physiology, and general anatomy at the Collège de France », *J. Hist. Neurosci.*, 2006, 16, p. 413-431.

– « The physiological construction of the neurone concept in France, Britain and the United States (1891-1952) », *C.R. Biol.*, 2006, 329, p. 437-449.

– « Diversité et évolution des pratiques chirurgicales, anatomiques et physiologiques du cerveau au XVIIIe siècle », dans *Les querelles du cerveau*, C. Cherici et J.C. Duponts (éds.), Paris, Vuibert, 2008.

– « L'étude du vivant chez Georges Canguilhem : des concepts aux objets biologiques », dans *Philosophie et Médecine, Hommage à Georges Canguilhem*, A. Fagot-Largeault, Cl. Debru, M. Morange (éds.), Paris, Vrin, 2008.

– « Alfred Fessard et la cybernétique », dans *L'essor des neurosciences*, Cl. Debru, J.-G. Barbara, C. Cherici (éds.), Paris, Hermann, 2008.

– « Relations médecine-sciences dans l'individualisation des maladies du système nerveux à la Salpêtrière à la fin du XIXe siècle », *Revue d'Histoire des Sciences*, à paraître.

— et DEBRU Cl., CHERICI C. (éds.), *L'essor des neurosciences*, Paris, Hermann, 2008.

BENIS SINACEUR H., « Styles et contenus formels chez Gilles-Gaston Granger », dans *Hommage à Gilles-Gaston Granger*, Paris, Hermann, 2010, à paraître.

BERLUCCHI G., « Some aspects of the history of the law of dynamic polarization of the neuron. From William James to Sherrington, from Cajal and Van Gehuchten to Golgi », *J. Hist. Neurosci.*, 1999, 8, p. 191-201.

BOURDIEU P., « La spécificité du champ scientifique et les conditions sociales du progrès de la raison », *Sociologies et Sociétés*, 1975, 7, p. 91-118.

BORCK C., « Message in a bottle from "the crisis of reality". On Ludwik Fleck's interventions for an open epistemology », *Studies in History and Philosophy of Biological and Biomedical Sciences*, 2004, 35, p. 447-464.

– « Between local cultures and national styles : units of analysis in the history of electroencephalography », *C.R. Biol.*, 2006, 329, p. 450-459.

BREIDBACH O., « Understanding the functional architecture of cortical tissue in the XIXth century », *Clio Med.*, 1995, 33, p. 57-71.

– « Representation of the microcosm : the claim for objectivity in 19th century scientific microphotography », *J. Hist. Biol.*, 2002, 35, p. 221-250.

BULLOCK T.H., « Neuron doctrine and electrophysiology », *Science*, 1959, 129, p. 997-1002.

— et BENNETT M.V.L., JOHNSTON D., JOSEPHSON R., MARDER E., DOUGLAS FIELDS R., « The neuron doctrine, redux », *Science*, 2005, p. 791-793.

BUSER P., *The History of Neuroscience in Autobiography*, vol. 3, Washington, Society for Neuroscience, 2001.

CHANGEUX J.P., *L'homme neuronal*, Paris, Fayard, 1983.

CORSI P., *The Enchanted Loom. Chapters in the History of Neuroscience*, Oxford, Oxford UP, 1991.

DASTON L. (ed.), *Biographies of scientific objects*, Chicago, University of Chicago Press, 2000.

DEBRU A., « The power of torpedo fish as a pathological model to the understanding of nervous transmission in Antiquity », *C.R. Biol.*, 2006, 329, p. 298-302.

– « L'expérimentation sur le cerveau et le système nerveux dans l'Antiquité », *Lettre des Neurosciences*, 2007, 32, p. 3-7.

DEBRU Cl., *L'esprit des protéines*, Paris, Hermann, 1983.

– *Philosophie moléculaire*, Paris, Vrin, 1987.

– *Philosophie de l'Inconnu. Le Vivant et la Recherche*, Paris, PUF, 1998.

DUCHESNEAU F., *Genèse de la théorie cellulaire*, Paris, Vrin, 1987.

DUPONT J.C., « Autour d'une controverse sur l'excitabilité : Louis Lapicque et l'école de Cambridge », dans *Les sciences biologiques et médicales en France 1920-1950*, Cahiers pour l'histoire de la recherche, Cl. Debru, J. Gayon, J.F. Picard (éds.), Paris, CNRS Éditions, 1994.

– *Histoire de la Neurotransmission*, Paris, PUF, 1999.

DURAND-RICHARD M.-J. (éd.), *L'analogie dans la démarche scientifique. Perspective historique*, Paris, L'Harmattan, 2008.

FEYERABEND P., *Contre la méthode*, Paris, Seuil, 1979.

FOUCAULT M., *L'archéologie du savoir*, Paris, Gallimard, 1969.

FRENCH R.D., « Some concepts of nerve structure and function in Britain, 1875-1885 : background to Sir Charles Sherrington and the synapse concept », *Medical History*, 1970, 14, p. 154-165.

– « Edward Albert Schäfer (Sharpey-Schäfer) and his contributions to Neuroscience : commemorating of the 150th anniversary of his birth », *J. Hist. Neurosc.*, 2001, 10, p. 41-57.

GALISON P., *Image, logic : a material culture of microphysics*, Chicago, The University of Chicago Press, 1997.

GARLAND A., *Life science in the twentieth century*, Cambridge, Cambridge UP, 1978.

GARSON J., « The Introduction of Information into Neurobiology », *Philosophy of Science Association*, 18th Biennial Meeting, PSA 2002.

GAUDILLIÈRE J.P., « Genesis and development of a biomedical object : styles of thought, styles of work and the history of sex steroids », *Studies in History and Philosophy of Biological and Biomedical Sciences*, 2004, 35, p. 525-543.

GEISON G.L., *Michael Foster and the Cambridge school of physiology*, Princeton, Princeton UP, 1978.

– « Research schools and new directions in the historiography of science », *Osiris*, 1993, 8, p. 227-238.

GRANGER G.-G., *Essai d'une philosophie du style*, Paris, Colin, 1968.

HACKING I., *Representing and Intervening*, Cambridge, Cambridge UP, 1983.

HARWOOD J., « Ludwik Fleck and the Sociology of Knowledge », *Social Studies of Science*, 1986, 16, p. 173-187.

– « National styles in science. Genetics in Germany and the United States between the World Wars », *Isis*, 1987, 78, p. 390-414.

– *Styles of Scientific Thought: The German Genetics Community, 1900-1933*, Chicago, University of Chicago Press, 1993.

LATOUR B., « On the partial existence of existing and nonexisting objects », dans *Biographies of scientific objects*, L. Daston (ed.), Chicago, University Press of Chicago, 2000.

– « Scientific Objects and Legal Objectivity », dans *Law, Anthropology and the Constitution of the Social : Making Persons and Things*, A. Pottage, M. Mondy (eds.), Cambridge (Mass.), Cambridge UP, 2004.

MACHAMER P., FRANCO A., « Reviewed Work : Biographies of Scientific Objects », *Isis*, 2001, 92, p. 773-774.

NYE M.J., *From Chemical Philosophy to Theoretical Chemistry Dynamics of Matter and Dynamics of Disciplines, 1800-1950*, Berkeley (CA), University of California Press, 1994.

– « National styles ? French and English chemistry in the nineteenth and early twentieth centuries », *Osiris*, 1993, 8, p. 30-49.

PICCOLINO M., BRESADOLA M., « Drawing a spark from darkness : John Walsh and electric fish », *Trends Neurosci.*, 2002, 25, p. 51-57.

ROUSE J., *Knowledge and power : toward a political philosophy of science*, Ithaca-New York, Cornell UP, 1987.

– « What are cultural studies of scientific knowledge ? », *Configurations*, 1993, 1, p. 1-22.

STICHWEH R., *Zur Entstehung des modernen Systems wissenschaftlicher Disziplinen*, Frankfurt am Main, Suhrkamp, 1984.

– « Scientific Disciplines, History of », dans *International Encyclopedia of the Social and Behavioral Sciences*, N.J. Smelser, P.B. Baltes (eds.), Oxford, Elsevier Science, 2001.

TANSEY E.M., « Not committing barbarisms : Sherrington and the synapse 1897 », *Brain Research Bulletin*, 1997, 44, p. 211-212.

TYČ-DUMONT S., « Neurone », dans *Dictionnaire d'histoire et philosophie des sciences*, D. Lecourt (éd.), Paris, PUF, 1re éd. 1999, 2006.

— et HORCHOLLE-BOSSAVIT G., *Le neurone computationnel – Histoire d'un siècle de recherches*, Paris, CNRS Éditions, 2005.

INDEX DES MATIÈRES

INDEX DES NOMS

LA CONSTITUTION DU NEURONE : TABLEAU D'ASSEMBLAGE DES INSTRUMENTS, TECHNIQUES ET OBJETS DE RECHERCHE AU XXe SIÈCLE

1900 — 1910 — 1920 — 1930 — 1940 — 1950 — 1960 — 1970 — 1980 →

Paradigme nerveux dominant --------------- **zone de transition** --------------- **Paradigme neuronal dominant** --------------- **essor des neurosciences, multiplication des sous-disciplines**

Myographe (Physiologie neuromusculaire) *Centres nerveux* (*neurone*) Richet, Broca, Sherrington, etc. **Galvanomètre (Physiologie nerveuse)** *Nerfs isolés* Lucas, Adrian, Lapicque, Fessard, etc.	**Extracellulaire : électromètre, oscillographe (Neurophysiologie)** *Centres nerveux* : Berger, Adrian, Fessard *Soma neuronique* : Eccles, Lloyd *Centres / soma* : Renshaw *Axones-fibres isolées* : Adrian, Gasser *Dendrite* : Chang, Bishop *Réseaux* : Gasser, Lorente de Nó	**Extracellulaire : microélectrodes (Neurophysiologie)** *Centres nerveux* Kuffler, Hubel, Mountcastle
	Intracellulaire neurophysiologie (Électrophysiologie) *Axones* (*calamar*) : Cole, Curtis, Hodgkin, Huxley *Soma neuronique* : Eccles *Centres nerveux* : Eccles, Albe-Fessard, Buser, Philipps, Jasper	**Patch-clamp** **(Imagerie cellulaire)** *Neurones* : Neher, Sackmann *Dendrites*, *canaux ioniques* *calcium intracellulaire*
Pharmacologie et Chimie physiologique *Centres nerveux* (*neurone*) : Dale	Dendrites : Chang, Purpura **Neuropharmacologie régionale par dissection et dosages** : Feldberg, Vogt	**Neuropharmacologie : iontophorèse** *Soma neuronique* : Curtis **Neuropharmacologie régionale par isotopes radioactifs** *Centres nerveux* : Axelrod, Glovinski
	Histochimie *Réseau neurones* *Synapse*, *neurotransmetteur* : Koelle	**Histofluorescence (Neurohistochimie)** *Circuits*, *neurones* *Synapses*, *neurotransmetteurs*
Microscopie optique (Anatomie) *Centres nerveux* (*neurone*) : Ramón y Cajal *Synapses* : Couteaux		**Microscopie électronique (Neuroanatomie)** *Neurones*, *synapses* : Palay *Vésicules* : de Robertis, Bennett
		Ultracentrifugation *Synapses*, *synaptosomes* : Whittaker *Vésicules* : Whittaker, Israël **Biochimie** : Whittaker, Israël

TABLE DES ILLUSTRATIONS

TABLE DES MATIÈRES

DANS LA MÊME COLLECTION

BAILHACHE P., *Essai de logique déontique*, 224 pages
BARBEROUSSE A., *La physique face à la probabilité*, 212 pages
BARTHELEMY G., *Newton mécanicien du cosmos*, 216 pages
BELNA J.-P., *Conceptions du nombre à la fin du XIXe siècle : Dedekind, Cantor, Frege*, préface C. Imbert, 376 pages
BENMAKHLOUF A. *Frege, le nécessaire et le superflu*, 224 pages
BERNAYS P., *Philosophie des mathématiques*, introduction, traduction et notes H. Sinaceur, 240 pages
BONIFACE J., *Hilbert et la notion d'existence en mathématiques*, 320 pages
BOOLE G., *Les lois de la pensée*, introduction et traduction S.B. Diagne, 416 pages
BRENNER A., *Duhem, science, réalité et apparence*, 256 pages
CARNAP R., *La construction logique du monde*, introduction E. Schwarz, traduction Th. Rivain, 368 pages
CHAPPERT A., *L'édification au XIXe siècle d'une science du phénomène lumineux*, 382 pages
CHAREIX F., *La philosophie naturelle de Christiaan Huygens*, 320 pages
CHARRAK A., *Raison et perception. Fonder l'harmonie au XVIIIe siècle*, 320 pages
CHERNI A., *Épistémologie de la transparence. Sur l'embryologie de A. von Haller*, préface F. Dagognet, 370 pages
DEDEKIND R., *La création des nombres*, inrtoduction, traduction et notes H. Sinaceur, 352 pages
DUCHESNEAU Fr., *La dynamique de Leibniz*, 368 pages
– *Les modèles du vivant de Descartes à Leibniz*, 402 pages
DUHEM P., *Sozein ta phainomena. Essai sur la notion de théorie physique de Platon à Galilée*, introduction P. Brouzeng, 148 pages
– *L'évolution de la mécanique et autres textes*, préface P. Germain, introduction et notes A. Brenner, 496 pages
ÉLIE M., *Lumières, couleurs, nature. L'optique et la physique de Gœthe et de la Naturphilosophie*, 210 pages
GAUTHIER Y., *De la logique interne*, 142 pages
GRANGER G.-G., *Formes, opérations, objets*, 402 pages
HERMANN G., *Fondements philosophiques de la mécanique quantique*, préface B. d'Espagnat, introduction et postface L. Soler, traduction A. Schnell et L. Soler, 182 pages
HINTIKKA J., *Les principes des mathématiques revisités*, introduction, traduction et notes M. Rebuschi, 320 pages

HORIUCHI A., *Les mathématiques japonaises à l'époque d'Edo (1600-1868). Une étude des travaux de Seki Takakazu (?-1708) et Katebe Katahiro (1664-1739)*, 410 pages

JAMMER M., *Concepts d'espace. Une histoire des théories de l'espace en physique*, introduction, traduction et notes L. Mayet et I. Smadja, préface A. Einstein, postface M. Lachièze-Rey, 288 pages

JOLY B., *La Rationalité de l'alchimie au XVIIe siècle*, préface J.-P. Dumont, texte latin, traduction et commentaire du *Manuscriptum ad Fridericum*, 408 pages

KISTLER M., *Causalité et lois de la nature*, 316 pages

KOBAYASHI M., *La philosophie naturelle de Descartes*, 142 pages

LARGEAULT J., *Intuition et intuitionnisme* suivi d'un texte de Brouwer, 240 pages

– *Intuitionnisme et théorie de la démonstration*, avec des textes de Bernays, Brouwer, Gentzen, Gödel, Hilbert, Kreisel, Weyl, 566 pages

LE RU V., *D'Alembert philosophe*, préface M. Clavelin, 312 pages

LEIBNIZ Gottfried W., *Caractéristique géométrique*, introduction, texte latin, traduction et notes M. Parmentier, 368 pages

– *L'estime des apparences. 21 manuscrits sur les probabilités, la théorie des jeux, l'espérance de vie*, introduction, texte latin, traduction et notes M. Parmentier, 474 pages

– *La quadrature arithmétique du cercle, de l'ellipse et de l'hyperbole*, introduction, traduction et notes M. Parmentier, texte latin E. Knobloch, 370 pages

– *Naissance du calcul différentiel : 26 articles des Acta Eruditorum*, introduction, traduction et notes M. Parmentier, 474 pages

– *Réforme de la dynamique*, introduction, traduction et notes M. Fichant, 448 pages

MARTIN T., *Probabilités et critique philosophique selon Cournot*, 362 pages

MICHEL A., *Constitution de la théorie moderne de l'intégration*, 338 pages

PARROCHIA D., *La raison systémique. Essais de morphologie des systèmes philosophiques*, 320 pages

PRIOR Arthur N., *Objets de pensée*, introduction, traduction et notes J.-C. Pariente, 200 pages

RAMSEY F., *Logique, philosophie et probabilités*, traduction P. Engel et M. Marion (dir.), 352 pages

RIVENC F. et SANDU G., *Entre logique et langage*, 172 pages

ROBERVAL Gilles Personne de, *Éléments de géométrie*, préface J. Dhombres, édition et présentation V. Jullien, 544 pages

ROMMEVAUX S., *Clavius : une clé pour Euclide au XVIe siècle*, 320 pages

SABATIER X., *Les formes du réalisme mathématique*, 304 pages

SINACEUR H., *Corps et modèles. Essai sur l'histoire de l'algèbre réelle*, 496 pages

SZABO A., *L'aube des mathématiques grecques*, traduction M. Federspiel, 368 pages

VAN FRAASSEN Bas C., *Lois et symétrie*, introduction et traduction C. Chevalley, 520 pages

VARENNE F., *Du modèle à la simulation informatique*, 256 pages

VERNANT D., *La philosophie mathématique de Bertrand Russell*, 510 pages

VINCIGUERRA L., *Langage, visibilité, différence. Histoire du discours mathématique de l'âge classique au XIXe siècle*, 368 pages

WEYL H., *Le continu et autres écrits*, introduction, traduction et notes J. Largeault, 322 pages

ZAHAR E., *Essai d'épistémologie réaliste*, avant-propos A. Boyer, 192 pages

Imprimerie de la Manutention à Mayenne (France) – Mai 2010 – N° 30-10
Dépôt légal : 2e trimestre 2010